Die StVG-Novellen zum automatisierten und autonomen Fahren

Die StVG-Novellen zum automatisierten und autonomen Fahren

Zur Verflechtung von nationalem, europäischem und internationalem Recht bei der Regulierung von Kraftfahrzeugen mit automatisierter oder autonomer Fahrfunktion

Severin J. Bauer

Fachmedien Recht und Wirtschaft | dfv Mediengruppe | Frankfurt am Main

Als Dissertation von dem Fachbereich Rechtswissenschaften

angenommen am:	26. Juni 2024
Berichterstatter:	*Professor Dr. Dr. h. c. mult. Gilbert Gornig*
Mitberichterstatter:	*Professor Dr. Michael Kling*
Tag der mündlichen Prüfung:	11. Juli 2024

Bibliografische Information Der Deutschen Nationalbibliothek

Die Deutsche Nationalbibliothek verzeichnet diese Publikation in der Deutschen Nationalbibliografie; detaillierte bibliografische Daten sind im Internet über http://dnb.de abrufbar.

ISBN 978-3-8005-1958-3

dfv Mediengruppe

Druck: Beltz Grafische Betriebe GmbH, 99947 Bad Langensalza

Printed in Germany

Die StVG-Novellen zum automatisierten und autonomen Fahren

Zur Verflechtung von nationalem, europäischem und internationalem Recht bei der Regulierung von Kraftfahrzeugen mit automatisierter oder autonomer Fahrfunktion

Inaugural-Dissertation
zur
Erlangung der juristischen Doktorwürde

dem
Fachbereich Rechtswissenschaften
der Philipps-Universität zu Marburg

vorgelegt von
Severin Johannes Bauer

Rechtsanwalt aus Deggendorf

Marburg
2024

Druck von Deutscher Fachverlag GmbH in Frankfurt am Main

Vorwort

Die vorliegende Arbeit wurde im Oktober 2023 beim Fachbereich Rechtswissenschaften der Philipps-Universität Marburg eingereicht und berücksichtigt die zu diesem Zeitpunkt geltende Rechtslage.

Auch wenn neue Mobilitätskonzepte die Zukunft prägen werden, gehe ich fest davon aus, dass der Individualverkehr im eigenen Fahrzeug noch lange Zeit ein wesentlicher Bestandteil unseres Straßenverkehrs sein wird. Von meiner persönlichen Warte aus kann dies auf langen Fahrten oder im Berufsverkehr gerne mit der großartigen Option verbunden sein, vom eigenen Fahrzeug chauffiert zu werden. Ich würde mich aber auch freuen, weiterhin die Möglichkeit zu haben, das Steuer selbst in die Hand zu nehmen – sei es bei einem vollelektrischen Fahrzeug oder doch mit großem Hubraum und Kompressor- oder Turboaufladung. Kraftfahrzeuge und deren Technik sind meine Leidenschaft, so dass das Promotionsvorhaben zu rechtlichen Aspekten der voranschreitenden Fahrzeugautomatisierung nicht zuletzt aus persönlichen Gründen eine spannende Angelegenheit gewesen ist.

Besonderer Dank gilt in diesem Zusammenhang meinem Doktorvater Herrn Professor Dr. Dr. h. c. mult. Gilbert Gornig, der mich in jeder Phase des Promotionsvorhabens umfassend unterstützt und auf jedes Anliegen schnell reagiert hat. Es ist schön, einen so weit gereisten Menschen seinen Doktorvater nennen zu können. Bedanken möchte ich mich auch bei Herrn Professor Dr. Michael Kling für die schnelle und gewissenhafte Erstellung des Zweitgutachtens. Dank gilt zudem Herrn Professor Dr. Dr. h. c. dupl. Freund für die Leitung meiner Disputation als Vorsitzender der Prüfungskommission.

An dem Gelingen der Doktorarbeit haben viele wichtige Menschen aus meinem Leben mitgewirkt. Besonders herausheben und herzlich danken möchte ich meinem Vater, Harry Bauer, sowie Lisa, Nadja und Raphael für ihre fortwährende Unterstützung, die guten Worte, den interessanten Austausch und die damit verbundene viele Zeit, die sie mir auf dem Weg von der Annahme als Doktorand bis zur Disputation geschenkt haben. Ohne ihren jeweils ganz individuellen Beitrag wäre die Erstellung dieser Arbeit nicht möglich gewesen.

Ich denke, meine leider viel zu früh verstorbene Mutter, Ilse Bauer, hätte sich sehr mit mir über den erfolgreichen Abschluss der Doktorarbeit zu einem so aktuellen Thema gefreut. Ihr ist diese Arbeit gewidmet.

Frankfurt am Main, im Oktober 2024

Severin J. Bauer

Inhaltsübersicht

Inhaltsverzeichnis

Abkürzungsverzeichnis

a. A.	andere Ansicht
Abl.	Amtsblatt
a. a. O.	am angegebenen Ort
ABE	Allgemeine Betriebserlaubnis
ABS	Antiblockiersystem
Abs.	Absatz
ACSF	Working Party on Automatically Commanded Steering Function
ADAS	Advanced Driver Assistance System
ADS	Automated Driving System
a. E.	am Ende
AEBS	Advanced Emergency Braking System
a. F.	alte Fassung
AFGBV	Autonome-Fahrzeuge-Genehmigungs-und-Betriebs-Verordnung
al.	alii
ALKS	Automated Lane Keeping System
Alt.	Alternative
Anm.	Anmerkung
ASR	Antriebsschlupfregulierung
BASt	Bundesanstalt für Straßenwesen
BeckOGK	Beck-online Großkommentar
BGB	Bürgerliches Gesetzbuch
BGBl.	Bundesgesetzblatt
BGH	Bundesgerichtshof
BMDV	Bundesministerium für Digitales und Verkehr
BMVI	Bundesministerium für Verkehr und Infrastruktur
BR-Drs.	Bundesratsdrucksache
BT-Drs.	Bundestagsdrucksache
BVerwG	Bundesverwaltungsgericht
bzw.	beziehungsweise
CCR	California Code of Regulations
CR	Computer und Recht
DAR	Deutsches Autorecht
DDT	Dynamic Driving Task

ders.	derselbe
dies.	dieselbe(n)
DOT	U. S. Department of Transportation
Ebd.	Ebenda
EBE	Einzelbetriebserlaubnis
EG	Europäische Gemeinschaft
EG-FGV	EG-Fahrzeuggenehmigungsverordnung
ESP	Elektronisches Stabilitätsprogramm
EU	Europäische Union
EuZW	Europäische Zeitschrift für Wirtschaftsrecht
f./ff.	folgende
FMVSS	Federal Motor Vehicle Safety Standards
Fn.	Fußnote
FTÜ	Fahrzeugteileübereinkommen
FZV	Fahrzeugzulassungsverordnung
GG	Grundgesetz für die Bundesrepublik Deutschland
GPS	Global Positioning System
HMI	Human Machine Interface
Hrsg.	Herausgeber
HS	Halbsatz
InTeR	Zeitschrift zum Innovations- und Technikrecht
ITC	Inland Transport Committee
i. V. m.	in Verbindung mit
JA	Juristischen Arbeitsblätter
jurisPK	Juris Praxiskommentar
JZ	JuristenZeitung
Kap.	Kapitel
KBA	Kraftfahrt-Bundesamt
Kfz	Kraftfahrzeug
km/h	Kilometer pro Stunde
KriPoZ	Kriminalpolitische Zeitschrift
LCP	Lane Change Procedure
Lidar	Light Detection and Ranging
lit.	Buchstabe
LKW	Lastkraftwagen

MDR	Monatsschrift für deutsches Recht
MMR	Multimedia und Recht
MRM	Minimum Risk Manoeuvre
MüKo	Münchener Kommentar
m. w. N.	mit weiteren Nachweisen
NHTSA	National Highway Traffic Safety Administration
NJOZ	Neue Juristische Online Zeitschrift
NJW	Neue Juristische Wochenschrift
No.	number
Nr.	Nummer
NVwZ	Neue Zeitschrift für Verwaltungsrecht
NZV	Neue Zeitschrift für Verkehrsrecht
ODD	Operational Design Domain
OEDR	Object and Event Detection and Response
p.	page
PflichtVG	Pflichtversicherungsgesetz
PHi	Haftpflicht International
PKW	Personenkraftwagen
Radar	Radio Detection and Ranging
RAW	Recht Automobil Wirtschaft
RDi	Recht Digital
RdTW	Recht der Transportwirtschaft
RL	Richtlinie
S.	Seite
SAE	Society of Automobile Engineers
StVG	Straßenverkehrsgesetz
StVO	Straßenverkehrsordnung
StVZO	Straßenverkehrs-Zulassungs-Ordnung
SVR	Straßenverkehrsrecht
t	Tonne
TÜV	Technischer Überwachungsverein
UN	United Nations
UNECE	United Nations Economic Commission for Europe
US	United States
USA	Vereinigte Staaten von Amerika

VDA	Verband der Automobilindustrie
VEH	California Vehicle Code
VersR	Versicherungsrecht
Vgl.	Vergleiche
VkBl.	Verkehrsblatt
VO	Verordnung
WP	Working Party
WÜ	Wiener Übereinkommen über den Straßenverkehr
WVK	Wiener Übereinkommen über das Recht der Verträge
ZD	Zeitschrift für Datenschutz
ZdiW	Zeitschrift für das Recht der digitalen Wirtschaft
ZfPC	Zeitschrift für Product Compliance
ZRP	Zeitschrift für Rechtspolitik

Teil 1: Der technische Fortschritt als rechtliche Herausforderung

Die fortschreitenden technischen Möglichkeiten auf dem Automobilsektor sollen neben einer Komfortverbesserung für die Nutzer auch zur Minimierung der Fehlerquelle Mensch beitragen, diese bestenfalls ausschalten[1]. Es ist dabei sehr wahrscheinlich, dass der beschrittene Weg hin zur Automatisierung des Straßenverkehrs tatsächlich einen entscheidenden Beitrag auf dem Weg zur „Vision Zero"[2] leisten kann.

> *„Automatisiertes Fahren ist keine Science-Fiction. In wenigen Jahren werden automatisierte Fahrzeuge im Straßenverkehr unterwegs sein. [...] Langfristig lautet das Ziel die komplett vernetzte Straße. Staus und Umweltbelastungen werden reduziert, die Verkehrssicherheit erhöht und die Infrastruktur optimal ausgelastet."*[3]

So umschrieb Alexander Dobrindt bereits im April 2015 die automobile Zukunft in Deutschland. Tatsächlich steht die Mobilität von heute vor einer Revolution. Kraftfahrzeuge sollen das Steuer übernehmen – der Mensch tritt in den Hintergrund. Unabhängig davon, ob man von einer Revolution im Straßenverkehr sprechen möchte oder nicht, eines dürfte klar sein: Die Automatisierung von Kraftfahrzeugen führt zu einem der größten Umbrüche auf öffentlichen Straßen und stellt die rechtlichen Rahmenbedingungen dabei vor Herausforderungen erheblichen Ausmaßes.

A. Recht im Kontext automatisierter und autonomer Kraftfahrzeuge

I. Rechtlicher Rahmen

Der im Zusammenhang mit dem automatisierten Fahren berührte rechtliche Rahmen ist umfangreich. Das für Kraftfahrzeuge zu beachtende Zulassungs-

---

1 Vgl. BMVI, Strategie automatisiertes und vernetztes Fahren, September 2015, S. 9; siehe auch *Schulz*, NZV 2017, 548 (548); *Horner/Kaulartz*, CR 2016, 7 (13); *Jourdan/Matschi*, NZV 2015, 26 (26).

2 Vgl. *Jänich/Schrader/Reck*, NZV 2015, 313 (313); in diese Richtung auch *Jourdan/Matschi*, NZV 2015, 26 (26); einschränkend dann aber *Schrader*, DAR 2016, 242 (242), der die Vision Zero als „Illusion" und grundsätzlich als unerreichbar ansieht.

3 So der damalige Bundesverkehrsminister Alexander Dobrindt im Rahmen einer Testfahrt mit einem autonomen Audi A7 auf der A9, http://www.golem.de/news/realbedingungen-audi-a7-faehrt-autonom-auf-der-a9-1504-113441.html (zuletzt abgerufen am 31.08.2023).

und Genehmigungsrecht ist einem steten Harmonisierungsprozess unterworfen, so dass europarechtliche Vorgaben insofern bestimmend sind. Der rechtliche Rahmen weist zudem starke internationale Bezüge auf. Internationale Vorschriften, die ihre Grundlage in völkerrechtlichen Verträgen finden und von der Wirtschaftskommission für Europa der Vereinten Nationen entwickelt werden, haben erheblichen Einfluss auf die Möglichkeit der Genehmigung von Kraftfahrzeugen. Für den zulässigen Einsatz von Kraftfahrzeugen mit automatisierter oder autonomer Fahrfunktion ist aber auch der nationale Gesetzgeber gefordert. In Deutschland gibt das Straßenverkehrsgesetz[4] die Rahmenbedingen für den zulässigen Einsatz von Kraftfahrzeugen im öffentlichen Straßenverkehr vor.

II. Die StVG-Novellen als Reaktion auf den technischen Fortschritt

Auf die Herausforderungen des automatisierten Fahrens wurde mit der StVG-Novelle aus dem Jahr 2017[5] schon frühzeitig reagiert. Es soll hierdurch der nationale Rechtsrahmen für Kraftfahrzeuge mit hoch- oder vollautomatisierter Fahrfunktion auf nationaler Ebene festgelegt werden. Die Kernpunkte der StVG-Novelle 2017 stellen die §§ 1a, 1b StVG dar, die neben einer umfangreichen Definition von Kraftfahrzeugen mit hoch- oder vollautomatisierter Fahrfunktion insbesondere auch verhaltensrechtliche Vorgaben enthalten. Die Hoffnungen der Hersteller auf einen zeitnahen Großserieneinsatz von automatisierten Kraftfahrzeugen in Deutschland erfüllten sich jedoch nicht und die mit der Novelle 2017 eingeführten Regelungen führten nicht zu einem zeitnahen Einsatz von Kraftfahrzeugen mit hoch- oder vollautomatisierter Fahrfunktion. Der Grund hierfür ist in der besonderen Verflechtung von nationalem und internationalem Recht auf den Ebenen der Zulassung und Genehmigung von Kraftfahrzeugen zu sehen. Diese rechtliche Verflechtung wird auch in Zukunft das entscheidende Kriterium für den erfolgreichen und rechtssicheren Einsatz von automatisierten Kraftfahrzeugen sein.

---

4 Straßenverkehrsgesetz in der Fassung der Bekanntmachung vom 05.03.2003 (BGBl. I S. 310), zuletzt geändert durch Art. 16 Gesetz zur Anpassung von Gesetzen und Verordnungen an die neue Behördenbezeichnung des Bundesamtes für Güterverkehr vom 02.03.2023 (BGBl. I Nr. 56); im Folgenden „StVG".

5 Achtes Gesetz zur Änderung des Straßenverkehrsgesetzes vom 16.06.2017 (BGBl. I S. 1648).

Mit der StVG-Novelle 2021[6] wird vom deutschen Gesetzgeber ein neuer Ansatz verfolgt, der zunächst losgelöst von internationalen Vorgaben und dem europäischen Genehmigungsverfahren den Einsatz von fahrerlosen Fahrzeugen in festgelegten Betriebsbereichen ermöglichen soll. Im Zentrum der Novelle 2021 stehen daher die §§ 1d bis 1f StVG, die neben grundlegenden Definitionen auch die Rahmenbedingungen für den zulässigen Einsatz von Kraftfahrzeugen mit autonomer Fahrfunktion in Deutschland vorgeben. Es handelt sich hierbei um einen nationalen Alleingang, der daher nur im Zusammenhang mit der Festlegung von technischen Anforderungen auf nationaler Verordnungsebene gelingen kann. Vor diesem Hintergrund hat das Bundesministerium für Verkehr und digitale Infrastruktur (BMDV) von seiner Verordnungsermächtigung gemäß § 1j StVG Gebrauch gemacht und mit der Verordnung zur Genehmigung und zum Betrieb von Kraftfahrzeugen mit autonomer Fahrfunktion in festgelegten Betriebsbereichen[7] im Juni 2022 flankierende Regelungen zum Betrieb von Kraftfahrzeugen mit autonomer Fahrfunktion erlassen.

III. Gegenstand und Gang der Untersuchung

Die vorliegende Arbeit beleuchtet die StVG-Novellen aus dem Jahr 2017 und dem Jahr 2021 aus regulatorischer Sicht. Der Fokus liegt hierbei auf dem rechtlichen Rahmen für den Regelbetrieb von Kraftfahrzeugen mit hoch- oder vollautomatisierter Fahrfunktion sowie von Kraftfahrzeugen mit autonomer Fahrfunktion in Deutschland. Vor diesem Hintergrund bildet das Zulassungs- und Genehmigungsrecht den Schwerpunkt der Untersuchung, wobei die Arbeit sowohl von europa- als auch von völkerrechtlichen Bezügen geprägt ist. Ein besonderes Augenmerk ist zudem auf das national ausgestaltete Verhaltensrecht im Straßenverkehr zu legen. Datenschutzrechtliche Erwägungen sind dagegen nicht Gegenstand der Untersuchung.

Die Arbeit untergliedert sich in fünf Teile. Nachdem bereits oben in Kapitel A der rechtliche Rahmen im Kontext der voranschreitenden Fahrzeugautomatisierung abgesteckt wurde, werden im Folgenden in Kapitel B die technischen Grundlagen erläutert. Teil 1 schließt mit Kapitel C, in dem vor dem Hintergrund von praktischen Erwägungen die berührten Regulierungs-

---

6 Gesetz zur Änderung des Straßenverkehrsgesetzes und des Pflichtversicherungsgesetzes – Gesetz zum autonomen Fahren vom 12.07.2021 (BGBl. I S. 3108).

7 Verordnung zur Genehmigung und zum Betrieb von Kraftfahrzeugen mit autonomer Fahrfunktion in festgelegten Betriebsbereichen (Autonome-Fahrzeuge-Genehmigungs-und-Betriebs-Verordnung – AFGBV) vom 24.06.2022 (BGBl. I S. 986), zuletzt geändert durch Art. 10 Verordnung zum Neuerlass der Fahrzeug-Zulassungsverordnung und zur Änderung weiterer Vorschriften vom 20.07.2023 (BGBl. I Nr. 199); im Folgenden „AFGBV“.

bereiche identifiziert und die Weichen für die darauf folgende Untersuchung gestellt werden.

Im Zentrum beider StVG-Novellen stehen die ihren jeweiligen Anwendungsbereich festlegenden Definitionen. Bei der Entwicklung der Definitionen hat sich der Gesetzgeber von technischen Klassifikationen aus Deutschland und dem US-amerikanischen Raum leiten lassen. In Teil 2 wird daher die Entwicklung der Definitionen in § 1a Abs. 2 StVG sowie in § 1e StVG nachgezeichnet. Vor diesem Hintergrund erfolgt auch der Brückenschlag in das US-amerikanische Recht, indem die Definitionen und Rahmenbedingungen von drei US-Bundesstaaten der Entwicklung in Deutschland gegenübergestellt werden. Im Rahmen der rechtsvergleichenden Betrachtung werden die deutschen Definitionen sodann einer Bewertung zugeführt.

Der gesetzlichen Systematik folgend werden in Teil 3 Kapitel A das national geprägte Verhaltensrecht und die Zulässigkeit des Betriebs von Kraftfahrzeugen mit hoch- oder vollautomatisierter bzw. autonomer Fahrfunktion untersucht. Der Schwerpunkt liegt hierbei zunächst auf den vom Gesetz vorgegebenen Voraussetzungen für die Zulässigkeit. Die gesetzlichen Regelungen spiegeln eine voranschreitende Entlassung des Fahrers aus der Fahrzeugführung wider, die bis hin zum fahrerlosen Einsatz in festgelegten Betriebsbereichen reicht. Mit der entsprechenden Zulässigkeit dieser Systeme gehen allerdings auch besondere Pflichten für den Fahrer bzw. die Beteiligten beim Betrieb des Kraftfahrzeugs einher, die insofern in einen haftungsrechtlichen Kontext zu setzen sind.

Von der Frage der Zulässigkeit der Nutzung von automatisierten oder autonomen Fahrfunktionen ist die Zulassung des jeweiligen Kraftfahrzeugs zum Straßenverkehr zu unterscheiden. Automatisierte und autonome Fahrzeuge bedürfen einer Zulassung und müssen im Vorfeld ein Genehmigungsverfahren durchlaufen. In Teil 3 Kapitel B wird daher aufgezeigt, dass das deutsche Zulassungsrecht in besonderem Maße europarechtlich überformt ist, wobei die im Genehmigungsverfahren zu beachtenden technischen Vorschriften völkerrechtlicher Natur sind. Hierzu wird zunächst das deutsche Zulassungsrecht erläutert, bevor die Harmonisierung des Genehmigungsverfahrens auf europäischer Ebene dargestellt wird. Den Schwerpunkt bilden sodann das Völkerrecht als Quelle der Regulierung von Kraftfahrzeugen und die Darstellung der Besonderheiten bei der Genehmigung von automatisierten und autonomen Fahrzeugen.

Während das Zulassungs- und Genehmigungsverfahren europäisch harmonisiert ist und internationalen Vorschriften folgt, ist das Verhaltensrecht der nationalen Ebene zuzuordnen. In Teil 4 werden daher die Ergebnisse aus Teil 3 unter dem Aspekt der Verflechtung von Zulassungs- und Verhaltensrecht zusammengeführt und dabei das Verhältnis zwischen nationalem, europäischem und internationalem Recht vertieft untersucht. Der Fokus liegt hierbei auf der Lösung des im Bereich der weit entwickelten Fahrzeugautomatisierung bestehenden Spannungsverhältnisses zwischen der europäischen Überformung und internationalen Ausrichtung des Zulassungs- und Genehmigungsverfahrens einerseits und dem auf nationaler Ebene kodifizierten Zulässigkeits- und Verhaltensrechts andererseits.

Die Arbeit schließt in Teil 5 mit der Zusammenführung der Ergebnisse der untersuchten Teilbereiche und spannt so den Bogen zwischen nationalem, europäischem und internationalem Recht bei der Regulierung von automatisierten und autonomen Kraftfahrzeugen in Deutschland.

B. Technische Grundlagen automatisierter Fahrsysteme

Kraftfahrzeuge mit automatisierter oder autonomer Fahrfunktion müssen das Verkehrsgeschehen und das Umfeld wahrnehmen und interpretieren können. Schließlich muss auf Grundlage dieser Daten eine automatisierte Steuerung des Fahrzeugs erfolgen können. Für die Klärung von rechtlichen Fragen in Bezug auf die voranschreitende Automatisierung von Kraftfahrzeugen ist ein grundlegendes Verständnis der technischen Grundlagen notwendig. Im Folgenden sollen daher – in der gebotenen Kürze – die technischen Grundlagen der automatisierten Steuerung umrissen werden. Zunächst werden die wichtigsten zum Einsatz kommenden Sensortypen vorgestellt, gefolgt von Anmerkungen zur Sensordatenverarbeitung. Auch die Umsetzung in eine tatsächliche Fahrtrichtungsänderung wird erläutert. Schließlich wird die Schnittstelle zwischen Mensch und Fahrzeug dargestellt.

I. Sensorik

Mit der im Fahrzeug verbauten Sensorik soll zum einen eine detaillierte Erfassung der Umgebung ermöglicht und zum anderen eine möglichst genaue Lokalisierung gewährleistet werden.

1. Umgebungswahrnehmung

Für die Wahrnehmung des Umfelds[8] müssen sich automatisierte Fahrzeuge einer Vielzahl von Sensoren bedienen.[9] Die jeweils verwendeten Sensortypen unterscheiden sich dabei in Reichweite, Genauigkeit und Störanfällig-

8 Siehe weiterführend *Matthaei/Reschka/Rieken et al.*, in: Winner/Hakuli/Lotz/Singer, Handbuch Fahrerassistenzsysteme, S. 1145 ff.

9 Vgl. dazu *Kleinschmidt/Wagner*, in: Oppermann/Stender-Vorwachs, Autonomes Fahren, Kap. 1.1, Rn. 26.

keit für Umwelteinflüsse. Durch die Kombination verschiedener Sensorarten sollen einzelne Defizite ausgeglichen werden und eine möglichst genaue Erfassung der Umgebung erreicht werden.

a) Frontview-Kamera

Zum einen kommen optische Sensoren in Form von Frontview-Kameras zum Einsatz. Die Verwendung von Kamerasystemen ist schon seit einigen Jahren keine Besonderheit mehr im Rahmen der Unterstützung des Autofahrers. Man denke an Assistenzsysteme wie Verkehrszeichenerkennung, Spurhalteassistent oder Fußgängererkennung[10], die alle auf eine kameragestützte optische Wahrnehmung des voraus liegenden Straßenraums angewiesen sind. Wichtig wird bei den verwendeten Kameras sein, dass diese eine räumliche Wahrnehmung erlauben.[11] Es werden also Stereokameras[12] verbaut werden, um den vor dem Fahrzeug befindlichen Verkehrsraum optisch zu erfassen.

Kamerasysteme haben sich bei Assistenzsystemen bereits bewährt. Sie weisen jedoch Defizite auf, wenn sich die Lichtverhältnisse verändern. Starkes Gegenlicht und reflektierende Oberflächen führen zu Störungen in der Bilderfassung und bringen Kamerasysteme dabei an die Grenzen ihrer Leistungsfähigkeit.[13]

b) Radar

Ein überaus wichtiges Element der Umfeld-Erfassung ist die radargestützte Abtastung der Umgebung und Messung des Abstandes der zu erfassenden Objekte. Das im gewöhnlichen Sprachgebrauch verwendete Wort „Radar“ bedeutet „Radio Detection and Ranging“. Es basiert auf der Aussendung von elektromagnetischen Wellen (im Automotive-Bereich im Millimeter-

10 Siehe weiterführend *Punke/Menzel/Werthessen et al.*, in: Winner/Hakuli/Lotz/Singer, Handbuch Fahrerassistenzsysteme, S. 351.

11 Vgl. *Kleinschmidt/Wagner*, in: Oppermann/Stender-Vorwachs, Autonomes Fahren, Kap. 1.1, Rn. 26; *Franke/Gehring*, in: Winner/Hakuli/Lotz/Singer, Handbuch Fahrerassistenzsysteme, S. 396.

12 Siehe weiterführend *Franke/Gehring*, in: Winner/Hakuli/Lotz/Singer, Handbuch Fahrerassistenzsysteme, S. 396 ff.

13 Vgl. *Kleinschmidt/Wagner*, in: Oppermann/Stender-Vorwachs, Autonomes Fahren, Kap. 1.1, Rn. 26; zu den Stärken und Schwächen von Kamerasystemen im Automotive-Bereich siehe zusammenfassend auch *Bengler/Dietmayer/Eckstein et al.*, in: Pischinger/Seiffert, Handbuch Kraftfahrzeugtechnik, Kapitel 8.3.3.1, S. 1030 f.

bereich) und der Registrierung der Reflektionen.[14] Die Zeit zwischen Aussendung des Radarsignals und Auftreffen des zurückgeworfenen Signals auf dem Sensor wird gemessen und der Abstand zum reflektierenden Objekt berechnet.[15] Darüber hinaus kann auch die Geschwindigkeit dieses Objekts selbst, zum Beispiel ein vorausfahrendes Fahrzeug, ermittelt werden.[16] Der Radar eignet sich gut zur Erfassung des weit vor dem Fahrzeug liegenden Verkehrsraums mittels Long-range Radar.[17] Aber auch das nähere Umfeld des Fahrzeugs kann durch den Einsatz von Mid-Range and Short-Range Radarsystemen überwacht werden. Der große Vorteil beim Einsatz von Radartechnik ist, dass die Messwerte durch widrige Umwelteinflüsse nicht sonderlich beeinträchtigt werden.[18] So funktionieren diese Systeme gerade bei Nebel oder schwierigen Lichtverhältnissen im Gegensatz zu optischen Systemen nahezu ohne Beeinträchtigung.[19]

c) Lidar

Schließlich findet sogenannte Lidar-Sensorik Anwendung. Lidar steht dabei für „Light Detection and Ranging" und ist ein optisches Messverfahren zur Bestimmung von Entfernungen.[20] Es wird ein Laserlicht ausgesandt und mit Hilfe des zurückgeworfenen Signals der Abstand zum reflektierenden Objekt berechnet.[21] Da das ausgesandte Licht aber auch an winzigen Partikeln reflektiert wird, kann dieser Sensortyp durch Nebel, Regen oder Staub beeinträchtigt werden.[22] Moderne Sensoren können allerdings ihre

---

14 Siehe weiterführend *Winner*, in: Winner/Hakuli/Lotz/Singer, Handbuch Fahrerassistenzsysteme, S. 260 ff.; *Bengler/Dietmayer/Eckstein et al.*, in: Pischinger/Seiffert, Handbuch Kraftfahrzeugtechnik, Kapitel 8.3.1.1, S. 1021 f.

15 Vgl. *Kleinschmidt/Wagner*, in: Oppermann/Stender-Vorwachs, Autonomes Fahren, Kap. 1.1, Rn. 26.

16 Vgl. *Kleinschmidt/Wagner*, in: Oppermann/Stender-Vorwachs, Autonomes Fahren, Kap. 1.1, Rn. 26.

17 Vgl. *Winner*, in: Winner/Hakuli/Lotz/Singer, Handbuch Fahrerassistenzsysteme, S. 299.

18 Zu Stärken und Schwächen der Radar-Technik siehe weiterführend auch *Bengler/Dietmayer/Eckstein et al.*, in: Pischinger/Seiffert, Handbuch Kraftfahrzeugtechnik, Kapitel 8.3.1.4, S. 1026 f.

19 Siehe auch *Kleinschmidt/Wagner*, in: Oppermann/Stender-Vorwachs, Autonomes Fahren, Kap. 1.1, Rn. 26, wonach die entsprechenden Messwerte durch Wettereinflüsse kaum verfälscht werden.

20 Siehe *Gotzig/Geduld*, in: Winner/Hakuli/Lotz/Singer, Handbuch Fahrerassistenzsysteme, S. 318; *Kleinschmidt/Wagner*, in: Oppermann/Stender-Vorwachs, Autonomes Fahren, Kap. 1.1, Rn. 26.

21 Vgl. *Kleinschmidt/Wagner*, in: Oppermann/Stender-Vorwachs, Autonomes Fahren, Kap. 1.1, Rn. 26; weiterführend *Gotzig/Geduld*, in: Winner/Hakuli/Lotz/Singer, Handbuch Fahrerassistenzsysteme, S. 318 ff.

22 Vgl. *Kleinschmidt/Wagner*, in: Oppermann/Stender-Vorwachs, Autonomes Fahren, Kap. 1.1, Rn. 26.

Empfindlichkeit anpassen und trotz widriger Umwelteinflüsse verwertbare Messergebnisse erzielen.[23] Die Funktionsweise des Lidars ähnelt der eines Radar-Systems. Trotzdem ist die Einsatz-Reichweite des Lidars im Vergleich zu Radar-Sensoren deutlich geringer.[24] Dafür sind die Ergebnisse der Messung mittels Lidar im Vergleich zur Radarmessung genauer und ermöglichen eine detailliertere Interpretation der Umgebung.[25]

d) Ultraschall

Das unmittelbare Fahrzeugumfeld kann mittels Ultraschallsensoren überwacht werden. Diese Technik ist im Rahmen von Einparksystemen bereits bekannt und weit verbreitet. Aktuelle Anwendungsfälle sind bereits im Einsatz befindliche Tote-Winkel-Assistenten und automatische Einparkfunktionen.[26] Die durch Ultraschallsensoren mögliche Entfernungsmessung beschränkt sich jedoch auf wenige Meter und erreicht kein hohes Maß an Genauigkeit.[27] Die Nahfeldüberwachung an den Flanken und dem Heck des Fahrzeugs lässt sich mit dieser Technik jedoch gut realisieren, da die Messtoleranz für diesen Anwendungsfall ausreichend ist.[28]

2. Lokalisierung

Wie einleitend dargestellt, wird das automatisierte Fahrzeug auf eine ganze Reihe unterschiedlicher Sensoren zurückgreifen, um eine Wahrnehmung sowohl des nahen Umfeldes als auch des weit vor dem Fahrzeug liegenden Verkehrsraums zu realisieren. Neben der Wahrnehmung muss das automatisierte Fahrzeug zudem auch exakt bestimmen können, wo es sich im Moment der Sensor-Datenerfassung befindet. Dies ist zum einen schon zur Routenfindung notwendig. Zum anderen ergibt sich aus dem Standort auch eine

---

23 Vgl. *Gotzig/Geduld*, in: Winner/Hakuli/Lotz/Singer, Handbuch Fahrerassistenzsysteme, S. 319.

24 Siehe *Kleinschmidt/Wagner*, in: Oppermann/Stender-Vorwachs, Autonomes Fahren, Kap. 1.1, Rn. 26.

25 Vgl. *Kleinschmidt/Wagner*, in: Oppermann/Stender-Vorwachs, Autonomes Fahren, Kap. 1.1, Rn. 26 (und zur Veranschaulichung Abbildung 3 auf S. 24 unter Rn. 27); siehe weiterführend zu Stärken und Schwächen der Lidar-Technik auch *Bengler/Dietmayer/Eckstein et al.*, in: Pischinger/Seiffert, Handbuch Kraftfahrzeugtechnik, Kapitel 8.3.2.2, S. 1028 f.

26 Vgl. *Noll/Rapps*, in: Winner/Hakuli/Lotz/Singer, Handbuch Fahrerassistenzsysteme, S. 257.

27 Siehe *Kleinschmidt/Wagner*, in: Oppermann/Stender-Vorwachs, Autonomes Fahren, Kap. 1.1, Rn. 26; *Noll/Rapps*, in: Winner/Hakuli/Lotz/Singer, Handbuch Fahrerassistenzsysteme, S. 252.

28 Vgl. *Kleinschmidt/Wagner*, in: Oppermann/Stender-Vorwachs, Autonomes Fahren, Kap. 1.1, Rn. 26, mit Hinweis auf den Anwendungsfall „Parkassistent".

Vielzahl an relevanten Informationen, wie erlaubte Höchstgeschwindigkeit und mögliche Fahrstreifenwahl. Darüber hinaus ermöglicht die Information zum Straßentyp auch die Beachtung der jeweils für den Straßentyp zu beachtenden Verkehrsvorschriften, wie beispielsweise das Rechtsfahrgebot auf Autobahnen.

Kraftfahrzeuge mit hoch- oder vollautomatisierter Fahrfunktion müssen zudem ihre Grenzen selbstständig erkennen. So muss beispielsweise ein Fahrzeug, welches lediglich über einen Autobahn-Chauffeur verfügt, erkennen, dass es sich tatsächlich auf einer Autobahn befindet. Eine sichere Lokalisierung ist auch für Kraftfahrzeuge mit autonomer Fahrfunktion von entscheidender Bedeutung, da die Verwendung der autonomen Fahrfunktion nur im festgelegten Betriebsbereich zulässig ist und es sich hierbei nach § 1d Abs. 2 StVG um einen örtlich und räumlich konkret bestimmten öffentlichen Straßenraum handelt. Es gibt im Wesentlichen drei Systeme, die regelmäßig zur Positionsbestimmung genutzt werden können.

a) Global Positioning System

Das Global Positioning System, kurz GPS, dient schon seit jeher den im Automobilbereich zum Einsatz kommenden Navigationssystemen zur Standortbestimmung. Mit Hilfe von Satelliten wird die aktuelle Position bestimmt.[29] Die Lokalisierung mittels GPS funktioniert zuverlässig; jedoch beeinträchtigt die Umgebung, wie Berge oder Häuserfassaden, die Positionsbestimmung.[30] Damit ist ein spurgenaues Fahren in der Stadt für ein automatisiertes Fahrzeug nur mithilfe von GPS nicht möglich.[31] Das Fahrzeug muss auf die fahrzeugeigene Sensorik, beispielsweise zur Erkennung von Fahrstreifen, zurückgreifen. Ist die Sicht auf die GPS-Satelliten – zum Beispiel bei einer Fahrt durch einen Tunnel – gänzlich verdeckt, so ist eine Bestimmung in dieser Zeit überhaupt nicht möglich.[32]

---

29 Siehe weiterführend zur Standortbestimmung mittels GPS *Steinhardt/Leinen*, in: Winner/Hakuli/Lotz/Singer, Handbuch Fahrerassistenzsysteme, S. 484 f.

30 Siehe *Steinhardt/Leinen*, in: Winner/Hakuli/Lotz/Singer, Handbuch Fahrerassistenzsysteme, S. 485; *Kleinschmidt/Wagner*, in: Oppermann/Stender-Vorwachs, Autonomes Fahren, Kap. 1.1, Rn. 26.

31 Siehe *Kleinschmidt/Wagner*, in: Oppermann/Stender-Vorwachs, Autonomes Fahren, Kap. 1.1, Rn. 26.

32 Vgl. *Kleinschmidt/Wagner*, in: Oppermann/Stender-Vorwachs, Autonomes Fahren, Kap. 1.1, Rn. 26; *Steinhardt/Leinen*, in: Winner/Hakuli/Lotz/Singer, Handbuch Fahrerassistenzsysteme, S. 485.

b) Odometrie

Odometrie kann vereinfacht als die Berechnung der zurückgelegten Strecke anhand der Radumdrehungen definiert werden.[33] So kann das Fahrzeug beispielsweise bei einer Tunnelfahrt die Zeit ohne GPS-Empfang überbrücken und anhand der berechneten zurückgelegten Strecke die Position im Tunnel bestimmen. Es kommt bei der Bestimmung der Radumdrehungen allerdings aufgrund einer Vielzahl von Faktoren zu Messfehlern, welche zu einer über die Zeit immer ungenaueren Positionsbestimmung führen.[34]

c) Drehratensensor

Die Bewegung des Fahrzeugs kann das System schließlich mittels Drehratensensor nachvollziehen.[35] Anhand von Beschleunigungswerten berechnet die Messeinheit Geschwindigkeit und Position des Fahrzeugs.[36] Im Gegensatz zu den anderen Verfahren zur Bestimmung der Position ist diese Variante unabhängig von der Umgebung und damit durchweg verfügbar.[37]

3. Zusammenfassung

Die hier vorgestellten Sensorsysteme stellen die wichtigsten Stützen für die Umfeldwahrnehmung und Lokalisierung des Fahrzeugs dar. Gerade die zur Umgebungswahrnehmung verwendeten Sensoren kommen bereits heute in leistungsfähigen Fahrerassistenzsystemen (Advanced Driver Assistance Systems, kurz ADAS)[38] teilweise zur Anwendung. Dies verwundert nicht, denn höhere Automatisierungsfunktionen bauen grundsätzlich auf der Sensorik der vorangehenden Automatisierungsstufen auf.[39] Für das automatisierte Fahren ist die Kombination unterschiedlicher Sensortypen unverzichtbar.[40] Die unterschiedlichen Sensoren haben jeder für sich Vor- wie auch

33 Siehe *Steinhardt/Leinen*, in: Winner/Hakuli/Lotz/Singer, Handbuch Fahrerassistenzsysteme, S. 484.

34 Vgl. *Steinhardt/Leinen*, in: Winner/Hakuli/Lotz/Singer, Handbuch Fahrerassistenzsysteme, S. 484.

35 Vgl. *Kleinschmidt/Wagner*, in: Oppermann/Stender-Vorwachs, Autonomes Fahren, Kap. 1.1, Rn. 26, unter dem Oberbegriff „Inertialsensoren".

36 Siehe *Steinhardt/Leinen*, in: Winner/Hakuli/Lotz/Singer, Handbuch Fahrerassistenzsysteme, S. 484.

37 Vgl. *Steinhardt/Leinen*, in: Winner/Hakuli/Lotz/Singer, Handbuch Fahrerassistenzsysteme, S. 484.

38 Vgl. *Jourdan/Matschi*, NZV 2015, 26 (26).

39 Vgl. *Gasser et al.*, Rechtsfolgen zunehmender Fahrzeugautomatisierung, S. 12.

40 In diese Richtung auch *Kleinschmidt/Wagner*, in: Oppermann/Stender-Vorwachs, Autonomes Fahren, Kap. 1.1, Rn. 28; *Darms*, in: Winner/Hakuli/Lotz/Singer, Handbuch Fahrerassistenzsysteme, S. 450.

Nachteile. Dies zeigt sich bei Wahrnehmungssensoren vor allem mit Blick auf Messreichweite und die unterschiedliche Empfindlichkeit gegenüber Umwelteinflüssen wie Witterung und Lichtverhältnisse.

II. Datenzusammenführung

Die einzelnen Sensoren sind jedoch nicht separat für sich zu betrachten. Erst das Zusammenspiel der unterschiedlichen Sensorik ermöglicht eine Erfassung des Umfelds, wie sie beim Einsatz von automatisierten und autonomen Fahrfunktionen nötig ist.

1. Sensordatenfusion

Die von den Sensoren zur Verfügung gestellten Daten werden im Fahrzeug verarbeitet und ermöglichen so die Wahrnehmung der Umgebung.[41] Durch die Verwendung verschiedener Sensordaten können die Defizite eines Sensors durch die Vorteile eines anderen Sensortyps kompensiert werden. Dieses Zusammenspiel der Sensoren kann unter dem Begriff der Sensordatenfusion gefasst werden.[42] Die Informationen einzelner Sensoren werden kombiniert, wodurch Fehler möglichst reduziert und die Genauigkeit der Ergebnisse verbessert werden sollen.[43]

Als Teilaspekte der Sensordatenfusion sei auch auf die Redundanz und Komplementarität der Sensorik hingewiesen.[44] Durch die redundante Auslegung des Systems kann der Ausfall einzelner Sensoren kompensiert werden. Komplementäre Sensorik trägt ebenfalls zur Sicherheit des gesamten Sensorsystems bei. So verringern unterschiedliche Sensortypen die Wahrscheinlichkeit, dass ein Hindernis nicht erfasst wird.[45]

---

41 Siehe weiterführend zur Sensordatenverarbeitung *Darms*, in: Winner/Hakuli/Lotz/Singer, Handbuch Fahrerassistenzsysteme, S. 442 ff., und grundlegend *Kleinschmidt/Wagner*, in: Oppermann/Stender-Vorwachs, Autonomes Fahren, Kap. 1.1, Rn. 27 ff.

42 Siehe auch *Darms*, in: Winner/Hakuli/Lotz/Singer, Handbuch Fahrerassistenzsysteme, S. 441.

43 Vgl. *Darms*, in: Winner/Hakuli/Lotz/Singer, Handbuch Fahrerassistenzsysteme, S. 440; *Oppermann*, in: ders./Stender-Vorwachs, Autonomes Fahren, Kap. 3.2, Rn. 17; in diese Richtung auch *Kleinschmidt/Wagner*, in: Oppermann/Stender-Vorwachs, Autonomes Fahren, Kap. 1.1, Rn. 28.

44 Vgl. *Darms*, in: Winner/Hakuli/Lotz/Singer, Handbuch Fahrerassistenzsysteme, S. 441.

45 Vgl. *Darms*, in: Winner/Hakuli/Lotz/Singer, Handbuch Fahrerassistenzsysteme, S. 441.

2. Vernetzung mit dem Backend

Trotz der Vielfalt der einsetzbaren Sensoren und der Möglichkeiten der Fusion von fahrzeugeigenen Sensordaten unterliegt sensorgestützte Wahrnehmung gewissen Grenzen. So können Leistungsgrenzen wie die maximale Reichweite nicht beliebig verschoben werden oder aber auch Behinderungen durch Umwelteinflüsse nicht gänzlich kompensiert werden. Der Sensorik kann in bestimmten Situationen aufgrund von physikalischen Grenzen gewissermaßen der nötige „Weitblick" fehlen.[46] So wird beispielsweise ein automatisiertes Fahrsystem ein Stauende zwar grundsätzlich sicher erkennen und durch eine entsprechende Bremsung ein Auffahren verhindern können.[47] Allerdings kann diese Bremsung aufgrund eines kurzen Bremsweges sehr hart ausfallen[48] und für die Insassen als unangenehm empfunden werden. Zudem birgt jede starke Bremsung auch das Risiko, dass der nachfolgende Verkehr nicht mehr rechtzeitig reagiert und auf das eigene Fahrzeug auffährt. Derartige Situationen können mithilfe von Backendsystemen entschärft oder ganz vermieden werden. Hierbei findet ein stetiger Informationsaustausch zwischen Fahrzeugen und Servern (das Backend) über eine Mobilfunkverbindung statt.[49] Alle mit dem Backend in Verbindung stehenden Fahrzeuge übermitteln ihrerseits Daten. Sie erhalten von den Servern stets aufbereitete Informationen unter anderem über die Verkehrslage und Gefahrstellen.[50]

Dabei greifen die Serversysteme nicht nur auf die Datenflut der einzelnen Fahrzeuge zu, sondern lassen auch Informationen aus anderen Quellen, wie Verkehrsleitzentralen, einfließen.[51] Jedes Fahrzeug verfügt im Ergebnis über einen „elektrischen Horizont".[52] Durch immer genauere Information über den Ort von Gefahrstellen und besseren Überblick über Verkehrslagen können Backendsysteme zu einem stetigen Komfort- und vor allem Sicherheitsgewinn beitragen. Gerade in Verbindung mit automatisierten Fahrfunktionen

46 Siehe *Jourdan/Matschi*, NZV 2015, 26 (29).

47 Vgl. *Klanner/Ruhhammer*, in: Winner/Hakuli/Lotz/Singer, Handbuch Fahrerassistenzsysteme, S. 549.

48 Siehe *Klanner/Ruhhammer*, in: Winner/Hakuli/Lotz/Singer, Handbuch Fahrerassistenzsysteme, S. 549.

49 Vgl. *Klanner/Ruhhammer*, in: Winner/Hakuli/Lotz/Singer, Handbuch Fahrerassistenzsysteme, S. 542; siehe weiterführend zur Verkehrstelematik *Kleine-Besten/Kersken/Pöchmüller et al.* in: Winner/Hakuli/Lotz/Singer, Handbuch Fahrerassistenzsysteme, S. 1066 ff.

50 Vgl. *Klanner/Ruhhammer*, in: Winner/Hakuli/Lotz/Singer, Handbuch Fahrerassistenzsysteme, S. 542.

51 Siehe *Klanner/Ruhhammer*, in: Winner/Hakuli/Lotz/Singer, Handbuch Fahrerassistenzsysteme, S. 542.

52 Siehe *Jourdan/Matschi*, NZV 2015, 26 (27).

können kritische Situationen vermieden und ein sicheres und komfortables Fahren auch im automatisierten Modus gewährleistet werden.[53]

3. Zusammenfassung

Es zeigt sich, dass in der Zusammenführung von Daten große Potentiale zur Steigerung der Verkehrssicherheit gesehen werden. Gerade mit Blick auf automatisierte und autonome Fahrsysteme müssen diese Potentiale ausgeschöpft werden, um die erhoffte Steigerung der Verkehrssicherheit in möglichst hohem Maße zu erreichen. Dies gilt zum einen bei der Fusion der einzelnen fahrzeugeigenen Sensordaten. Das sichere Erkennen von Hindernissen und die Erfassung der Fahrzeugumgebung ist bereits Grundvoraussetzung für automatisiertes Fahren im öffentlichen Straßenverkehr. Aber auch mit Blick auf den Datenaustausch zwischen vielen Fahrzeugen mit einem zentralen System, welches die Daten verwertet und in Informationen aufbereitet, erhofft man sich die Verringerung von Risiken und einen effizienteren Verkehrsfluss. Automatisierte Fahrzeuge mit einem zusätzlichen Weitblick werden effizienter und komfortabler, aber vor allem auch sicherer unterwegs sein.

III. Aktorik

Ein Kraftfahrzeug mit automatisierter oder autonomer Fahrfunktion muss schließlich in der Lage sein, seiner berechneten Route selbstständig zu folgen und zu erkannten Hindernissen ausreichend Abstand zu halten oder auszuweichen. Es muss also in erster Linie von selbst lenken und bremsen können. Dies ist durch die Implementierung von Drive-by-Wire-Systemen möglich, welche die auf die Fahrzeugsteuerung bezogenen elektrischen Signale mit Hilfe von Elektromotoren oder hydraulischen Systemen umsetzen.[54] Die damit erfolgende mechanische Einwirkung auf die Lenkung und/oder die fahrzeugeigene Bremse resultiert in einer Änderung der Fahrtrichtung bzw. Anpassung der Geschwindigkeit. Derartige Drive-by-Wire Systeme kommen bereits im Rahmen von leistungsfähigen Assistenzsystemen zum Einsatz und haben sich bewährt.[55] Sie sind unverzichtbarer Bestandteil des automatisierten Fahrens.

53 In diese Richtung auch *Jourdan/Matschi*, NZV 2015, 26 (29).

54 Vgl. *Kleinschmidt/Wagner*, in: Oppermann/Stender-Vorwachs, Autonomes Fahren, Kap. 1.1, Rn. 24.

55 Siehe *Kleinschmidt/Wagner*, in: Oppermann/Stender-Vorwachs, Autonomes Fahren, Kap. 1.1, Rn. 24.

IV. Human Machine Interface

Zuletzt muss es eine Schnittstelle geben, die eine Kommunikation zwischen dem Fahrzeug und seinem Fahrer oder – bei Verwendung einer autonomen Fahrfunktion – seinem Nutzer ermöglicht. Dieses Bindeglied zwischen Mensch und Fahrzeug wird als „Human Machine Interface", kurz HMI, bezeichnet.[56] Die Darstellung von Informationen wie Geschwindigkeit, Fahrzeugzustand und Navigation erfolgt über gewöhnliche Kombiinstrumente oder im Cockpit integrierte Bildschirme.

1. Anforderungen bei Kraftfahrzeugen mit hoch- oder vollautomatisierter Fahrfunktion

Mit den steigenden Funktionsmöglichkeiten des automatisierten Fahrens wird der Umfang der Kommunikation zwischen dem Fahrzeug und seinem Fahrer stetig steigen.[57] Darüber hinaus wird die Bedienung der immer intelligenteren Systeme auch komplexer und stellt höhere Anforderungen an das Verständnis des Fahrers.[58] Es muss für den Fahrer indes klar und eindeutig sein, ob die automatisierte Fahrfunktion des Fahrzeugs gerade aktiviert ist und einwandfrei funktioniert.[59] Dies gilt insbesondere bei der Nutzung einer hoch- oder vollautomatisierten Fahrfunktion, bei der sich der Fahrer gemäß § 1b Abs. 1 StVG vom Fahrgeschehen abwenden darf. Hierbei wird die Situation, in der das Fahrzeug die Steuerung an den Fahrer zurückgibt, als besonders kritisch gesehen.[60] Die Übergabesituation ist komplex, da neben der Information auch ein unmittelbares Handeln des Fahrers erforderlich ist. Da es hierbei um die Fahrzeugführung selbst geht, ist ein besonders sicherheitsrelevanter Bereich betroffen. Das HMI muss dazu beitragen, dass diese Übergabesituation beherrschbar bleibt und möglichst reibungslos funktioniert. Die vom HMI ausgegebene Übergabeaufforderung muss vom Fahrer möglichst schnell bemerkt und auch als solche aufgefasst werden können.

Das HMI kann in zwei grundlegende Teile aufgespalten werden. So besteht es zum einen aus Bedienelementen und zum anderen aus Anzeigen.[61] Für die kritische Übergabesituation kommt es in erster Linie auf die Anzeige an, denn für die Übernahme selbst wird die Aufnahme der Steuerung allein

---

56 Siehe *Jourdan/Matschi*, NZV 2015, 26 (28); *König*, in: Winner/Hakuli/Lotz/Singer, Handbuch Fahrerassistenzsysteme, S. 622.

57 Vgl. *Kleinschmidt/Wagner*, in: Oppermann/Stender-Vorwachs, Autonomes Fahren, Kap. 1.1, Rn. 31.

58 Vgl. *König*, in: Winner/Hakuli/Lotz/Singer, Handbuch Fahrerassistenzsysteme, S. 625 f.

59 Vgl. auch *Jourdan/Matschi*, NZV 2015, 26 (28).

60 Vgl. *Jourdan/Matschi*, NZV 2015, 26 (28).

61 Vgl. *Bruder/Didier*, in: Winner/Hakuli/Lotz/Singer, Handbuch Fahrerassistenzsysteme, S. 635.

genügen und nicht etwa erst über ein Bedienelement durch den Fahrer zurückgeholt werden müssen. Die Übernahmeaufforderung kann dem Fahrer grundsätzlich optisch, akustisch oder auch taktil angezeigt werden.[62] Da der Fahrer möglichst schnell auf die von ihm verlangte Übernahme aufmerksam werden soll, ist ein deutliches akustisches Hinweissignal zu verwenden. Gerade für Warnungen werden Warntöne in Fahrzeugen bereits verwendet.[63]

Weiterhin gibt es die Möglichkeit, die vestibuläre Wahrnehmung des Fahrers anzusprechen, also mittels Beschleunigung oder Abbremsen des Fahrzeugs auf den Fahrer einzuwirken.[64] Dies wäre als Eskalationsstufe denkbar, wenn der Fahrer auf die übrigen Reize nicht reagiert. Fraglich wäre dann allerdings, ob für eine Eskalation im Falle einer nicht vorhergesehenen Übergabesituation Zeit ist. Auch ein unvermitteltes Abbremsen ist für den rückwärtigen Verkehr nicht unbedenklich.

2. Anforderungen bei Kraftfahrzeugen mit autonomer Fahrfunktion

Kraftfahrzeuge mit autonomer Fahrfunktion sollen in festgelegten Betriebsbereichen führerlos verkehren können. Daher entfällt die soeben dargestellte traditionelle Schnittstelle zwischen Fahrzeug und Fahrer. Dennoch werden den Passagieren Informationen zum Status des Fahrzeugs und der Fahrt weiterhin angezeigt werden müssen. So wird den Nutzern eines Kraftfahrzeugs mit autonomer Fahrfunktion mitgeteilt werden, ob die Fahrt wie geplant verläuft oder ob sich das Fahrzeug in einen risikominimalen Zustand versetzt hat. Bei Störungen muss es für die Fahrzeuginsassen die Möglichkeit geben, mit der Technischen Aufsicht in Verbindung zu treten. Schließlich muss sichergestellt werden, dass für die Passagiere die Möglichkeit besteht, die autonome Fahrfunktion gemäß § 1e Abs. 2 Nr. 8 StVG zu deaktivieren und das Fahrzeug so durch Überführung in den risikominimalen Zustand anzuhalten. Es zeigt sich, dass Hersteller von Kraftfahrzeugen mit autonomer Fahrfunktion neue Bedienkonzepte für die Schnittstelle zwischen Fahrzeug und Mensch entwickeln müssen.

3. Zusammenfassung

Das HMI liegt als Schnittstelle zwischen Fahrzeug und Fahrer schon seit jeher im Fokus der Hersteller, wenn es um die Gestaltung des Fahrzeuginnen-

62 Vgl. *Bruder/Didier*, in: Winner/Hakuli/Lotz/Singer, Handbuch Fahrerassistenzsysteme, S. 637.

63 Vgl. *Bruder/Didier*, in: Winner/Hakuli/Lotz/Singer, Handbuch Fahrerassistenzsysteme, S. 637.

64 Vgl. *Bruder/Didier*, in: Winner/Hakuli/Lotz/Singer, Handbuch Fahrerassistenzsysteme, S. 637.

raums geht. Die stetige Weiterentwicklung der Fahrerassistenzsysteme bis hin zum automatisierten Fahren stellt dabei immer höhere Anforderungen an die Gestaltung des HMI und die Auffassung durch den Fahrer. Für den Fahrer muss klar sein, ob die hoch- oder vollautomatisierte Fahrfunktion aktiviert ist und einwandfrei funktioniert. Für besonders kritische Momente, wie eine Übergabe der Steuerung zurück an den Fahrer, wird das HMI darüber hinaus als die Schlüsselstelle gesehen. Ohne eine ausgereifte Konzeption des HMI ist der Erfolg von automatisierten Fahrsystemen gefährdet. Unklarheiten können zu Missinterpretationen und damit zu kritischen Situationen führen.

C. Schlussfolgerung

Es zeigt sich, dass die voranschreitende Automatisierung von Kraftfahrzeugen mit einer umfangreichen Sensorik und einer komplexen Technik einhergeht. Ziel der Automatisierung ist es dabei, den Fahrer immer weiter aus der Fahrzeugführung zu entlassen. Aus dieser Zielsetzung einerseits und der technischen Komplexität andererseits ergeben sich zwei wesentliche Regulierungsbereiche bezüglich der Automatisierung im Straßenverkehr:

- Zunächst muss der nationale Gesetzgeber die rechtlichen Rahmenbedingungen schaffen, unter denen eine Entbindung des Fahrers aus der Steuerungsverantwortung erlaubt ist.[65]
- Zum anderen müssen die technisch komplexen Anforderungen an die Fahrzeugsteuerung im Rahmen von entsprechend ausgestalteten technischen Vorschriften im Genehmigungsverfahren geprüft und validiert werden.[66]

Der Übergang der Fahrzeugführung vom Mensch hin zum Fahrzeug ist Gegenstand von technisch geprägten Beschreibungen. Mit Blick auf die Schaffung von nationalen Rahmenbedingungen für den Einsatz von automatisierten und autonomen Kraftfahrzeugen im öffentlichen Straßenverkehr stand der deutsche Gesetzgeber daher zunächst vor der Herausforderung, Merkmale und Beschreibungen der technischen Klassifizierungen in Gesetzesform zu gießen.[67]

---

65 Siehe hierzu Teil 3 Kapitel A.
66 Siehe hierzu Teil 3 Kapitel B.
67 Siehe hierzu sogleich Teil 2.

Teil 2: Von der technischen Klassifizierung zur gesetzlichen Definition

Beim automatisierten Fahren wird zwischen verschiedenen Stufen der Automatisierung unterschieden, welche von bloßen Assistenzsystemen über automatisierte Fahrfunktionen bis hin zum autonomen Fahren reichen. Die Unterteilung der Automatisierungsgrade ist für die rechtliche Auseinandersetzung von erheblicher Bedeutung. Mit steigendem Automatisierungsgrad nimmt die Einwirkung des Fahrers auf die Steuerung ab. Der Umfang der Automatisierung ist für die Beantwortung der Frage nach der Zulässigkeit der Benutzung von automatisierten Systemen und im Rahmen deren Zulassung für den Straßenverkehr von entscheidender Bedeutung. Auch mit Blick auf die zivilrechtliche Haftung, welche überwiegend auf Verantwortungsbereiche und Verschulden abstellt, ist die Unterscheidung von Automatisierungsstufen relevant.

Die trennscharfe Klassifizierung und eine einheitliche Benennung ist nicht zuletzt auch für den wissenschaftlichen Diskurs unerlässlich.[68] Die Ergebnisse in wissenschaftlichen Veröffentlichungen müssen von einer einheitlichen Basis ausgehen. Dies lässt sich nur durch eine klare Nomenklatur und ein übereinstimmendes Verständnis von den technischen Systemen, welche Gegenstand der jeweiligen Untersuchung sein sollen, erreichen. Der Fokus in diesem Kapitel liegt dabei nicht nur auf der Einteilung von Automatisierungsgraden, wie sie sich in der deutschen Diskussion herausgebildet hat. Es soll darüber hinaus auch die parallele Entwicklung im US-amerikanischen Raum dargestellt werden.

Die wegbereitenden Klassifikationen haben schließlich auch gesetzliche Definitionen zum automatisierten Fahren sowohl in Deutschland als auch in den Vereinigten Staaten entscheidend beeinflusst. Die gesetzliche Definition der hoch- oder vollautomatisierten Fahrfunktion sowie der autonomen Fahrfunktion stellen Kernaspekte der StVG-Novellen dar und sollen vor dem Hintergrund ihrer zugrunde liegenden technischen Klassifikation bewertet werden. Für die Vereinigten Staaten werden Definitionen der Bundesstaaten Kalifornien, Arizona und Florida erläutert. Dabei soll die deutsche Definition auch mit Blick auf die ausgewählten US-amerikanischen Definitionen auf den Prüfstand gestellt werden.

68 So auch *May*, in: 53. Deutscher Verkehrsgerichtstag, S. 82; vgl. auch *Hartmann*, PHi 2016, 114 (114); *Gasser*, DAR 2015, 6 (7); *Wolfers*, RAW 2017, 2 (3); in diese Richtung auch *Hilgendorf*, JA 2018, 801 (801).

A. Entwicklung in Deutschland

In Deutschland wurden das Potential und die enorme Relevanz von automatisierten Fahrsystemen im Bereich der Automobilbranche früh erkannt. Expertengremien, ausgestattet mit Fachkompetenz aus Wirtschaft und Verwaltung, haben sich bereits vor über zehn Jahren mit der Automatisierung im Straßenverkehr auseinandergesetzt und eine Klassifizierung der Automatisierung entwickelt.[69] Der durch die Klassifizierung von Automatisierungsstufen bereitete Weg mündete schließlich in einer gesetzlichen Definition. Durch § 1a Abs. 2 StVG wurde vom Gesetzgeber verbindlich festgelegt, was unter einem Kraftfahrzeug mit hoch- oder vollautomatisierter Fahrfunktion zu verstehen ist.[70] Dem technischen Fortschritt Rechnung tragend, wurde mit der StVG-Novelle 2021 zuletzt auch das Kraftfahrzeug mit autonomer Fahrfunktion im Sinne von § 1d Abs. 1 StVG definiert.[71]

I. Klassifizierung im nationalen Diskurs

Zunächst soll der in Deutschland zurückgelegte Weg zu einer einheitlichen Klassifizierung nachvollzogen und die dabei herausgebildeten Hauptmerkmale zur Unterscheidung der Automatisierungsgrade aufgezeigt werden. Sodann werden die einzelnen Stufen erläutert, wobei auf die zwingend zu beachtende begriffliche Differenzierung zwischen „automatisiert“ und „autonom“ hingewiesen wird.

1. Die Entwicklung einer Klassifizierung in Deutschland

Deutsche Expertengremien nahmen weltweit eine Vorreiterrolle bei der Klassifizierung der Automatisierungsstufen ein. Es wurde hierbei der Ansatz verfolgt, den Grad der Automatisierung zunächst zu identifizieren, zu beschreiben und letztlich in Stufen einzuteilen. Die Mitglieder der Gremien befassten sich von Beginn an mit der Einteilung einer voranschreitenden und sich entwickelnden Automatisierung von Fahrzeugen. Erst durch diese Grundlagenarbeit wurde eine (rechts)wissenschaftliche Auseinandersetzung mit dem komplexen Themenfeld der Automatisierung im Straßenverkehr ermöglicht.

69 Siehe dazu sogleich unter Punkt I.
70 Siehe dazu unten unter Punkt II.
71 Siehe dazu unten unter Punkt III.

a) Projektgruppe der Bundesanstalt für Straßenwesen

Bereits im Jahr 2010[72] hat sich eine Projektgruppe der Bundesanstalt für Straßenwesen (BASt) mit Rechtsproblemen zunehmender Fahrzeugautomatisierung befasst und in diesem Zusammenhang erstmals im Rahmen einer rechtlichen Auseinandersetzung automatisierte Fahrfunktionen klassifiziert.[73] Die Ergebnisse wurden im Schlussbericht zu den „Rechtsfolgen zunehmender Fahrzeugautomatisierung“ in der Reihe „Berichte der Bundesanstalt für Straßenwesen“ im Jahr 2012 veröffentlicht.

Die Fachgruppe identifizierte verschiedene Stufen, welche eine steigende Automatisierung abbilden. Die nicht abschließende Benennung reichte vom nicht assistierten Fahren „Driver Only“ über die Stufen „Assistiert“, „Teilautomatisiert“, „Hochautomatisiert“ bis hin zu „Vollautomatisiert“ als höchste Form der Automatisierung.[74] Die Entwicklungsstufe „Autonom“ wurde von der Einteilung nicht erfasst. Neben der Benennung der einzelnen Stufen erarbeiteten die Experten der BASt-Gruppe auch eine Beschreibung der vom Fahrzeug entsprechend des Automatisierungsgrades übernommenen Fahraufgabe und der vom Fahrer erwarteten Überwachung des Systems.[75] Diese Beschreibung wurde schließlich durch beispielhafte Anwendungen praxisnah veranschaulicht.[76] Abgerundet wurden die Ergebnisse der BASt-Gruppe durch eine Tabelle, welche die wesentlichen Aspekte der jeweiligen Automatisierungsstufe übersichtlich zusammenfasst.[77]

b) „Runder Tisch Automatisiertes Fahren“

Im November 2013 wurde vom Bundesministerium für Verkehr und digitale Infrastruktur (BMVI) der „Runde Tisch Automatisiertes Fahren“ ins Leben gerufen.[78] Der „Runde Tisch“ soll Vertretern aus Wirtschaft und Verwaltung sowie anderen Interessenvertretern eine Plattform zum fachlichen Austausch

72 Vgl. *Gasser*, DAR 2015, 6 (7); *Gasser et al.*, Rechtsfolgen zunehmender Fahrzeugautomatisierung, S. 7.

73 Vgl. *Gasser et al.*, Rechtsfolgen zunehmender Fahrzeugautomatisierung, S. 9.

74 Vgl. *Gasser et al.*, Rechtsfolgen zunehmender Fahrzeugautomatisierung, S. 8 ff.; vor dem Hintergrund der in der Öffentlichkeit entstandenen Vermischung von Begrifflichkeiten veröffentlichte die BASt im März 2021 ein vereinfachtes Modell, das zwischen dem assistierten, dem automatisierten und dem autonomen Modus unterscheidet, siehe Pressemitteilung der BASt vom 11.03.2021, Nr.: 06/2021, abrufbar unter https://www.bast.de/DE/Presse/Functions/pressemitteilungen2021_table.html (zuletzt abgerufen am 31.08.2023).

75 Vgl. *Gasser et al.*, Rechtsfolgen zunehmender Fahrzeugautomatisierung, S. 8 ff.

76 Vgl. *Gasser et al.*, Rechtsfolgen zunehmender Fahrzeugautomatisierung, S. 8 ff.

77 Siehe *Gasser et al.*, Rechtsfolgen zunehmender Fahrzeugautomatisierung, S. 9 (Tab. 2-1).

78 Siehe BT-Drs. 18/2215, S. 1.

bieten und dem BMVI zu Fragen des automatisierten Fahrens beratend zur Seite stehen.[79]

Die Mitglieder der Arbeitsgruppe „Forschung" des „Runden Tischs" setzten sich detailliert mit relevanten Themen rund um das automatisierte Fahren auseinander und veröffentlichten im Jahr 2015 ihre Ergebnisse im Rahmen des Berichts zum Forschungsbedarf[80]. Dabei wurde die Einteilung der BASt-Gruppe ausdrücklich aufgegriffen und den Beratungen zugrunde gelegt.[81] Die Benennung der einzelnen Automatisierungsstufen wurde vom „Runden Tisch" dabei unverändert übernommen.[82] Auch die von der BASt-Gruppe entwickelte tabellarische Übersicht zur Veranschaulichung der Automatisierungsgrade wurde vom „Runden Tisch" fast unverändert der eigenen Arbeit als Anlage beigefügt.[83] Insgesamt wurden also die Ergebnisse der BASt-Gruppe bezüglich der von ihr erarbeiteten Nomenklatur und der Beschreibung der einzelnen Stufen durch den „Runden Tisch Automatisiertes Fahren" bestätigt und fortgeführt.

c) Juristischer Diskurs und Veröffentlichungen von Interessenverbänden

Im nationalen rechtswissenschaftlichen Diskurs hatten sich infolgedessen bereits früh eine gefestigte Nomenklatur und eine Abstufung der Automatisierungsgrade etabliert. Es wurde überwiegend auf die von der BASt-Projektgruppe erarbeitete und vom „Runden Tisch" fortgeführte Klassifizierung abgestellt.[84] Soweit in juristischen Abhandlungen diese Abstufung zugrunde gelegt wird, wird die Klassifizierung unverändert übernommen und nicht etwa modifiziert. Teilweise werden allerdings weitere Anwendungsfälle einzelner Automatisierungsstufen beispielhaft genannt und so die theoretische Beschreibung der jeweiligen Stufe praxisnah veranschaulicht.

Eine zukunftsträchtige und gesellschaftspolitisch wichtige Thematik wie die Automatisierung im Straßenverkehr ruft auch Interessenvertreter aus Wirtschaft und Gesellschaft auf den Plan. In Stellungnahmen und Positions-

---

79 Vgl. BT-Drs. 18/2215, S. 1.

80 Abrufbar unter https://bmdv.bund.de/SharedDocs/DE/Anlage/DG/Digitales/bericht-zum-forschungsbedarf-runder-tisch-automatisiertes-fahren.html (zuletzt abgerufen am 31.08.2023).

81 Vgl. *Gasser/Schmidt et al.*, Bericht zum Forschungsbedarf (Runder Tisch), S. 3.

82 Vgl. *Gasser/Schmidt et al.*, Bericht zum Forschungsbedarf (Runder Tisch), S. 3 und S. 116 (Anhang 5).

83 Siehe *Gasser/Schmidt et al.*, Bericht zum Forschungsbedarf (Runder Tisch), S. 116 (Anhang 5).

84 Vgl. nur *Balke*, SVR 2018, 5 (5 f.); *Doderer/Hartwig*, IR 2016, 32 (32); *May*, in: 53. Deutscher Verkehrsgerichtstag, S. 82.

papieren setzten sich diese Institutionen mit dem automatisierten Fahren auseinander. Sofern in den Veröffentlichungen die Automatisierungsstufen erläutert werden, lässt sich durchweg die von der BASt und dem „Runden Tisch“ entwickelte Abstufung erkennen. Beispielhaft sei auf die vom Verband der Automobilindustrie (VDA) dargestellte Entwicklung der Automatisierung „Von Fahrerassistenzsystemen zum automatisierten Fahren“ verwiesen.[85] Für Veröffentlichungen von Interessenverbänden gilt also das Gleiche wie für die juristische Literatur: Es wurde keine neue Einteilung entwickelt. Vielmehr werden im Rahmen der Automatisierungsstufen die Ergebnisse der Projektgruppe der BASt und des „Runden Tischs“ zugrunde gelegt und zum Teil mit zusätzlichen praxisnahen Anwendungsfällen und Grafiken veranschaulicht.

Abschließend kann festgehalten werden, dass die Veröffentlichungen im wissenschaftlichen Diskurs und die Dokumente der Interessenverbände durch die Übernahme der Klassifizierung entscheidend zu einer gefestigten Nomenklatur und Einteilung der Automatisierungsstufen beigetragen haben.

2. Hauptkriterien zur Differenzierung der Automatisierungsstufen

Setzt man sich detailliert mit Veröffentlichungen zum automatisierten Fahren auseinander, so offenbaren sich durchwegs die gleichen Kriterien, welche zur Differenzierung der Stufen der Automatisierung herangezogen werden. Dies gilt insbesondere für die wegbereitenden Veröffentlichungen der Expertengremien. So lassen sich aus den Dokumenten der BASt-Gruppe und des „Runden Tischs“ zwei Hauptkriterien herauslösen, welche zur Identifizierung und Einstufung des jeweiligen Automatisierungsgrades herangezogen werden.[86]

a) Übernommene Fahraufgabe

Zum einen kann vom Umfang der durch das System übernommenen Fahraufgabe auf den Grad der Automatisierung geschlossen werden.[87] Die Fahraufgabe lässt sich dabei in die Längsführung und die Querführung des Fahrzeugs aufteilen. Unter der Längsführung ist das Beschleunigen und Abbremsen des Fahrzeugs zu verstehen. Auf die Querführung wird durch das Lenken des Fahrzeugs eingewirkt.

---

85 VDA Magazin, Automatisierung – Von Fahrerassistenzsystemen zum automatisierten Fahren, September 2015, S. 14.

86 Zu weiteren Kriterien siehe *Cacilo/Schmidt/Wittlinger et al.*, Fraunhofer Studie Hochautomatisiertes Fahren, S. 6.

87 Vgl. *Gasser et al.*, Rechtsfolgen zunehmender Fahrzeugautomatisierung, S. 8 f.; *Gasser/Schmidt et al.*, Bericht zum Forschungsbedarf (Runder Tisch), S. 2.

Je umfangreicher das System die Fahraufgabe übernehmen kann, desto höher ist der anzunehmende Automatisierungsgrad des Fahrzeugs. Das heißt, dass ein System, welches sowohl die Längs- als auch die Querführung gleichzeitig ausführen kann, weiter entwickelt ist als ein System, das lediglich nur den einen Teil der Fahraufgabe ausführen kann. Außerdem scheint man auch mit Blick auf die mögliche Dauer der Ausführung der Fahraufgabe durch das System auf den Automatisierungsgrad schließen zu können.[88]

b) Pflicht zur Überwachung

Zum anderen wird der Automatisierungsgrad mit Blick auf die Pflicht des Fahrers zur Überwachung des Systems und seine Verpflichtung zur Übernahme der Fahraufgabe beschrieben. Umso mehr sich der Fahrer auf das System verlassen darf und dementsprechend weniger überwachen muss, desto höher wird regelmäßig der Grad der Automatisierung sein.[89]

3. Angabe des Automatisierungsgrades

Um den Grad der Automatisierung anzugeben, haben sich zwei Varianten herausgebildet, welche parallel nebeneinander verwendet werden können. Zum einen kann der Automatisierungsgrad eines Systems anhand seiner Bezeichnung, wie beispielsweise „teilautomatisiert", wiedergegeben werden. Zum anderen bietet sich parallel dazu eine entsprechende aufsteigende numerische Staffelung der Automatisierungsstufen an. Ob in Bezug auf diese numerische Staffelung dann von „Stufe 2", „Level 2" oder „Ebene 2" die Rede ist, macht keinen Unterschied. Solange die Zählung mit der Bezeichnung der Automatisierung korrespondiert, folgen hieraus keine Unterscheidungsschwierigkeiten oder Unschärfen.

Hartmann erachtet die numerische Einteilung anhand von Level im juristischen Diskurs dagegen nur bedingt für sinnvoll.[90] Diese Ansicht lässt sich allerdings nicht klar nachvollziehen. Zwar betont *Hartmann* zu Recht, dass gerade der juristische Diskurs von einer begrifflichen Klarheit getragen wird und unterschiedliche Bezeichnungsvarianten dieser abträglich sein können.[91] In Bezug auf die Automatisierungsstufen hat sich allerdings neben einer einheitlichen Nomenklatur auch eine numerische Staffelung gefestigt. Mit Blick auf die mittlerweile zahlreich erschienenen Veröffentlichungen,

88 In diese Richtung *Gasser et al.*, Rechtsfolgen zunehmender Fahrzeugautomatisierung, S. 9 („dauerhaft" und „gewisser Zeitraum"); *Gasser/Schmidt et al.*, Bericht zum Forschungsbedarf (Runder Tisch), S. 116.

89 Vgl. auch *Gasser et al.*, Rechtsfolgen zunehmender Fahrzeugautomatisierung, S. 3, 11 f.

90 Siehe *Hartmann*, PHi 2016, 114 (114).

91 Vgl. *Hartmann*, PHi 2016, 114 (114).

welche sich unter anderem mit den Stufen der Automatisierung auseinandersetzen[92], kann festgestellt werden, dass eine numerische Staffelung als allgemein anerkannt gilt. Zudem wurde selbst in der Begründung des Regierungsentwurfs zum StVG-Ä 2017 parallel auf die numerische Zählung der Automatisierungsstufen verwiesen. Die numerische Wiedergabe der Automatisierungsstufe wird dort zur Erläuterung sogar in den Vordergrund gestellt. So wird auf die „technischen Entwicklungsstufen 3 (hochautomatisiert) und 4 (vollautomatisiert)“[93] abgestellt und auf die Ergebnisse des „Runden Tischs“ verwiesen.

Da sich parallel zur Nomenklatur eine übereinstimmende numerische Zählung der Stufen entwickelt hat, besteht keine Gefahr für eine Verwässerung von Begrifflichkeiten und damit für Unklarheiten. Der Verweis von *Hartmann* darauf, dass die numerische Zählung eher dem technischen Bereich zuträglich sei, geht letztlich in dem Umstand auf, dass gerade die Thematik des automatisierten Fahrens besonders von der interdisziplinären Ausrichtung des Themas und dessen Überschneidung mit technischen Aspekten durchdrungen ist.

4. Erläuterung der Stufen auf Grundlage der BASt-Klassifikation

Nach dem Überblick über die Entwicklungsgeschichte und den vorbereitenden Ausführungen sollen im Folgenden die einzelnen Automatisierungsstufen näher erläutert werden. Durch die verschiedenen Stufen wird ein stetig steigender Automatisierungsgrad abgebildet.

a) Stufe 0: Driver Only

Wenn die Expertengruppe der BASt ein „herkömmliches manuelles Fahren“ beschreibt und diese Kategorie als „Driver Only“ bezeichnet[94], wird deutlich, dass auf dieser Stufe noch nicht von einer Automatisierung die Rede sein kann. Die Umschreibung als „herkömmliches Fahren“ trifft den Kern der Sache sehr gut. Der Fahrer fährt eben noch selbst. Er entscheidet, in welche Richtung sich das Fahrzeug bewegen soll und lenkt und bremst selbstständig. Weder das Lenken noch das Bremsen wird ihm abgenommen.[95] Da

92 Vgl. nur *May*, in: 53. Deutscher Verkehrsgerichtstag, S. 82; *von Kaler/Wieser*, NVwZ 2018, 369 (369); *Wagner/Goeble*, ZD 2017, 263 (264); *Balke*, SVR 2018, 5 (5); *Schmid/Wessels*, NZV 2017, 357 (358); *von Bodungen/Hoffmann*, SVR 2016, 41 (42); *Arzt/Ruth-Schumacher*, NZV 2017, 57 (57 f.); *Lange*, NZV 2017, 345 (346 ff.); *Gasser*, DAR 2015, 6 (8).

93 So Begründung, BT-Drs. 18/11300, S. 13.

94 So *Gasser et al.*, Rechtsfolgen zunehmender Fahrzeugautomatisierung, S. 8.

95 Vgl. *Gasser*, DAR 2015, 6 (8).

auf der Stufe „Driver Only" also gerade keine Automatisierung der Fahraufgabe zu verzeichnen ist und der Fahrer die komplette Fahraufgabe selbst bewältigen muss, bietet sich als Bezeichnung die „Stufe 0" an. Sie ist als Ausgangspunkt zu sehen und bildet die Basis für die folgenden Automatisierungsgrade.

Dagegen bezeichnen *Fleck/Thomas* mit Verweis auf die BASt-Nomenklatur die Driver-Only-Kategorie ausdrücklich als „erste Stufe"[96]. Gerade die Tabelle des BASt[97] verleitet zu dieser Aussage, da an erster Stelle der Tabelle den automatisierten Fahrfunktionen die Driver-Only-Kategorie vorangestellt wird.

Mit Blick auf die Nummerierung nach dem „Runden Tisch" und der Gesetzesbegründung, wonach die Stufe „Hochautomatisiert" jedoch als Automatisierungsstufe 3 zu werten ist, ist mit der Kategorie „Driver Only" lediglich die Stufe 0 vereinbar. Es ist davon auszugehen, dass mit dem Bezug auf die „erste Stufe" bei *Fleck/Thomas* keine verbindliche Aussage über die Nummerierung der Automatisierungsstufen gemacht werden sollte. Weitere Bezüge zu einer etwaigen numerischen Staffelung der Stufen finden sich in diesem Aufsatz jedenfalls nicht. Damit steht im Ergebnis der Bezeichnung „Driver Only" als „Stufe 0" keine gegenteilige Auffassung in der Literatur entgegen.[98]

b) Stufe 1: Assistiert

Assistenzsysteme, welche der ersten Stufe entsprechen, sind bereits seit Längerem im öffentlichen Straßenverkehr im Einsatz. Es handelt sich hierbei um Systeme, welche selbstständig entweder die Längsführung oder die Querführung in gewissen Grenzen ausführen können.[99] Der Fahrer muss dauerhaft entweder die Längsführung oder die Querführung übernehmen und dabei auch die vom System übernommene Fahraufgabe ständig überwachen.[100] Der Fahrer ist dabei verpflichtet, nötigenfalls korrigierend einzugreifen und zur Übernahme der Fahraufgabe bereit zu sein.[101]

96 So *Fleck/Thomas*, NJOZ 2015, 1393 (1393).

97 *Gasser et al.*, Rechtsfolgen zunehmender Fahrzeugautomatisierung, S. 9.

98 Von der Bezeichnung „Stufe 0" gehen ebenfalls ausdrücklich aus: *Gasser*, DAR 2015, 6 (8); *May*, in: 53. Deutscher Verkehrsgerichtstag, S. 82; *von Bodungen/Hoffmann*, SVR 2016, 41 (42); *Balke*, SVR 2018, 5 (5); *Schmid/Wessels*, NZV 2017, 357 (358).

99 Vgl. *Gasser et al.*, Rechtsfolgen zunehmender Fahrzeugautomatisierung, S. 8 f.; *Wolfers*, RAW 2017, 2 (3); *Gasser*, DAR 2015, 6 (8).

100 Vgl. *Gasser et al.*, Rechtsfolgen zunehmender Fahrzeugautomatisierung, S. 8 f.

101 Siehe auch *Gasser*, DAR 2015, 6 (8), der deshalb davon ausgeht, dass der Fahrer auch die automatisiert ausgeführte Fahraufgabe „durch seine Kontrolle des Systems weiterhin (parallel)" ausführt.

Als Anwendungsfälle werden hierfür die bereits weit verbreiteten adaptiven Abstands-Geschwindigkeitsregelanlagen (Adaptive Cruse Control, ACC) genannt, welche durch selbstständiges Abbremsen und Beschleunigen den Abstand zu einem vorausfahrenden Fahrzeug halten.[102] Die Lenkaufgabe verbleibt dabei allerdings beim Fahrer. Auch Parkassistenten, welche dem Fahrer das Lenken im Rahmen des Einparkvorgangs abnehmen können, werden beispielhaft genannt.[103] Das Fahrzeug kann demnach die Fahraufgabe, also das Beschleunigen und Lenken, nicht komplett selbstständig übernehmen.[104] Auch bei Verwendung des Systems muss ein Teil der Fahraufgabe immer vom Fahrer ausgeführt werden.

c) Stufe 2: Teilautomatisiert

Bei Systemen der nächsten Stufe wird von einer Teilautomatisierung gesprochen. In spezifischen Situationen sind diese in der Lage, für eine gewisse Zeit sowohl die Längs- als auch die Querführung auszuführen.[105] Teilautomatisierte Systeme, wie Stauassistenten, welche einem vorausfahrenden Fahrzeug automatisch folgen und dabei selbstständig beschleunigen oder verzögern und darüber hinaus durch Lenkeingriffe die Spur halten, finden seit geraumer Zeit in Serienfahrzeugen auf öffentlichen Straßen Verwendung.[106]

Die Besonderheit dieser Automatisierungsstufe ist darin zu sehen, dass ein Fahrzeug dieser Automatisierungsstufe gleichzeitig lenken und bremsen kann. Es übernimmt damit die Fahraufgabe für eine gewisse Zeit vollständig. Diese Teilautomatisierung unterliegt jedoch zwei grundsätzlichen Einschränkungen:

- Zum einen ist einschränkend herauszustellen, dass der Fahrer weiterhin verpflichtet bleibt, das System ständig zu überwachen und gegebenenfalls korrigierend einzugreifen.[107] Dies gilt zu jeder Zeit und unabhängig davon, in welchem Umfang das System die Fahraufgabe übernimmt.

---

102 Vgl. *Wolfers*, RAW 2017, 2 (3); *Lüdemann/Sutter/Vogelpohl*, NZV 2018, 411 (413).

103 Vgl. *Gasser et al.*, Rechtsfolgen zunehmender Fahrzeugautomatisierung, S. 9; *Gasser/Schmidt et al.*, Bericht zum Forschungsbedarf (Runder Tisch), S. 116.

104 Daher werden Systeme der Stufe 1 oft lediglich als Vorstufe zur Automatisierung genannt, vgl. *Cacilo/Schmidt/Wittlinger et al.*, Fraunhofer Studie Hochautomatisiertes Fahren, S. 8; BMVI, Strategie automatisiertes und vernetztes Fahren, September 2015, S. 5.

105 Vgl. *Gasser et al.*, Rechtsfolgen zunehmender Fahrzeugautomatisierung, S. 8 f.; *Gasser*, DAR 2015, 6 (8); *Doderer/Hartwig*, IR 2016, 32 (32).

106 Siehe dazu auch Begründung, BT-Drs. 18/11300, S. 12; vgl. *Doderer/Hartwig*, IR 2016, 32 (32).

107 So auch *Freise*, VersR 2019, 65 (66).

- Zum anderen ist festzuhalten, dass die Übernahme der Fahraufgabe durch das Fahrzeug lediglich in eng umfassten Situationen möglich ist. Nur in diesem Szenario ist das System in der Lage, die Fahraufgabe, wie oben beschrieben, selbstständig auszuführen. Eine solche spezifische Situation kann am sogenannten Autobahnassistenten als Anwendungsbeispiel des teilautomatisierten Fahrens[108] erläutert werden. Die teilautomatisierte Fahrfunktion kann nur auf Autobahnen bis zu einer oberen Geschwindigkeitsgrenze verwendet werden.[109] Die spezifische Situation wird damit durch den Straßentyp und den Geschwindigkeitsbereich vorgegeben. Beschleunigt der Fahrer beispielsweise selbstständig über die obere Geschwindigkeitsgrenze hinaus, wird die Funktion deaktiviert.[110]

d) Stufe 3: Hochautomatisiert

Ein Fahrzeug ist nach der BASt-Beschreibung als hochautomatisiert einzustufen, wenn es in spezifischen Situationen sowohl die Längs- als auch die Querführung für einen gewissen Zeitraum ausführt und dabei in der Lage ist, seine Systemgrenzen selbstständig zu erkennen.[111]

Erkennt das System, dass die Grenzen alsbald erreicht werden, so fordert es den Fahrer zur Übernahme der Fahrzeugsteuerung auf.[112] Der Fahrer darf sich nach der Beschreibung der BASt-Gruppe also grundsätzlich vom Verkehrsgeschehen abwenden, er muss allerdings derart wahrnehmungsbereit bleiben, dass er der Übernahmeaufforderung nachkommen kann. Damit stellt die Stufe „Hochautomatisiert“ den ersten Automatisierungsgrad dar, bei der die Umschreibung der Automatisierung nach der BASt-Gruppe ein erlaubtes Abwenden des Fahrers vom Verkehrsgeschehen vorsehen würde. Diese Besonderheit ist auch als Hauptunterschied zur bloßen Teilautomatisierung der vorhergehenden Stufe zu sehen.[113] Als beispielhafte Systemausprägung der Hochautomatisierung wird der Autobahn-Chauffeur[114] ge-

108 Vgl. *May*, in: 53. Deutscher Verkehrsgerichtstag, S. 83; *Gasser et al.*, Rechtsfolgen zunehmender Fahrzeugautomatisierung, S. 8.
109 Vgl. *Bartels*, in: Gasser et al., Rechtsfolgen zunehmender Fahrzeugautomatisierung, S. 35.
110 Siehe *Bartels*, in: Gasser et al., Rechtsfolgen zunehmender Fahrzeugautomatisierung, S. 35.
111 Vgl. *Gasser et al.*, Rechtsfolgen zunehmender Fahrzeugautomatisierung, S. 8.
112 Vgl. *Gasser et al.*, Rechtsfolgen zunehmender Fahrzeugautomatisierung, S. 9; siehe auch *Freise*, VersR 2019, 65 (66).
113 So auch *May*, in: 53. Deutscher Verkehrsgerichtstag, S. 83; *Doderer/Hartwig*, IR 2016, 32 (32).
114 Die Funktion des Autobahn-Chauffeurs wird von *Bartels*, in: Gasser et al., Rechtsfolgen zunehmender Fahrzeugautomatisierung, S. 37 ff., unter Punkt 3.4 näher beschrieben.

nannt.[115] In diesem Zusammenhang wird erläutert, dass ein Fahrzeug der Automatisierungs-Stufe 3 Systemgrenzen, wie Baustellen oder Fahrbahnverengungen, frühzeitig erkennt und den Fahrer daher mit ausreichend langer Zeitreserve[116] zur Übernahme der Fahrzeugsteuerung auffordert.[117]

e) Stufe 4: Vollautomatisiert

Wie bereits auf der vorhergehenden Stufe ist auch das vollautomatisierte System in der Lage, sowohl die Längs- als auch die Querführung auszuführen.[118] Es kann die Fahrzeugsteuerung im definierten Anwendungsfall vollständig übernehmen.[119] Unter dem Anwendungsfall ist die Vorgabe des Straßentyps, des Geschwindigkeitsbereichs und der Umfeldbedingungen zu verstehen.[120] So kann der Anwendungsfall zum Beispiel dahingehend vorgegeben sein, dass das vollautomatisierte System nur auf Autobahnen bis zu einer oberen Geschwindigkeitsgrenze von 130 km/h und bei guten Witterungsverhältnissen – also nicht bei Regen oder Nebel – eingesetzt werden darf. Als beispielhafte Systemausprägung der Vollautomatisierung wird der Autobahnpilot[121] näher erläutert. Die Systemleistung ist im Vergleich zur Hochautomatisierung gesteigert. Somit kann das vollautomatisierte System auch Situationen wie Baustellen und Fahrbahnverengungen eigenständig bewältigen.[122] Das System erkennt die Grenzen des Anwendungsfalles, wie beispielsweise das Autobahnende, selbstständig und fordert den Fahrer mit langer Zeitreserve zur Übernahme der Fahrzeugsteuerung auf.[123]

Der Automatisierungsgrad „Vollautomatisiert“ umfasst in Abgrenzung zur Hochautomatisierung darüber hinaus auch die Fähigkeit des Systems, einen

---

115 Siehe *Gasser et al.*, Rechtsfolgen zunehmender Fahrzeugautomatisierung, S. 10.

116 Es gibt also „keine kurzfristigen Übernahmeaufforderungen“, siehe *Bartels*, in: Gasser et al., Rechtsfolgen zunehmender Fahrzeugautomatisierung, S. 39.

117 Vgl. *Bartels*, in: Gasser et al., Rechtsfolgen zunehmender Fahrzeugautomatisierung, S. 38.

118 Vgl. *Gasser et al.*, Rechtsfolgen zunehmender Fahrzeugautomatisierung, S. 9. *Wolfers*, RAW 2017, 2 (3).

119 Vgl. *Gasser et al.*, Rechtsfolgen zunehmender Fahrzeugautomatisierung, S. 9.

120 Vgl. VDA Magazin, Automatisierung – Von Fahrerassistenzsystemen zum automatisierten Fahren, September 2015, S. 14.

121 Die Funktion des Autobahnpilots wird von *Bartels*, in: Gasser et al., Rechtsfolgen zunehmender Fahrzeugautomatisierung, S. 39 f., unter Punkt 3.5 detailliert beschrieben.

122 So *Bartels*, in: Gasser et al., Rechtsfolgen zunehmender Fahrzeugautomatisierung, S. 40.

123 Vgl. *Bartels*, in: Gasser et al., Rechtsfolgen zunehmender Fahrzeugautomatisierung, S. 40, wonach „lediglich das Verlassen der Domäne“ zu einer Übernahmeaufforderung führt; siehe entsprechend deutlich auch *Ensthaler/Gollrad*, Rechtsgrundlagen automatisiertes Fahren, S. 54.

risikominimalen Zustand herzustellen, sofern der Fahrer einer Übernahmeaufforderung nicht nachkommt.[124] Hierzu ist ein hochautomatisiertes Fahrzeug gerade nicht in der Lage.[125] Der risikominimale Systemzustand im beispielhaften Falle des Autobahnpilots wurde von der BASt-Gruppe als das Abbremsen des Fahrzeugs in den Stillstand verstanden.[126] Der „Runde Tisch" erweiterte und konkretisierte den risikominimalen Zustand als das selbstständige Anhalten des Fahrzeugs auf dem Seitenstreifen.[127]

f) Stufe 5: Autonom

Der stetig zunehmende Automatisierungsumfang mündet schließlich im autonomen Fahren. Zur Beschreibung der Stufe „Autonom" kann allerdings nicht mehr auf die Ergebnisse der BASt-Gruppe oder des „Runden Tischs" zurückgegriffen werden. Diese Stufe wurde von den deutschen Expertengremien nicht mehr vertieft in den Fokus genommen und letztlich nicht beschrieben. Sie beschäftigten sich ausschließlich mit der Automatisierung im Straßenverkehr bis zur Stufe 4, dem vollautomatisierten Fahren.

Das autonome Fahrzeug zeichnet sich dadurch aus, dass es die gesamte Fahraufgabe selbstständig übernimmt. Der Nutzer gibt lediglich Start und Zielpunkt vor und muss keine weitere Steuerung übernehmen. Demnach gibt es beim Einsatz von autonomen Fahrzeugen keinen Fahrer mehr, sondern nur noch Passagiere.[128] Auch im Rahmen der Begründung zum Regierungsentwurf zum StVG-Ä wird an zwei Stellen auf die autonome Fahrstufe Bezug genommen und klargestellt, dass im Gegensatz zur Automatisierung der BASt-Stufe 3 und 4 auf dieser Stufe kein Fahrer mehr benötigt wird.[129]

5. Tabellarischer Überblick

Aus Zwecken der Übersichtlichkeit werden an dieser Stelle die Hauptpunkte in der folgenden Tabelle zusammengefasst.[130]

---

124 Vgl. *Gasser*, DAR 2015, 6 (8); *Doderer/Hartwig*, IR 2016, 32 (33); die Fähigkeit des Fahrzeugs in den risikominimalen Zustand überzugehen, erachtet auch *Wagner*, Das neue Mobilitätsrecht, S. 22, als den wesentlichen Unterschied.

125 Vgl. *Gasser et al.*, Rechtsfolgen zunehmender Fahrzeugautomatisierung, S. 9.

126 Vgl. *Gasser et al.*, Rechtsfolgen zunehmender Fahrzeugautomatisierung, S. 9.

127 Vgl. *Gasser/Schmidt et al.*, Bericht zum Forschungsbedarf (Runder Tisch), S. 116.

128 So auch *Lange*, NZV 2017, 345 (346); *Balke*, SVR 2018, 5 (6); BT-Drs. 18/11300, S. 14.

129 BT-Drs. 18/11300, S. 14, 21.

130 Angelehnt an die Tabelle „Benennung und Klassifizierung automatisierter Fahrfunktionen", *Gasser et al.*, Rechtsfolgen zunehmender Fahrzeugautomatisierung, S. 31, und *Gasser/Schmidt et al.*, Bericht zum Forschungsbedarf (Runder Tisch), Anhang 5, S. 116.

Stufe	Bezeichnung	Fahraufgabe	Überwachung durch Fahrer
0	Driver Only	Der Fahrer führt die gesamte Fahraufgabe, also die Längs- und die Querführung, selbst aus.	Fahrer fährt selbst, daher keine Überwachung des Systems notwendig.
1	Assistiert	Das System übernimmt dauerhaft in gewissen Grenzen **entweder** die Längs- **oder** die Querführung.	Der Fahrer muss ständig überwachen und zur Korrektur bereit sein.
2	Teilautomatisiert	**Sowohl** Längs- **als auch** Querführung in spezifischen Situationen.	Der Fahrer muss das System ständig überwachen und zur Korrektur bereit sein.
3	Hochautomatisiert	Sowohl Längs- als auch Querführung in spezifischen Situationen.	Der Fahrer muss das System **nicht** ständig überwachen. Er muss allerdings auf eine Übernahmeaufforderung innerhalb einer gewissen Zeitreserve reagieren.
4	Vollautomatisiert	Sowohl Längs- als auch Querführung im definierten Anwendungsfall.	Der Fahrer muss das System **nicht** ständig überwachen. Er muss allerdings nach Übernahmeaufforderung innerhalb einer gewissen Zeitreserve reagieren. Das Fahrzeug ist überdies in der Lage, selbstständig in den **risikominimalen Zustand** überzuführen.
5	Autonom	Der Benutzer gibt nur noch Start und Ziel vor. Das Fahrzeug ist in der Lage, alle Verkehrssituationen auf allen Straßen selbstständig zu bewältigen.	Der Benutzer ist nur noch Passagier. Er muss zu keinem Zeitpunkt das System überwachen. Er wird nicht mehr als Rückfallebene gebraucht – eine Übernahmesituation ist ausgeschlossen.

6. Differenzierung zwischen den Begriffen „automatisiert" und „autonom"

Vor allem in der Presse und allgemein in der öffentlichen Debatte um die Zukunft der individuellen Mobilität werden die Begriffe „autonom" und „automatisiert" oft gleichgesetzt und damit nicht richtig eingeordnet.[131] Aber auch in der wissenschaftlichen Auseinandersetzung wird vereinzelt nicht mit der nötigen Trennschärfe zwischen diesen Begriffen unterschieden.

So fasst *Singler* die einzelnen Automatisierungsstufen (nach der BASt-Nomenklatur) unter den Begriff „Autonomes Fahren".[132] Das an sich „echte" autonome Fahren[133] bezeichnet er dann als „vollautonome[s] Fahren".[134] Gerade zum Ende der Untersuchung ist aufgrund der Wahl der Begrifflichkeiten nicht mehr eindeutig, was *Singler* unter „autonomen Systeme[n]" oder „autonome[n] Fahrzeuge[n]" fassen möchte.[135] Bezieht er sich auf automatisierte Systeme oder zieht er doch schon Schlüsse auf autonome Fahrzeuge? Die Qualität der Arbeit soll mit diesem Kritikpunkt keinesfalls in Abrede gestellt werden. Es zeigt sich jedoch, wie wichtig die einheitliche Benennung der technischen Systeme und insbesondere die Trennung der Begriffe „autonom" und „automatisiert" für den wissenschaftlichen Diskurs sind, um eindeutige Ergebnisse zu erhalten und Missverständnisse zu vermeiden. Die Vermengung der Begrifflichkeiten bei *Singler* könnte auf den Aufsatz von *Jänich/Schrader/Reck*[136] zurückzuführen sein, auf den *Singler* referiert. Auch in dieser Veröffentlichung werden zum Teil die Begriffe „autonom" und „automatisiert" synonym verwendet. So ist beispielsweise von einer Untergliederung in „teil-, voll- und hochautonom"[137] die Rede. Mit der oben vorgestellten Klassifizierung ist hier dagegen vielmehr eine Unterteilung in teil-, hoch- und vollautomatisiert anzunehmen. Nicht außer Acht gelassen werden darf hierbei indes, dass die Arbeit von *Jänich/Schrader/Reck* bereits im Jahr 2015 veröffentlicht wurde. Zu diesem frühen Zeitpunkt war

131 So auch *Ruttloff/Freytag*, CB 2017, 333 (334); siehe auch *May*, in: 53. Deutscher Verkehrsgerichtstag, S. 83; von einer „Begriffskonfusion" sprechen *Cacilo/Schmidt/Wittlinger et al.*, Fraunhofer Studie Hochautomatisiertes Fahren, S. 9; siehe auch *Will*, NZV 2020, 163 (163), der ebenfalls darauf hinweist, dass das automatisierte Fahren „umgangssprachlich oft als autonomes Fahren" bezeichnet wird; siehe zuletzt auch *Steege*, SVR 2021, 128 (136), der den „unreflektierten Sprachgebrauch" für problematisch hält.

132 Siehe *Singler*, NZV 2017, 353 (353).

133 Die Bezeichnung „echte[s]" autonomes Fahren verwendet ebenso *Ruttloff/Freytag*, CB 2017, 333 (334).

134 So *Singler*, NZV 2017, 353 (354).

135 Vgl. *Singler*, NZV 2017, 353 (357).

136 *Jänich/Schrader/Reck*, NZV 2015, 313.

137 *Jänich/Schrader/Reck*, NZV 2015, 313 (314).

die begriffliche Unterscheidung zwischen „autonom“ und „automatisiert“ längst nicht so verankert wie zum heutigen Zeitpunkt.

Solmecke/Jockisch befassen sich in einem Beitrag aus dem Jahr 2016 ebenfalls mit „(teil-)autonomen Fahrzeugen“[138] und dem „(teil-)autonomen Fahren“[139]. Gemeint dürften nach heutigem Begriffsverständnis automatisierte Fahrzeuge sein. Dies macht auch der Hinweis auf (teil-)automatisierte Fahrzeuge im Rahmen des Fazits am Ende des fundierten Beitrages deutlich.[140] Auch *Schulz* spricht in einem Aufsatz aus dem Jahr 2017 unter dem Gliederungspunkt „Stufen des autonomen Fahrens“ noch von „nichtautonomen, teilautonomen und vollautonomen Fahrzeugen“[141]. Die inhaltliche Auseinandersetzung mit der Thematik legt jedoch die Vermutung nahe, dass sich der Autor vielmehr mit dem automatisierten Fahren beschäftigt.

Der weit überwiegende Teil der Veröffentlichungen hält eine Trennung der Begrifflichkeiten „autonom“ und „automatisiert“ strikt ein.[142] Dies ist mit Blick auf die Verwertbarkeit von Ergebnissen in der wissenschaftlichen Diskussion unerlässlich. *Wolfers* sieht in dieser Differenzierung sogar die „wichtigste begriffliche Unterscheidung“[143]. Mit der StVG-Novelle 2021 zum autonomen Fahren wird die Differenzierung zwischen dem automatisierten und autonomen Fahren aufgeweicht. Es bleibt allerdings dabei, dass automatisierte Fahrfunktionen, die grundsätzlich einen im Fahrzeug physisch anwesenden Fahrer vorsehen, nicht als „autonom“ bezeichnet werden sollten. Es handelt sich hierbei vielmehr um automatisierte Fahrzeuge.

7. Zur Einordung von sogenannten „Assistenzsystemen“

Im allgemeinen Sprachgebrauch ist bei Ausstattungsmerkmalen von Fahrzeugen oft auch die Rede von Assistenzsystemen. Mit Blick auf die Bezeich-

138 *Solmecke/Jockisch*, MMR 2016, 359 (364).

139 *Solmecke/Jockisch*, MMR 2016, 359 (359).

140 *Solmecke/Jockisch*, MMR 2016, 359 (364).

141 *Schulz*, NZV 2017, 548 (549).

142 Vgl. nur *Freise*, VersR 2019, 65 (66); *Balke*, SVR 2018, 5 (5 f.); *Wolfers*, RAW 2017, 2 (3); *von Bodungen*, in: Sassenberg/Faber, Rechtshandbuch Industrie 4.0, § 16, Rn. 5; BHHJ/*Jahnke*, StVG § 1a, Rn. 5; mit ausdrücklicher Unterscheidung auch *Beck*, in: Leupold/Wiebe/Glossner, IT-Recht, Teil 9.2 Autonomes Fahren, Rn. 16; siehe auch *Steege*, SVR 2021, 128 (130) vor dem Hintergrund der StVG-Novelle 2021.

143 Siehe *Wolfers*, RAW 2017, 2 (3); a. A. *Hilgendorf*, JA 2018, 801 (801), der neben dem Begriff des automatisierten Fahrens auch die Bezeichnung „Fahren mittels autonomer Systeme“ für sinnvoll erachtet und damit die begriffliche Differenzierung „automatisiert“ und „autonom“ offensichtlich für unnötig hält; in diese Richtung auch *Hey*, Haftung des Herstellers, S. 12, der im Rahmen einer eigenen Definition die „Level drei bis fünf“ für die Zwecke seiner Untersuchung unter den Begriff „autonomes Fahren“ fasst.

nung der Automatisierungsstufe 1 als „Assistiert" liegt die Vermutung nahe, dass grundsätzlich alle Assistenzsysteme unter diese Automatisierungsstufe zu fassen seien. Unter Zugrundelegung der oben dargestellten Beschreibung der Stufe 1 trifft dies aber nicht zu, wie im Folgenden gezeigt werden soll.

Warnsysteme, Notbremsassistenten und auch einfache Regelelektronik, wie ABS, ESP und ASR, sind nicht unter Systeme der Stufe 1 zu fassen. Es handelt sich bei diesen zur Vermeidung von Unfällen oder gefahrgeneigten Situationen eingreifenden Assistenzsystemen vielmehr um Systeme der Stufe 0. Mit diesen Assistenzsystemen geht daher auch keine Fahrzeugautomatisierung einher.

a) Warnungen und Informationen

An den Fahrer gerichtete Warnungen und Informationen des Fahrzeugs stellen keine Automatisierung dar[144], soweit die Bordelektronik keinen direkten Einfluss auf die Fahrzeugsteuerung nehmen kann. Die Steuerung verbleibt vielmehr komplett beim Fahrer, der selbstständig auf die Warnung reagieren muss.[145] Derartige Systeme sind daher unter die Stufe 0 einzuordnen, da der Fahrer dauerhaft die gesamte Fahraufgabe ausführt („Driver Only").

Eine andere Ansicht vertritt *Lohmann*, die Informations- und Warnsysteme ausdrücklich dem Automatisierungsgrad „Assistiert" zuschreibt.[146] Schickt sie im Rahmen der Vorbemerkung noch voraus, dass *„[g]emäss Definition der BASt […] der Fahrer hier dauerhaft entweder die Quer- oder die Längsführung aus[führt]"*[147], versäumt sie es kurz darauf, die von ihr in den Fokus genommenen Warn- und Informationssysteme unter diese „Definition" zu subsumieren. *Lohmann* stellt richtigerweise fest, dass Informations- und Warnsysteme gerade nicht in die Fahrzeugführung eingreifen.[148] Weshalb derartige Warnsysteme dennoch der Stufe 1, bei denen entweder die Quer- oder die Längsführung für eine gewisse Dauer vom Fahrzeug ausgeführt wird, zugeordnet werden sollten, ist weder begründet noch ersichtlich.

b) Regeleingriffe durch ABS, ESP und ASR

Bei regelnden Sicherheits-Systemen wie ABS, ESP und ASR stellt sich die Frage, ob diese unter die Stufe 0 „Driver Only" zu fassen sind oder bereits der Stufe 1 „Assistiert" zuzuordnen sind. Das ABS verhindert das Blockie-

144 So auch *Balke*, SVR 2018, 5 (5).
145 Vgl. hierzu *Gasser*, DAR 2015, 6 (7).
146 Vgl. *Lohmann*, Automatisierte Fahrzeuge, S. 55, 58.
147 So *Lohmann*, Automatisierte Fahrzeuge, S. 55.
148 Vgl. *Lohmann*, Automatisierte Fahrzeuge, S. 58.

ren der Räder bei einer vom Fahrer selbst eingeleiteten und ausgeführten Bremsung durch kurzzeitiges Öffnen der Bremse am blockierenden Rad. Durch Regeleingriffe des ESP soll ein Schleudern des Fahrzeugs verhindert werden und durch gezielte Bremseingriffe dem vom Fahrer vorgegebenen Lenkwinkeleinschlag gefolgt werden. Das ASR verhindert das Durchdrehen der Räder der Antriebsachse, sofern der Fahrer im Verhältnis zum Untergrund zu stark beschleunigt. Die Ausführung der Fahraufgabe verbleibt bei ABS, ESP und ASR also vollständig beim Fahrer.

Das grundsätzliche Vorhandensein beziehungsweise die Regeleingriffe von derartigen Sicherheits-Systemen erfüllen nicht die Voraussetzungen eines Stufe-1-Systems, da dem Fahrer zu keinem Zeitpunkt die Fahraufgabe abgenommen wird. Erst recht wird weder die Quer- oder Längsführung für einen gewissen Zeitraum vom Fahrzeug selbst ausgeführt. Eine Ausführung der Längs- oder Querführung für eine gewisse Dauer wird vom Fahrzeug nicht geleistet, sondern das Sicherheits-System greift ohne Aktivierung des Fahrers in der jeweiligen Situation für einen kurzen Moment ein. Lediglich mit ABS, ESP und ASR ausgerüstete Fahrzeuge sind demnach nicht der Stufe 1, sondern der Stufe 0 zuzuordnen.[149] Keinesfalls geht mit diesen Systemen eine Automatisierung einher. Die Einordnung dieser Assistenzsysteme zur Teil-, Hoch- oder Vollautomatisierung wäre abwegig und wird in der Literatur an keiner Stelle vertreten.

c) Notbremsassistent

Als besonders diffizil stellt sich die Kategorisierung von sogenannten Notbremsassistenten dar. Derartige Systeme erkennen Hindernisse vor dem Fahrzeug und leiten selbstständig eine Notbremsung ein, sofern der Fahrer nicht auf eine vorherige Warnung des Systems reagiert. Es ist demnach nicht von der Hand zu weisen, dass ein solches Sicherheits-Assistenzsystem für die bis zum Stillstand des Fahrzeugs benötigte Zeit auf die Längsführung durch eine selbstständig eingeleitete Bremsung einwirkt. Dennoch fallen auch Notbremsassistenten unter die Stufe 0 „Driver Only“.

Entscheidendes Kriterium ist, dass zwar auf die Längsführung durch das System eingewirkt wird, diese Einwirkung aber nicht dauerhaft beziehungsweise kontinuierlich erfolgt. Aus der Klassifizierung der Automatisierungsstufen ergibt sich, dass der Fahrer auf Stufe 1 eine der beiden Fahraufgaben dauerhaft ausführen muss, wobei die verbleibende Fahraufgabe durch

---

149 Im Ergebnis auch SAE Standard J3016 2021, S. 4, 30; a.A. *König*, in: Hentschel/König/Dauer, SVR, StVG § 1a, Rn. 10, der ABS und ESP ausdrücklich unter Level 1 Systeme fasst; *Balke*, SVR 2018, 5 (5), welcher Fahrzeuge mit „ABS, ESP oder Antischlupfregelungen“ beispielhaft als Level 1 aufzählt und damit offenbar nicht mehr unter Stufe 0 fassen möchte; *Schmid/Wessels*, NZV 2017, 357 (358).

das System für eine gewisse Dauer übernommen werden kann. Auch dieser durch das System ausgeführten Fahraufgabe ist damit das Merkmal der Dauerhaftigkeit immanent. Diese enge Auslegung der Stufe 1 findet Entsprechung bei *Gasser*, der im Rahmen der Stufen das Kriterium der „kontinuierlich wirkende[n] Automatisierung“[150] in den Fokus nimmt. Er scheint damit ebenfalls auf das Merkmal „dauerhaft“ abzustellen. Stufe 0 soll dann als die Stufe ohne kontinuierliche Automatisierung zu verstehen sein.[151]

Da der Notbremsassistent nicht kontinuierlich, also nicht dauerhaft, die Längsführung übernimmt, sondern nur im Notfall für den Moment eingreift, ist dieses System nicht unter Stufe 1, sondern unter die Driver Only Stufe 0 zu fassen. Dafür spricht auch, dass die Längsführung bei derartigen Systemen nur negativ beeinflusst wird, da das System lediglich eine Verzögerung einleiten kann. Eine weitergehende oder daran anschließende Beschleunigung in Längsrichtung durch das System ist weder vorgesehen noch möglich. Das System kann die übernommene Fahraufgabe der Längsführung damit nicht vollständig, sondern systembedingt nur in eine Richtung ausführen.

8. Zusammenfassung

Die Entwicklung einer Klassifizierung von Automatisierungsgraden wurde in Deutschland auch mit Blick auf die juristische Auseinandersetzung bereits vor Jahren in Angriff genommen. Unter Heranziehung von einheitlichen Differenzierungsmerkmalen, wie dem Umfang der vom System übernommenen Fahraufgabe und der beim Fahrer verbleibenden Überwachungspflicht, wurde von Expertengremien eine feingliedrige Abstufung entwickelt, die einen stetig ansteigenden Automatisierungsgrad abbildet.

Aufgrund des technischen und juristischen Neulands musste sich eine gefestigte Terminologie erst entwickeln und gegen die Verwässerung durch Berichte im nichtwissenschaftlichen Bereich behaupten. Unter diesem Aspekt sollte auch weiterhin auf den korrekten Sprachgebrauch ein besonderes Augenmerk bei der juristischen Bearbeitung der Thematik gerichtet werden. Bei der vorgestellten Klassifizierung handelt es sich allerdings um eine technische Beschreibung, welche keine Allgemeingültigkeit für sich beanspruchen kann.[152] Allgemeingültigkeit kann lediglich einer gesetzlichen Definition zukommen.

---

150 So *Gasser*, DAR 2015, 6 (8); das Kriterium der dauerhaften Steuerung („on a sustained basis“) durch das automatisierte System findet sich im Übrigen auch im SAE Standard J3016 2021, Punkt 3.28, NOTE 2, S. 20.

151 Vgl. *Gasser*, DAR 2015, 6 (8).

152 In diese Richtung auch *von Bodungen/Hoffmann*, InTeR 2017, 85 (86).

II. Gesetzliche Definition der hoch- oder vollautomatisierten Fahrfunktion

Die von den Expertengremien entwickelten und in der wissenschaftlichen Diskussion übernommenen Automatisierungsstufen erfuhren schließlich auch Beachtung im Rahmen der StVG-Novelle 2017. So wird in der Begründung zum Regierungsentwurf ausdrücklich auf die Klassifizierung der Automatisierungsstufen, wie sie auch vom „Runden Tisch" bestätigt wurden, verwiesen.[153] Damit wirken die Arbeit und die Ergebnisse der Expertengremien bis in die aktuell geltende Fassung des StVG hinein.

1. Kraftfahrzeuge mit hoch- oder vollautomatisierter Fahrfunktion

Das StVG hält mit dem neuen § 1a Abs. 2 Satz 1 erstmals im deutschen Rechtsraum eine Definition für hoch- oder vollautomatisierte Fahrfunktionen bereit.[154] Mit dieser sollen ausdrücklich Systeme adressiert werden, welche den Stufen 3 und 4 der von der BASt entwickelten und vom „Runden Tisch" beschlossenen Klassifizierung[155] entsprechen.[156] Dort heißt es[157]:

> *„(2) [1]Kraftfahrzeuge mit* ***hoch- oder vollautomatisierter*** *Fahrfunktion im Sinne dieses Gesetzes sind solche, die über eine* ***technische Ausrüstung*** *verfügen,*
>
> *1. die zur Bewältigung der* ***Fahraufgabe*** *– einschließlich Längs- und Querführung – das jeweilige Kraftfahrzeug nach Aktivierung steuern* ***(Fahrzeugsteuerung)*** *kann,*
>
> *2. die in der Lage ist, während der hoch- oder vollautomatisierten Fahrzeugsteuerung den an die Fahrzeugführung gerichteten* ***Verkehrsvorschriften*** *zu entsprechen,*
>
> *3. die jederzeit durch den Fahrzeugführer manuell* ***übersteuerbar*** *oder* ***deaktivierbar*** *ist,*

---

153 Siehe Begründung, BT-Drs. 18/11300, S. 13; BR-Drs. 69/17, S. 6.

154 A.A. wohl *Ensthaler/Gollrad*, Rechtsgrundlagen automatisiertes Fahren, S. 65, wonach der Gesetzgeber „bewusst auf eine Definition verzichtet" habe.

155 Siehe dazu ausführlich oben unter Punkt A. I.

156 Vgl. Begründung, BT-Drs. 18/11300, S. 13; a.A. *Ensthaler/Gollrad*, Rechtsgrundlagen automatisiertes Fahren, S. 65, die davon ausgehen, dass „die Stufen 3 und 4 nach SAE gemeint" seien; zur Entwicklung der Klassifizierung durch die SAE im US-amerikanischen Raum siehe unten unter Punkt B. I.2 und insbesondere die dargestellten Unterschiede zur deutschen Klassifizierung unter Punkt B. I.2.c).

157 § 1a Abs. 2 Straßenverkehrsgesetz in der Fassung der Bekanntmachung vom 05.03.2003, zuletzt geändert durch Art. 16 Gesetz zur Anpassung von Gesetzen und Verordnungen an die neue Behördenbezeichnung des Bundesamtes für Güterverkehr vom 02.03.2023 (BGBl. I Nr. 56); Hervorhebungen nur hier.

> *4. die die Erforderlichkeit der **eigenhändigen Fahrzeugsteuerung** durch den Fahrzeugführer erkennen kann,*
>
> *5. die dem Fahrzeugführer das **Erfordernis** der eigenhändigen Fahrzeugsteuerung **mit ausreichender Zeitreserve** vor der Abgabe der Fahrzeugsteuerung an den Fahrzeugführer optisch, akustisch, taktil oder sonst wahrnehmbar **anzeigen kann** und*
>
> *6. die auf eine der Systembeschreibung **zuwiderlaufende Verwendung hinweist**.*
>
> *[2]Der Hersteller eines solchen Kraftfahrzeugs hat in der **Systembeschreibung verbindlich zu erklären**, dass das Fahrzeug den Voraussetzungen des Satzes 1 entspricht."*

Der Gesetzgeber hat sich zu einer Definition mit einem umfassenden Kriterienkatalog entschlossen. Mit diesem Katalog hat sich der Rechtsanwender auseinanderzusetzen.

a) Fahrzeugsteuerung

Zunächst wird in § 1a Abs. 2 Satz 1 Nr. 1 StVG eine Legaldefinition der Fahrzeugsteuerung eingeführt. Sie ist die Bewältigung der Fahraufgabe nach Aktivierung des Systems durch das Fahrzeug selbst. Die Fahraufgabe umfasst dabei in erster Linie die Längs- und Querführung des Fahrzeugs. Die durch den menschlichen Fahrer ausgeführte Fahraufgabe wird dagegen in § 1a Abs. 2 Satz 1 Nr. 4 StVG ausdrücklich als „eigenhändige Fahrzeugsteuerung" bezeichnet.

b) Beachtung der Verkehrsvorschriften

Das hoch- oder vollautomatisierte Fahrzeug muss gemäß § 1a Abs. 2 Satz 1 Nr. 2 StVG denjenigen Verkehrsvorschriften entsprechen können, die „an die Fahrzeugführung" gerichtet sind. In diesem Zusammenhang wurde jedoch nicht konkret definiert, was unter der Fahrzeugführung zu verstehen ist.

Nach der Gesetzesbegründung zum Regierungsentwurf handelt es sich hierbei um die „straßenverkehrsrechtlichen Vorschriften", welche das Fahrzeug beachten können muss.[158] Das Fahrzeug muss sich „regelkonform" verhalten können.[159] Mit Blick auf diese Begründung ist anzunehmen, dass das Fahrzeug alle Verkehrsvorschriften beachten muss, die auch für einen

158 Vgl. Begründung, BT-Drs. 18/11300, S. 21.
159 Vgl. Begründung, BT-Drs. 18/11300, S. 21.

menschlichen Fahrzeugführer verbindlich sind.[160] Damit muss das Fahrzeug insbesondere Geschwindigkeitsbeschränkungen, den Abstand und das Rechtsfahrgebot auf Autobahnen einhalten.

c) Übersteuerbarkeit

In § 1a Abs. 2 Satz 1 Nr. 3 StVG stellt der Gesetzgeber unmissverständlich fest, dass die voll- oder hochautomatisierte Fahrfunktion zu jeder Zeit vom menschlichen Fahrer übersteuerbar bleibt oder deaktiviert werden kann.

Schrader vermutet, dass der Gesetzgeber sich hierbei von Art. 8 V^{bis} HS 2 des Wiener Übereinkommens über den Straßenverkehr leiten ließ und einen Gleichlauf mit dieser Norm sicherstellen wollte.[161] Diese Intention ist vor dem Hintergrund der Verbindlichkeit des Wiener Übereinkommens über den Straßenverkehr[162] nicht von der Hand zu weisen. Allerdings war die Festschreibung der Übersteuerbarkeit oder Möglichkeit zur Deaktivierung schon aus tatsächlichen Gründen angezeigt. Zum einen entscheidet sich der Fahrer im Rahmen der Hoch- oder Vollautomatisierung bewusst für den Einsatz des Systems und muss sich daher auch jederzeit für dessen Deaktivierung entscheiden können. Zum anderen sind automatisierte Systeme nicht derart leistungsfähig, dass jede Störung ausgeschlossen werden kann. Mit Blick auf § 1b Abs. 2 Nr. 2 StVG muss das System also übersteuerbar oder zumindest deaktivierbar sein.

d) Übergabesituation

In Abgrenzung zum autonomen Fahren kann das automatisierte System nicht ausnahmslos jede Situation in jeder Umgebung bewältigen. Daher verbleibt der menschliche Fahrer als Rückfallebene. Ein weiterentwickeltes automatisiertes System muss daher definitionsgemäß eigenständig die Erforderlichkeit der eigenhändigen Fahrzeugsteuerung durch den Fahrzeugführer erkennen (vgl. § 1a Abs. 2 Satz 1 Nr. 4 StVG) und fordert diesen zur eigenhändigen Fahrzeugsteuerung auf (§ 1a Abs. 2 Satz 1 Nr. 5 StVG). Das System muss demnach in der Lage sein, seine Grenzen selbst zu erkennen.

---

160 Die von der Definition umfassten Verkehrsvorschriften sind allein aus dem Wortlaut nicht eindeutig identifizierbar. Siehe hierzu ausführlich unten in Teil 3 unter Punkt A. I.2.c).

161 *Schrader*, DAR 2018, 314 (315).

162 Übereinkommen über den Straßenverkehr vom 08.11.1968; BGBl. 1977 II, S. 809, 811 (Zustimmungsgesetz); BGBl. 1979 II, S. 903 (Bekanntmachung über das Inkrafttreten); VkBl. 1977, 583; zur Rolle des Völkerrechts im Straßenverkehrsrecht siehe ausführlich unten in Teil 3 unter Punkt B.IV.3.

Eine gesetzliche Konkretisierung, wann die eigenhändige Fahrzeugsteuerung erforderlich ist, unterbleibt allerdings.

Im Fall der Erforderlichkeit der eigenhändigen Fahrzeugsteuerung kommt es zu einer Übergabesituation, in der das Fahrzeug die Fahrzeugsteuerung an den menschlichen Fahrer zurückgibt. Dem Fahrer soll nach § 1a Abs. 2 Satz 1 Nr. 5 StVG für die Übernahme eine „ausreichende Zeitreserve" zur Verfügung gestellt werden. Eine Konkretisierung, welche Zeitreserve zur Übernahme noch als ausreichend anzusehen sein soll, unterbleibt allerdings im Gesetz. Ebenso sieht das Gesetz keine verbindliche Reaktion durch das System vor, falls der Fahrer die Fahrzeugsteuerung trotz Aufforderung nicht übernimmt.

e) Zuwiderlaufende Verwendung

Schließlich ist die hoch- oder vollautomatisierte Fahrfunktion gemäß § 1a Abs. 2 Satz 1 Nr. 6 StVG in der Lage, den Fahrer auf eine der Systembeschreibung zuwiderlaufende Verwendung hinzuweisen. Damit muss das entsprechende System definitionsgemäß also nicht in der Lage sein, eine durch den Menschen zuwiderlaufende Verwendung der Fahrfunktion grundsätzlich zu verhindern oder zu unterbinden. Ein Hinweis auf die zuwiderlaufende Verwendung ist ausreichend. In diesem Zusammenhang ist anzumerken, dass an keiner Stelle gesetzlich definiert wird, was konkret unter der Systembeschreibung zu verstehen ist oder an welchem Ort oder in welcher Form sie dem Fahrer zur Verfügung gestellt werden muss.

f) Zusammenfassung

Durch den umfassenden Kriterienkatalog wurde der Begriff der voll- oder hochautomatisierten Fahrfunktion recht eng umschrieben. Die in Gesetzeswortlaut gegossene Definition führte dabei neue Begriffe rund um das automatisierte Fahren ein. So wird nunmehr der Begriff der Fahrzeugsteuerung legaldefiniert. Zugleich wurde der zentrale Begriff der Systembeschreibung in das Gesetz eingeführt. Mit dem Hinweis auf das Erfordernis der eigenhändigen Fahrzeugsteuerung in bestimmten Situationen wird die viel diskutierte Übergabesituation angesprochen. In diesem Zusammenhang unterbleibt allerdings eine Konkretisierung, wieviel Zeit dem Fahrer für die Übernahme der Fahrzeugsteuerung einzuräumen ist, um die Zeitreserve als auseichend qualifizieren zu können.

2. Bewertung vor dem Hintergrund der technischen Klassifizierung

Das Vorhandensein einer hoch- oder vollautomatisierten Fahrfunktion stellt den Anknüpfungspunkt für die Anwendbarkeit der mit der StVG-Novelle 2017 eingeführten Regelungen und Privilegien rund um das automatisierte Fahren dar. Die Definition in § 1a Abs. 2 Satz 1 StVG fungiert damit als Türöffner für die gesamten gesetzlichen Neuerungen der StVG-Novelle 2017 im Bereich des automatisierten Fahrens.

Der Gesetzesänderung wurde ausdrücklich die von der BASt-Gruppe erarbeitete und vom „Runden Tisch" beschlossene Klassifikation der Automatisierungsstufen zugrunde gelegt.[163] Vor dem Hintergrund dieser wegbereitenden Klassifikation soll die Definition der hoch- oder vollautomatisierten Fahrfunktion nun bewertet werden. Obwohl die gesetzliche Definition auf der grundlegenden Arbeit der Expertengremien aufbaut, offenbaren sich deutliche Abweichungen zwischen der Kodifikation in § 1a Abs. 2 StVG einerseits und der ihr vorangegangenen technischen Beschreibung der Automatisierungsgrade andererseits.

a) Konzentration auf höhere Automatisierungsstufen

Zunächst wird im Rahmen der gesetzlichen Definition nicht die gesamte Bandbreite der Automatisierungsgrade abgebildet. Der Gesetzgeber konzentriert sich vielmehr auf die höheren Automatisierungsstufen, wie sie von den Expertengremien im Rahmen der Klassifikation als Stufen 3 und 4 identifiziert wurden. Es handelt sich hierbei um einen Grad der Automatisierung, welchen der Gesetzgeber unter „weiterentwickelte" automatisierte Systeme bzw. Fahrfunktionen fasst.[164]

aa) Anwendungsbereich der Neuregelung

Während im Rahmen der Klassifizierung der gesamte Weg vom herkömmlichen Fahren ohne jegliche Automatisierung bis hin zum vollautomatisierten Fahren beschrieben wurde, begnügt sich das Gesetz lediglich mit einer Definition der höheren Stufen der Automatisierung. Dies stellt sich als sinnvolle Vereinfachung dar. Die gesetzlichen Regelungen zum automatisierten Fahren sollen nach dem Willen des Gesetzgebers nur weiterentwickelte automatisierte Systeme umfassen.[165] Für eine Definition von Automatisierungsgraden niedriger Stufen bestand daher keine Notwendigkeit.

163 Begründung, BT-Drs. 18/11300, S. 12 f.
164 Vgl. Begründung, BT-Drs. 18/11300, S. 1, 20.
165 Siehe Begründung, BT-Drs. 18/11300, S. 20.

(1) Systeme bis Stufe 2 nicht erfasst

Der Gesetzgeber hat sich bewusst dazu entschlossen, die sich bereits im Einsatz befindlichen teilautomatisierten Systeme der Stufe 2 nicht unter den Anwendungsbereich der neuen Bestimmungen zum automatisierten Fahren zu fassen. Er belässt es vielmehr beim Status quo, wonach für diese Systeme die bisherigen gesetzlichen Regeln unverändert weitergelten. Die neu eingeführten Bestimmungen und Privilegien für das automatisierte Fahren sollten für diese Systeme daher schon definitionsgemäß nicht gelten. Der Anwendungsbereich soll vielmehr für Fahrfunktionen der hochautomatisierten Stufe 3 und der vollautomatisierten Stufe 4 nach der BASt-Klassifikation eröffnet sein.

(2) Automatisierte Systeme der BASt-Stufen 3 und 4

Soweit *von Kaler/Wieser* davon ausgehen, dass Fahrzeuge der vollautomatisierten Stufe 4 nicht von den Neuregelungen der StVG-Novelle 2017 umfasst werden[166], kann dem nicht gefolgt werden. Es ist nicht ersichtlich, warum Fahrzeuge der Stufe 4 im Gegensatz zu Fahrzeugen der Stufe 3 nicht von den neuen Regelungen erfasst werden sollten. Jedenfalls wird dies nicht näher erläutert. Es kann nur vermutet werden, dass sich die Feststellung bei *von Kaler/Wieser* aufgrund einer missverständlichen Interpretation der Automatisierungsgrade ergibt. Die Autoren ordnen allerdings die Stufe 4 richtigerweise als „vollautomatisiert" ein und setzen sie in richtiger Relation zur Stufe 3.[167]

Schrader hält dagegen grundsätzlich nachvollziehbar fest, dass der Gesetzgeber „seine Regelung auf die Erfassung ‚hochautomatisierter' Fahrsysteme"[168] beschränke, „obwohl die verwendete Terminologie auf einen erweiterten Bereich hindeutet."[169]. Er stellt dabei erkennbar ab auf die im Rahmen der Definition fehlende Voraussetzung des Übergangs in den risikominimalen Zustand, wie ihn die technische Klassifizierung für die vollautomatisierte Fahrfunktion vorsieht.[170] Der Autor geht im Ergebnis davon aus, dass die gesetzliche Neuregelung allein hochautomatisierte Fahrfunktionen der technischen Stufe 3 erfasse und gerade nicht (auch) vollautomatisierte Funktionen der Stufe 4. Auf der einen Seite ist *Schrader* zuzugeben, dass die Voraussetzung des risikominimalen Zustandes nicht in die gesetzliche Definition Einzug gehalten hat. Allerdings lässt sich hieraus nicht schließen,

---

166 *von Kaler/Wieser*, NVwZ 2018, 369 (369 f.).
167 *von Kaler/Wieser*, NVwZ 2018, 369 (369).
168 *Schrader*, DAR 2018, 314 (315).
169 *Schrader*, DAR 2018, 314 (315 f.).
170 *Schrader*, DAR 2018, 314 (315).

dass Automatisierungssysteme der Stufe 4 nicht in den Anwendungsbereich der Norm fallen. Auch ein System der BASt-Stufe 4 erfüllt die von § 1a Abs. 2 StVG aufgestellten Kriterien, auf die es im Rahmen der gesetzlichen Neuregelung allein ankommt.[171] Das Vorhandensein einer weiteren Systemeigenschaft, wie die Fähigkeit in den risikominimalen Zustand überzugehen, ändert hieran nichts. Das von *Schrader* richtig erkannte Fehlen des risikominimalen Zustandes ist der gesetzgeberischen Entscheidung geschuldet, dass Systeme der technischen BASt-Stufe 3 und 4 unter dieselbe Definition des § 1a Abs. 2 StVG gefasst werden sollen.[172] Diese Konzeption lässt den Anwendungsbereich der Norm in Bezug auf die Systeme, welche die aufgestellten Kriterien erfüllen, allerdings unberührt. Die Annahme, allein aus dem fehlenden Kriterium des risikominimalen Zustandes zu schließen, dass Systeme der Stufe 4 nicht vom Anwendungsbereich der Norm erfasst seien, geht damit fehl. Im Gegenteil. Ein zusätzliches Kriterium im Rahmen der Definition könnte nur Systeme einer niedrigeren Automatisierungsstufe ausschließen, welche das entsprechende Kriterium nicht erfüllen. Hätte der Gesetzgeber die Funktion der Herstellung eines risikominimalen Zustandes in der Definition festgelegt, würden Systeme der Stufe 3 nicht mehr unter die Definition fallen und vom Anwendungsbereich der Norm nicht mehr erfasst werden. Es käme damit zum Ausschluss von Stufe 3 Systemen, wobei Stufe 4 Systeme nach wie vor von der Definition umfasst wären.

Der Gesetzgeber hat sich ausdrücklich auf weiterentwickelte automatisierte Systeme konzentriert. Aus dieser Warte bestand jedenfalls keine Notwendigkeit, dem Rechtsanwender weitere Definitionen für niedrigere Automatisierungsgrade als der der Stufe 3 und 4 im Rahmen des § 1a StVG an die Hand zu geben.

bb) Rechtsnormcharakter

Gerade auch mit Blick auf den Rechtsnormcharakter der Definition ist die vorgenommene Vereinfachung durch Konzentration auf die weiterentwickelte Automatisierung angezeigt. Eine Rechtsnorm muss als „abstrakt generelle Regelung“[173] eine Vielzahl von Sachverhalten abdecken und einen unbestimmten Personenkreis erreichen. Eine gesetzliche Regelung sollte dafür zwar so umfassend wie nötig, aber so genau und einfach wie möglich gestaltet werden.

---

171 In diese Richtung auch *von Bodungen*, in: Sassenberg/Faber, Rechtshandbuch Industrie 4.0, § 16, Rn. 8 f.; vgl. auch *König*, NZV 2017, 123 (124, Fn. 18) zum insofern gleichlautenden Regierungsentwurf.

172 Hierzu sogleich unter Punkt b).

173 Siehe BVerwG, Urteil vom 04.07.2002 – 2 C 13/01, NVwZ 2002, 1505 (1506).

Der Gesetzgeber nimmt die Definition der hoch- oder vollautomatisierten Fahrfunktion anhand eines positiven Katalogs an Voraussetzungen vor. Er grenzt die hoch- oder vollautomatisierte Fahrfunktion gerade nicht negativ von den unteren Stufen der Automatisierung und bloßen Assistenzsystemen ab. § 1a Abs. 2 Satz 1 StVG wäre damit nicht der richtige Platz für eine Sammlung von weiteren Definitionen, die zwar bei einer vergleichenden Rechtsbetrachtung behilflich sein könnten, aber für den Anwendungsbereich des Gesetzes unnötig sind.

Im Rahmen der Klassifikation war die Beschreibung aller Automatisierungsstufen dagegen hilfreich, um den Diskurs zu ermöglichen und den Weg der steigenden Automatisierungsstufen abzubilden. Für die genaue Bestimmung der im Rahmen des StVG allein adressierten weiterentwickelten Fahrfunktion ist eine ausdrückliche Abgrenzung zu den niedrigeren Automatisierungsstufen aufgrund der positiven Definition dagegen schlicht nicht notwendig.

Soweit im Rahmen einer juristischen Auseinandersetzung mit der Thematik niedrigere Automatisierungsgrade angesprochen und vergleichend herangezogen werden müssen, kann auf die wegbereitende Klassifizierung zurückgegriffen werden. Die Definition aller Automatisierungsstufen analog der Klassifizierung war nicht angezeigt.

b) Keine Differenzierung zwischen Hoch- und Vollautomatisierung

Zudem fällt auf, dass in § 1a Abs. 2 Satz 1 StVG keine abgestuften Automatisierungsgrade abgebildet werden. Es wird vielmehr die „hoch- oder vollautomatisierte Fahrfunktion“ unter eine gemeinsame Definition gefasst. Der Gesetzgeber differenziert damit ausdrücklich nicht mehr zwischen der hochautomatisierten Fahrfunktion (Stufe 3) einerseits und der vollautomatisierten Fahrfunktion (Stufe 4) andererseits. In der Begründung zum Regierungsentwurf wird diese Unterscheidung als „nicht notwendig und auch nicht zweckmäßig“[174] angesehen. *Von Bodungen/Hoffmann* stehen dieser Auffassung eher kritisch gegenüber, wenn sie davon sprechen, dass das Gesetz die beiden Automatisierungsstufen grob „über einen definitorischen Leisten schlägt“[175]. Auch der Arbeitskreis II des 56. Deutschen Verkehrsgerichtstages hat die Empfehlung ausgesprochen, im Gesetz zwischen hoch- und vollautomatisierten Fahrfunktionen klar zu differenzieren.[176]

174 Begründung, BT-Drs. 18/11300, S. 21.

175 *Von Bodungen/Hoffmann*, NZV 2018, 97 (99); so auch *von Bodungen*, in: Sassenberg/Faber, Rechtshandbuch Industrie 4.0, § 16, Rn. 9.

176 Siehe Empfehlung Nr. 1 des Arbeitskreis II, abrufbar unter https://deutscher-verkehrsgerichtstag.de/media/Editoren/Empfehlungen/2018_empfehlungen_56_vgt.pdf (zuletzt abgerufen am 31.08.2023); kritisch dazu *Pataki*, DAR 2018, 133 (134).

Tatsächlich ist die Zusammenfassung der Stufen 3 und 4 vor dem Hintergrund der Ergebnisse der Expertengruppen überraschend.[177] In der von der BASt entwickelten und vom „Runden Tisch“ beschlossenen Klassifikation wurde noch eine eindeutige Unterscheidung vorgenommen. Die Verfasser sahen zwischen der Hoch- und der Vollautomatisierung einen derartigen Entwicklungsunterschied, dass sie die Zuordnung zu verschiedenen Stufen für notwendig erachteten.

aa) Praxistauglichkeit der Definition

Mit Blick auf die Klassifikations-Beschreibung der Hochautomatisierung einerseits und der Vollautomatisierung andererseits zeigt sich, dass die Grenzen zwischen diesen beiden Stufen in der Praxis fließend sein dürften.[178] Darüber hinausgehende Abgrenzungsschwierigkeiten zwischen der Hoch- und der Vollautomatisierung werden mit Blick auf die beiden bereits erläuterten Hauptkriterien[179] zur allgemeinen Differenzierung der Automatisierungsgrade besonders deutlich.

(1) Übernommene Fahraufgabe

Nach der BASt-Klassifikation kann ein Stufe-3-System die Fahraufgabe für einen gewissen Zeitraum in spezifischen Situationen ausführen.[180] Auf Stufe 4 wird die Fahraufgabe vollständig in einem definierten Anwendungsfall vom System übernommen.[181] Dieses Differenzierungskriterium bildet eine Grundlage für die wissenschaftliche Diskussion, welche sich auch mit technischen Feinheiten auseinandersetzen kann und muss. Die tatsächlichen Unterschiede dürften allerdings im Rahmen einer praxistauglichen Gesetzesdefinition schwer zu fassen sein.[182] Es ist kaum vorstellbar, dass zum einen die

---

177 „Bemerkenswert“ findet dies auch *Schrader* DAR 2018, 314 (315).

178 In diese Richtung auch *Schrader*, DAR 2018, 314 (315); vgl. auch *von Bodungen/Hoffmann*, SVR 2016, 41 (42), welche die Stufen der Fahrzeugautomatisierung in drei Fallgruppen aufgliedern, wobei sie die Hoch- und die Vollautomatisierung der Stufen 3 und 4 unter eine gemeinsame Gruppe fassen.

179 Es handelt sich hierbei zum einen um die vom System übernommene Fahraufgabe und zum anderen um die Pflicht des Fahrers zur Überwachung des Systems, siehe dazu oben unter Punkt A. I. 2).

180 Vgl. *Gasser/Schmidt et al.*, Bericht zum Forschungsbedarf (Runder Tisch), Anhang 5, S. 116.

181 Vgl. *Gasser/Schmidt et al.*, Bericht zum Forschungsbedarf (Runder Tisch), Anhang 5, S. 116.

182 In diese Richtung auch *Schrader*, DAR 2018, 314 (315), der darauf hinweist, dass die Grenze zwischen den einzelnen Automatisierungsstufen oftmals nicht trennscharf gezogen werden kann.

Definition des „gewissen Zeitraums“ und zum anderen die Abgrenzung der „spezifischen Situation“ vom „definierten Anwendungsbereich“ im Rahmen einer gesetzlichen Definition zufriedenstellend geleistet werden kann.

(2) Pflicht zur Überwachung

Das zweite Hauptkriterium zur allgemeinen Unterscheidung der Automatisierungsgrade ist die Pflicht zur Überwachung des Systems durch den Fahrer. Dieses Kriterium offenbart mit Blick auf die Hoch- und Vollautomatisierung eher eine Gemeinsamkeit als einen Unterschied zwischen den beiden Stufen.

Im Rahmen der von der Klassifizierung gemachten beispielhaften Systemausprägung wird hervorgehoben, dass der Fahrer das System „nicht mehr“ (Stufe 3) bzw. „nicht mehr dauerhaft“ (Stufe 4) überwachen muss.[183] Den im Rahmen der Klassifizierung beschriebenen Entwicklungsstufen 3 und 4 ist daher gemein, dass sie die Entlassung des Fahrers aus der Überwachungspflicht grundsätzlich als möglich erachten. Die definitorische Bestimmung der lediglich „dauerhaften“ Entlassung in Abgrenzung zu einer kompletten Entlassung aus der Überwachungspflicht wird nur schwerlich trennscharf herangezogen werden können. Der Verweis auf die Überwachungspflicht diente der Klassifikation vielmehr zur Abgrenzung der Stufe 3 zu der vorangehenden Teilautomatisierung auf Stufe 2, auf der der Fahrer das System gerade noch dauerhaft überwachen muss[184].

Die Unterscheidung zwischen hoch- und vollautomatisierten Fahrfunktionen im Rahmen der Definition würde daher zu tatsächlichen Abgrenzungsschwierigkeiten führen und an einem umfangreichen weitergehenden Definitions- und Umschreibungsbedarf scheitern.

bb) Trennung von Tatbestands- und Rechtsfolgenseite

Die gesetzliche Regelung ist im Gegensatz zur bloßen Klassifikation außerdem Einschränkungen unterworfen. Das Gesetz muss zwischen der den Anwendungsbereich eröffnenden Tatbestandsseite einerseits und der Rechtsfolgenseite andererseits strikt trennen. Ein Blick auf die soeben angesprochene Überwachungspflicht des Fahrers offenbart diesen wichtigen Aspekt, der nicht aus den Augen verloren werden darf. So stellt die Entlassung aus der Überwachungspflicht bereits einen Teil der Rechtsfolgenseite dar, soweit ein

183 Vgl. *Gasser/Schmidt et al.*, Bericht zum Forschungsbedarf (Runder Tisch), Anhang 5, S. 116.

184 Vgl. *Gasser/Schmidt et al.*, Bericht zum Forschungsbedarf (Runder Tisch), Anhang 5, S. 116.

Fahrzeug über eine hoch- oder vollautomatisierte Fahrfunktion verfügt. Die Rechte und Pflichten des Fahrers werden explizit erst in § 1b StVG geregelt, wobei im Rahmen von § 1b Abs. 1 StVG auf § 1a StVG verwiesen wird. Die Entlassung aus der Überwachungspflicht durch das Abwenden vom Fahrgeschehen wird daher folgerichtig nicht im Rahmen der Definition, sondern erst auf der Rechtsfolgenseite in § 1b StVG adressiert. Ausführungen zu der Rechtsfolgenseite wären in der den Anwendungsbereich erst eröffnenden Definition des § 1a Abs. 2 StVG daher schlicht fehl am Platz.

Während die Klassifikation der Expertengremien unter Heranziehung aller verfügbaren Aspekte und unter Verwendung von beispielhaften Systembeschreibungen versucht, den Automatisierungsgrad möglichst genau zu bestimmen und Möglichkeiten der Differenzierung aufzuzeigen, ist die gesetzliche Regelung den erläuterten Einschränkungen unterworfen. Die Ansätze der Klassifizierung in Bezug auf die Überwachungspflicht können daher im Rahmen der gesetzlichen Definition nicht zur Unterscheidung der Stufe 3 und 4 herangezogen werden. Damit stellt sich auch aus diesem Blickwinkel die definitionsgemäße Unterscheidung zwischen der Hoch- und Vollautomatisierung als nicht praktikabel dar. Vielmehr spricht die notwendige Differenzierung zwischen der Tatbestands- und der Rechtsfolgenseite für die Fassung der hoch- und vollautomatisierten Fahrfunktion unter eine gemeinsame Definition.

3. Zwischenergebnis

Mit § 1a Abs. 2 Satz 1 StVG wurde dem Rechtsanwender erstmals eine verbindliche gesetzliche Definition zum automatisierten Fahren an die Hand gegeben. Der Bezug der gesetzlichen Regelung zu der ihr den Weg bereitenden Klassifizierung ist unverkennbar. Soweit die Definition im Lichte der Klassifizierung Abweichungen offenbart, trägt dies dem Umstand Rechnung, dass die gesetzliche Definition mit Blick auf ihre Praxistauglichkeit möglichst knapp gehalten werden musste und zudem Einschränkungen unterworfen ist, da die Unterscheidung zwischen der Tatbestands- und der Rechtsfolgenseite elementarer Bestandteil von Rechtsnormen ist. Durch den Verweis in § 1b Abs. 1 StVG auf die den Anwendungsbereich eröffnende Definition war der Gesetzgeber gehalten, die Definition des § 1a Abs. 2 Satz 1 StVG von Privilegien und Verhaltensgeboten frei zu halten, welche erst auf der Rechtsfolgenseite geregelt werden können.[185]

185 In diese Richtung auch *Hilgendorf*, in: 53. Deutscher Verkehrsgerichtstag, S. 56, der feststellt, dass erst an eine gesetzliche Definition verbindliche Rechtsfolgen geknüpft werden können.

Der Gesetzgeber wurde zwar von der technischen Klassifikation geleitet, jedoch war er frei, sich für eine eigene Konzeption durch die Zusammenfassung der Hoch- und Vollautomatisierung in einer Definition zu entscheiden.[186] Durch die gemeinsame Definition der Hoch- und Vollautomatisierung knüpft der Gesetzgeber dieselben Rechtsfolgen an Systeme der beiden BASt-Automatisierungsstufen 3 und 4, welche im Rahmen der Klassifikation noch differenziert betrachtet wurden.[187] Es zeigt sich hier die gesetzgeberische Entscheidung, dass grundsätzlich auch Fahrfunktionen unter § 1a StVG subsumiert werden können, die aus technischer Sicht nicht in den risikominimalen Zustand überführen können. Die Konzentration auf die hoch- und vollautomatisierte Stufe und deren gemeinsame Definition trägt im Ergebnis zur Einfachhaltung der Definition bei und ist daher grundsätzlich zu begrüßen.

III. Gesetzliche Definition der autonomen Fahrfunktion

Während sich der deutsche Gesetzgeber im Rahmen der StVG-Novelle 2017 zur hoch- oder vollautomatisierten Fahrfunktion noch ausschließlich an der von der BASt entwickelten und vom „Runden Tisch“ beschlossenen Klassifizierung orientierte[188], ließ er sich im Rahmen der StVG-Novelle 2021 zum autonomen Fahren in erster Linie von der Einteilung der SAE[189] leiten. So wird in der Gesetzesbegründung zur StVG-Novelle 2021 festgestellt, dass die Gesetzesänderung den Einsatz von „führerlosen Systemen im Straßenverkehr entsprechend der Stufe 4 der Kategorisierung der SAE […]“ betrifft.[190] Im Rahmen der Gesetzesbegründung wird sodann ausschließlich auf die SAE-Einteilung Bezug genommen, soweit für Erläuterungen auf konkrete technische Stufen abgestellt wird.[191]

---

186 Insoweit sehr deutlich auch *Schrader*, DAR 2018, 314 (315) und *Pataki*, DAR 2018, 133 (134), die zu Recht darauf hinweisen, dass die Einteilung einer technischen Klassifikation den Gesetzgeber nicht binden kann. Auch *von Bodungen/Hoffmann*, NZV 2016, 449 (450), weisen richtigerweise darauf hin, dass eine technische Beschreibung keine rechtliche Bindungswirkung entfaltet; a.A. *Ensthaler/Gollrad*, Rechtsgrundlagen automatisiertes Fahren, S. 55, die der Klassifizierung „zumindest mittelbar […] eine normative Bedeutung“ zukommen lassen.

187 *Wagner*, InTeR 2021, 132 (134), geht indes davon aus, dass eher Stufe 3 adressiert wurde.

188 Siehe dazu oben unter Punkt A.II.

189 Zum aus dem US-amerikanischen Raum stammenden SAE Standard J3016 siehe ausführlich unten unter Punkt B. I.2.

190 Siehe Begründung, BT-Drs. 19/27439, S. 15 f.

191 Vgl. Begründung, BT-Drs. 19/27439, S. 16, 20 und 23.

1. Kraftfahrzeuge mit autonomer Fahrfunktion in festgelegten Betriebsbereichen

Die Definition der autonomen Fahrfunktion ergibt sich aus einer Zusammenschau von § 1d Abs. 1 StVG und § 1e Abs. 2 StVG.[192] Während nach § 1d Abs. 1 Nr. 1 StVG die selbstständige Erfüllung der Fahraufgabe bei Abwesenheit einer fahrzeugführenden Person im Fokus steht, wird durch den Verweis in § 1d Abs. 1 Nr. 2 StVG auf die technische Ausrüstung gemäß § 1e Abs. 2 StVG eine umfassende Funktionsbeschreibung Teil der Definition des Kraftfahrzeugs mit autonomer Fahrfunktion.

a) Selbstständige Erfüllung der Fahraufgabe gemäß § 1d Abs. 1 Nr. 1 StVG

Ausgangspunkt ist die Bestimmung des § 1d Abs. 1 StVG, aus dem sich eine Zweiteilung ergibt, die auch aus der Unterteilung in Nr. 1 und Nr. 2 deutlich wird:[193]

> *(1) Ein Kraftfahrzeug mit **autonomer Fahrfunktion** im Sinne dieses Gesetzes ist ein Kraftfahrzeug, das*
>
> *1. die Fahraufgabe **ohne eine fahrzeugführende Person** selbstständig in einem **festgelegten Betriebsbereich** erfüllen kann und*
>
> *2. über eine **technische Ausrüstung** gemäß **§ 1e Absatz 2** verfügt.*

Zentraler Aspekt der Definition des Kraftfahrzeugs mit autonomer Fahrfunktion im Sinne des StVG ist gemäß § 1d Abs. 1 Nr. 1 StVG die Fähigkeit des Fahrzeugs, die Fahraufgabe selbstständig erfüllen zu können. Es wird darüber hinaus klargestellt, dass die Erfüllung der Fahraufgabe ohne eine fahrzeugführende Person möglich ist. Eine bedeutende Einschränkung erfährt das neue Gesetz bereits auf Ebene der Definition, da die Erfüllung der Fahraufgabe nach dem Wortlaut der Vorschrift auf einen festgelegten Betriebsbereich beschränkt ist.

b) Technische Ausrüstung gemäß § 1e Abs. 2 StVG

Durch den in § 1d Abs. 1 Nr. 2 StVG aufgenommenen Verweis auf die technische Ausrüstung im Sinne von § 1e Abs. 2 StVG wird der entsprechende Kriterienkatalog ebenfalls Teil der Definition des Kraftfahrzeugs mit auto-

---

192 Vgl. auch Begründung, BT-Drs. 19/27439, S. 20.

193 § 1d Abs. 1 Straßenverkehrsgesetz in der Fassung der Bekanntmachung vom 05.03.2003, zuletzt geändert durch Art. 16 Gesetz zur Anpassung von Gesetzen und Verordnungen an die neue Behördenbezeichnung des Bundesamtes für Güterverkehr vom 02.03.2023 (BGBl. I Nr. 56); Hervorhebungen nur hier.

nomer Fahrfunktion. Der vom Gesetzgeber vorgesehene Funktionsumfang der technische Ausrüstung gemäß § 1e Abs. 2 StVG ist dabei sehr umfangreich:[194]

> *„(2) Kraftfahrzeuge* ***mit autonomer Fahrfunktion*** *müssen über eine* ***technische Ausrüstung*** *verfügen, die in der Lage ist,*
>
> *1. die* ***Fahraufgabe*** *innerhalb des jeweiligen* ***festgelegten Betriebsbereichs selbstständig*** *zu bewältigen,* ***ohne dass eine fahrzeugführende Person*** *in die Steuerung eingreift* ***oder*** *die Fahrt des Kraftfahrzeugs permanent von der* ***Technischen Aufsicht überwacht*** *wird,*
>
> *2. selbstständig den an die Fahrzeugführung gerichteten* ***Verkehrsvorschriften zu entsprechen*** *und die über ein System der* ***Unfallvermeidung*** *verfügt, das*
>
> *a) auf* ***Schadensvermeidung*** *und* ***Schadensreduzierung*** *ausgelegt ist,*
>
> *b) bei einer* ***unvermeidbaren alternativen Schädigung*** *unterschiedlicher Rechtsgüter die* ***Bedeutung der Rechtsgüter berücksichtigt****, wobei der* ***Schutz menschlichen Lebens*** *die höchste Priorität besitzt, und*
>
> *c) für den Fall einer* ***unvermeidbaren alternativen Gefährdung*** *von Menschenleben* ***keine weitere Gewichtung*** *anhand persönlicher Merkmale vorsieht,*
>
> *3. das Kraftfahrzeug selbstständig in einen* ***risikominimalen Zustand*** *zu versetzen, wenn die Fortsetzung der Fahrt nur durch eine Verletzung des Straßenverkehrsrechts möglich wäre,*
>
> *4. im Fall der* ***Nummer 3*** *der Technischen Aufsicht selbstständig*
>
> *a)* ***mögliche Fahrmanöver*** *zur Fortsetzung der Fahrt* ***vorzuschlagen*** *sowie*
>
> *b)* ***Daten zur Beurteilung der Situation zu liefern****, damit die Technische Aufsicht über eine Freigabe des vorgeschlagenen Fahrmanövers entscheiden kann,*
>
> *5. ein von der Technischen Aufsicht* ***vorgegebenes Fahrmanöver zu überprüfen*** *und dieses* ***nicht auszuführen****, sondern das Kraftfahrzeug selbstständig in einen risikominimalen Zustand zu versetzen,* ***wenn das Fahrmanöver*** *am Verkehr teilnehmende oder unbeteiligte* ***Personen gefährden*** *würde,*
>
> *6. eine* ***Beeinträchtigung ihrer Funktionalität*** *der Technischen Aufsicht unverzüglich* ***anzuzeigen****,*

---

194 § 1e Abs. 2 Straßenverkehrsgesetz in der Fassung der Bekanntmachung vom 05.03.2003, zuletzt geändert durch Art. 16 Gesetz zur Anpassung von Gesetzen und Verordnungen an die neue Behördenbezeichnung des Bundesamtes für Güterverkehr vom 02.03.2023 (BGBl. I Nr. 56); Hervorhebungen nur hier.

*7. ihre **Systemgrenzen zu erkennen** und beim Erreichen einer Systemgrenze, beim Auftreten einer **technischen Störung**, die die Ausübung der autonomen Fahrfunktion beeinträchtigt, oder beim Erreichen der **Grenzen des festgelegten Betriebsbereichs** das Kraftfahrzeug selbstständig in einen **risikominimalen Zustand** zu versetzen,*

*8. jederzeit durch die Technische Aufsicht oder durch Fahrzeuginsassen **deaktiviert zu** werden und im Falle einer Deaktivierung das Kraftfahrzeug selbstständig in den **risikominimalen Zustand** zu versetzen,*

*9. der **Technischen Aufsicht das Erfordernis** der Freischaltung eines alternativen Fahrmanövers, der Deaktivierung **mit ausreichender Zeitreserve** sowie Signale **zum eigenen Funktionsstatus** optisch, akustisch oder sonst wahrnehmbar **anzuzeigen** und*

*10. ausreichend **stabile** und vor unautorisierten Eingriffen **geschützte Funkverbindungen**, insbesondere zur Technischen Aufsicht, sicherzustellen und das Kraftfahrzeug selbstständig in einen **risikominimalen Zustand** zu versetzen, wenn diese **Funkverbindung abbricht** oder darauf **unerlaubt zugegriffen** wird."*

Im Zentrum der Definition steht damit – wie schon bei der hoch- oder vollautomatisierten Fahrfunktion[195] – das Vorhandensein einer gesetzlich definierten technischen Ausrüstung, die ein bestimmtes Leistungsspektrum abdecken muss. Der Kriterienkatalog des § 1e Abs. 2 StVG stellt sich zunächst als sehr umfangreich dar.[196] Die einzelnen Vorgaben lassen sich allerdings zu drei Obergruppen zusammenfassen:[197]

- Selbstständige Fahrzeugführung (Nr. 1, Nr. 2 Alt. 1)
- Unfallvermeidung und Risikominimierung (Nr. 2 Alt. 2, Nr. 3, Nr. 5, Nr. 7, Nr. 8)
- Kommunikation mit Technischer Aufsicht (Nr. 4, Nr. 6, Nr. 9, Nr. 10)

aa) Selbstständige Fahrzeugführung

Die technische Ausrüstung muss nach § 1e Abs. 2 Nr. 1 StVG in der Lage sein, die Fahraufgabe selbstständig zu bewältigen. Die Vorgabe der Selbstständigkeit wird konkretisiert, indem klargestellt wird, dass weder eine im Fahrzeug anwesende Person in die Steuerung eingreift noch die permanente Überwachung von außerhalb des Fahrzeugs durch die Technische Aufsicht

195 Vgl. § 1a Abs. 2 Satz 1 StVG; dazu ausführlich oben unter Punkt A.II.

196 Siehe auch *Hilgendorf*, JZ 2021, 444 (447), der in diesem Zusammenhang von „gewaltig[en]" Anforderungen spricht.

197 Siehe dazu schon *von Bodungen/Gatzke*, RDi 2022, 354 (Rn. 10), mit einer entsprechenden Gruppierung der Anforderungen an die technische Ausrüstung, allerdings unter Identifizierung von vier anstatt drei Oberpunkten.

notwendig ist. Es zeigt sich eine gewisse Redundanz, da schon in § 1d Abs. 1 Nr. 1 StVG die selbstständige Erfüllung der Fahraufgabe als wesentliches Merkmal eines Kraftfahrzeugs mit autonomer Fahrfunktion festgelegt ist. Allerdings hat die Definitionsvorgabe in § 1e Abs. 2 Nr. 1 StVG insoweit ihre Berechtigung, da sie sich auf die Anforderung der technischen Ausrüstung bezieht.

Eine entscheidende Einschränkung der gesetzlich geforderten Leistungsfähigkeit der technischen Ausrüstung ergibt sich dadurch, dass das autonome Fahrzeug die Fahraufgabe lediglich innerhalb des festgelegten Betriebsbereichs bewältigen können muss. Der festgelegte Betriebsbereich ist in § 1d Abs. 2 StVG legaldefiniert und bezeichnet einen örtlich und räumlich konkret bestimmten öffentlichen Straßenraum.

bb) Unfallvermeidung und Risikominimierung

Ein Schwerpunkt wird im Rahmen des Kriterienkatalogs auf die Ausrichtung der technischen Ausrüstung auf eine möglichst umfassende Unfallvermeidung gelegt. Hierzu wird vom Gesetzgeber das „System der Unfallvermeidung" eingeführt, das anhand von drei Unterpunkten näher ausgestaltet ist (§ 1e Abs. 2 Nr. 2 Alt. 2 lit. a) – c) StVG).

Oberste Priorität kommt nach § 1e Abs. 2 Nr. 2 Alt. 2 lit. a) StVG zunächst der Schadensvermeidung und – soweit ein Schaden nicht vermieden werden kann – der Schadensreduzierung zu. Die Schadensreduzierung erfährt in lit. b) eine weitere Konkretisierung, wonach bei einer unvermeidbaren Schädigung die Bedeutung etwaig betroffener Rechtsgüter berücksichtigt werden muss, wobei dem Schutz menschlichen Lebens höchste Priorität einzuräumen ist. Anschließend wird unter § 1e Abs. 2 Nr. 2 Alt. 2 lit. c) StVG die Dilemmasituation[198], also nach den Worten des Gesetzes die unvermeidbare alternative Gefährdung von Menschenleben dahingehend geregelt, dass im Rahmen einer (vermeintlichen) Schadensreduzierung keine Gewichtung anhand persönlicher Merkmale erfolgen darf.

Ebenfalls zur Vermeidung von Unfällen dient die Versetzung des Fahrzeugs in den risikominimalen Zustand. Der Kriterienkatalog des § 1e Abs. 2 StVG gibt konkrete Situationen vor, die vom Fahrzeug selbstständig zu erkennen sind und in denen das Fahrzeug in den risikominimalen Zustand übergehen muss. Diese Situationen[199] lassen sich zusammenfassen wie folgt:

- Nr. 3: die Fortsetzung der Fahrt wäre nur durch eine Verletzung des Straßenverkehrsrechts möglich;

---

198 Siehe hierzu auch *von Bodungen/Gatzke*, RDi 2022, 354 (Rn. 12 f.); ausführlich zur Dilemmasituation *Steege*, Automatisierte Rechtsanwendung, S. 131–214.

199 Siehe auch die Aufzählung bei *von Bodungen/Gatzke*, RDi 2022, 354 (Rn. 14).

- Nr. 5: ein von der Technischen Aufsicht vorgegebenes Fahrmanöver würde am Verkehr teilnehmende oder unbeteiligte Personen gefährden;
- Nr. 7: beim Erreichen einer Systemgrenze, beim Auftreten einer technischen Störung, die die Ausübung der autonomen Fahrfunktion beeinträchtigt, oder beim Erreichen der Grenzen des festgelegten Betriebsbereichs;
- Nr. 8: im Falle einer Deaktivierung durch die Technische Aufsicht oder durch Fahrzeuginsassen;
- Nr. 10: wenn die Funkverbindung zur Technischen Aufsicht abbricht oder darauf unerlaubt zugegriffen wird.

Durch die Schwerpunktsetzung des Systems der Unfallvermeidung offenbart sich die gesetzgeberische Intention einer defensiven Ausgestaltung des autonomen Fahrzeugs. Zudem wurden vom Gesetzgeber konkrete Situationen vorgegeben, die das autonome Fahrzeug zunächst erkennen muss und sodann mit dem Versetzen in den risikominimalen Zustand zu reagieren hat.

cc) Kommunikation mit Technischer Aufsicht

Da führerlose Fahrzeuge nach SAE-Level 4 anders als „vollautonome“ Fahrzeuge des SAE-Level 5 einerseits an technische Grenzen stoßen können, andererseits aber keine fahrzeugführende Person verfügbar ist, ist eine externe Einrichtung notwendig.[200] Diese externe Einrichtung ist die Technische Aufsicht, die in erster Linie auf Fall-Back-Ebene benötigt wird.[201] Vor diesem Hintergrund ist vom Gesetz detailliert vorgegeben, wie und in welchen Fällen das Fahrzeug mit der Technischen Aufsicht interagieren[202] können muss.

Sofern das Fahrzeug sich beispielsweise in den risikominimalen Zustand versetzt hat, um eine Verletzung des Straßenverkehrsrechts (§ 1e Abs. 2 Nr. 3 StVG) zu vermeiden, muss das System in der Lage sein,

- der Technischen Aufsicht gemäß § 1e Abs. 2 Nr. 4 lit. a) StVG mögliche Fahrmanöver zur Fortführung der Fahrt vorzuschlagen sowie
- Daten zu liefern, damit die Technische Aufsicht über die Freigabe des vorgeschlagenen Fahrmanövers entscheiden kann (§ 1e Abs. 2 Nr. 4 lit. b) StVG).

---

200 Siehe auch *Wüstenberg*, RdTW 2021, 330 (Rn. 20).

201 *von Bodungen/Gatzke*, RDi 2022, 354 (Rn. 15), sprechen insofern auch von „externer Kontrollinstanz“.

202 Vgl. auch *von Bodungen/Gatzke*, RDi 2022, 354 (Rn. 15), die den Oberbegriff „System zur Kommunikation und Interaktion mit der Technischen Aufsicht“ wählen.

Das Erfordernis der Freischaltung des Fahrmanövers soll der Technischen Aufsicht gemäß § 1e Abs. 2 Nr. 9 StVG mit ausreichender Zeitreserve[203] optisch, akustisch oder sonst wahrnehmbar angezeigt werden. Dies gilt auch für die Anzeige des Erfordernisses der Deaktivierung der autonomen Fahrfunktion sowie der Anzeige von Signalen zum Fahrzeugstatus. Mit Blick auf den oben genannten Zweck der Technischen Aufsicht soll das Fahrzeug auch Funktionalitätsbeeinträchtigungen (§ 1e Abs. 2 Nr. 6 StVG), wie beispielsweise defekte Sensoren, anzeigen. Vor dem Hintergrund der dargestellten Anzeigeverpflichtungen und im Hinblick auf den Zweck der Technischen Aufsicht ist gemäß § 1e Abs. 2 Nr. 10 StVG eine entsprechend stabile und vor unautorisierten Eingriffen geschützte Funkverbindung sicherzustellen.

2. Weitere Begriffsbestimmungen

Neben der autonomen Fahrfunktion definiert der Gesetzgeber in § 1d StVG weitere Begriffe im Zusammenhang mit Kraftfahrzeugen mit autonomer Fahrfunktion. Es sind dies die zentralen Begriffe des festgelegten Betriebsbereichs, der Technischen Aufsicht sowie des risikominimalen Zustandes.

a) Festgelegter Betriebsbereich

Der festgelegte Betriebsbereich ist gemäß § 1d Abs. 2 StVG ein örtlich und räumlich bestimmter öffentlicher Straßenraum, in dem ein Kraftfahrzeug mit autonomer Fahrfunktion grundsätzlich betrieben werden darf. Dadurch, dass keine Vorgaben dahin gehend gemacht werden, wie ein festgelegter Betriebsbereich im Einzelfall konkret aussieht, wurde die Definition bewusst abstrakt gehalten.[204]

b) Technische Aufsicht

Mit § 1d Abs. 3 HS 1 StVG wird zunächst klargestellt, dass die Technische Aufsicht eine natürliche Person ist. So soll sichergestellt werden, dass mit den Aufgaben der Technischen Aufsicht insbesondere keine Institution betraut wird.[205] Insofern bleibt in jedem Falle ein Mensch für die Erfüllung der Aufgaben als Technische Aufsicht verantwortlich. Nach § 1d Abs. 3 HS 2 StVG ist die Technische Aufsicht diejenige natürliche Person, die über

203 Das Merkmal „mit ausreichender Zeitreserve“ in § 1e Abs. 2 Nr. 9 StVG bezieht sich nach der Gesetzesbegründung auf alle drei Alternativen (Freischaltung Fahrmanöver, Deaktivierung, Funktionsstatus), vgl. Begründung, BT-Drs. 19/27439, S. 23.

204 Siehe Begründung, BT-Drs. 19/27439, S. 20.

205 Siehe Begründung, BT-Drs. 19/27439, S. 20.

eine Funkverbindung[206] von außen auf das Kraftfahrzeug mit autonomer Fahrfunktion einwirken kann, indem es nach den in § 1e Abs. 2 StVG näher beschriebenen Vorgaben das Fahrzeug deaktivieren und Fahrmanöver freigeben kann.

c) Risikominimaler Zustand

In § 1d Abs. 4 StVG wird der risikominimale Zustand folgendermaßen definiert[207]:

> *„**Risikominimaler Zustand** im Sinne dieses Gesetzes ist ein Zustand, in dem sich das Kraftfahrzeug mit autonomer Fahrfunktion auf eigene Veranlassung oder auf Veranlassung der Technischen Aufsicht an einer **möglichst sicheren Stelle** in den **Stillstand** versetzt und die **Warnblinkanlage aktiviert**, um unter **angemessener Beachtung der Verkehrssituation** die **größtmögliche Sicherheit** für die Fahrzeuginsassen, andere Verkehrsteilnehmende und Dritte zu gewährleisten.“*

Demnach ist das Fahrzeug in erster Linie an einer geeigneten Stelle anzuhalten, wobei besondere Rücksicht auf andere Verkehrsteilnehmer genommen werden soll. Nach der Gesetzesbegründung soll das Fahrzeug „angemessen“ reagieren, also nicht etwa eine Notbremsung einleiten, sondern die nächste Haltemöglichkeit anfahren.[208]

3. Einordnung der gesetzlichen Definition

Die StVG-Novelle 2021 erfasst Kraftfahrzeuge, die in einem festgelegten Betriebsbereich fahrerlos verkehren können. Mit Blick auf die Ausgestaltung von § 1d StVG werden konkret Fahrzeuge der SAE-Stufe 4 erfasst, die für einen Betrieb ohne anwesenden Fahrzeugführer konzipiert sind.[209]

Im Vergleich zur Definition der hoch- oder vollautomatisierten Fahrfunktion in § 1a StVG zeigt sich, dass die automatisierte Fahrfunktion noch allein anhand ihrer technischen Ausrüstung gemäß § 1a Abs. 2 Satz 1StVG defi-

---

206 Siehe § 1e Abs. 2 Nr. 10 StVG.

207 § 1d Abs. 4 Straßenverkehrsgesetz in der Fassung der Bekanntmachung vom 05.03.2003, zuletzt geändert durch Art. 16 Gesetz zur Anpassung von Gesetzen und Verordnungen an die neue Behördenbezeichnung des Bundesamtes für Güterverkehr vom 02.03.2023 (BGBl. I Nr. 56); Hervorhebungen nur hier.

208 Begründung, BT-Drs. 19/27439, S. 21.

209 Vgl. SAE Standard J3016 2021, S. 23; siehe hierzu *Ensthaler/Gollrad*, Rechtsgrundlagen automatisiertes Fahren, S. 54; siehe auch *Hilgendorf*, JZ 2021, 444 (444 f.), unter Verwendung der Bezeichnung „(beschränkt) autonome[s] Fahren“; *von Bodungen/Mühlon*, ZdiW 2022, 5 (5); vgl. *Klug*, RAW 2021, 73 (73), mit Hinweis auf das „Automated Valet Parking“ als möglicherweise erste Anwendung im Regelbetrieb.

niert wird. Bei der autonomen Fahrfunktion gibt § 1d Abs. 1 StVG dagegen zunächst einleitend die grundlegende Leistungsfähigkeit des autonomen Fahrzeugs vor, bevor auf die Einzelheiten der charakteristischen technischen Anforderungen Bezug genommen wird. Dies führt mit Blick auf § 1d Abs. 1 Nr. 1 StVG beim Kraftfahrzeug mit autonomer Fahrfunktion zu einer gewissen Redundanz von Definitionsvorgaben, wie der Vergleich mit § 1e Abs. 2 Nr. 1 StVG, also der selbständigen Bewältigung der Fahraufgabe im festgelegten Betriebsbereich, zeigt. Wie bei der Beschreibung der hoch- oder vollautomatisierten Fahrfunktion bleibt der Gesetzgeber dabei, die autonome Fahrfunktion in erster Linie durch die Beschreibung der technischen Ausrüstung zu definieren. Entscheidend für den zulässigen Einsatz ist die gesetzliche Regelung in §§ 1d ff. StVG und nicht etwa eine technische Beschreibung im SAE-Standard.

B. Rechtsvergleichende Betrachtung: Vereinigte Staaten von Amerika

In den Vereinigten Staaten von Amerika haben sich ebenfalls Expertengruppen mit der Automatisierung im Straßenverkehr auseinandergesetzt und parallel zu den deutschen Bemühungen eine Klassifizierung der Automatisierungsstufen entwickelt.[210] Anders als in Deutschland wird der Straßenverkehr in Nordamerika allerdings nicht einheitlich für das gesamte Land geregelt. So gibt es keine verbindliche gesetzliche Definition auf Bundesebene. Es finden sich vielmehr unterschiedliche Definitionen in gesetzlichen Regelungen der einzelnen Bundesstaaten.[211]

I. Klassifizierungen aus dem US-amerikanischen Raum

Während in Deutschland zunächst allein auf die durch die BASt entwickelte und vom „Runden Tisch“ übernommene Klassifikation abgestellt wurde, kam es in Nordamerika zu einer parallelen Gestaltung von mehr als nur einer Einteilung. Die veröffentlichten Dokumente befassen sich dabei ebenfalls mit der Einteilung und Beschreibung von ansteigenden Automatisierungsgraden. Es handelt sich hierbei zum einen um eine von der National Highway Traffic Safety Administration (NHTSA) bereits im Jahr 2013 veröffentliche Einteilung. Zum anderen wird vielfach auch auf die Einteilung der SAE International verwiesen und juristischen Abhandlungen zugrunde gelegt.

---

210 Siehe dazu sogleich unter Punkt I.

211 Dazu im Folgenden unter Punkt II.

1. Klassifizierung der NHTSA

Im US-amerikanischen Raum wurde die erste Klassifizierung der Automatisierungsstufen mit Blick auf eine rechtlich fokussierte Auseinandersetzung im Jahr 2013 veröffentlicht.[212] Die NHTSA erarbeitete eine Beschreibung verschiedener Automatisierungsgrade und veröffentlichte diese Ergebnisse in ihrer „Preliminary Statement of Policy Concerning Automated Vehicles“[213]. Diese Veröffentlichung mit ihrer Unterteilung in verschiedene Automatisierungsstufen sollte eine begriffliche Klarheit und Eindeutigkeit schaffen und so auch dem Diskurs mit Interessenvertretern dienen.[214]

a) Einordnung der NHTSA

Bei der NHTSA handelt es sich um eine staatliche Stelle im Rang einer Bundesbehörde. Sie ist dem U.S. Department of Transportation (DOT), dem US-amerikanischen Verkehrsministerium, unterstellt. Die NHTSA wurde bereits im Jahr 1970 im Rahmen des Highway Safety Act of 1970[215] ins Leben gerufen und hat sich zur Aufgabe gesetzt, die Sicherheit auf den Straßen in den Vereinigten Staaten von Amerika zu verbessern.[216] Sie verfolgt dieses Ziel unter anderem durch die Förderung von sicherheitsrelevanten Innovationen und den Erlass von – überwiegend verbindlichen – Sicherheitsstandards, wie den Federal Motor Vehicle Safety Standards (FMVSS).[217] In diesen Standards werden die Anforderungen festgelegt, die Kraftfahrzeuge in den Vereinigten Staaten, beispielsweise hinsichtlich ihrer Crash-Sicherheit oder Unfallprävention, einhalten müssen.[218]

---

212 Siehe auch *Glancy*, Minnesota Journal of Law, Science & Technology 2015, 619 (630).

213 Abrufbar unter https://www.nhtsa.gov/sites/nhtsa.gov/files/documents/automated_vehicles_policy.pdf (zuletzt abgerufen am 31.08.2023).

214 Vgl. NHTSA, Preliminary Statement of Policy Concerning Automated Vehicles, 2013, S. 4.

215 Siehe die Änderung gemäß Title II Sec. 202 Highway Safety Act of 1970: „There is hereby established within the Department of Transportation a National Highway Traffic Safety Administration […]“. Die NHTSA ist der direkte Nachfolger des National Highway Safety Bureau.

216 https://www.transportation.gov/transition/understanding-national-highway-traffic-safety-administration-nhtsa; (Anm.: das Semikolon ist Teil der Internetadresse, zuletzt abgerufen am 31.08.2023).

217 Vgl. NHTSA, Preliminary Statement of Policy Concerning Automated Vehicles, 2013, S. 2.

218 Siehe dazu mit Bezügen zum Verfahren der Selbstzertifizierung in den USA *Seeck/Gail/Lorenz et al.*, in: Pischinger/Seiffert, Handbuch Kraftfahrzeugtechnik, Kapitel 2.1.3.2.4, S. 25.

b) Erläuterung der einzelnen Stufen

Die NHTSA geht in ihrer „Preliminary Statement of Policy Concerning Automated Vehicles“ von fünf Automatisierungsstufen aus und beschreibt diese beginnend mit dem „Level 0“ bis zu dem höchsten „Level 4“.[219] Wie die BASt-Gruppe stellt damit auch die NHTSA ihrer Einteilung eine „Stufe 0“ bzw. ein „Level 0“ voran, in welcher gerade keine Automatisierung verwirklicht ist. Die NHTSA sieht die voranschreitende Fahrzeugautomatisierung dabei als ein „continuum“[220], demnach als ein zusammenhängendes Ganzes bzw. eine ununterbrochene Folge. Dies spiegelt sich auch in den von der NHTSA entwickelten Automatisierungsstufen wider, welche einen aufsteigenden Automatisierungsgrad wiedergeben.[221]

aa) Level 0 – No-Automation

Allein der Fahrer ist für die grundlegende Fahrzeugsteuerung (Bremsen, Lenken, Beschleunigen) verantwortlich und führt diese zu jeder Zeit selbst aus.[222] Er muss die Fahrbahn im Blick behalten und ihm obliegt die alleinige Verantwortung für die Fahrzeugsteuerung. Für die Einstufung in diese unterste Kategorie ist die Einwirkung auf die Fahrzeugsteuerung entscheidend. Systemausgelöste Warnungen, welche darüber hinaus keinen direkten Eingriff in die Steuerung vornehmen können, ändern nichts an der Einstufung als „nicht automatisiert“.[223]

bb) Level 1 – Function-specific Automation

Die NHTSA sieht drei Anwendungsfälle auf der ersten Stufe der Automatisierung.[224] So kann sich der Fahrer bewusst dafür entscheiden, dass er die

219 Vgl. NHTSA, Preliminary Statement of Policy Concerning Automated Vehicles, 2013, S. 4 f.; auf diese Stufen (0–4) der NHTSA scheint auch *Oppermann*, in: ders./Stender-Vorwachs, Autonomes Fahren, Kap. 3.2, Rn. 8 ff., abzustellen, wobei entsprechende SAE-Level im Rahmen von Fußnoten einbezogen werden (anders noch in der Vorauflage 2017: *Oppermann*, in: ders./Stender-Vorwachs, Autonomes Fahren 2017, Kap. 7, S. 177, dort ohne Verweis auf SAE-Level).

220 Siehe NHTSA, Preliminary Statement of Policy Concerning Automated Vehicles, 2013, S. 3.

221 Die Behörde geht dabei von einer aufeinander aufbauenden Entwicklung der Fahrzeugautomatisierung aus: „[…] because these same technologies are the building blocks for what may one day lead to a driverless vehicle […]“, NHTSA, Preliminary Statement of Policy Concerning Automated Vehicles, 2013, S. 3.

222 Vgl. NHTSA, Preliminary Statement of Policy Concerning Automated Vehicles, 2013, S. 4.

223 Ebd., S. 4.

224 Ebd., S. 4.

Herrschaft über einen Teil der Fahrzeugführung in begrenztem Umfang an das Fahrzeug abgibt. Veranschaulicht wird dieser Anwendungsfall am Beispiel der Adaptive Cruise Control. Das System kann aber auch automatisch[225] einen Teil der Fahrzeugsteuerung an sich nehmen und im begrenzten Umfang ausführen. Die NHTSA fasst hierunter bereits weit verbreitete Sicherheitssysteme wie das ESP[226], das den Fahrer durch gezielte Bremseingriffe unterstützt. Schließlich kann das System auch den Fahrer unterstützen, sofern er zwar einen Steuerungseingriff einleitet, dieser aber nicht ausreicht, um eine Gefahrensituation vollständig zu entschärfen. Beispielhaft wird von der NHTSA hierfür der „dynamic break support“ angeführt.[227] Dabei handelt es sich um ein System, das einen drohenden Auffahrunfall erkennt und die vom Fahrer eingeleitete Bremsung nötigenfalls verstärkt.[228]

Allen diesen von der NHTSA im Rahmen des „Level 1“ beschriebenen Systemen ist gemein, dass sie nur in spezifischen Situationen und jeweils nur ein Steuerungselement übernehmen können. Die NHTSA fasst somit auch zusammen, dass ein Fahrzeug des Level 1 entweder das Lenken *oder* die Beschleunigung übernimmt, aber zu keinem Zeitpunkt beide Führungsaufgaben gleichzeitig.[229] Damit kann der Fahrer nicht von der Fahrzeugführung entbunden werden.

cc) Level 2 – Combined Function Automation

Die NHTSA definiert die Automatisierung auf Level 2 als die gleichzeitige Ausführung von (zumindest) zwei Fahrzeugsteuerungselementen durch das System.[230] Es kommt zu einer Kombinierung zweier Automatisierungsfunktionen, womit die Benennung dieser Stufe als „Combined Function Automation“ gelungen scheint.

Der Fahrer kann die Steuerung in bestimmten Situationen an das System abgeben. Er bleibt allerdings für die Überwachung des Verkehrsraumes und die Steuerung durch das System jederzeit verantwortlich. Damit muss er

---

225 „automatically“, siehe NHTSA, Preliminary Statement of Policy Concerning Automated Vehicles, 2013, S. 4.

226 Vgl. NHTSA, Preliminary Statement of Policy Concerning Automated Vehicles, 2013, S. 4, entgegen der in dieser Arbeit vertretenen Auffassung (siehe dazu oben unter Punkt A. I. 7. b).

227 Vgl. NHTSA, Preliminary Statement of Policy Concerning Automated Vehicles, 2013, S. 4.

228 https://www.nhtsa.gov/equipment/driver-assistance-technologies (zuletzt abgerufen am 31.08.2023).

229 Vgl. NHTSA, Preliminary Statement of Policy Concerning Automated Vehicles, 2013, S. 4.

230 Ebd., S. 5.

auch für eine Übernahme der Fahrzeugsteuerung jederzeit bereit sein.[231] Der Fahrer kann gleichzeitig sowohl die Hände vom Lenkrad als auch die Füße von der Pedalerie nehmen.[232]

dd) Level 3 – Limited Self-Driving Automation

Auf dieser Stufe kann der Fahrer die Ausführung aller sicherheitsrelevanten Fahraufgaben[233] dem System übertragen. Dies ist jedoch nur möglich, wenn es die Verkehrssituation zulässt und die Umgebungsbedingungen hierfür gegeben sind.[234]

Die NHTSA legt den Schwerpunkt darauf, dass das Fahrzeug diese Bedingungen selbstständig erkennt und dauerhaft überwacht.[235] Das System muss in der Lage sein, seine Grenzen zu erkennen und den Fahrer zur Übernahme der Fahraufgabe in ausreichender Zeitreserve aufzufordern. Dies führt zu der Besonderheit des Levels 3, wonach der Fahrer gerade nicht mehr ständig die Straße und die Steuerung zu überwachen hat, während das automatisierte System die Fahraufgabe ausführt.[236] Die Fähigkeit des Fahrzeugs, selbstständig in einen risikominimalen Zustand überzugehen, sofern der Fahrer auf die geschilderte Übernahmeaufforderung nicht reagiert, ist in der Beschreibung der Klassifizierung nicht vorgesehen.

ee) Level 4 – Full Self-Driving Automation

Das von der NHTSA beschriebene vierte Level, welches als „Full Self-Driving Automation“ benannt ist, entspricht bereits dem autonomen Fahren. Der „Fahrer“ muss nur noch den Start- und Zielpunkt vorgeben. Es werden von ihm keinerlei Überwachung oder Übernahmebereitschaft verlangt. Damit können Fahrzeuge dieser Stufe gänzlich unbesetzt fahren.[237]

c) Vergleich mit der deutschen Einteilung

Die Klassifizierung der NHTSA weist über weite Teile Gemeinsamkeiten mit der deutschen Klassifikation auf. Wenn auch rudimentär, setzte sich die NHTSA im Gegensatz zur deutschen Klassifizierung der BASt allerdings

---

231 Ebd., S. 5.
232 Ebd., S. 5.
233 „all safety-critical functions“, NHTSA, Preliminary Statement of Policy Concerning Automated Vehicles, 2013, S. 5.
234 Ebd., S. 5.
235 Ebd., S. 5.
236 Ebd., S. 5.
237 Ebd., S. 5.

bereits mit dem autonomen Fahren auseinander. Auffällig ist außerdem, dass die NHTSA nicht zwischen der in der deutschen Klassifikation abgebildeten Hoch- und Vollautomatisierung unterscheidet. Dieser Ansatz entspricht damit dem Grunde nach der Konzeption, welcher der deutsche Gesetzgeber nunmehr im Rahmen der Definition in § 1a Abs. 2 Satz 1 StVG verfolgt, da dort ebenfalls nicht zwischen der hoch- und der vollautomatisierten Fahrfunktion unterschieden wird.

2. Klassifizierung der SAE International

Neben der Einteilung der NHTSA ist der Standard SAE J3016 weit verbreitet. Diese technische Beschreibung wurde von der SAE International entwickelt. Deren Einteilung wird daher oftmals kurz als „SAE-Levels" oder im deutschen Diskurs als „SAE-Stufen"[238] bezeichnet. Der SAE J3016 Standard ist in vier Fassungen verfügbar. Die erste Fassung des SAE J3016 wurde bereits im Jahr 2014 veröffentlicht und im Jahr 2016 überarbeitet. Die Fassung aus dem Jahr 2018 enthält gegenüber der Vorgängerversion nur geringfügige Änderungen. Die aktuelle Fassung stammt vom April 2021.

a) Einordnung der SAE International

Bei der SAE International handelt es sich um einen Zusammenschluss von Fachleuten aus verschiedenen Branchen der Wirtschaft. Die SAE International ist damit keine staatliche Stelle, sondern ist dem privaten Wirtschaftssektor zuzuordnen. Die Geschichte der SAE International reicht dabei bis in das Gründungsjahr 1905 zurück .[239] Aus der Gründungszeit stammt auch die namensgebende Bezeichnung „Society of Automobile Engineers", welche noch heute für die Abkürzung SAE steht, obwohl die SAE International längst nicht mehr auf den Automobilbereich beschränkt ist.[240]

b) SAE Standard J3016

Die SAE International erarbeitet kontinuierlich Standards in den Bereichen „Automotive, Aerospace and Commercial".[241] Für den Anwendungsfall des automatisierten Fahrens veröffentlichte sie ihre Ergebnisse rund um den

238 So beispielsweise *Spies*, ZD-Aktuell 2016, 05326.
239 https://www.sae.org/about/history (zuletzt abgerufen am 31.08.2023).
240 https://www.sae.org/about/history (zuletzt abgerufen am 31.08.2023).
241 Siehe nur die Auflistung der von der SAE erarbeiteten Standards unter https://www.sae.org/standards/ (zuletzt abgerufen am 31.08.2023).

Standard „SAE J3016“ im „Taxonomy and Definitions for Terms Related to On-Road Motor Vehicle Automated Driving Systems“.

Die SAE International nimmt ihre Einteilung unter dem Oberbegriff „Level“ oder auch „Category“ vor. Das jeweilige Level führt die SAE International auf die Aufgabenverteilung („allocation of roles“) zwischen dem menschlichen Fahrer und dem System im Rahmen der Fahraufgabe („dynamic driving task“, DDT) zurück.[242] Je weniger Aufgaben beim Fahrer verbleiben und je mehr Aufgaben vom System übernommen werden, desto höher ist das Level der Automatisierung. Die Fahraufgabe als zentraler Anknüpfungspunkt wird von der SAE eigens erläutert und in drei Hauptbestandteile aufgespalten: Längsführung, Querführung und Hinderniserkennung („object and event detection and response“, OEDR).[243] Die Hard- und Software, die im Zusammenspiel die automatisierte Ausführung der gesamten Fahraufgabe (DDT) ermöglichen, wird zentral als „Automated Driving System“ (ADS) definiert.[244]

aa) Level 0: No Driving Automation

Die Stufe der Nichtautomatisierung ist dadurch gekennzeichnet, dass der Fahrer die Fahraufgabe komplett übernimmt. In der Beschreibung der SAE wird dabei ausdrücklich klargestellt, dass das Vorhandensein von Sicherheitsfeatures („active safety systems“) wie ABS, ESP oder auch Lane-Assist und automatische Notbremssysteme an der Einstufung des Fahrzeugs in die Kategorie der „No Driving Automation“ nichts ändert.[245] Diese Klarstellung ist mit Blick auf die von der SAE zugrunde gelegte Aufgaben- bzw. Rollenverteilung zwischen Fahrer und System nur folgerichtig.

Nach der SAE ist die Übernahme einer Fahraufgabe nicht nur für eine kurze Zeit erforderlich, sondern es muss eine anhaltende („on a sustained basis“) Übernahme stattfinden.[246] Da Eingriffe durch Sicherheitsfeatures lediglich in bestimmten Situationen unterstützend und vor allen Dingen kurz erfolgen, können diese Systeme kein Indiz für eine Automatisierung geben.

---

242 Vgl. SAE Standard J3016 2021, S. 30, 4.

243 Siehe dazu SAE Standard J3016 2021, Punkt 3.10, S. 9 f., und die Darstellung in „Figure 2“, S. 10.

244 Siehe SAE Standard J3016 2021, Punkt 3.2, S. 6.

245 Vgl. SAE Standard J3016 2021, S. 4, 30; dieses Verständnis der Stufe der Nicht-Automatisierung entspricht der auch in dieser Arbeit vertretenen Auffassung, siehe dazu oben unter Punkt A. I. 7. b).

246 Vgl. SAE Standard J3016 2021, S. 6.

bb) Level 1: Driver Assistance

Auf der ersten Stufe führt das Fahrzeug im Rahmen eines spezifischen Anwendungsbereichs („operational design domain“, ODD)[247] entweder die Fahraufgabe in Längsrichtung oder die Fahraufgabe in Querrichtung über einen längeren Zeitraum aus. Es kommt entscheidend darauf an, dass die beiden Fahraufgaben (längs bzw. quer) nicht gleichzeitig vom System übernommen werden, sondern jeweils eine Fahraufgabe beim Fahrer verbleibt.[248]

Außerdem wird klargestellt, dass Systeme auf dieser Stufe bei der Ausführung der einen Fahraufgabe nicht allen Situationen gewachsen sind und bei besonderen Ereignissen an ihre Grenzen stoßen können. Daher verbleiben beim Fahrer eine ständige Überwachungsaufgabe („the driver must supervise the […] system“) und die Pflicht, korrigierend einzugreifen, wenn dies nötig ist.[249]

cc) Level 2: Partial Driving Automation

Im Unterschied zur vorangehenden Stufe wird auf dem SAE-Level 2 vom Fahrzeug sowohl die Längs- als auch die Querführung im spezifischen Anwendungsbereich übernommen.[250] Der Fahrer muss also keine Fahraufgabe mehr selbst ausführen, sobald das System im Rahmen des Anwendungsbereichs die Steuerung übernimmt. Es verbleibt aber bei der Überwachungspflicht des Fahrers wie bei einem Level 1 System. Es besteht auch bei einer „Level-2-Fahrt“ die Gefahr, dass das System bei der Ausführung der Fahraufgabe an seine Grenze stößt oder besondere Situationen nicht sicher erkennt.[251] Daher wird vom Fahrer erwartet, dass er das System während der automatisierten Fahrt ständig überwacht und entsprechend reagiert, falls ein Eingreifen notwendig wird. Beispielsweise ist der Fahrer in der Pflicht, zu überwachen, ob das System vorausliegende Hindernisse, wie ein vorausfahrendes Fahrzeug, erkannt hat. Hat das System ein Hindernis nicht erkannt, so ist der Fahrer auch verantwortlich, diesem Hindernis auszuweichen, indem er entsprechend auf die Längs- oder Querführung des Fahrzeugs eingreift.[252]

247 Siehe zur ODD konkret SAE Standard J3016 2021, S. 6, 17 (Punkt 3.21).
248 Vgl. SAE Standard J3016 2021, S. 30.
249 Siehe SAE Standard J3016 2021, S. 30 mit Verweis auf die schematische Darstellung der DDT in „Figure 2“, S. 10.
250 Vgl. SAE Standard J3016 2021, Punkt 5.3, S. 31.
251 Vgl. SAE Standard J3016 2021, Punkt 5.3 „NOTE“, S. 31.
252 Vgl. SAE Standard J3016 2021, Punkt 5.3, S. 31.

dd) Level 3: Conditional Driving Automation

Auf Level 3 führt das Fahrzeug wie auf der vorhergehenden Stufe im spezifischen Anwendungsbereich die gesamte Fahraufgabe („entire DDT“)[253], also die Längs- und Quersteuerung samt Hinderniserkennung, selbstständig aus. Entscheidender Unterschied ist jedoch, dass das System soweit ausgereift ist, dass es einer ständigen Überwachung des Fahrers nicht mehr bedarf.[254] Der Fahrer wird aber als „fallback ready user“ weiterhin auf der Rückfallebene in die Pflicht genommen. Er muss also bereit sein, in das Fahrgeschehen einzugreifen. Da der Fahrer allerdings nicht mehr die automatisierte Fahrt ständig überwachen muss, wird er vom System aufgefordert, sobald dieses eine entsprechende Situation erkennt.[255] Eine solche Situation kann einerseits darin bestehen, dass das System einen für die Ausführung der Fahraufgabe kritischen systeminternen Fehler erkennt. Andererseits erkennt das System auch seine Grenzen in Bezug auf seinen spezifischen Anwendungsbereich und fordert den Fahrer mit einer ausreichenden Reaktionszeit („within sufficient time“) zur Übernahme der Steuerung auf.[256] Vom Fahrer wird darüber hinaus auch erwartet, dass er offensichtliche technische Probleme erkennt und darauf reagiert, auch wenn diese vom System selbst nicht erkannt werden können und somit eine System-Aufforderung unterbleibt.[257]

ee) Level 4: High Driving Automation

Der Automatisierungsgrad nach SAE-Level 4 ist sehr ausgereift. Das System ist zwar weiterhin auf den Einsatz in seinem spezifischen Anwendungsbereich beschränkt. Ist das System allerdings in dem Anwendungsbereich aktiviert, übernimmt es die volle Fahraufgabe, ohne dass es einer Überwachung des Fahrers bedarf. Vom Fahrer wird auf Stufe 4 nicht mehr erwartet, dass er auf der Fallback-Ebene verfügbar bleibt.[258] Vielmehr ist das Level 4 System in der Lage, selbstständig einen risikominimalen Zustand („minimal risk condition“) herzustellen, sobald es die Fahraufgabe nicht mehr eigenständig ausführen kann. Diese Fähigkeit des Systems und die damit einhergehende Entlassung des Fahrers aus der Rückfallebene werden von der SAE

---

253 Siehe SAE Standard J3016 2021, Punkt 5.4, S. 31.

254 Vgl. SAE Standard J3016 2021, Punkt 5.4 „NOTE 2“, S. 31.

255 Vgl. SAE Standard J3016 2021, Punkt 5.4 „NOTE 4“, S. 31, sowie Punkt 3.12 „NOTE 1“, S. 10.

256 Siehe dazu SAE Standard J3016 2021, Punkt 5.4 „NOTE 4“, S. 31.

257 Siehe SAE Standard J3016 2021, Punkt 5.4 „NOTE 3“, S. 31.

258 Siehe SAE Standard J3016 2021, Punkt 5.5 „NOTE 1“, S. 31; vgl. auch *Gollrad*, RAW 2020, 103 (104), wonach das System bei Erreichen von Funktionsgrenzen gerade nicht „auf den Fahrer zwingend angewiesen ist“.

als Hauptunterschied zur Level 3 Automatisierung ausgemacht.[259] Um einen risikominimalen Zustand herzustellen, ist das System beispielsweise in der Lage, das Fahrzeug an den rechten Fahrbahnrand zu manövrieren und dort mit eingeschalteter Warnblinkanlage abzustellen. Zudem kann ein automatischer Notruf abgesetzt werden.[260]

Level 4 Fahrzeuge werden im Regelfall weiterhin einen Fahrer vorsehen, der außerhalb der ODD das Fahrzeug steuert. Unter das SAE-Level 4 können aber auch Fahrzeuge gefasst werden, die für einen fahrerlosen Betrieb konzipiert sind und daher – ohne einen im Fahrzeug physisch anwesenden Fahrer – in einem umgrenzten Gebieten die Fahrzeugsteuerung komplett ausführen können.[261] Hierunter sind beispielsweise sogenannte „People-Mover“, also komplett fahrerlose Shuttles in umgrenzten Einsatzgebieten, zu fassen.[262] Überdies werden in der aktuellen Version des SAE Standards J3016 ausdrücklich auch Ride-Hailing-Services unter Level 4 gefasst.[263] Hierbei handelt es sich um ein Angebot, bei dem Fahrgäste (beispielsweise über ein App) in einem örtlich festgelegten Bereich ein fahrerloses „Taxi“ herbeirufen können. Das herbeigerufene Fahrzeug ist in der Lage, die Passagiere innerhalb des örtlich begrenzten Bereichs automatisiert und fahrerlos bis zum vorher ausgewählten Ziel zu befördern. Neben dem Startpunkt muss also auch das von den Fahrgästen gewählte Ziel in dem örtlich begrenzten Bereich liegen. Im Ergebnis können unter das SAE-Level 4 also entsprechend automatisierte Fahrzeuge mit aber auch ohne physisch anwesenden Fahrer gleichermaßen gefasst werden.[264]

ff) Level 5: Full Automation

Das Level 5 System ist fähig, eine gesamte Fahrt von Start bis Ziel durchzuführen. Es ist dabei nicht mehr an spezifische Anwendungsbereiche gebunden, sondern kann das Fahrzeug auf allen Straßen und unter allen Bedingungen wie ein menschlicher Fahrer („a typically skilled human driver“) steuern.[265]

---

259 Vgl. SAE Standard J3016 2021, Punkt 5.5 „NOTE 1“, S. 31.

260 Vgl. SAE Standard J3016 2021, Punkt 3.12 „EXAMPLE 3“, S. 11

261 Diese Fahrzeuge werden in der Klassifikation als ADS-DEDICATED VEHCICLE (ADS-DV) bezeichnet, vgl. SAE Standard J3016 2021, Punkt 3.32.3, S. 23.

262 Siehe SAE Standard J3016 2021, S. 33.

263 Siehe SAE Standard J3016 2021, Punkt 3.7.3 „EXAMPLE 1“, S. 8.

264 Vgl. auch *Leonhardt*, in: Chibanguza/Kuß/Steege, Künstliche Intelligenz, § 3, Kapitel A, Rn. 35 bis 37.

265 So im Ergebnis SAE Standard J3016 2021, Punkt 5.6 „NOTE 1“, S. 32; vgl. auch den Wortlaut in der Fassung 2018, dort S. 25 „under all driver-manageable road conditions“.

Dieses Level 5 entspricht damit dem „vollautonomen“ Fahren. Der Mensch gibt den Start- und Zielpunkt vor und ist während der Fahrt lediglich Passagier des Fahrzeugs. Die SAE hat sich in diesem Zusammenhang bewusst gegen die Verwendung des Begriffs „autonom“ („autonomous“) entschieden.[266] Die technische Ausprägung dieser Stufe entspricht allerdings der im deutschen Diskurs beschriebenen autonomen Stufe 5.

c) Vergleich mit der deutschen Einteilung

Der SAE Standard J3016 ist im Vergleich zu der deutschen Einteilung ein stärker technisch fokussiertes Dokument. Durch ergänzende Hinweise und praktische Beispiele wurde jedoch auch für den disziplinübergreifenden Leserkreis ein verständliches und nützliches Dokument geschaffen.[267] Im Gegensatz zu der deutschen Klassifizierung werden zudem weitere Begriffe und Definitionen eingeführt.[268] Die Einteilung der Automatisierungsstufen und deren Grundkonzeption decken sich weitestgehend. Diese Parallelen zwischen der deutschen Klassifizierung, wie sie von der BASt entwickelt und vom „Runden Tisch“ übernommen wurde, sind dabei nicht zufällig. Die Arbeit der BASt kam einer Vorreiterrolle gleich und war die erste dokumentierte Klassifizierung, welche auch mit einem rechtlichen Bezug veröffentlicht wurde. Der SAE Standard J3016 hat sich mit der deutschen Klassifizierung ausdrücklich auseinandergesetzt und deren Grundkonzeption übernommen.[269] Wie die deutsche Klassifikation unterscheidet die SAE daher auch (entgegen der NHTSA-Einteilung) ausdrücklich zwischen der Automatisierungsstufe 3 und der Stufe 4.

Auf Stufe 4 offenbart sich allerdings ein Unterschied zwischen der SAE-Klassifizierung und der BASt-Einteilung. Wie oben dargestellt, ist nach der BASt-Klassifizierung auf Level 4 grundsätzlich ein Fahrer vorgesehen[270], der auf der Fall-Back-Ebene verfügbar bleibt.[271] Erst wenn der

---

266 Siehe SAE Standard J3016 2021, Punkt 7.1.1 a. E., S. 34.

267 Teilweise wird die Nomenklatur der SAE aber für zu komplex angesehen, siehe BT-Drs. 19/28800, S. 10.

268 Vgl. SAE Standard J3016 2021, 3. DEFINITIONS, S. 6 ff.

269 Siehe den Verweis in SAE Standard J3016 2021, Punkt 2.1.3, S. 5; mit weiteren Hinweisen auf die grundsätzliche Übernahme der von der BASt erarbeiteten Einteilung, siehe a. a. O., S. 41.

270 In diese Richtung auch *von Bodungen*, SVR 2022, 1 (2), wonach die BASt-Einteilung keine Fahrfunktionen erfasse, die ohne menschlichen Fahrzeugführer auskommen; vgl. auch *Ensthaler/Gollrad*, Rechtsgrundlagen automatisiertes Fahren, S. 54, die im Rahmen der „Begriffsbestimmung“ neben der „Stufe 4“ der BASt eine separate „Stufe 4 (ohne Fahrer)“ nach dem SAE-Standard beschreiben.

271 Dazu oben unter Punkt A. I. 4. e); hierfür sprechen auch die Ausführungen zur Vollautomatisierung unter 6.1.2.2, bei denen von einem physisch anwesenden Fahrer ausge-

Fahrer auf eine Übernahmeaufforderung nicht reagiert, ist das vollautomatisierte Fahrzeug – im Gegensatz zum hochautomatisierten Fahrzeug – in der Lage, das Fahrzeug selbstständig in den risikominimalen Zustand überzuführen. Das „Fahren ohne Fahrer“ wurde von der BASt-Gruppe als Erweiterung des Automatisierungsspektrums bereits erkannt, aber ausdrücklich nicht im Rahmen der fraglichen Klassifizierung behandelt.[272] Aus der SAE-Klassifizierung folgt für Level 4 Fahrzeuge dagegen, dass diese auch gänzlich ohne einen Fahrer in örtlich begrenzten Bereichen agieren können.[273] Besonders deutlich wird dies durch die bereits oben erläuterten und in der SAE-Klassifizierung ausdrücklich in Bezug genommenen Hailing-Services und People-Mover. Diese Anwendungsfälle lassen sich allein unter SAE-Level 4 fassen, dagegen nicht unter die BASt-Stufe 4, da bei letzterer ein übernahmefähiger Fahrer vorausgesetzt wird.

Der SAE Standard setzt sich zudem wie die NHTSA-Einteilung bereits mit dem „vollautonomen“ Fahren auf Stufe 5 auseinander. Dies unterscheidet die SAE-Einteilung von der deutschen Klassifikation. Aufgrund der Aufnahme der autonomen Stufe wurde die Nomenklatur der BASt teils modifiziert.[274] Die numerische Benennung der Stufen 0 bis 4 ist jedoch sowohl bei der deutschen Klassifizierung als auch bei der Einteilung der SAE gleichlaufend. Mit Blick auf die jeweils adressierte Leistungsfähigkeit des Systems auf Stufe 4 ergibt sich indes der soeben beschriebene Unterschied in Bezug auf fahrerlos operierende Fahrzeuge.

3. Entscheidung für den SAE Standard J3016

Auch wenn die NHTSA zunächst ihre eigene Klassifizierung erarbeitet und bereits im Jahr 2013 veröffentlicht hat, stellte die Behörde im Laufe der Zeit auf die Einteilung der SAE ab. So bezieht sich die NHTSA in der „Federal Automated Vehicles Policy“[275] aus dem Jahr 2016 ausdrücklich auf die

---

gangen wird, vgl. *Gasser et al.*, Rechtsfolgen zunehmender Fahrzeugautomatisierung, S. 16.

272 Siehe *Gasser et al.*, Rechtsfolgen zunehmender Fahrzeugautomatisierung, S. 32.

273 In diese Richtung wohl auch *Gollrad*, RAW 2020, 103 (104), der a. a. O. in Fußnote 13 darauf hinweist, dass die weit verbreitete Annahme falsch sei, wonach im Unterschied zu SAE-Level 4 erst auf SAE-Level 5 ein Fahrzeug „gänzlich fahrerlos“ sein könne; vgl. auch *Ensthaler/Gollrad*, Rechtsgrundlagen automatisiertes Fahren, S. 54, mit Hinweis auf „Stufe 4 (ohne Fahrer), ADS-DV“ nach SAE Standard J3016; siehe auch *Malzhacker*, in: Chibanguza/Kuß/Steege, Künstliche Intelligenz, § 3, Kapitel J, Rn. 34, mit deutlicher Trennung zwischen „Level 3- und Level 4-Funktionen mit Fahrern“ einerseits und „Level 4-Funktionen ohne Fahrer“ andererseits.

274 So auch SAE Standard J3016 2021, S. 41.

275 Abrufbar unter https://www.transportation.gov/AV/federal-automated-vehicles-policy-september-2016 (zuletzt abgerufen am 31.08.2023).

von der SAE standardisierten SAE-Levels und legt diese ihrer Richtlinie zugrunde.[276] Auch in ihrem Artikel „Automated Vehicles for Safety“[277] bezieht sich die NHTSA nunmehr auf die SAE-Level. Wenngleich die NHTSA diesen Schritt nicht näher erläutert, muss für den Diskurs angenommen werden, dass zur Klassifizierung der Automatisierung in erster Linie auf die SAE-Einteilung abzustellen ist.

Aufgrund der fortwährenden Aktualisierung und der internationalen Ausrichtung des SAE Standards J3016 kann davon ausgegangen werden, dass sich diese Klassifizierung auch gegenüber der BASt-Nomenklatur im Automotive-Bereich[278] durchgesetzt hat.[279] Die Verwendung der SAE-Stufen wurde auch im Rahmen der Evaluation der Regelungen zum automatisierten Fahren im April 2021 empfohlen, um Missverständnisse bei der Einordnung zu vermeiden.[280]

4. Zusammenfassung

In den Vereinigten Staaten von Amerika wurde die Einteilung der Automatisierungsstufen von der staatlichen Behörde NHTSA und der dem zivilen Wirtschaftsbereich zuzuordnenden SAE International geprägt. Auffällig ist, dass sich die SAE-Einteilung die BASt-Klassifikation zum Vorbild genommen und sich mit dieser ausdrücklich auseinandergesetzt hat. Dies bekräftigt den Standpunkt, dass Deutschland im Bereich der Fahrzeugautomatisierung durch einen frühen Forschungsbeginn der Expertengremien eine Vorreiterposition eingenommen hat. Durch diese Vorreiterrolle wurde auch der US-amerikanische Diskurs beeinflusst. Die SAE hat sich in diesem Zusammenhang dem Ansatz der BASt angeschlossen, wonach aus technischer Sicht zwischen den Automatisierungsstufen 3 und 4 zu unterscheiden ist.

---

276 DOT/NHTSA, Federal Automated Vehicles Policy, 2016, S. 9.

277 https://www.nhtsa.gov/technology-innovation/automated-vehicles#36046 (zuletzt abgerufen am 31.08.2023).

278 Zu Klassifizierungen von Automatisierungsgraden in anderen Bereichen, wie der Schifffahrt und im Flugzeugbau, siehe weiterführend *Worpenberg*, InTeR 2022, 98.

279 Siehe auch *Gollrad*, RAW 2020, 103, der schon zur Taxonomie der SAE in der Fassung 2018 feststellte, dass diese „als international weitgehend etabliert angesehen werden“ könne; vgl. *Wagner*, Das neue Mobilitätsrecht, S. 15, wonach die Einteilung der SAE jedenfalls am bekanntesten sei; vgl. auch *Worpenberg*, InTeR 2022, 98 (100), wonach die Abstufung der SAE zunehmend Verwendung finde.

280 Siehe Bericht über die Ergebnisse der Evaluation der Regelungen zum automatisierten Fahren, BT-Drs. 19/28800, S. 10.

II. Gesetzliche Definitionen

Der Straßenverkehr wird in den Vereinigten Staaten von Amerika auf Ebene der Bundesstaaten geregelt. Daher gibt es im Gegensatz zu Deutschland keine verbindliche gesetzliche Definition auf Bundesebene. Es lassen sich allerdings unterschiedliche Definitionen zum automatisierten und autonomen Fahren in den „Vehicle Codes“ und in sonstigen Regelungen zu Verkehr und Kraftfahrzeugen der einzelnen Bundesstaaten finden. Mittlerweile hat der überwiegende Teil der US-amerikanischen Bundesstaaten entsprechende Regelungen zum automatisierten Fahren erlassen.[281] Exemplarisch sollen im Folgenden die gesetzlichen Definitionen untersucht werden, die die Staaten Kalifornien, Arizona und Florida erarbeitet haben.

1. Bundesstaat Kalifornien

Der US-amerikanische Bundesstaat Kalifornien wird in den Medien immer wieder in Zusammenhang mit dem automatisierten und autonomen Fahren genannt und als besonders innovativ dargestellt.[282] Tatsächlich lassen sich in gesetzlichen Regelungen aus Kalifornien umfangreiche Definitionen zum automatisierten und autonomen Fahren finden.[283] Entsprechende Änderungen im California Vehicle Code (VEH) reichen bereits mehrere Jahre zurück. Aktuelle Reglungen gibt es zudem im California Code of Regulations (CCR).

a) California Vehicle Code

In Kalifornien wurde bereits im Jahr 2012 der California Vehicle Code mit der Senate Bill No. 1298[284] umfassend ergänzt, um in erster Linie dem Testen von automatisierten Fahrzeugen in Kalifornien eine gesetzliche Grundlage zu geben. Das Testen automatisierter Fahrsysteme sollte zum einen nicht behindert werden, zum anderen aber auch unter sicheren Bedingungen stattfinden.[285] Hierzu wurde der California Vehicle Code um die Division

---

281 Eine fortlaufend aktualisierte Darstellung findet sich hierzu auf http://www.ncsl.org/research/transportation/autonomous-vehicles-self-driving-vehicles-enacted-legislation.aspx#Enacted%20Autonomous%20Vehicle%20Legislation (zuletzt abgerufen am 31.08.2023).

282 Siehe auch *Weise*, Hochautomatisiertes Fahren, S. 5, wonach Kalifornien als „Technologieführer im Bereich des autonomen Fahrens“ gelte.

283 Siehe umfassend zum kalifornischen Recht aus dem Blickwinkel des „Inbetriebnahmerechts“ *Weise*, Hochautomatisiertes Fahren, S. 88–114.

284 Abrufbar unter https://leginfo.legislature.ca.gov/faces/billTextClient.xhtml?bill_id=201120120SB1298 (zuletzt abgerufen am 31.08.2023).

285 Vgl. Senate Bill No. 1298, Section 1, lit. c).

16.6, Section 38750 erweitert. Im Zuge dieser Gesetzesänderung wurde bereits sehr früh eine gesetzliche Definition in Bezug auf automatisierte Fahrzeuge eingeführt.

aa) Definition

In Division 16.6, Section 38750, subdivision (a) des California Vehicle Code heißt es:[286]

> *„(a) For purposes of this division, the following definitions apply:*
>
> *(1) „Autonomous technology" means technology that has the capability to drive a vehicle* ***without the active physical control or monitoring*** *by a human operator.*
>
> *(2) (A) „Autonomous vehicle" means any vehicle* ***equipped with autonomous technology*** *that has been integrated into that vehicle.*
>
> *(B) An autonomous vehicle* ***does not include*** *a vehicle that is equipped with one or more collision avoidance systems, including, but not limited to, electronic blind spot assistance, automated emergency braking systems, park assist, adaptive cruise control, lane keep assist, lane departure warning, traffic jam and queuing assist,* ***or other similar systems*** *that enhance safety or provide driver assistance, but are* ***not capable****, collectively or singularly, of driving the vehicle without* ***the active control or monitoring*** *of a human operator."*

In knapper Form wird damit festgestellt, dass eine autonome Technologie[287] in der Lage sei, ein Fahrzeug ohne die Einwirkung oder die Überwachung eines menschlichen Bedieners zu steuern. Ein mit dieser Technologie ausgestattetes Fahrzeug ist nach der Definition als ein autonomes Fahrzeug[288] einzuordnen. Unter subdivision (a)(2)(B) wird zudem anhand einer nicht abschließenden Aufzählung von Anwendungsbeispielen konkretisiert, welche Art von Systemen nicht mehr unter die Definition des autonomen Fahrzeugs zu fassen sein soll.

bb) Vergleich mit der deutschen Definition

Es zeigt sich, dass sich der kalifornische Gesetzgeber für eine eher einfach anmutende positive Definition der sogenannten „Autonomous technology" entschieden hat. Zudem wird eine negative Abgrenzung zu bloßen Assistenzsystemen und teilautomatisierten Systemen der Stufe 2 vorgenommen.

---

286 Division 16.6, Section 38750, subdivision (a) California Vehicle Code; Hervorhebungen nur hier.

287 „Autonomous technology".

288 „Autonomous vehicle".

(1) Adressierte Systeme

Zunächst ist anzumerken, dass die Definition ihrem Wortlaut nach „autonome“ („autonomous“) Systeme adressiert. Wie bereits oben festgestellt, darf der Rechtsanwender die im Einzelfall verwendeten Begrifflichkeiten im Rahmen des automatisierten Fahrens aber nicht ungeprüft übernehmen.[289] Weiterentwickelte automatisierte Systeme der Stufe 3 und 4 fallen neben autonomen Systemen ebenfalls unter die weit gefasste Definition des California Vehicle Code. Die Fähigkeit des Fahrzeugs, ohne aktive Steuerung oder Überwachung des menschlichen Benutzers zu fahren[290], erfüllen automatisierte Systeme der Stufe 3 und 4 grundsätzlich ebenfalls. Dies gilt sowohl nach der deutschen Klassifizierung als auch nach dem SAE Standard J3016. Aufgrund der einfach gehaltenen Definition werden vom California Vehicle Code unterschiedslos automatisierte und autonome Systeme erfasst.[291]

Dies unterscheidet die Definition des California Vehicle Code von der deutschen Definition in § 1a Abs. 2 StVG, welche sich aufgrund des Wortlautes nur auf hoch- und vollautomatisierte Systeme (im Sinne der BASt-Stufe 3 und 4, bzw. SAE-Level 3 und 4 (mit Fahrer)) bezieht und den Anwendungsbereich für autonome Fahrzeuge nicht eröffnet. Eine Definition für Kraftfahrzeuge mit autonomer Fahrfunktion im Sinne von SAE-Level 4 (ohne Fahrer) ist in Deutschland separat in § 1d Abs. 1 StVG verortet. Es zeigt sich hierbei eine Schwäche der Definition aus Kalifornien, da sie aufgrund der fehlenden Trennschärfe unterschiedslos automatisierte und autonome Systeme umfasst.

(2) Negative Abgrenzung

Die fehlende Trennschärfe zwischen automatisierten und autonomen Systemen kann dabei nicht mit der Aufnahme eines negativen Katalogs von nicht umfassten Systemen unter subdivision (a)(2)(B) korrigiert werden. Es werden damit sowohl komplett nichtautomatisierte Fahrzeuge[292] als auch Systeme der Stufe 1[293] und der Stufe 2[294] von der Definition ausgenommen. Ähnliche Systeme, welche nicht ausdrücklich genannt sind, werden ebenfalls ausgeschlossen, da die Aufzählung von Anwendungsfällen nicht abschlie-

289 Siehe oben unter Punkt A. I.6; vgl. *Wolfers*, RAW 2017, 2 (3).

290 „capability to drive a vehicle without the active physical control or monitoring by a human operator“.

291 Im Ergebnis auch *Weise*, Hochautomatisiertes Fahren, S. 92.

292 Beispielhaft genannt wird das „lane departure warning“ System, welches als bloß warnendes System der Stufe 0 zuzuschreiben ist (siehe dazu ausführlich oben unter Punkt A. I.7.).

293 Beispielhaft wird hierfür die „adaptive cruise control“ genannt.

294 Beispielhaft wird hierfür der „traffic jam and queuing assist“ genannt.

ßend ist.[295] Durch die Definition werden dennoch automatisierte Systeme höherer Stufen und autonome Systeme unterschiedslos erfasst. Mit Blick auf die technischen Klassifizierungen und die Unterschiede zwischen einem automatisierten auf der einen und einem autonomen System auf der anderen Seite ist dies kritisch zu sehen. Überdies führt die negative Aufzählung nicht etwa zu einer Genauigkeit der Definition, welche im Rahmen der positiven Voraussetzungen versäumt wurde.

Eine negative (Teil-)Definition ist der deutschen Lösung in § 1a StVG und in § 1d Abs. 1 StVG indes fremd. Eine negative Abgrenzung ist aufgrund der umfassenderen und genauer ausgestalteten Definitionen der umfassten Systeme auch nicht notwendig. Eine negative Abgrenzung zu automatisierten Systemen niedrigerer Stufen durch eine beispielhafte Aufzählung birgt die Gefahr von Unschärfen und Missverständnissen. Die Verwendung einer ausreichend genauen positiven Definition ist daher vorzuziehen.

(3) Zweck der Regelung

Während das StVG den Einsatz von Fahrzeugen im öffentlichen Straßenverkehr durch jedermann regelt, legt der California Vehicle Code einen Schwerpunkt auf die Erprobung automatisierter und autonomer Systeme durch Unternehmen.

Das erklärte Ziel bei der Einführung der Division 16.6, Section 38750 in den California Vehicle Code war es, das Testen von automatisierten Fahrzeugen in Kalifornien auf eine gesetzliche Grundlage zu stellen und dabei die Unternehmen nicht zu behindern, gleichzeitig aber für die nötige Sicherheit auf den öffentlichen Straßen zu sorgen.[296] Die Fahrzeuge sollten für Testzwecke ausschließlich durch Testfahrer bewegt werden.[297] Daher konnte die Definition recht offengehalten werden, um das Testen von unterschiedlich weit entwickelten automatisierten Systemen bis hin zu autonomen Systemen grundsätzlich zu erlauben. Allerdings darf nicht übersehen werden, dass mit dem California Vehicle Code darüber hinaus schon der Einsatz von automatisierten und (aufgrund der weiten Definition) auch von autonomen Systemen auf öffentlichen Straßen grundsätzlich ins Auge gefasst wurde.

(4) Einsatz im öffentlichen Straßenverkehr

Unter Division 16.6, Section 38750, subdivision (c) wird zunächst der Einsatz von hoch/-vollautomatisierten und autonomen Fahrzeugen auf öffent-

295 „including, but not limited to".
296 Vgl. Senate Bill No. 1298, Section 1, lit. c).
297 Vgl. Division 16.6, Section 38750, lit. b) VEH.

lichen Straßen in Kalifornien generell verboten, soweit er nicht zu Testzwecken unter Beachtung der subdivision (b) erfolgt. Es werden aber auch bereits diejenigen Voraussetzungen aufgestellt, welche den Einsatz von hoch-/vollautomatisierten und autonomen Fahrzeugen ausnahmsweise erlauben sollen. Diese Voraussetzungen fallen ungleich umfangreicher aus als die Merkmale der eigentlichen Definition des „Autonomous vehicle" der subdivision (a).

(a) Weitere Anforderungen außerhalb der Definition

Das hoch-/vollautomatisierte System muss durch den Benutzer übersteuerbar bleiben.[298] Zudem soll das System in der Lage sein, eine Fehlfunktion selbstständig zu erkennen und den Benutzer zur Übernahme der Fahrzeugsteuerung aufzufordern.[299] Wird in diesem Fall die Steuerung nicht vom Benutzer übernommen, muss das Fahrzeug in der Lage sein, selbstständig anzuhalten.[300] Diese in der subdivision (c) aufgeführten Voraussetzungen an das automatisierte System hat der Hersteller zudem zu bescheinigen.[301] Damit zeigt sich, dass autonome Systeme des Levels 5 nicht mehr von der Regelung zum Einsatz außerhalb von Erprobungszwecken der subdivision (c) erfasst sein können. Autonome Systeme müssen aufgrund ihrer Leistungsfähigkeit entgegen den Voraussetzungen der subdivision (c) die Fahrzeugsteuerung nicht an den Fahrer übergeben und dürfen grundsätzlich nicht mehr übersteuerbar sein.[302]

Damit erfolgt im Ergebnis außerhalb der eigentlichen Definition der subdivision (a) eine weitere Abgrenzung des Anwendungsbereichs durch die subdivision (c). Hierdurch werden autonome Systeme der Stufe 5 vom eigentlichen Einsatz auf öffentlichen Straßen ausgeschlossen.

(b) Trennung von Tatbestands- und Rechtsfolgenseite

In diesem Zusammenhang fällt auf, dass im Rahmen des California Vehicle Code außerhalb der Definition Voraussetzungen aufgenommen wurden, welche sich gerade in der deutschen Definition des § 1a StVG wiederfinden. So werden die Übersteuerbarkeit und die Übergabesituation in § 1a Abs. 2 Satz 1 Nr. 3 und Nr. 4 StVG ebenfalls geregelt. Sie sind allerdings Teil der Definition selbst und nicht als zusätzliche Voraussetzungen im Rahmen

---

298 Vgl. Division 16.6, Section 38750, subdivision (c)(1)(D) VEH.
299 Vgl. Division 16.6, Section 38750, subdivision (c)(1)(C)(i) VEH.
300 Vgl. Division 16.6, Section 38750, subdivision (c)(1)(C)(i) VEH.
301 Vgl. Division 16.6, Section 38750, subdivision (c)(1) VEH.
302 Siehe zur Beschreibung der autonomen Stufe 5 oben unter Punkt A. I.4.f) sowie unter Punkt B. I.2.b)ff).

eines Verbots mit Erlaubnisvorbehalt wie in Division 16.6, Section 38750 subdivision (c) des California Vehicle Code ausgestaltet.

Erneut kommt hier die klare Trennung der Tatbestands- von der Rechtsfolgenseite der deutschen Regelung zum Tragen. Das Recht zum Abwenden vom Fahrgeschehen soll in Deutschland nur bei Einsatz eines hoch- oder vollautomatisierten Systems bestehen. Die Tatbestandsseite ist dabei durch die Definition klar gefasst, ohne auf weitere einschränkende Voraussetzungen außerhalb der eigentlichen Definition zurückgreifen zu müssen.

Die Regelungen des California Vehicle Code folgen nicht einer solch klaren Konzeption. Es wird ein besonders umfangreicher Anwendungsbereich durch eine einfach gehaltene Definition eröffnet, der dann aber im Bereich des Einsatzes außerhalb von Erprobungsfahrten stark eingeschränkt wird. Dies kann zwar das möglichst umfangreiche Testen von Fahrzeugen ermöglichen. Allerdings wird an die tatbestandlichen Voraussetzungen der subdivision (c) lediglich die Erlaubnis des Einsatzes von hoch-/vollautomatisierten Fahrzeugen außerhalb von Testfahrten geknüpft. Weitere Privilegierungen, wie die Entlassung aus der Überwachungsplicht, werden dabei nicht ausdrücklich gewährt.

Diese Konzeption führt unter Zugrundelegung des deutschen Verständnisses zu dem systematisch fragwürdigen Ergebnis, dass sich die Entlassung aus der Überwachungspflicht nur aus der Definition der subdivision (a) ergeben kann. Eine Definition sollte allerdings auf der Tatbestandsebene den Anwendungsbereich eröffnen und nicht Bestimmungen zum Verhaltensrecht der Rechtsfolgenseite enthalten.

cc) Zusammenfassung

Die Definition des California Vehicle Code macht einen eher pragmatischen Eindruck. Die adressierten Systeme sind unscharf dargestellt, wobei die negative Abgrenzung zu den unteren Automatisierungsstufen durch die nicht abschließenden Anwendungsbeispiele ebenfalls recht vage ist. Die Definition erfasst im Ergebnis unterschiedslos hoch-/vollautomatisierte und autonome Systeme. Der kalifornische Gesetzgeber hat sich damit zwar bereits früh mit autonomen Systemen im Rahmen einer gesetzlichen Regelung auseinandergesetzt. Bei genauerer Betrachtung sind autonome Systeme vom Einsatz außerhalb von Testfahrten allerdings ausgeschlossen.

Zudem wird in der Division 16.6 des California Vehicle Code die Überwachung durch den Benutzer bereits in der ohnehin einfach gehaltenen Definition angesprochen. Damit ergibt sich die Entlassung aus der Überwachungspflicht aus der Definition selbst. Die Definition sollte allerdings grundsätzlich allein die von der Regelung umfassten Systeme betreffen. Die deutsche Regelungssystematik verfolgt in den §§ 1a, 1b StVG dagegen eine bedeutend klarere Konzeption. Die Definition des § 1a Abs. 2 StVG kommt ohne eine negative Abgrenzung aus und legt den Anwendungsbereich bereits auf der Tatbestandsebene eindeutig fest. Die Rechtsfolgenseite wird erst mit der Verhaltensvorschrift des § 1b StVG behandelt.

Die Unschärfen der Division 16.6, Section 38750 des California Vehicle Code folgen zuletzt auch aus der Verquickung zweier völlig unterschiedlicher Anwendungsfelder. Bei der Einführung war es der vornehmliche Zweck, dem Testen von höher entwickelten automatisierten Systemen möglichst schnell eine gesetzliche Grundlage zu geben. Dennoch wurde bereits hier auch der Einsatz derartiger Fahrzeuge ins Auge gefasst. Für das Testen müssen allerdings gänzlich andere Anforderungen als für den Einsatz durch jedermann auf öffentlichen Straßen gelten. Diese schwierige Konzeption mit ihren Folgeproblemen stellte sich für den deutschen Gesetzgeber nicht, da das StVG nicht zusätzlich das Testen von Erprobungsfahrzeugen regelt.

b) California Code of Regulations

Die strikte Trennung zwischen dem Testen einerseits und dem Einsatz von automatisierten beziehungsweise autonomen Fahrzeugen andererseits hält dagegen die aktuelle Fassung des California Code of Regulations ein. Dieses Gesetz umfasst im Vergleich zum California Vehicle Code auch genauere Definitionen zum automatisierten und autonomen Fahren.

aa) Einordnung in den regulatorischen Kontext

Der California Code of Regulations wird regelmäßig vom California Office of Administrative Law aktualisiert[303] und umfasst 28 Abschnitte, welche mit „Titles" überschrieben sind. Die einzelnen Abschnitte befassen sich jeweils mit einem anderen Gebiet des Gesellschaftslebens, wie beispielsweise der Bildung[304] oder dem Umweltschutz[305]. Unter Title 13 werden Regelungen zu Kraftfahrzeugen („Motor Vehicles") aufgestellt.

Article 3.7 und Article 3.8 des Title 13, Division 1, Chapter 1 CCR beziehen sich auf automatisierte und autonome Fahrzeuge. Der California Code of Regulations flankiert dabei ausdrücklich die soeben vorgestellten Rege-

303 Vgl. https://oal.ca.gov/faq/#What%20is%20the%20Administrative%20Procedure%20Act (zuletzt abgerufen am 31.08.2023).
304 Title 5 California Code of Regulations.
305 Title 27 California Code of Regulations.

lungen zum automatisierten und autonomen Fahren des California Vehicle Code für den Bundesstaat Kalifornien.[306]

bb) Definitionen

Der California Code of Regulations hält mit Title 13, Division 1, Chapter 1 zum einen Regelungen für das Testen von automatisierten und autonomen Fahrzeugen bereit (Article 3.7). Zum anderen adressiert die Regelung den Einsatz derartiger Fahrzeuge auf öffentlichen Straßen (Article 3.8). In beiden Regelungskomplexen finden sich Definitionen zum automatisierten und autonomen Fahren.

(1) Article 3.7 (Testing)

Die Regelungen des Article 3.7 des Title 13, Division 1, Chapter 1 beziehen sich ausschließlich auf das Testen von automatisierten und autonomen Fahrzeugen. Daher wird unter Section 227.02 subsection (b) lediglich das automatisierte bzw. autonome Testfahrzeug („Autonomous test vehicle“) definiert. Demnach sei ein „Autonomous test vehicle“ ein Fahrzeug, welches durch die Ausstattung mit einer Technologie, bestehend aus Soft- und Hardware, die Fahraufgabe ausführen kann. Dabei benötige es allerdings einen menschlichen Testfahrer oder eine Fernsteuerung, welche die Ausführung der Fahraufgabe durch das Fahrzeug ständig überwacht.

Daneben enthält Section 227.02. des Article 3.7 weitere detaillierte Definitionen, wie zum autonomen bzw. automatisierten Modus („Autonomous mode“) und zum Begriff der Fahraufgabe („Dynamic driving task“):[307]

> *„(a) „**Autonomous mode**“ is the status of vehicle operation where technology that is a combination of hardware and software, remote and/or on-board, performs the dynamic driving task,* ***with or without a natural person actively supervising the autonomous technology's performance*** *of the dynamic driving task. An autonomous vehicle is operating or driving in autonomous mode when it is operated or driven with the autonomous technology engaged.*
>
> *[…]*
>
> *(g) „**Dynamic driving task**“ means all of the real-time functions required to operate a vehicle in on-road traffic, excluding selection of final and intermediate destinations, and including without limitation: object*

306 Vgl. Title 13, Division 1, Chapter 1, Article 3.7, Section 227.00, subsection (a); Title 13, Division 1, Chapter 1, Article 3.8, Section 228.00, subsection (a).

307 Title 13, Division 1, Chapter 1, Article 3.7, Section 227.02 California Code of Regulations; Hervorhebungen nur hier.

and event detection, recognition, and classification; object and event response; maneuver planning; steering, turning, lane keeping, and lane changing, including providing the appropriate signal for the lane change or turn maneuver; and acceleration and deceleration."

Der Article 3.7 CCR umfasst in Section 227.02 subsection a) bis o) einen umfangreichen Katalog an Definitionen. Diese umfassenden Regelungen nimmt auch Article 3.8 in Bezug[308], welcher nicht mehr nur das Testen von automatisierten Fahrzeugen erfassen soll.

(2) Article 3.8 (Deployment)

In Article 3.8 unter Title 13, Division 1, Chapter 1 wird der Einsatz von automatisierten und autonomen Fahrzeugen im öffentlichen Straßenverkehr für den Bundesstaat Kalifornien nunmehr detailliert geregelt. Es geht hierbei ausdrücklich um den Einsatz auf öffentlichen Straßen und nicht mehr um ein Testen durch Fahrzeughersteller oder Unternehmen.

Unter Section 228.02 des Article 3.8 wird ein automatisiertes bzw. autonomes Fahrzeug wie folgt definiert:[309]

> *„(b) „**Autonomous vehicle**" means any vehicle equipped with technology that is a combination of both hardware and software that has the capability of performing the **dynamic driving task without the active physical control or monitoring** of a natural person, **excluding** vehicles equipped with one or more systems that enhance safety or provide driver assistance but are not capable of driving or operating the vehicle without the active physical control or monitoring of a human. For the purposes of this article an „autonomous vehicle" **meets the definition of levels 3, 4, or 5 of the SAE International's Taxonomy and Definitions** for Terms Related to Driving Automation Systems for On-Road Motor Vehicles, Standard J3016 (SEP2016), which is hereby incorporated by reference.*
>
> *[...]*
>
> *(d) The definitions specified in **Section 227.02 of Article 3.7 shall also apply** to this article."*

Ein autonomes Fahrzeug („Autonomous vehicle") sei danach aufgrund seiner Hard- und Software in der Lage, die Fahraufgabe selbstständig und ohne aktive Eingriffe oder Überwachung einer natürlichen Person auszuführen. Ausgenommen seien allerdings Fahrzeuge mit Assistenz- oder Sicherheits-

308 Vgl. Title 13, Division 1, Chapter 1, Article 3.8, Section 228.02 subsection (d) California Code of Regulations.

309 Title 13, Division 1, Chapter 1, Article 3.8, Section 228.02 California Code of Regulations; Hervorhebungen nur hier.

systemen, welche nicht selbstständig das Fahrzeug steuern können. Ein autonomes Fahrzeug entspreche den Definitionen der Level 3, 4 oder 5 des SAE Standard J3016.

Leidet die im vorhergehenden Abschnitt vorgestellte Definition des California Vehicle Code noch an einem zu knappen und wenig trennscharfen Wortlaut, scheint die Definierung des hoch-/vollautomatisierten bzw. autonomen Fahrzeugs im California Code of Regulations umso präziser auszufallen.

cc) Vergleich mit der deutschen Definition

Da mit dem StVG der Einsatz von Fahrzeugen mit automatisierter oder autonomer Fahrfunktion im öffentlichen Straßenverkehr geregelt wird, soll die ebenfalls für einen solchen Einsatz vorgesehene Definition des Article 3.8 für einen Vergleich herangezogen werden. Mit Blick auf die deutschen Definitionen in § 1a Abs. 2 StVG sowie in § 1d Abs. 1 StVG ergeben sich Gemeinsamkeiten, aber auch bemerkenswerte Unterschiede zu der aktuellen Definition in Article 3.8 des California Code of Regulations.

(1) Anwendungsbereich

Durch Article 3.7 und Article 3.8 im California Code of Regulations differenziert der kalifornische Gesetzgeber eindeutig zwischen dem Testen und dem Einsatz automatisierter bzw. autonomer Systeme. Dies ist als Gemeinsamkeit zur deutschen Definition zu sehen. Sowohl Article 3.8 als auch § 1a Abs. 2 StVG definieren die adressierten Systeme für den Einsatz auf öffentlichen Straßen. Dies gilt grundsätzlich auch für die Definition des Kraftfahrzeugs mit autonomer Fahrfunktion gemäß § 1d Abs. 1 StVG, die ebenfalls Fahrzeuge für den Regelbetrieb im öffentlichen Straßenverkehr betrifft. Der mit der StVG-Novelle 2021 eingefügte § 1i StVG zur Erprobung von automatisierten und autonomen Fahrfunktionen stellt eine weitere Gemeinsamkeit dar, da – wie in Kalifornien – eine eigene Reglung für Testfahrzeuge in das nationale Recht eingeführt wurde. Die Regelung enthält aber im Gegensatz zur kalifornischen Lösung keine eigenständige Definition für ein automatisiertes bzw. autonomes Testfahrzeug.[310]

(2) Adressierte Systeme

Wie schon im Rahmen des California Vehicle Code ist anzumerken, dass die Definition des Article 3.8 unter Title 13, Division 1, Chapter 1 im California

310 Vgl. oben unter Punkt B.II.1.b)bb)(1) zu Title 13, Division 1, Chapter 1, Article 3.7 California Code of Regulations.

Code of Regulations ihrem Wortlaut nach ausschließlich „autonome" („autonomous") Systeme adressiert. Auch hier gilt allerdings, dass die im Einzelfall verwendeten Begrifflichkeiten im Rahmen des automatisierten Fahrens nicht ungeprüft übernommen werden dürfen. Auch die SAE weist in ihrem Standard J3016 darauf hin, dass Begriffe im Zusammenhang mit der Automatisierung von Fahrzeugen oft missverständlich benutzt werden.[311]

Die Definition in Article 3.8 erfasst entgegen ihrem Wortlaut neben autonomen auch automatisierte Systeme. Dies ergibt sich zum einen daraus, dass die Fahraufgabe auf diesen Stufen grundsätzlich ohne aktive Steuerung oder Überwachung des menschlichen Fahrers erfolgen kann und damit unter diesen Aspekt der Definition in Section 228.02 fällt. Zum anderen werden die automatisierten Systeme durch den ausdrücklichen Verweis auf den SAE Standard J3016 und dessen Level 3 und 4 definitionsgemäß umfasst. Im Gegensatz zur in Deutschland gültigen Definition des § 1a Abs. 2 StVG betrifft die aktuelle Fassung des California Code of Regulations allerdings eben auch autonome Systeme der SAE-Stufe 5. Wohlgemerkt bezieht sich diese Definition des Article 3.8 bereits auf den Einsatz der adressierten Systeme auf öffentlichen Straßen und nicht mehr nur auf ein Testen durch Unternehmen. Hier wird ein Unterschied zur deutschen Definition besonders deutlich, da in Deutschland zwischen der Definition für Kraftfahrzeuge mit hoch- oder vollautomatisierter Fahrfunktion (§ 1a Abs. 2 StVG) einerseits und solchen mit autonomer Fahrfunktion (§ 1d Abs. 1 StVG) andererseits unterschieden wird und nicht etwa – wie im California Code of Regulations – unter eine gemeinsame Definition gefasst werden. Zudem sind im Gegensatz zur kalifornischen Definition autonome Fahrzeuge der SAE-Stufe 5 in Deutschland von den einschlägigen Definitionen der §§ 1a ff. StVG noch nicht umfasst.[312]

Im Ergebnis kann festgehalten werden, dass die Definition des Article 3.8 sowohl automatisierte Systeme der SAE-Stufen 3 und 4 als auch autonome Fahrzeuge der Stufe 5 umfasst.

(3) Negative Abgrenzung

In Article 3.8 Section 228.02 subsection (b) erfolgt eine negative Abgrenzung zu reinen Assistenzsystemen und sicherheitsverbessernden Funktionen der Stufen 0 bis 2. Die deutsche Definition kommt im Gegensatz zu der des California Code of Regulations ohne eine negative Abgrenzung zu Automatisierungssystemen der unteren Stufen aus. Aber auch die Abgrenzung

---

311 Vgl. SAE Standard J3016 2021, S. 34.

312 Zu den von der Definition des Kraftfahrzeugs mit autonomer Fahrfunktion gemäß § 1d Abs. 1 StVG erfassten Systemen siehe oben unter Punkt A.III.3.

in Section 228.02 subsection (b) wäre nicht notwendig gewesen, da die adressierten Systemausprägungen durch den Verweis auf den SAE Standard J3016 bereits umgrenzt sind. Dieser ausdrückliche Verweis auf die technische Klassifizierung der SAE International im Rahmen der gesetzlichen Definition stellt dabei eine bemerkenswerte Besonderheit dar.

(4) Verweis auf den SAE Standard J3016

Wie bereits dargestellt, verlief eine parallele Entwicklung von technischen Klassifizierungen in Deutschland und in den USA, wobei die von der BASt-Gruppe entwickelte Klassifizierung als Grundlage für den SAE Standard J3016 diente.[313] Die Klassifikation der BASt begleitete auch den Gesetzgebungsprozess zur Änderung des StVG.[314] Während sich allerdings der deutsche Gesetzgeber lediglich mit einem Verweis auf die technische Klassifizierung der deutschen Expertengremien im Rahmen der Begründung zum Regierungsentwurf des Änderungsgesetzes begnügt[315], verweist der kalifornische Gesetzgeber im Rahmen der Definition auf den SAE Standard J3016 und integriert diesen ausdrücklich in das Gesetz[316].

Mit dem Verweis auf die Klassifizierung der SAE International und deren Standard „SAE J3016“ wird in Kalifornien eine technische Definition Teil der gesetzlichen Regelung. Der deutsche Gesetzgeber hat sich gegen einen derartigen rechtsverbindlichen Verweis auf eine technische Klassifizierung entschieden. Aus den Gesetzesmaterialien kann vielmehr geschlossen werden, dass eine solche Verweisung nicht einmal in Erwägung gezogen wurde, da sie an keiner Stelle thematisiert wird.

(5) Weitergehende Begriffsbestimmungen

Im Gegensatz zur deutschen Definition in § 1 Abs. 2 StVG wird dem Rechtsanwender durch den Verweis in Section 228.02 (d) des Article 3.8 auf die Section 227.02 des Article 3.7 CCR ein bunter Strauß an weitergehenden Begriffsdefinitionen an die Hand gegeben. Diese Definitionen betreffen zum Teil technische Ausprägungen des automatisierten Fahrens, welche vom deutschen Gesetzgeber nicht im Rahmen des § 1 Abs. 2 StVG bedacht wurden. Für die Definition des automatisierten bzw. autonomen Fahrzeugs findet sich allerdings nur eine weitergehende Definition.

---

313 Siehe oben unter Punkt I.2.c).

314 Siehe oben unter Punkt A.II.2.

315 Vgl. Begründung, BT-Drs. 18/11300, S. 13.

316 „which is hereby incorporated by reference“, siehe Title 13, Division 1, Chapter 1, Article 3.8 Section 228.02 subsection (b) CCR.

In Article 3.7 Section 227.02. (g) wird die "Dynamic driving task" definiert, auf welche auch in der Definition des automatisierten bzw. autonomen Fahrzeugs des Article 3.8 CCR abgestellt wird. Die „Dynamic driving task" umfasst alle Echtzeit-Funktionen, welche für die Steuerung im Straßenverkehr notwendig sind, wobei die Auswahl von End- und Zwischenzielen nicht dazugehören.[317] Zu den Funktionen ist das Lenken und die Beschleunigung bzw. das Abbremsen zu zählen. Zudem gehören unter anderem die Objekterkennung, das Halten der Fahrspur und das Anzeigen eines Fahrspurwechsels hierzu.

Die Definition aus Kalifornien erinnert an die deutsche Definition der Fahrzeugsteuerung in § 1a Abs. 2 Satz 1 Nr. 1 StVG. Dort wird diese als die Bewältigung der Fahraufgabe – einschließlich Längs- und Querführung – legaldefiniert. Die kalifornische Definition geht jedoch offenbar einen Schritt weiter und konkretisiert die Fahraufgabe mit der nicht abschließenden Aufzählung des erwarteten Funktionsumfanges. Allerdings nimmt § 1a Abs. 2 Satz 1 Nr. 2 StVG auch die an die Fahrzeugführung gerichteten Verkehrsvorschriften in Bezug und setzt deren Beachtung für die Einstufung als ein hoch- oder vollautomatisiertes Fahrzeug voraus. In diesem Zusammenhang ist allerdings nicht konkret definiert, was unter den an die Verkehrsführung gerichteten Verkehrsvorschriften zu verstehen ist und welche hierunter fallen. Damit ist die Definition des California Code of Regulations in Bezug auf die Fahrzeugsteuerung konkreter. Zudem werden die Begriffe „Operational Design Domain"[318] und „Minimal risk condition"[319] genauer erläutert. Entsprechende Begriffe wurden in Deutschland erst im Rahmen der StVG-Novelle 2021 mit der Einführung von § 1 Abs. 2 StVG (festgelegter Betriebsbereich) und § 1 Abs. 4 StVG (risikominimaler Zustand) gesetzlich definiert.

c) Zusammenfassung

Der Blick auf den California Vehicle Code einerseits und den California Code of Regulations andererseits offenbart eine Kehrtwende bei der aktuellen Herangehensweise zur Definition automatisierter Fahrzeuge im Bundesstaat Kalifornien. Wurde zunächst eine in ihrer Einfachheit der komplexen Thematik nicht gerecht werdende Definition im California Vehicle Code vorgelegt, wird nun durch den California Code of Regulations ein umfassender Kriterienkatalog dem US-amerikanischen Rechtsanwender an die Hand gegeben.

317 Siehe hierzu auch den zum Zeitpunkt der Gesetzgebung gültigen SAE Standard J3016 2016, S. 5, an den diese Begriffsbestimmung des CCR augenscheinlich angelehnt ist.
318 Vgl. Title 13, Division 1, Chapter 1, Article 3.7, Section 227.02 subsection (j) CCR.
319 Vgl. Title 13, Division 1, Chapter 1, Article 3.7, Section 227.02 subsection (i) CCR.

Im Vergleich zu dieser Herangehensweise hat sich der deutsche Gesetzgeber von Beginn an für einen Mittelweg entschieden. Auf der einen Seite umschreibt er Kraftfahrzeuge mit hoch- oder vollautomatisierter Fahrfunktion so genau, dass es im Gegensatz zu den kalifornischen Regelungen einer negativen Abgrenzung zu nicht umfassten Systemmausprägungen nicht bedarf. Auf der anderen Seite hat er sich zunächst gegen weiterführende Begriffsdefinitionen entschieden. Diese wurden erst mit der StVG-Novelle 2021 im Rahmen von § 1d StVG eingeführt. Anhand der Definitionen zeigt sich auch deutlich der in Deutschland stringent verfolgte Weg vom automatisierten hin zum autonomen Fahren im öffentlichen Straßenverkehr.

Bedeutendster Unterschied zwischen der Definition des California Code of Regulations und des StVG ist die Einbeziehung des technischen Standards SAE J3016 im Rahmen der Definition im California Code of Regulations. Während sich der deutsche Gesetzgeber ausdrücklich von der deutschen Klassifizierung hat leiten lassen[320], unterlässt er jegliche rechtsverbindliche Bezugnahmen auf die technische Klassifizierung. Lediglich die Nomenklatur der hoch- und vollautomatisierten Fahrfunktion wird übernommen – ohne hieraus technische Voraussetzungen der Klassifizierung in die gesetzliche Regelung einzubinden. In Kalifornien wird dagegen im Rahmen der gesetzlichen Definition ausdrücklich auf den Standard J3016 der SAE verwiesen und dessen Bestimmungen für die Level 3, 4 und 5 rechtsverbindlich in die Definition inkorporiert. Entgegen dem deutschen StVG wird die Nomenklatur der Klassifikation allerdings nicht übernommen. Da die Definition im California Code of Regulations im Ergebnis unterschiedslos Fahrzeuge der Level 3, 4 und 5 erfassen soll, wurde der Begriff des „autonomous vehicle“ gewählt, welcher automatisierte und autonome Systeme gleichsam umfassen soll.

Es wird deutlich: Sowohl der Gesetzgeber in Deutschland als auch der Gesetzgeber in Kalifornien haben sich stark von der jeweiligen nationalen Klassifikation der Expertengruppen leiten lassen. Hier wie dort ist der Gesetzgeber allerdings nicht an die rein technische Klassifizierung gebunden und kann umfasste Systeme sowie deren Benennung und die Voraussetzungen für ihr Vorliegen frei bestimmen.

2. Bundesstaat Arizona

Im Bundesstaat Arizona finden die Vorschriften zu Verkehr und Kraftfahrzeugen ihre gesetzliche Grundlage in Title 28 der Arizona Revised Statutes. Anders als in Kalifornien wurden in diese für den Kraftverkehr einschlägigen Vorschriften allerdings zunächst keine Regelungen oder Definitionen

320 Siehe Begründung, BT-Drs. 18/11300, S. 13; BR-Drs. 69/17, S. 6.

zum automatisierten Fahren eingefügt. Stattdessen wurde dem Testen und dem Einsatz von automatisierten Fahrzeugen ein rechtlicher Rahmen durch das Instrument der Executive Orders gegeben. So erließ der Gouverneur des Staates Arizona Douglas Ducey durch eine Executive Order aus dem Jahr 2015 sowie eine weitere Executive Order vom März 2018 verbindliche Regeln zum automatisierten Fahren. Erst im März 2021 wurden Bestimmungen der Executive Order in die Arizona Revised Statutes überführt.

a) Grundlagen zur Executive Order

Zunächst sollen die Grundlagen zu der Executive Order im US-amerikanischen Recht dargestellt werden, wobei zwischen Executive Orders des Präsidenten einerseits und Executive Orders der Gouverneure andererseits zu differenzieren ist.

aa) Präsidiale Executive Orders

Die Möglichkeit, verbindliche Regelungen durch den Erlass einer Executive Order aufzustellen, scheint mit Blick auf deren Vielzahl im US-amerikanischen Rechtsverständnis tief verankert zu sein.[321] Aufgrund der in der Verfassung der Vereinigten Staaten von Amerika deutlich zum Ausdruck kommenden Gewaltenteilung[322] stellt sich dies allerdings auf Bundesebene nicht als unproblematisch dar. So weist die Verfassung die Gesetzgebungskompetenz allein dem Kongress zu[323], der Präsident steht dagegen auf der Seite der Exekutive.[324] Die Leitentscheidung für die zulässige Reichweite von legislativem Handeln durch den Präsidenten mittels Executive Orders ist der vom Supreme Court entschiedene Fall Youngstown Sheet & Tube Co. v. Sawyer[325].[326] War zwar die Rechtmäßigkeit der Executive Order zu überprüfen, so wurde allerdings die grundsätzliche Möglichkeit der Executive Order nicht in Frage gestellt.

---

321 Eine nach den Präsidenten der Vereinigten Staaten geordnete Übersicht findet sich unter https://www.archives.gov/federal-register/executive-orders/disposition (zuletzt abgerufen am 31.08.2023).

322 Siehe hierzu *Linneweber*, Einführung in das US-amerikanische Verwaltungsrecht, S. 48 f.; *Hay*, US-amerikanisches Recht, 2. Kapitel, Rn. 37, 85 ff.

323 Vgl. Article I U. S. Constitution; siehe auch *Hay*, US-amerikanisches Recht, 2. Kapitel, Rn. 43.

324 Vgl. Article II U. S. Constitution; *Hay*, US-amerikanisches Recht, 2. Kapitel, Rn. 50.

325 Youngstown Sheet & Tube Co. v. Sawyer, 343 U. S. 579 (1952).

326 Vgl. *Brugger*, Einführung in das öffentliche Recht der USA, S. 72 ff., m. w. N. aus der Rechtsprechung; *Currie*, Die Verfassung der Vereinigten Staaten von Amerika, S. 30 ff.; siehe weiterführend auch *Farnsworth*, introduction to the legal system of the United States, S. 71.

bb) Executive Orders der Gouverneure

Neben dem Präsidenten der Vereinigten Staaten können auch die Gouverneure der einzelnen Bundesstaaten Executive Orders mit Geltung für ihren Bundesstaat erlassen. Die rechtliche Basis für den Erlass dieser Rechtsakte auf Staatenebene variiert in den Bundesstaaten. Grundsätzlich kommen drei Ermächtigungsgrundlagen in Frage.[327] Die jeweiligen Gouverneure werden teilweise durch die Verfassung ihres Bundesstaates („Constitutional") oder durch einfachgesetzliche Regelungen („Statutory") zum Erlass der Executive Orders ermächtigt.[328] Es gibt jedoch Bundesstaaten, in denen keine kodifizierte Grundlage existiert. Die Ermächtigung wird in diesem Fall aus dem Amt des Gouverneurs selbst abgeleitet und als von diesem umfasst angesehen („Implied").[329] Letzteres gilt für den Bundesstaat Arizona, dessen Verfassung keine Ermächtigung des Gouverneurs zum Erlass von Executive Orders enthält.[330] Die Befugnis zum Erlass wird dort aus dem Amt des Gouverneurs hergeleitet.[331] Der Umfang der Ermächtigung wird dabei sehr weit ausgelegt.[332] Der Gouverneur von Arizona kann zu allen wichtigen Themen verbindliche Executive Orders erlassen, soweit keine gegenläufige gesetzliche Regelung in Kraft ist.[333] Von dieser umfassenden Befugnis hat der Gouverneur des Staates Arizona Douglas Ducey während seiner Amtszeit[334] mit Blick auf das automatisierte Fahren mehrfach Gebrauch gemacht.

---

327 Vgl. *Bernick/Wiggins*, State & Local Government Review 1984, 3 (4 f.); *Perkins/Francis*, The Book of the States 2021, Table 4.5 Gubernatorial Executive Orders, S. 116 f.

328 Vgl. *Perkins/Francis*, The Book of the States 2021, Table 4.5 Gubernatorial Executive Orders, S. 117.

329 Vgl. *Perkins/Francis*, The Book of the States 2021, Table 4.5 Gubernatorial Executive Orders, S. 117.

330 So insbesondere Article 5 Section 4 Arizona Constitution, die sich unter anderem mit „powers and duties" des Gouverneurs befasst, jedoch keine entsprechende Befugnis enthält; siehe auch die Übersicht Table 1 bei *Bernick/Wiggins*, State & Local Government Review 1984, 3 (5), in der für den Bundesstaat Arizona festgehalten wird: „No Explicit Mention in Constitution or Statutes".

331 Vgl. *Perkins/Francis*, The Book of the States 2021, Table 4.5 Gubernatorial Executive Orders, S. 116.

332 Vgl. *Perkins/Francis*, The Book of the States 2021, Table 4.5 Gubernatorial Executive Orders, S. 117.

333 Vgl. *Perkins/Francis*, The Book of the States 2021, Table 4.5 Gubernatorial Executive Orders, S. 117.

334 Der Politiker Douglas Ducey bekleidete von Januar 2015 bis zum 02.01.2023 das Amt des Gouverneurs im US-Bundesstaat Arizona, siehe https://www.nga.org/governor/doug-ducey/ (zuletzt abgerufen am 31.08.2023); ihm folgte Katie Hobbs als 24. Gouverneurin in das Amt, siehe https://azgovernor.gov/office-arizona-governor/news/2023/01/katie-hobbs-sworn-arizonas-24th-governor (zuletzt abgerufen am 31.08.2023).

b) Executive Order vom 25. August 2015

Bereits im August 2015 erließ der Gouverneur die Executive Order 2015-09[335], welche das automatisierte Fahren in den Fokus genommen hat.

aa) Einordnung in den regulatorischen Kontext

Nach dem zweiten Erwägungsgrund Executive Order 2015-09 sollte das Testen und der Einsatz von selbstfahrenden Fahrzeugen („self-driving vehicles") in Arizona erlaubt werden, um so die Entwicklung der Technologie zu unterstützen.[336] Hierzu wurden das Arizona Department of Transportation und entsprechende Behörden („Agencies")[337] angewiesen, die nötigen Schritte einzuleiten, um die Erprobung und den Einsatz von diesen selbstfahrenden Fahrzeugen auf öffentlichen Straßen zu fördern.[338] Zudem wurde verfügt, dass ein „Self-Driving Vehicle Oversight Committee" eingerichtet werden solle.[339] Dieses solle den staatlichen Stellen in Bezug auf selbstfahrende Fahrzeuge beratend zur Seite stehen.

bb) Fehlende Definition

Vom Wortlaut der Executive Order 2015-09 sind allerdings nur „selbstfahrende Fahrzeuge" („self-driving vehicles") erfasst, auf die Terminologie „automatisiert" oder „autonom" wird hingegen nicht explizit eingegangen. Daher lässt sich der Executive Order 2015-09 auch keine Definition zu automatisierten Fahrzeugen entnehmen.

In den Erwägungsgründen zu der Executive Order 2015-09 wird jedoch zumindest die „self-driving technology" rudimentär umschrieben. Diese Beschreibung ähnelt dabei der Definition im California Vehicle Code[340] zum automatisierten bzw. autonomen Fahren und teilt sich teilweise sogar deren Wortlaut. Konkrete Regelungen zur Ausgestaltung des automatisierten Fahrens enthält die Executive Order aus dem Jahr 2015 allerdings nicht.

---

335 Arizona Executive Order vom 25.08.2015 „Executive Order 2015-09: Self-Driving Vehicle and Piloting in the State of Arizona; Self-Driving Vehicle Oversight Committee" (im Folgenden „Executive Order 2015-09").

336 Vgl. zweiten Erwägungsgrund („WHEREAS") der Executive Order 2015-09.

337 Zu den Kompetenzen und Grundlagen der US-amerikanischen Agencies siehe ausführlich *Linneweber*, Einführung in das US-amerikanische Verwaltungsrecht, S. 52 ff.

338 Vgl. Section 1 der Executive Order 2015-09.

339 Vgl. Section 5 der Executive Order 2015-09. Die Schaffung derartiger „Committees" kann in Arizona durch Executive Order erfolgen, vgl. *Perkins/Francis*, The Book of the States 2021, Table 4.5 Gubernatorial Executive Orders, S. 116.

340 Siehe oben unter Punkt B.II.1.a)aa).

c) Executive Order vom 1. März 2018

Konkrete Regelungen zum automatisierten Fahren wurden durch eine Executive Order aus dem Jahr 2018 in Arizona eingeführt. Die Executive Order 2018-04[341] mit der Überschrift „Advancing Autonomous Vehicle Testing and Operation; Prioritizing Public Safety" wurde am 1. März 2018 durch den Gouverneur erlassen.

aa) Einordnung in den regulatorischen Kontext

Neben der Erprobung von automatisierten und autonomen Fahrzeugen soll auch deren Einsatz auf öffentlichen Straßen erlaubt werden. In systematischer Hinsicht ist auffällig, dass bei den einleitenden Erwägungsgründen die positiven Auswirkungen auf wirtschaftliche Aspekte vorangestellt werden.[342] Erwägungen zur Verbesserung der Verkehrssicherheit erfolgen erst im Anschluss an die Hervorhebung der wirtschaftlichen Vorteile.[343]

bb) Definition

Im Vergleich zur vorangegangenen Executive Order aus dem Jahr 2015 wird in der Executive Order 2018-04 das „Fully Autonomous Vehicle" definiert. Ergänzend erfolgen flankierende Begriffserläuterungen zum automatisierten Fahren. Unter Verweis auf Level 4 und Level 5 der SAE-J3016-Klassifizierung wird in Section 1) subsection d. der Executive Order das „Fully Autonomous Vehicle" wie folgt definiert:[344]

> *„FULLY AUTONMOUS VEHICLE. A Motor vehicle that is equipped with an **automated driving system** designed to function as a **level four or five** system **under SAE J3016**. Such a vehicle may be designed **to function solely by use of the automated driving system, or** when the automated driving system is not engaged, to permit **operation by a human person**."*

Die Definition fällt damit sehr knapp aus. Wie im Rahmen des California Code of Regulations wird auf die technische Klassifizierung der SAE International verwiesen und letztere dadurch zu einem Teil der gesetzlichen Definition gemacht. Das „Fully Autonomous Vehicle" soll nach der Definition

341 Arizona Executive Order vom 01.03.2018 „Executive Order 2018-04: Advancing Autonomous Vehicle Testing and Operation; Prioritizing Public Safety" (im Folgenden „Executive Order 2018-04").

342 Vgl. zweiten und dritten Erwägungsgrund der Executive Order 2018-04.

343 So ab dem vierten Erwägungsgrund der Executive Order 2018-04.

344 Section 1) subsection d. Executive Order 2018-04; Hervorhebungen durch Fettdruck nur hier.

der Executive Order sowohl automatisierte Systeme der SAE-Stufe 4 als auch autonomes Fahren der SAE-Stufe 5 umfassen. Nach der Definition kann das entsprechende Fahrzeug so konstruiert sein, dass es ausschließlich von dem automatisierten Fahrsystem gesteuert wird, also auch auf Level 4 gänzlich „fahrerlos“ sein kann. Aber auch Fahrzeuge, die neben der automatisierten Steuerung weiterhin grundsätzlich eine menschliche Steuerung zulassen, sind von der Definition umfasst.

Zudem wird in Section 1) subsection a. das im Rahmen des Fully Autonomous Vehicle angeführte „Automated Driving System“ als die Hard- und Software, welche die gesamte Fahraufgabe[345] ausführen kann, definiert:[346]

> *„AUTOMATED DRIVING SYSTEM. The* ***hardware and software*** *that are collectively capable of* ***performing the entire dynamic driving task*** *on a sustained basis, regardless of whether it is limited to a specific operational design domain.“*

Es zeigt sich, dass bereits auf Ebene der Definition nach dem Wortlaut und der Systematik der Executive Order 2018-04 zwischen dem „Fully Autonomous Vehicle“ und dem „Automated Driving System“ zu differenzieren ist. Damit geht eine deutliche Trennung des „automatisierten Fahr-Systems“, also der Soft- und Hardware, die das automatisierte bzw. autonome Fahren ermöglicht, vom automatisierten Fahrzeug selbst einher. Dies deutet darauf hin, dass in Arizona insbesondere auch der Fall in Erwägung gezogen wurde, dass ein Fahrzeug nachträglich mit einem System ausgestattet wird, das es erst zu einem automatisierten Fahrzeug macht.

cc) Vergleich mit den deutschen Definitionen

Die Definition der Executive Order 2018-04 ist im Vergleich zu denjenigen in § 1a Abs. 2 StVG sowie in § 1d Abs. 1 StVG sehr knapp gehalten. Es zeigen sich weitere Unterschiede, welche im Folgenden dargestellt werden.

(1) Anwendungsbereich

Eine Wortlautauslegung der Executive Order 2018-04 ergibt, dass sich die Definition des „Fully Autonomous Vehicle“ gleichermaßen auf die Erprobung und den Einsatz von automatisierten bzw. autonomen Fahrzeugen bezieht.

345 „entire dynamic driving task“.

346 Section 1) subsection a. Executive Order 2018-04; Hervorhebungen durch Fettdruck nur hier.

Die Regelungen der Executive Order 2018-04 erfassen unterschiedslos „Testing or operation“ von selbstfahrenden Fahrzeugen.[347] Zum einen betrifft die Definition also die Erprobung von automatisierten und autonomen Fahrzeugen auf öffentlichen Straßen („testing“). Zum anderen wird ausdrücklich der Einsatz eines solchen Fahrzeugs im Straßenverkehr in Bezug genommen („operation“). Die Differenzierung zwischen der Erprobung einerseits und dem Einsatz andererseits könnte darauf hindeuten, dass die Executive Order dem Grunde nach bereits den Einsatz von Fahrzeugen durch jedermann berücksichtigen will. Allerdings scheint die Erprobung – und insbesondere auch der Einsatz – von Fahrzeugen der SAE-Stufe 4 und 5 allein durch Unternehmen und nicht durch Private ins Auge gefasst worden zu sein. So werden im letzten Erwägungsgrund der Executive Order ausdrücklich juristische Personen bzw. Unternehmen („entity“)[348] angesprochen, welche die Fahrzeuge zu testen oder einzusetzen beabsichtigen.[349]

Im Ergebnis bezieht sich der Anwendungsbereich der in der Executive Order 2018-04 aufgenommenen Definition auf die Erprobung und den Einsatz von Fahrzeugen der SAE-Stufe 4 und 5 durch Unternehmen im Bundesstaat Arizona. Die deutsche Definition des § 1a Abs. 2 StVG ist dagegen der Türöffner für die Benutzung von automatisierten Fahrzeugen der SAE-Stufe 3 bzw. der BASt-Stufe 3 und 4 durch jedermann auf öffentlichen Straßen. Mit Blick auf die deutsche Definition zum autonomen Fahren in festgelegten Betriebsbereichen in § 1d Abs. 1 StVG ergibt sich allerdings ein ähnlicher Anwendungsbereich für den Einsatz von Fahrzeugen mit Fahrfunktionen nach SAE-Level 4. Durch das sich aus § 1e Abs. 2 StVG ergebende zwingende Erfordernis einer Technischen Aufsicht sowie durch die Halterpflichten[350] nach § 1f Abs. 1 Satz 2 Nr. 3 StVG i. V. m. § 13 AFGBV und § 1g StVG zeigt sich, dass der Betrieb von „fahrerlosen“ Fahrzeugen des SAE-Level 4 auch in Deutschland durch Unternehmen vorgesehen ist.[351] Im Übrigen sprechen auch die in der Gesetzesbegründung beschriebenen Anwendungsfälle[352], wie Mobilitätslösungen im öffentlichen Personennahverkehr, Ein-

---

347 Vgl. Section 2 und Section 3 der Executive Order 2018-04.

348 Siehe Erwägungsgrund 12 der Executive Order 2018-04.

349 Vgl. Erwägungsgrund 12 der Executive Order 2018-04.

350 Die besonderen Pflichten des Halters eines Kraftfahrzeugs mit autonomer Fahrfunktion werden unten in Teil 3 unter Punkt A.II.3.b) näher erläutert.

351 In diese Richtung auch *Kleemann/Arzt*, RAW 2021, 99 (99); *Wagner*, InTeR 2021, 132 (137); *von Bodungen/Gatzke*, RDi 2022, 354 (Rn. 17); *von Bodungen/Mühlon*, ZdiW 2022, 5 (10); *Polly/Zeiler*, ZfPC 2021, 56 (60); *Wüstenberg*, RdTW 2021, 330 (Rn. 5, 26); siehe dazu auch *Haupt*, NZV 2022, 265 (266), der zwar grundsätzlich Verbraucher und nicht nur Unternehmen als Halter von autonomen Fahrzeugen im Sinne der §§ 1e, 1d StVG für möglich hält, dieses Szenario aber aus tatsächlichen Gründen eher als abwegig ansieht.

352 Vgl. Begründung, BT-Drs. 19/27439, S. 16.

satz in der Logistik oder unternehmensinterne Betriebs-Shuttles dafür, dass die Definition den Anwendungsbereich für den Einsatz der Level 4 Fahrzeuge allein durch Unternehmen betrifft.

(2) Erfasste Systeme

Mit Blick auf die von der jeweiligen Definition erfassten Systeme lassen sich einerseits Gemeinsamkeiten, andererseits Unterschiede ausmachen. Hinsichtlich der Automatisierungsstufen, die von den Definitionen umfasst werden, lässt sich zunächst eine Gemeinsamkeit erkennen. Wie in der Legaldefinition des § 1a Abs. 2 StVG werden auch in der Executive Order 2018-04 zwei an sich unterschiedliche Automatisierungsgrade im Sinne der technischen Klassifizierung unter einen gemeinsamen definitorischen Begriff gefasst. Unterschiede ergeben sich jedoch bei den von der jeweiligen Definition erfassten Automatisierungsgraden. Während in der Definition des § 1a Abs. 2 Satz 1 StVG die sich ähnelnden Automatisierungsgrade der BASt-Stufe 3 und 4 zusammengefasst werden, werden in Arizona die automatisierte SAE-Stufe 4 und die autonome SAE-Stufe 5 unter einem gemeinsamen Begriff definiert. Zum einen zeigt sich damit eine Gemeinsamkeit dergestalt, dass bei der Ausarbeitung der Executive Order 2018-04 auch die Möglichkeit der gemeinsamen Definition von unterschiedlichen Automatisierungsstufen nach der jeweiligen Klassifizierung gesehen wurde. Zum anderen stellt die Adressierung von autonomen Systemen der SAE-Stufe 5 in der Executive Order 2018-04 einen erheblichen Unterschied zu der deutschen Variante dar, da Fahrzeuge dieser Stufe 5 weder von der Definition in § 1a Abs. 2 Satz 1 StVG noch von § 1d Abs. 1 Nr. 2 StVG umfasst werden.

(3) Verweis auf den SAE Standard J3016

Auffällig ist, dass die Definition der Executive Order 2018-04 – wie auch diejenige des Article 3.8 im California Code of Regulations[353] – den konkreten Funktionsumfang der Automatisierung im Gegensatz zur deutschen Variante in § 1a Abs. 2 StVG bzw. § 1d Abs. 1 Nr. 2 i. V. m. § 1e Abs. 2 StVG nicht gesetzlich definiert. Stattdessen wird lediglich auf die technische Klassifizierung der SAE International in der Fassung aus September 2016[354] und deren Level 4 und 5 verwiesen. Die Bezugnahme auf eine technische Klassifizierung zur Umschreibung des gesetzlich geforderten Funktionsumfanges des Systems ist der deutschen Definition der hoch- oder vollautomatisierten

353 Title 13, Division 1, Chapter 1, Article 3.8, Section 228.02 subsection (b) California Code of Regulations; siehe hierzu oben unter Punkt B.II.1.b)bb).
354 Siehe Section 1) subsection f. Executive Order 2018-04.

Fahrfunktion (§ 1a Abs. 2 StVG) sowie der autonomen Fahrfunktion (§ 1d Abs. 1 Nr. 2 StVG) dagegen fremd.[355]

(4) Trennung von System und Fahrzeug

In systematischer Hinsicht stellt es eine Besonderheit dar, dass in der Arizona Executive Order 2018-04 im Rahmen der Definition zwischen dem automatisierten bzw. autonomen Fahrzeug[356] einerseits und dem automatisierten System[357] andererseits strikt getrennt wird.

Es liegt die Vermutung nahe, dass von der Definition insbesondere auch Nachrüstlösungen umfasst werden sollen. Also insbesondere Hard- und Software, die nachträglich in ein Serienfahrzeug eingebaut werden, um mit diesem ein automatisiertes Fahren entsprechend SAE-Level 4 ohne Fahrzeugführer zu ermöglichen. Hierfür sprechen allen voran die tatsächlichen Umstände in Arizona. So lässt sich den Medien entnehmen, dass nicht nur Automobilhersteller, sondern vornehmlich auch Mobilitätsdienstleister wie Waymo und Uber schon frühzeitig automatisierte Fahrzeuge in Arizona zu Testzwecken betrieben haben.[358] Diese Mobilitätsdienstleister statten Serienfahrzeuge mit umfangreicher Technik aus, um automatisiertes Fahren zu erproben. Somit wurde insbesondere diesen Unternehmen durch die Definition der Executive Order 2018-04 der Einsatz ihrer aufgerüsteten Fahrzeuge auf öffentlichen Straßen in Arizona ermöglicht.

Unter Zugrundelegung des Wortlauts der Norm scheint die deutsche Definition auf den ersten Blick ebenfalls eine Trennung von Fahrzeug und automatisiertem System zu verfolgen. Sowohl in § 1a Abs. 2 Satz 1 StVG als auch in § 1d Abs. 1 Nr. 2 StVG wird in erster Linie auf die „technische Ausrüstung“ abgestellt über die das hoch- oder vollautomatisierte bzw. das autonome Fahrzeug definitionsgemäß verfügen muss. Das Kraftfahrzeug wird damit nicht unmittelbar zum Anknüpfungspunkt für die Automatisierung gemacht, sondern vielmehr dessen Ausstattung mit einer entsprechenden Ausrüstung.

Anders als in der Executive Order 2018-04 wird von der deutschen Definition in § 1a Abs. 2 StVG jedoch keine nachträgliche Ausrüstung mit automatisierten Fahrfunktionen umfasst. Mit Blick auf § 1a Abs. 2 Satz 2 StVG wird deutlich, dass die Definition nur Kraftfahrzeuge erfassen kann, die von

---

355 Siehe entsprechend die Ausführungen zur Definition des Article 3.8 California Code of Regulations oben unter Punkt B.II.1.b)cc)(4).

356 „Fully autonomous Vehicle“, Section 1 subsection d. der Executive Order 2018-04.

357 „Automated Driving System“, Section 1 subsection a. der Executive Order 2018-04.

358 Vgl. den Artikel zu dem folgenschweren Unfall eines automatisierten Testfahrzeugs in Arizona am 18.03.2018 mit dem Hinweis auf die bereits vor Jahren begonnen Testfahrten auf https://www.nytimes.com/2018/03/19/technology/uber-driverless-fatality.html (zuletzt abgerufen am 31.08.2023).

Anfang an über eine entsprechende Ausrüstung verfügen, denn dieser verpflichtet ausdrücklich den „Hersteller eines solchen Kraftfahrzeugs [mit hoch- oder vollautomatisierter Fahrfunktion]“. Der Wortlaut der Norm lässt damit darauf schließen, dass das hoch- oder vollautomatisierte Fahrzeug als solches vom Hersteller produziert wird. Eine nachträgliche Ausrüstung durch Dritte sieht die Definition dagegen nicht vor. Auch aus den Gesetzesmaterialien lässt sich an keiner Stelle ein Hinweis auf die nachträgliche Ausstattung mit Systemen zum hoch- oder vollautomatisierten Fahren entnehmen. Entsprechendes gilt auch für Kraftfahrzeuge mit autonomer Fahrfunktion im Sinne von § 1d Abs. 1 Nr. 2 i. V. m. § 1e Abs. 2 StVG. So zeigen die Bezugnahme auf den Hersteller in § 1e Abs. 4 StVG sowie der umfassende Pflichtenkatalog des § 1f Abs. 3 StVG, der den „Hersteller eines Kraftfahrzeugs mit autonomer Fahrfunktion“ in die Verantwortung nimmt, dass der Hersteller des autonomen Fahrzeugs und nicht der Fertiger des Fahrsystems im Fokus der Definition steht. Vom Gesetz ist lediglich die nachträgliche Aktivierung von bereits verbauten automatisierten oder autonomen Fahrfunktionen vorgesehen, wie sich aus § 1h StVG ergibt.[359]

Im Ergebnis stellt die deutliche Trennung von System und Fahrzeug im Rahmen der Definition der Executive Order 2018-04 eine Besonderheit dar. Diese Besonderheit dürfte den tatsächlichen wirtschaftlichen Gegebenheiten in Arizona Rechnung tragen und stellt einen Unterschied zu den deutschen Definitionen dar.

(5) Weitergehende Begriffsbestimmungen

Im Gegensatz zu der deutschen Definition in § 1a Abs. 2 StVG enthält die Executive Order 2018-04 weitergehende Begriffsbestimmungen. Neben dem Fully Autonomous Vehicle werden insbesondere auch die „Dynamic Driving Task“[360], die „Minimal Risk Condition“[361] und die „Operational Design Domain“[362] erläutert.

Im Rahmen dieser das automatisierte Fahren flankierenden Begriffsbeschreibungen wird die Nähe zur Klassifizierung des SAE Standards J3016 – über die Bezugnahme in Section 1) subsection d. Executive Order 2018-04 hinaus – besonders deutlich. Die Definition der „Dynamic Driving Task“ entspricht nahezu wortgleich der Begriffsbestimmung des SAE International.[363] Nach Section 1) subsection d. der Executive Order 2018-04 um-

359 Zur nachträglichen Aktivierung von sogenannten „schlafenden Funktionen“ nach § 1h StVG, siehe etwa *Harms*, RAW 2022, 66.

360 Siehe Section 1 subsection c. der Executive Order 2018-04.

361 Siehe Section 1 subsection e. der Executive Order 2018-04.

362 Siehe Section 1 subsection f. der Executive Order 2018-04.

363 Vgl. hierzu den nahezu wortgleichen SAE Standard J3016 2016, S. 5.

fasst die „Dynamic Driving Task“ neben der Quer- und Längssteuerung des Fahrzeugs auch die Umgebungserfassung samt entsprechender Planung des Fahrweges und den Einsatz entsprechender Signalzeichen.[364] Dagegen wird die Fahraufgabe im Sinne von § 1a Abs. 2 Satz 1 Nr. 1 StVG nicht derart umfassend erläutert. Es wird lediglich klargestellt, dass die Fahraufgabe auch die Längs- und Querführung umfasst. Nähere Erläuterungen enthält die Definition des § 1a Abs. 2 StVG nicht. Weitergehende Begriffsdefinitionen wurden erst mit der Novelle 2021 zum autonomen Fahren in das StVG eingeführt. So wird unter anderem – ähnlich zu der Executive Order 2018-04 – der risikominimale Zustand in § 1d Abs. 4 StVG definiert. Dies lässt sich auch darauf zurückführen, dass sowohl § 1d StVG als auch die Executive Order 2018-04 Fahrzeuge erfassen, die dem SAE-Level 4 zuzuordnen sind und damit weitergehende Definitionen erforderlich sind. § 1a StVG erfasst dagegen in erster Linie Fahrzeuge der SAE-Stufe 3. Die Definition weiterer Begrifflichkeiten im Rahmen der Executive Order 2018-04 entspricht eher der Konzeption des California Code of Regulations[365] und unterscheidet sich damit von § 1a Abs. 2 StVG, welcher keine derart umfassenden ergänzenden Begriffsbestimmungen zum automatisierten Fahren enthält.

d) Ergänzung der Arizona Revised Statutes im März 2021

Mit der House Bill 2813[366] wurden im März 2021 weite Teile der Bestimmungen der Executive Order 2018-04 in die Arizona Revised Statutes überführt. Die soeben dargestellte Konzeption und die Besonderheiten im Vergleich zu den deutschen Definitionen wurden dabei beibehalten.

aa) Übernahme der zentralen Definitionen

In Title 28 Chapter 1 Article 1 Section 28-101 der Arizona Revised Statutes wurde entsprechend der Executive Order 2018-04 die Definition für das „Automated driving system“[367] und das „Fully autonomous vehicle“[368]

364 Vgl. Section 1) subsection d. der Executive Order 2018-04. Bei den Signalzeichen ist allen voran an die automatische Betätigung des Fahrtrichtungsanzeigers („Blinken“) beim Fahrspurwechsel zu denken.

365 Siehe dazu oben unter Punkt B.II.1.b).

366 HOUSE BILL 2813 AN ACT AMENDING SECTIONS 28-101, 28-661, 28-662, 28-663, 28-664, 28-665, 28-666, 28-907, 28-909, 28-941, 28-956, 28-957, 28-957.01, 28-966, 28-2157 AND 28-3315, ARIZONA REVISED STATUTES; AMENDING TITLE 28, ARIZONA REVISED STATUTES, BY ADDING CHAPTER 31; RELATING TO MOTOR VEHICLES, filed in the Office of the Secretary of State on March 24, 2021.

367 Vgl. Title 28 Chapter 1 Article 1 Section 28-101 No. 6.

368 Vgl. Title 28 Chapter 1 Article 1 Section 28-101 No. 36.

aufgenommen. Im Gegensatz zur Executive Order 2018-04 wird auf den aktuelleren SAE Standard in der Fassung Juni 2018 und nicht mehr auf den Stand September 2016 verwiesen.[369]

bb) Autonomous vehicle

Anders als in der Executive Order 2018-04 wird neben dem „Fully autonomous vehicle“ ergänzend das „Autonomous vehicle“ definiert:[370]

> *8. „**Autonomous vehicle**“ means a motor vehicle that is equipped with an **automated driving system**.*

Unter diese generelle Definition lassen sich automatisierte Fahrzeuge unterschiedlicher Automatisierungsstufen fassen, da sie im Gegensatz zum „Fully autonomous vehicle“ keine Bezugnahme auf konkrete SAE-Level enthält. Allerdings ist zu beachten, dass im Rahmen der Definition auf das „automated driving system“ Bezug genommen wird:[371]

> *6. „**Automated driving system**“ means the hardware and software that are collectively capable of performing the **entire dynamic driving task on a sustained basis**, regardless of whether it is limited to a specific operational design domain.*

Das automatisierte Fahrsystem muss also die gesamte Fahraufgabe dauerhaft („on a sustained basis“) ausführen können. Es werden demnach Fahrfunktionen ab SAE-Level 3 von der Definition des „Autonomous vehicle“ umfasst.[372] Im Übrigen zeigt sich, dass die systematische Trennung zwischen dem Fahrzeug und dem System in der Executive Order 2018-04 auch im Rahmen der Definition des „Autonomous vehicle“ der aktuellen Arizona Revised Statutes beibehalten wird.[373]

cc) Ergänzende Definitionen

Mit der House Bill 2813 wurde im März 2021 zudem ein neues Kapitel mit der Überschrift „AUTONOMOUS VEHICLES“ in Title 28 der Arizona Re-

---

369 Vgl. Title 28 Chapter 1 Article 1 Section 28-101 No. 68.

370 Siehe Title 28 Chapter 1 Article 1 Section 28-101 No. 8 Arizona Revised Statutes; Hervorhebungen durch Fettdruck nur hier.

371 Siehe Title 28 Chapter 1 Article 1 Section 28-101 No. 6 Arizona Revised Statutes; Hervorhebungen durch Fettdruck nur hier.

372 Siehe dazu auch SAE Standard J3016 2018, Punkt 5, S. 24; ausführlich zu den einzelnen Level der SAE-Klassifizierung oben unter Punkt B. I.2.b).

373 Siehe oben unter Punkt B.II.2.c)cc)(4).

vised Statutes aufgenommen.[374] Einleitend erfolgen ergänzende Begriffsbestimmungen:[375]

> *„In this chapter, unless the context otherwise requires:*
>
> *1. „**On-demand autonomous vehicle network**" means a passenger transportation network that uses a digital network or software application to connect passengers **to fully autonomous vehicles** for transportation, exclusively or in addition to other vehicles, including transportation for hire and transportation for compensation.*
>
> *2. „**Request to intervene**" means a notification by an automated driving system to a **human driver** that the human driver should promptly **begin or resume performance** of part or all of the **dynamic driving task**."*

Mit der Begriffsbestimmung des „On-demand autonomous vehicle network" nebst entsprechenden Bestimmungen in Chapter 32[376] wird der bereits in der Executive Order 2018-04 zum Ausdruck kommende Fokus auf Mobilitätsdienstleister im automatisierten Fahrbetrieb weiter gefestigt. Die neu aufgenommen Definition des „Request to intervene" findet dagegen keine Entsprechung in den vorangegangenen Executive Orders des Gouverneurs. Die Begriffserklärung des „Request to intervene" ist in Zusammenhang mit der erst im Rahmen der House Bill 2813 eingeführten Definition des „Autonomous vehicle" zu sehen, die bereits Fahrsysteme der SAE-Stufe 3 erfasst. Die Executive Order 2018-04 bezog sich dagegen ausschließlich auf „Fully autonomous vehicle" der SAE-Stufen 4 und 5 und hatte den fahrerlosen Betrieb vor Augen. Mit der Aufnahme des „Autonomous vehicle" wurde die Notwendigkeit der Definition der Übernahmeaufforderung, die insbesondere den Betrieb von Fahrzeugen der SAE-Stufe 3 betrifft, gesehen. Der Zusammenhang zwischen der Definition des „Autonomous vehicle" einerseits und der „Request to intervene" andererseits wird auch bei einem Blick auf die Einbettung des „Request to intervene" in dem Regelungskomplex des Chapter 32 deutlich:[377]

> *„B. A person may operate an **autonomous vehicle** with the automated driving system engaged **on public roads** in this state with a **licensed human driver** who is **able to** resume part or all of the dynamic driving task or **respond to a request to intervene**, if any.*

374 Siehe aktuell Chapter 32 im Title 28 der Arizona Revised Statutes.

375 Siehe Title 28 Chapter 32 Article 1 Section 28-9701 Arizona Revised Statutes; Hervorhebungen durch Fettdruck nur hier.

376 Siehe insbesondere Title 28 Chapter 32 Article 1 Section 28-9704 Arizona Revised Statutes.

377 Vgl. Title 28 Chapter 32 Article 1 Section 28-9702 Arizona Revised Statutes; Hervorhebungen durch Fettdruck nur hier.

C. A ***fully autonomous vehicle*** *may operate on public roads* ***without a human driver*** *only if a person submits both: […]"*

Im Rahmen der gesetzlichen Regelung unterscheidet der Gesetzgeber in Arizona – anders als noch in der Executive Order – zwischen verschiedenen Ausprägungen der Automatisierung. Soweit ein „Autonomous vehicle" im öffentlichen Straßenverkehr bewegt wird, ist im Gegensatz zu einem „Fully autonomous vehicle" ein menschlicher Fahrer, der übernahmebereit ist, in jedem Falle erforderlich. Im Ergebnis ist die Definition des „Request to intervene" Folge der Aufnahme von Fahrzeugen der SAE-Level 3, die von der Executive Order 2018-04 nicht umfasst war.

dd) Vergleich mit der deutschen Definition

Mit der Einfügung des Chapter 32 in die Arizona Revised Statutes ergibt sich eine Annäherung an die deutschen Regelungen zum automatisierten und autonomen Fahren. So wird in Arizona nun auch zwischen zwei unterschiedlichen Ausprägungen an Automatisierungsgraden differenziert und damit einhergehend Bestimmungen zur Übernahmesituation aufgenommen.

Auch wenn durch die gesetzliche Regelung die Bestimmungen zum automatisierten Fahren in Arizona im Vergleich zur Executive Order 2018-04 umfassender ausgestaltet wurden, wird die Detailschärfe der Definitionen in § 1a Abs. 2 Satz 1 StVG sowie in § 1d Abs. 1 Nr. 2 i. V. m. § 1e Abs. 2 StVG im Rahmen der Arizona Revised Statutes nicht erreicht. Anders als in Deutschland wird in Arizona die konkrete Übernahmeaufforderung mit der „Request to intervene" losgelöst von der Definition des „Autonomous vehicle" legaldefiniert. Dagegen wurden in Deutschland das systemseitige Erkennen der Erforderlichkeit zur Übernahme durch den Fahrer sowie die Aufforderung dazu als Teil des Anforderungskatalogs an die technische Ausgestaltung der hoch- oder vollautomatisierten Fahrfunktion in § 1a Abs. 2 Satz 1 Nr. 4 und Nr. 5 StVG ausgestaltet. Der Fokus wurde in Deutschland auf die Übergabesituation als solche gelegt und als verhaltensrechtliche Verpflichtung des Fahrers in § 1b Abs. 2 StVG ausgestaltet.[378] Neben der an den Fahrer gerichteten ausdrücklichen Übernahmeaufforderung (§ 1b Abs. 2 Nr. 1 StVG) ist auch das Erkennen eines Übernahmeerfordernisses durch den Fahrer in § 1b Abs. 2 Nr. 2 StVG vorgesehen. Eine solche Verpflichtung findet sich in den Arizona Revised Statutes nicht.

---

378 Zum nationalen Verhaltensrecht und die Übernahmeverpflichtung siehe ausführlich unten in Teil 3 unter Punkt A. I. 4.

e) Zusammenfassung

Im Bundesstaat Arizona stützen sich das Testen und der Einsatz von automatisierten und autonomen Fahrzeugen zunächst allein auf zwei Executive Orders des Gouverneurs. Eine kodifizierte Grundlage in dem einschlägigen Title 28 der Arizona Revised Statutes erfolgte dagegen erst im März 2021. Der Vorteil einer derart pragmatischen Lösung liegt auf der Hand. Ohne ein unter Umständen langwieriges Gesetzgebungsverfahren kann auf die neuen technischen Möglichkeiten durch den Erlass der Executive Order zeitnah reagiert werden.

In Deutschland wurden mit der StVG-Novelle 2017 zunächst automatisierte Fahrsysteme reguliert, die im Sinne der BASt-Stufen 3 und 4 einen übernahmebereiten Fahrer voraussetzen. Fahrerlose Fahrzeuge der SAE-Stufe 4 wurden dagegen erst mit der StVG-Novelle 2021 zum autonomen Fahren definiert und deren Betrieb in Deutschland geregelt. In Arizona erfolgte die Regulierung dagegen in umgekehrter Reihenfolge. Mit der Executive Order 2018-04 wurde ausdrücklich das Testen und der Betrieb von automatisierten Fahrzeugen der SAE-Stufen 4 und 5 geregelt. Fahrzeuge der SAE-Stufe 3 wurden erst mit der Novellierung der Arizona Revised Statutes im März 2021 in die Regulatorik aufgenommen. Die Definition und die Regelungen zum autonomen Fahren waren in Arizona dabei von Anfang an in besonderem Maße auf Unternehmen zugeschnitten, die Fahrzeuge mit sehr fortschrittlicher Technik zum automatisierten oder autonomen Fahren ausrüsten und diese Fahrzeuge auf öffentlichen Straßen einsetzen. Dies zeigt zum einen der Wortlaut der Executive Order und zum anderen die Systematik innerhalb der Definition, welche ausdrücklich zwischen dem automatisierten System und dem Fahrzeug selbst trennt. Es dürfte damit den tatsächlichen Gegebenheiten und wirtschaftlichen Interessen in Arizona Rechnung getragen worden sein.

Mit Blick auf die bereits vorgestellte Definition des California Code of Regulations fällt der Blick erneut auf die ausdrückliche Einbeziehung der technischen Klassifizierung der SAE International. So konnte die Definition des „Fully Autonomous Vehicle“ knapp gehalten werden. Auch die weiteren aus der Executive Order in die Arizona Revised Statutes überführten Begriffsbestimmungen ähneln den aktuellen Regelungen des California Code of Regulations zum automatisierten und autonomen Fahren. Insoweit unterscheiden sie sich von der deutschen Definition zum automatisierten Fahren, welche ohne weitergehende Begriffserläuterungen auskommen muss. Erst mit der StVG-Novelle 2021 wurden flankierende Definitionen zum autonomen Fahren in § 1d StVG aufgenommen.

Zusammenfassend lässt sich festhalten, dass im Bundesstaat Arizona die Erprobung und Implementierung des automatisierten Fahrens – insbesondere mit Blick auf einen fahrerlosen Betrieb auf öffentlichen Straßen – äußerst zielorientiert verfolgt wird.

3. Bundesstaat Florida

Besonders innovativ präsentiert sich die Gesetzeslage im Bundesstaat Florida. Im Juni 2019 unterzeichnete Gouverneur Ron DeSantis die Florida House Bill 311[379], welche die Rahmenbedingungen und Möglichkeiten für die Erprobung und den Einsatz von automatisierten und autonomen Fahrzeugen[380] auf öffentlichen Straßen im Bundesstaat Florida ausweiten soll.[381]

a) Einordnung in den regulatorischen Kontext

Der Straßenverkehr wird in Florida in Title XXIII Chapter 316 Florida Statutes[382] unter der Überschrift „State Uniform Traffic Control" geregelt. Bereits im Jahr 2012 wurden in dem „Sunshine State" mit der House Bill 1207[383] die Grundlagen für den Einsatz von automatisierten Fahrzeugen gelegt und mit der House Bill 7027[384] im Jahr 2016 aktualisiert. Mit der letzten Gesetzesänderung im Jahr 2019 wurde ein weiterer Schritt Richtung Großserieneinsatz von automatisierten Fahrzeugen unternommen. Relevante Regelungen zum automatisierten Fahren finden sich in Chapter 316 Section 85 und Section 86, denen die Definitionen der Section 003 vorgeschaltet sind.

b) Definition

In Title XXIII Chapter 316 Section 003 findet sich ein umfassender Definitionsapparat, der für das gesamte Chapter 316 Geltung entfaltet und sich auf das Gebiet des Straßenverkehrs bezieht. Section 003 beinhaltet dabei 104 Subsections und reicht von der Definition des „BICYCLE"[385] über

379 CS/HB No. 311: Autonomous Vehicles (2019 Session).

380 Der englischsprachige Text bezieht sich auf „autonomous vehicles".

381 Siehe dazu die Internetpräsenz des Gouverneurs DeSantis unter www.flgov.com/2019/06/13/governor-ron-desantis-signs-cs-hb-311-autonomous-vehicles/ (zuletzt abgerufen am 31.08.2023); der Gouverneur unterschrieb die House Bill 311 auf dem Gelände der SunTrax Testeinrichtung in Florida, die der realitätsnahen Erprobung von autonomen Fahrsystemen dienen soll (www.suntraxfl.com).

382 Das Chapter 316 trägt die Überschrift „STATE UNIFORM TRAFFIC CONTROL" und bezieht sich ganz allgemein auf die Regelung des Straßenverkehrs im Bundesstatt Florida; abrufbar unter https://www.flsenate.gov/Laws/Statutes/2019 (zuletzt abgerufen am 31.08.2023).

383 CS/HB No. 1207: Vehicles with Autonomous Technology (2012 Session).

384 CS/HB No. 7027: Department of Transportation (2016 Session).

385 Title XXIII Chapter 316 Section 003 Subsection (4) Florida Statutes.

„DRIVER“[386] bis hin zur Definition der „WORK ZONE AREA“[387]. Mit der House Bill 1207 wurde bereits im Jahr 2012 die Definition des „Autonomous Vehicle“ in Chapter 316 Section 003 Subsection (90) eingefügt, die durch die House Bill 7027 im Jahr 2016 ohne Änderungen in Subsection (2) überführt wurde, womit der alphabethischen Ordnung der Section 003 Rechnung getragen wird.

Mit dem Inkrafttreten der Florida House Bill 311 wurde die Definition zum automatisierten Fahren 2019 aktualisiert und durch die Aufnahme weiterer Definitionen konkreter ausgestaltet. Der Fokus liegt nun nicht mehr auf dem „Autonomous Vehicle“ selbst, sondern auf dem „Automated Driving System“, dessen Definition in Subsection (3) verortet wurde:[388]

> *(3)* ***AUTOMATED DRIVING SYSTEM***. *– The* ***hardware and software*** *that are collectively capable of performing* ***the entire dynamic driving task*** *of an* ***autonomous vehicle*** *on a sustained basis, regardless of whether it is limited to a* ***specific operational design domain***. *The term:*
>
> *(a) „****Autonomous vehicle****“ means any vehicle equipped with an automated driving system.*
>
> *(b) „****Dynamic driving task****“ means all of the real-time operational and tactical functions required to operate a vehicle in on-road traffic* ***within its specific operational design domain****, if any, excluding strategic functions such as trip scheduling and selection of destinations and waypoints.*
>
> *(c) „****Fully autonomous vehicle****“ means a vehicle equipped with an automated driving system designed to function* ***without a human operator***.
>
> *(d) „****Operational design domain****“ means a description of the specific operating domain in which an automated driving system is* ***designed to properly operate****, including, but not limited to, roadway types, speed ranges, environmental conditions such as weather and time of day, and other domain constraints.*

Die Definition des „Automated Driving System“ ist fast wortgleich aus dem SAE Standard SAE J3016 entliehen.[389] Ein ausdrücklicher Bezug auf den aus dem US-amerikanischen Raum stammenden technischen Standard oder eine Inkorporierung durch Verweis ist allerdings ausgeblieben. Dies gilt insbesondere auch auf die in der technischen Klassifizierung SAE J3016 enthaltene Beschreibung der einzelnen Automatisierungsstufen 3 und 4 oder

386 Title XXIII Chapter 316 Section 003 Subsection (20) Florida Statutes.

387 Title XXIII Chapter 316 Section 003 Subsection (104) Florida Statutes.

388 Title XXIII Chapter 316 Section 003 Subsection (3) Florida Statutes; Hervorhebungen durch Fettdruck nur hier.

389 Vgl. SAE Standard J3016 2018, Punkt 3.2, S. 3 (der Wortlaut wurde in der aktuellen Fassung des SAE Standards 2021 beibehalten, siehe dort Punkt 3.2, S. 6); siehe dazu oben unter Punkt B. I.2.b).

auch der autonomen Stufe 5. Auf die detaillierte Beschreibung der einzelnen Automatisierungsstufen wird im Gesetz gänzlich verzichtet. Anders als in Kalifornien[390] und in Arizona[391] unterbleibt auch eine Bezugnahme auf die technische Klassifikation der SAE.

Die weiterführenden Definitionen unter (3)(a), (3)(b) und (3)(d) beziehen sich auf einzelne Elemente des im Oberpunkt (3) definierten „Automated Driving System". Die Beschreibung des „Fully autonomous vehicle" stellt insofern eine Ausnahme dar, da dieser Fahrzeugtyp nicht Teil der Definition des „Automated Driving System" ist.

c) Vergleich mit den deutschen Definitionen

Die Definition in den Florida Statutes ist im Vergleich zu den deutschen Definitionen in § 1a Abs. 2 StVG und in § 1d Abs. 1 Nr. 2 i. V. m. § 1e Abs. 2 StVG erstaunlich einfach gehalten. Der Gesetzgeber in Florida ließ sich ebenso wie der deutsche Gesetzgeber bei der Ausgestaltung der Definition im Rahmen des automatisierten Fahrens von einer technischen Klassifizierung leiten. Es zeigen sich aber auch Unterschiede zwischen dem daraus resultierenden Ergebnis in Florida und Deutschland, die im Folgenden dargestellt werden sollen.

aa) Umfasste Systeme

Aufgrund der Fokussierung auf das „Automated Driving System", die mit der Gesetzesänderung 2019 in Florida einherging, ist es nicht ohne Weiteres ersichtlich, welche Automatisierungsstufen im Rahmen der Florida Statutes erfasst werden. Ein ausdrücklicher Bezug auf konkrete Automatisierungs-Levels erfolgt insofern nicht.

Neben dem „automated driving system" hielt mit der Änderung im Jahr 2019 allerdings jeweils auch eine Beschreibung des „Autonomous vehicle"[392] und des „Fully autonomous vehicle" Einzug in die Florida Statutes.[393] Während die Definition des „Automated Driving System" noch fast wortgleich aus dem technischen Standard der SAE übernommen wurde, lässt sich in Bezug auf die in Florida per Gesetz eingeführten beiden Fahrzeug-

390 Die Einbeziehung der Beschreibung der relevanten Automatisierungsstufen durch einen Verweis in der gesetzlichen Definition erfolgte im Bundesstaat Kalifornien im Rahmen von Title 13, Division 1, Chapter 1, Article 3.8, Section 228.02 California Code of Regulations, siehe dazu näher oben unter Punkt B.II.1.b)cc)(4).

391 Vgl. zuletzt Title 28 Chapter 1 Article 1 Section 28-101 No. 36 und No. 68 Arizona Revised Statutes, siehe dazu oben unter Punkt B.II.2.d).

392 Siehe Title XXIII Chapter 316 Section 003 Subsection (3)(a) Florida Statutes.

393 Siehe Title XXIII Chapter 316 Section 003 Subsection (3)(c) Florida Statutes.

typen keine Referenz auf den SAE-Standard erkennen. Nach dem gesetzgeberischen Willen in Florida ist unter dem „Autonomous vehicle“ schlicht ein Fahrzeug zu verstehen, das mit einem „Automated Driving System“ ausgestattet ist und daher aufgrund der Hard- und Software in der Lage ist, die Fahraufgabe dauerhaft auszuführen.[394] Das „Fully autonomous vehicle“ zeichnet sich darüber hinausgehend dadurch aus, dass die zugrunde liegende Hard- und Software so beschaffen ist, dass das Fahrzeug ohne einen menschlichen Fahrer („without a human operator“) auskommt.[395] Konkretisierungen dieser beiden Definitionen finden sich in Title XXIII Chapter 316 Section 003 Florida Statutes nicht. Die Einordung des „Autonomous vehicle“ bzw. des „Fully autonomous vehicle“ ist allein hieraus nicht ersichtlich. Es muss damit auf das zentrale Element des definierten „Automated Driving System“ zurückgegriffen werden. In einer Zusammenschau aus der gesetzlichen Beschreibung und den Erläuterungen des SAE Standard SAE J3016 zum „Automated Driving System“ lässt sich schlussfolgern, dass das „Autonomous vehicle“ Fahrzeuge der SAE-Automatisierungsstufen 3 und 4 umfasst, wobei in jedem Falle ein Fahrer als anwesend vorausgesetzt wird. Mit dem „Fully autonomous vehicle“ bezieht sich der gesetzliche Rahmen in Florida nach dem Wortlaut der Vorschrift ausdrücklich auf fahrerlose Systeme („without a human operator“). Da nach der gesetzlichen Definition keine Einschränkung in Bezug auf die ODD erfolgt,[396] werden nach dem Wortlaut der Definition fahrerlose Systeme der SAE-Stufe 4 sowie autonome Systeme der Stufe 5 gleichermaßen erfasst. Hierin unterscheidet sich also die Definition in den Florida Statutes von der deutschen Definition, da in Florida bereits autonome Fahrzeuge der Stufe 5 vom Gesetz umfasst werden.

Die von der Definition des Title XXIII Chapter 316 Section 003 Florida Statutes umfassten Systeme reichen damit weiter als die deutsche Konzeption, da in Deutschland von der gesetzlichen Definition in §§ 1d, 1e StVG Kraftfahrzeuge mit autonomer Fahrfunktion im Sinne der SAE-Stufe 4, aber nicht autonome Fahrzeuge der SAE-Stufe 5 erfasst werden.

---

394 Vgl. Title XXIII Chapter 316 Section 003 Subsection (3)(a) Florida Statutes.

395 Vgl. Title XXIII Chapter 316 Section 003 Subsection (3)(c) Florida Statutes; die Definition von „OPERATOR“ ergibt sich aus Title XXIII Chapter 316 Section 003 Subsection (50) Florida Statutes und lautet: „Any person who is in actual physical control of a motor vehicle upon the highway or who is exercising control over or steering a vehicle being towed by a motor vehicle“.

396 Vgl. insbesondere Title XXIII Chapter 316 Section 003 Subsection (3): „[…] regardless of whether it is limited to a specific operational design domain.“.

bb) Anwendungsbereich

Beide Regelungsmaterien beziehen sich auf den Einsatz von automatisierten Fahrzeugen im öffentlichen Straßenverkehr. Die Definitionen eröffnen sowohl in Deutschland als auch in Florida die Möglichkeit, Fahrzeuge der SAE-Automatisierungsstufe 3 und 4 im öffentlichen Straßenverkehr einzusetzen. In Florida bezieht sich die Definition allerdings von Anfang an auch auf das Testen von Fahrsystemen.

Die Definition in Chapter 316 Section 003 Subsection (3) Florida Statutes ist der Regelung in Section 85[397] vorangestellt und bezieht sich damit auf die Regelungen der Section 85. Nach dem Wortlaut der Überschrift der Section 85 erfasst diese gleichermaßen sowohl den Einsatz als auch das Testen von Fahrzeugen, die mit einem automatisierten Fahrsystem ausgestattet sind. In Deutschland wurde mit § 1i Abs. 1 StVG erst im Rahmen der StVG-Novelle 2021 eine ausdrückliche Regelung „zur Erprobung von Entwicklungsstufen für die Entwicklung automatisierter oder autonomer Fahrfunktionen“[398] eingeführt. In Florida entfaltet die Definition seit jeher unterschiedslos Geltung sowohl für den Einsatz von automatisierten Fahrzeugen durch jedermann als auch für Testfahrten. Hierbei ist allerdings anzumerken, dass der Gesetzgeber in Florida nur marginale Vorgaben für den Einsatz und das Testen von automatisierten Fahrzeugen erlassen hat.[399] Für mediales Aufsehen[400] hat insbesondere die ebenfalls mit der House Bill 7027 im Jahr 2019 Regelung in Chapter 316 Section 85 Subsection (2) gesorgt, wonach de lege lata auf einen physisch anwesenden menschlichen Fahrer gänzlich verzichtet werden kann, soweit es sich bei dem betreffenden Fahrzeug um ein „Fully autonomous vehicle“[401] handelt. Ein entsprechender Anwendungsbereich wurde in Deutschland erst mit der StVG-Novelle 2021 geschaffen.

Neben automatisierten Fahrsystemen der SAE-Stufe 4 umfasst die Definition in den Florida Statutes auch den nahezu uneingeschränkten Einsatz von autonomen Fahrzeugen der SAE-Stufe 5. Der von der Definition in Section 003 erfasste Anwendungsbereich ist damit ungleich größer als derjenige des § 1a Abs. 2 StVG und des § 1d StVG.

---

397 Section 85 ist mit „Autonomous vehicles; operation; compliance with traffic and motor vehicle laws; testing“ überschrieben.

398 So der Wortlaut in § 1i Abs. 1 StVG.

399 Vgl. hierzu Title XXIII Chapter 316 Section 85 Subsection Florida Statutes.

400 Siehe beispielhaft den Online-Artikel des Magazins „Car and Driver“ vom 18.06.2019 mit dem Titel „Florida Will Allow Autonomous Cars with No Safety Drivers on Public Roads Starting July 1“, abrufbar unter https://www.caranddriver.com/news/a28073922/florida-autonomous-cars-driverless/ (zuletzt abgerufen am 31.08.2023).

401 Die Definition findet sich in Chapter 316 Section 003 Subsection (3)(c) Florida Statutes; siehe dazu oben unter Punkt aa).

cc) Trennung von System und Fahrzeug

Einen weiteren Unterschied zwischen den deutschen Definitionen und der gesetzlichen Regelung in Florida lässt sich auf systematischer Ebene ausmachen. Vergleichbar zu den Bestimmungen in Arizona wird in den Florida Statutes bereits auf Definitionsebene in besonderem Maße zwischen dem „Automated Driving System", also der Soft- und Hardware, und dem automatisierten Fahrzeug selbst getrennt. Dies deutet darauf hin, dass im Bundesstaat Florida bewusst der Fall in Erwägung gezogen wurde, in dem ein Fahrzeug nachträglich mit einem System ausgestattet wird, das es erst zu einem automatisierten Fahrzeug der SAE-Stufe 3 oder 4 macht. Diese Annahme wird durch die Regelung in Title XXIII Chapter 316 Section 86 gestützt, wonach der Hersteller nicht für Schäden haftbar sein soll, die auf Veränderungen eines Dritten zurückzuführen sind, durch die ein konventionelles Fahrzeug zu einem automatisierten Fahrzeug aufgerüstet wurde.[402]

dd) Systematischer Unterschied

Während in der deutschen Definition des § 1a Abs. 2 StVG auch Mindestanforderungen an die Funktionalität des automatisierten Fahrsystems, wie die Erkennung der Übergabenotwendigkeit[403] und die Übergabe selbst[404] geregelt werden, werden entsprechende Bestimmungen in Florida außerhalb der Definition im Rahmen der „Title Certificates" eingeführt. So finden sich in Title XXIII Chapter 319 Section 145 Subsection (2) einige wenige ergänzende Vorgaben für die technische Ausgestaltung von automatisierten Fahrzeugen der SAE-Stufe 3 und 4, die einen übernahmebereiten Fahrer vorsehen. Zudem erfolgt die Definition des risikominimalen Zustandes:[405]

> *(2) If the autonomous vehicle is* ***not fully autonomous****, the* ***vehicle must have a system to safely alert*** *a licensed human operator physically present in the vehicle if an automated driving system* ***failure is detected*** *while the automated driving system is engaged. When an alert is given, the system* ***must require*** *the licensed human operator* ***to take control*** *of the autonomous vehicle* ***or must achieve a minimal risk condition****. The term*

---

402 Title XXIII Chapter 316 Section 86 Florida Statutes lautet: „The original manufacturer of a vehicle converted by a third party into an autonomous vehicle is not liable in, and shall have a defense to and be dismissed from, any legal action brought against the original manufacturer by any person injured due to an alleged vehicle defect caused by the conversion of the vehicle, or by equipment installed by the converter, unless the alleged defect was present in the vehicle as originally manufactured".

403 Vgl. § 1a Abs. 2 Satz 1 Nr. 4 StVG; dazu oben unter Punkt A.II.1.d).

404 Vgl. § 1a Abs. 2 Satz 1 Nr. 5 StVG; dazu oben unter Punkt A.II.1.d).

405 Title XXIII Chapter 319 Section 145 Subsection (2) Florida Statutes; Hervorhebungen durch Fettdruck nur hier.

> ***„minimal risk condition"*** *means a reasonably safe state, such as bringing the vehicle to a complete stop and activating the vehicle's hazard lamps.*

Hier offenbaren sich Unterschiede zur deutschen Konzeption. So stellt es einen erheblichen systematischen Unterschied dar, dass die Beschreibung der Funktionalität in Deutschland einen Hauptbestandteil der Definition der automatisierten bzw. der autonomen Fahrfunktion darstellt, dagegen in Florida größtenteils auf vergleichbare Mindestanforderungen an das automatisierte Fahrsystem verzichtet wird und diese nachgelagert beschrieben werden. In Section 145 Subsection (1) wird auf die „federal motor vehicle safety standards" der NHTSA[406] und damit auf technische Zulassungsanforderungen verwiesen. Daran schließt sich die für den Bundesstaat Florida für automatisierte Fahrzeuge zusätzlich geltende technische Ausgestaltung an. So wird diese Bestimmung nicht wie in Deutschland Teil der Definition und dient damit auch nicht der Abgrenzung der automatisierten Fahrfunktion. Im Gegenteil, ohne eine konkrete Bestimmung und Eingrenzung des „Autonomous Vehicle" findet sich die technische Vorgabe zum Leistungsumfang des Systems auf nachgeordneter Ebene. Außerdem wird deutlich, dass sich der Gesetzgeber in Florida dazu genötigt sah, den risikominimalen Zustand – wenn auch in Chapter 319 und nicht in Chapter 316 Section 003 – zu definieren. Die Definition des risikominimalen Zustandes erfolgte in Deutschland dagegen erst mit der Novelle 2021.[407]

d) Zusammenfassung

Die Definition zum automatisierten Fahren fällt in Florida erstaunlich einfach aus. Besonders auffällig ist, dass neben der Definition auch die weiteren Bestimmungen zum automatisierten Fahren insgesamt nur rudimentär ausgestaltet sind. Durch eine geringe Regulierungsdichte soll dem Einsatz und der Entwicklung automatisierter und fahrerloser Fahrzeuge bis hin zu autonomen Fahrsystemen offensichtlich ein fruchtbarer Boden bereitet werden. Damit wird in Florida ein besonders technologiefreundlicher Ansatz verfolgt.

Im Gegensatz zu den Definitionen in den Bundesstaaten Kalifornien und Arizona wird in den Florida Statutes der Bezug auf konkrete Automatisierungsstufen oder ein ausdrücklicher Verweis auf den SAE J3016 Standard vermieden. Dies entsprich der deutschen Konzeption, da sowohl in § 1a StVG als auch in §§ 1d, 1e StVG ebenfalls kein Bezug zur technischen

---

406 Zur NHTSA siehe bereits oben unter Punkt B. I. 1.a).

407 Dazu oben unter A.III.2.c).

Klassifizierung der BASt oder der SAE hergestellt wird. Somit wird auch in Florida eine gewisse Technologieoffenheit auf Definitionsebene gewahrt.

Die Regelung in Florida stellt sich insgesamt als besonders technologiefreundlich dar. Im Vergleich zu den deutschen Bestimmungen fällt bei den Florida Statutes die Abwesenheit konkreter Reglementierungen und Vorgaben zur Nutzung und Überwachung der automatisierten Systeme auf. Besondere Regelungen zum Schutz der Verkehrsteilnehmer und der Verwender scheinen insofern eine nachgeordnete Rolle zu spielen.

III. Die Definition des automatisierten Fahrzeugs – eine Herausforderung

Die Normgeber in Deutschland wie in den USA fanden sich in einem Spannungsfeld zwischen notwendiger Genauigkeit der Definition und zu erwartender Weiterentwicklung der technischen Möglichkeiten wieder. Der Blick auf die vorgestellten Definitionen aus Deutschland und den Vereinigten Staaten macht in diesem Zusammenhang deutlich, dass es mehr als einen Weg gibt, das automatisierte Fahrzeug zu definieren.

Während sich der deutsche Gesetzgeber von der technischen Klassifizierung lediglich leiten ließ, verweisen die aktuellen Regelungen in Kalifornien und Arizona ausdrücklich auf die Klassifizierung des SAE Standards J3016. Der Umfang des Wortlauts der Definition selbst und die Anzahl der flankierenden Begriffsbestimmungen weichen länderspezifisch deutlich voneinander ab. An dieser Stelle sollen die Ergebnisse des Vergleichs zwischen Deutschland und den Vereinigten Staaten von Amerika hinsichtlich der Entwicklung und den Definitionsbemühungen zusammengefasst und bewertet werden.

1. Entwicklung

Sowohl im deutschen als auch im US-amerikanischen Raum wurden schon früh die Automatisierungsstufen von Expertengremien beschrieben. Im Rahmen der jeweiligen Klassifizierung wurde ein Schwerpunkt auf die während der automatisierten Fahrt beim Fahrer verbleibenden Aufgaben gelegt und diese entsprechend ausgearbeitet.

a) Vorreiter Deutschland

Mit Blick auf die Erarbeitung einer technischen Klassifizierung kann von einer deutschen Vorreiterrolle gesprochen werden. Die Klassifizierung der BASt war schon in zeitlicher Hinsicht wegbereitend, da sie mit ihrem Erscheinen im Jahr 2012 weltweit die erste Arbeit mit einem Fokus auf rechtliche Aspekte gewesen ist. Insbesondere der Vergleich mit den als besonders innovativ geltenden Vereinigten Staaten von Amerika bestätigt dies, da die Klassifizierung der US-amerikanischen Behörde NHTSA erst im Jahr 2013 veröffentlicht wurde. Der nunmehr regelmäßig in Bezug genommene SAE-Standard J3016 wurde im Jahr 2014 erarbeitet, mehrmals aktualisiert und in seiner aktuellen Fassung im Jahr 2021 der Öffentlichkeit zugänglich gemacht.

Auch die Qualität der Ausarbeitung der BASt legt eine Bewertung als herausragende Grundlagenarbeit nahe. So setzte sich die aus dem US-amerikanischen Raum stammende Klassifizierung der SAE International „J3016" ausdrücklich mit der BASt-Klassifikation auseinander und übernahm wesentliche Punkte im Rahmen der Einteilung der Automatisierungsstufen. Diese deutsche Vorreiterrolle ist unter anderem dem Bundesministerium für Verkehr und Infrastruktur zuzuschreiben, da die BASt als Anstalt des öffentlichen Rechts dem staatlichen Bereich zuzuordnen ist und dem entsprechendem Bundesministerium untersteht.

b) Stringente Entwicklung zur Definition

In Deutschland ist insgesamt eine stringente Entwicklung von der technischen Klassifizierung hin zur gesetzlichen Definition zu verzeichnen. Getragen von umfassendem Sachverstand entwickelte die BASt-Gruppe eine erste Klassifizierung, welche vom „Runden Tisch Automatisiertes Fahren" diskutiert und übernommen wurde. Auf Grundlage der beschlossenen Klassifizierung erfolgten die Beratungen zur gesetzlichen Ausgestaltung und der Definition zum automatisierten Fahren. In den Vereinigten Staaten wurde dagegen parallel an unterschiedlichen Klassifizierungen gearbeitet. Es befassten sich wie in Deutschland staatliche Institutionen, wie die NHTSA, mit der Klassifizierung des automatisierten Fahrens. Allerdings setzte sich die dem privatrechtlichen Sektor zuzurechnende SAE International mit ihrem Standard J3016 durch – insoweit kann die Einteilung der NHTSA als überholt angesehen werden.

Eine aufeinander aufbauende Vorgehensweise von der technischen Klassifizierung hin zur verbindlichen rechtlichen Definition ist grundsätzlich zu begrüßen. Nur so kann mit der gebotenen Sorgfalt ein durchdachter Rechtsrahmen geschaffen werden. Dennoch ist auch dem zielorientierten Konzept aus den Vereinigten Staaten etwas abzugewinnen. In einem vom Bundesgesetz losgelösten Rechtsrahmen der Bundesstaaten können innovative Regelungen schnell entwickelt und in Gesetzestext gegossen werden. Dies zeigt sich insbesondere mit Blick auf den beschrittenen Weg im Bundesstaat Arizona. Dort konnte den technischen Innovationen durch den Erlass von Executive Orders schnell und zielführend Rechnung getragen werden. Auf diese Weise kann der Rechtsrahmen die Entwicklung von vollautomatisierten und autonomen Fahrzeugen bis zum Serieneinsatz unterstützen.

2. Gesetzliche Definition

In Deutschland ist ein sehr methodisches und aufeinander abgestimmtes Vorgehen auf Bundesebene zu erkennen. Dagegen erfolgte die Entwicklung der gesetzlichen Definitionen in den Vereinigten Staaten losgelöst von einem einheitlichen Konzept auf Ebene der einzelnen Bundesstaaten. Eines zeigt der Blick auf die vorgestellten Definitionen aus den Vereinigten Staaten zudem sehr deutlich: Es gibt grundsätzlich verschiedene Möglichkeiten, das automatisierte bzw. autonome Fahrzeug zu definieren.

a) Herausforderung

Im California Vehicle Code wurde zunächst eine rudimentäre Definition gewählt, die dann im Rahmen des California Code of Regulations zu einer vergleichsweise ausführlichen Definition weiterentwickelt wurde. Die aktuellen Definitionen im California Code of Regulations und der Arizona Revised Statutes enthalten zudem jeweils einen verbindlichen Verweis auf die technische Klassifizierung der SAE International. Die Definition der Florida Statutes fällt mit Blick auf die erfassten hoch komplexen automatisierten Fahrsysteme vergleichsweise rudimentär aus. In Deutschland ist in Bezug auf die Ausführlichkeit der Definition dagegen ein Mittelweg zu verzeichnen.

Es offenbart sich ein Spannungsfeld, in welchem sich der Gesetzgeber befindet. Auf der einen Seite muss die Definition so genau sein, dass rechtssicher festgestellt werden kann, ob ein System unter die Definition und damit in den Anwendungsbereich der jeweiligen Gesetzesregelungen fällt. Auf der anderen Seite sollte die Definition für die technische Weiterentwicklung und für feine Unterschiede offen sein. Dies ist in Deutschland mit Blick auf die Türöffner-Funktion[408] und die damit verbundenen Privilegien im Rahmen des automatisierten Fahrens besonders wichtig.[409]

b) Gemeinsamkeiten

Allen vorgestellten Einteilungen ist über Ländergrenzen hinweg gemein, dass der Fahrer mit steigendem Automatisierungsgrad schrittweise aus der

408 Zur Türöffner-Funktion des § 1a Abs. 2 Satz 1 StVG siehe oben unter Punkt A.II.2. und ausführlich unten in Teil 3 unter Punkt A.I.1. sowie A.I.2.b).
409 Siehe dazu näher unten in Teil 3 unter Punkt A.I.4.

Verantwortung entlassen wird. Ist er zunächst vollverantwortlich für die Fahrzeugsteuerung, reduziert sich mit zunehmender Automatisierung sein Verantwortungsbereich auf bloße Überwachungsaufgaben. Ab einem gewissen Automatisierungsgrad wird der Fahrer aus der Überwachung entlassen und agiert nur noch auf der Rückfallebene, wenn das Fahrzeug ihn dazu auffordert. In einer weiteren Entwicklungsstufe kann das System Situationen lösen, in denen der Fahrer zwar aufgefordert wird, die Steuerung zu übernehmen, dieser Aufforderung aber nicht nachkommt. Das Fahrzeug ist dann in der Lage, einen risikominimalen Zustand herzustellen. Auf der höchsten Stufe ist die physische Anwesenheit eines Fahrers nicht einmal mehr vorgesehen. Trotz dieser gemeinsamen Ausgangslage offenbaren sich deutliche Unterschiede zwischen der Definition des § 1a Abs. 2 StVG bzw. des § 1d Abs. 1 StVG und den vorgestellten Definitionen aus dem US-amerikanischen Raum.

c) Unterschiede und Annährung mit StVG Novelle 2021

Im US-amerikanischen Bundesstaat Kalifornien wurde mit dem California Code of Regulations bereits die gesetzliche Grundlage für den Einsatz von autonomen Fahrzeugen der SAE-Stufe 5 geschaffen. In Florida wird das autonome Fahren ohne besondere Reglementierungen erlaubt. In Deutschland wurden dagegen mit der StVG-Novelle 2017 zunächst „lediglich" automatisierte Fahrsysteme reguliert, die im Sinne der BASt-Stufen 3 und 4 einen übernahmebereiten Fahrer voraussetzen. Fahrerlose Fahrzeuge der SAE-Stufe 4 wurden erst mit der StVG-Novelle 2021 zum autonomen Fahren definiert und deren Betrieb in Deutschland geregelt. Es werden im Gegensatz zu den vorgestellten US-amerikanischen Definitionen jedoch keine autonomen Systeme der SAE-Stufe 5 adressiert. Durch die mit der StVG-Novelle 2021 erfolgte Regulierung von fahrerlosen Fahrzeugen der SAE-Stufe 4 kam es aber insgesamt zu einer Annäherung der deutschen Regulatorik an die Bandbreite der erfassten Automatisierungssysteme in den dargestellten US-Bundesstaaten.

Im Bundesstaat Arizona werden durch die Trennung zwischen dem automatisierten System und dem Fahrzeug im Rahmen der Definition schwerpunktmäßig auch Nachrüstlösungen in den Blick genommen. Der Fokus liegt dabei auf der Erprobung und dem Einsatz von automatisierten und autonomen Kraftfahrzeugen durch Unternehmen. In Deutschland existierte zunächst keine spezielle Regelung für Erprobungsfahrzeuge[410] mit autonomen Fahrsystemen. Mit der Einführung von § 1i StVG mit der Novelle 2021 ist nunmehr auch in Deutschland eine Norm für die Erprobung von automatisierten

410 Zur Rechtslage hinsichtlich Erprobungsfahrzeugen siehe unten in Teil 3 unter Punkt B.IV.1.b)cc).

Fahrzeugen der SAE-Stufen 3 und 4 eingeführt worden. Auch hierin zeigt sich eine gewisse Annäherung der deutschen Regelungen an die Konzeption im US-amerikanischen Raum.

In Deutschland entfalten allein die gesetzlichen Definitionen des § 1a Abs. 2 Satz 1 StVG sowie des § 1d Abs. 1 StVG Rechtsverbindlichkeit, wobei jegliche Bezugnahme auf eine technische Klassifizierung im Gesetz vermieden wird. Die gesetzlichen Regelungen zum automatisierten und autonomen Fahren in den Bundesstaaten Kalifornien und Arizona enthalten dagegen rechtsverbindliche Verweise auf die privatrechtlich geschaffene Klassifizierung der SAE International. Der deutsche Gesetzgeber hat im Ergebnis den Weg für technische Neuerungen offengehalten, indem er sowohl die hoch- oder vollautomatisierte als auch die autonome Fahrfunktion definiert hat, ohne im Rahmen der Norm auf eine technische Klassifizierung zu verweisen. Dies deckt sich mit dem liberalen Regulierungskonzept in der aktuellen Fassung der Florida Statutes.

3. Bewertung

Recht und Gesetz müssen bei den Bürgern Vertrauen schaffen. Dies gilt besonders in Bezug auf kontrovers diskutierte neue Technologien wie das automatisierte und autonome Fahren, zumal hohe Rechtsgüter wie das Leben und die körperliche Unversehrtheit gefährdet werden können. Neben der Herausforderung, eine Definition trennscharf und zukunftssicher zu schaffen, zeigt sich die ungleich dringlichere Herausforderung, der sich der Gesetzgeber – über Ländergrenzen hinweg – zu stellen hat: Die höchsten Rechtsgüter dürfen nicht außer Verhältnis gefährdet werden. Dies nicht zuletzt, um das Vertrauen der Menschen, welche sich dem Straßenverkehr in der heutigen Zeit nicht entziehen können[411], nicht zu enttäuschen. Gesetzesregelungen, welche das Testen und den Einsatz von automatisierten Fahrzeugen erlauben, müssen die Sicherheit der übrigen Verkehrsteilnehmer im Auge behalten. In die Abwägung einzustellen sind die Interessen derjenigen Menschen, die sich von automatisierten Fahrsystemen einen Komfort- und Sicherheitsgewinn versprechen. Daneben sind wirtschaftliche Faktoren zu berücksichtigen, denn die Kraftfahrzeughersteller, Zulieferunternehmen und Mobilitätsanbieter haben ein berechtigtes Interesse an der möglichst schnellen und rechtssicheren Implementierung des automatisierten und autonomen Fahrens auf öffentlichen Straßen, um immense Entwicklungskosten zu amortisieren.

---

411 Sei es als Fußgänger, Radfahrer, Autofahrer oder Benutzer öffentlicher Verkehrsmittel wie beispielsweise Bus, Straßenbahn oder Taxi.

Mit Augenmerk auf die im Straßenverkehr regelmäßig gefährdeten und zugleich besonders schützenswerten Rechtsgüter, wie das Leben und die körperliche Unversehrtheit, darf der Einsatz von automatisierten Fahrzeugen nicht um jeden Preis vorangetrieben werden. Zu offene und zu interessengeleitete Gesetzesvorhaben bergen die Gefahr, dass die technische Entwicklung in Bezug auf ihre sichere Ausgestaltung nicht mit dem gesetzlich Erlaubten Schritt hält. Es ist in diesem Zusammenhang nicht ausreichend, dass das automatisierte Fahrsystem zwar regelmäßig die Situationen im Straßenverkehr beherrscht, es jedoch noch vereinzelt zu Fehlern kommt. Vor diesem Hintergrund bleibt mit Blick auf den Bundesstaat Arizona fraglich, ob es für den gesellschaftspolitischen Diskurs zuträglich ist, wenn aufgrund einer einfachen Executive Order – und damit außerhalb des Gesetzgebungsverfahrens – automatisierte oder autonome Fahrzeuge umfangreiche Testfahrten absolvieren können, dabei aber im Einzelfall Leib und Leben gefährdet werden. So machte ein Unfall im März 2018 – unmittelbar nach Erlass der Executive Order 2018-04 – im Bundesstaat Arizona negative Schlagzeilen, bei dem eine Fußgängerin beim Überqueren einer Straße von einem Testfahrzeug im automatisierten Fahrmodus erfasst und tödlich verletzt wurde.[412] Vor diesem Hintergrund wirft auch ein Blick auf die Ausgestaltung der Regelungen im Bundesstaat Florida zum Regelbetrieb automatisierter und autonomer Fahrzeuge Fragen auf. Besondere Verhaltensregeln für die Verwendung von automatisierten und autonomen Fahrsystemen sucht man ebenso vergeblich wie eine klare Definition der in das Gesetz eingeführten automatisierten Fahrzeuge. Stattdessen sorgte in Florida das gesetzlich erlaubte Fehlen eines Sicherheitsfahrers bei für den fahrerlosen Betrieb ausgelegten Fahrzeugen der SAE-Stufe 4 und 5 für ein breites mediales Echo.[413]

Der in Deutschland eingeschlagene Weg mag im Vergleich zu den Vereinigten Staaten als weniger innovativ erscheinen, da gerade das autonome Fahren im Sinne eines fahrerlosen Betriebs nach SAE-Stufe 4 (ohne Fahrer) nicht schon mit der Novelle 2017, sondern erst mit der Novelle 2021 in das StVG Einzug gehalten hat. Allerdings wurde mit der stringenten Schritt-für-Schritt-Entwicklung von der technischen Klassifizierung zur gesetzlichen Definition ein hohes Maß an sorgfältiger Beratung gewährleistet.

412 Siehe hierzu weiterführend den Online-Artikel der New York Times, abrufbar unter https://www.nytimes.com/2018/03/19/technology/uber-driverless-fatality.html (zuletzt abgerufen am 31.08.2023).

413 Siehe dazu ausführlich oben unter Punkt B.II.3.bb).

C. Zusammenfassung

Die von der BASt entwickelte Nomenklatur aus dem Jahr 2012 legte den Grundstein für die Einteilung der Automatisierungsstufen, auf die auch die Einteilung nach dem SAE-Standard J3016 fußt. Der SAE-Standard in seiner aktuellen Fassung vom April 2021 hat sich mittlerweile für die Bezeichnung von Automatisierungsgraden im Automotive-Bereich durchgesetzt.

Im Gesetzgebungsprozess zur StVG-Novelle 2017 bezog sich die Gesetzesbegründung allerdings noch ausdrücklich auf die von der BASt entwickelte und vom „Runden Tisch Automatisiertes Fahren“ beschlossene Klassifizierung. Demnach sollten von der Definition der hoch- oder vollautomatisierten Fahrfunktion Fahrsysteme der BASt-Stufen 3 und 4 erfasst werden. Im Rahmen der Novelle 2021 zum autonomen Fahren wurde dagegen auf die Einteilung der SAE verwiesen und im Rahmen der Gesetzesbegründung klargestellt, dass die Regelungen Fahrzeuge der SAE-Automatisierungsstufe 4 betreffen. Wie oben dargestellt, sind die BASt-Stufe 4 und die SAE-Stufe 4 indes nicht deckungsgleich.

Die StVG-Novelle 2017 erfasst Fahrzeuge nach BASt-Stufe 3 und 4 gleichermaßen. Mit Blick auf die Einteilung der SAE können Fahrzeuge nach SAE-Level 3 sowie SAE-Level 4 (mit Fahrer), also Fahrfunktionen, die in jedem Falle einen im Fahrzeug anwesenden und zur Fahrzeugführung berechtigten Fahrer vorsehen, in den Anwendungsbereich des § 1a StVG fallen. Die StVG-Novelle 2021 adressiert dagegen gänzlich führerlose Fahrzeuge nach SAE-Level 4, die keinen physisch anwesenden Fahrer vorsehen. Da sich der deutsche Gesetzgeber für eine Legaldefinition sowohl der hoch- oder vollautomatisierten Fahrfunktion als auch der autonomen Fahrfunktion entschieden hat, ist die Erfüllung der dort aufgestellten Anforderungen vorrangig und nicht etwa die Subsumtion unter eine technische Klassifizierung. In diesem Zusammenhang wird im StVG auf einen Verweis auf eine technische Klassifizierung verzichtet. Anders dagegen die Gesetzgeber in den US-Bundesstaaten Kalifornien und Arizona, die sich jeweils für eine Verweisung auf den Standard J3016 entschieden haben.

Teil 3: Zulässigkeit und Genehmigung als Kernpunkte der Regulierung

Die voranschreitende Automatisierung im Straßenverkehr berührt insbesondere die Regulierungsbereiche der Zulässigkeit sowie der Zulassung und Genehmigung von Kraftfahrzeugen.[414] Vor diesem Hintergrund werden im Folgenden zunächst das nationale Verhaltensrecht sowie die Zulässigkeit des Betriebs von Kraftfahrzeugen mit hoch- oder vollautomatisierter bzw. autonomer Fahrfunktion in Deutschland untersucht.[415] In einem nächsten Schritt wird der Schwerpunkt auf das Zulassungs- und Genehmigungsverfahren gelegt, wobei mit Blick auf die Verzahnung von nationalem und supranationalem Recht zwischen Kraftfahrzeugen mit hoch- oder vollautomatisierter Fahrfunktion einerseits und autonomer Fahrfunktion andererseits zu differenzieren ist.[416]

A. Nationales Verhaltensrecht im Kontext automatisierter und autonomer Fahrfunktionen

Im Zentrum der StVG-Novellen steht die Zulässigkeit der Steuerung von Kraftfahrzeugen durch Fahrsysteme, die aufgrund ihrer technischen Ausgestaltung die Fahraufgabe unter spezifischen Voraussetzungen selbstständig ausführen können. In Bezug auf Kraftfahrzeuge mit hoch- oder vollautomatisierter Fahrfunktion im Sinne von § 1a Abs. 2 Satz 1 StVG wird dem Fahrer während der automatisierten Fahrt die Abwendungsbefugnis als verhaltensrechtliches Novum im Straßenverkehrsrecht gewährt, wobei ihn allerdings weiterhin Sorgfalts- und Überwachungspflichten treffen. Vor dem Hintergrund der Regelungen zum autonomen Fahren im festgelegten Betriebsbereich im Rahmen der StVG-Novelle 2021 treffen den Nutzer eines Kraftfahrzeugs mit autonomer Fahrfunktion dagegen keinerlei Sorgfaltsplichten mehr. Der Einsatz autonomer Fahrzeuge im Sinne von § 1d Abs. 1 StVG ist allerdings an strenge Zulässigkeitsvoraussetzungen geknüpft. Im Folgenden soll das mit den StVG-Novellen in Deutschland neu geschaffene Verhaltensrecht für automatisierte und autonome Fahrsysteme dargestellt und bewertet werden.

---

414 Siehe die Schlussfolgerung oben in Teil 1 unter Punkt C.

415 Siehe hierzu sogleich Kapitel A.

416 Siehe hierzu unten Kapitel B.

I. Nutzung hoch- oder vollautomatisierter Fahrfunktionen

Neben der Definition in § 1a Abs. 2 Satz 1 StVG bilden Bestimmungen zur Zulässigkeit der Nutzung von hoch- oder vollautomatisierten Fahrfunktionen und die Regelung entsprechender Verhaltensvorschriften das Kernstück der StVG-Novelle zum automatisierten Fahren. Durch die Vorgaben der §§ 1a Abs. 1, 1b StVG wird der rechtliche Rahmen abgesteckt, in dem sich die weiter entwickelten automatisierten Fahrsysteme in Deutschland bewegen dürfen. Die Frage nach der generellen Zulässigkeit der Nutzung von Fahrfunktionen im Sinne der BASt-Stufe 3 und 4 war bereits vor Verabschiedung der StVG-Novelle 2017 Gegenstand der juristischen Diskussion.[417] In § 1a Abs. 1 StVG hat der Gesetzgeber sodann ausdrücklich festgelegt, dass der Betrieb eines Kraftfahrzeugs mittels hoch- oder vollautomatisierter Fahrfunktion bei bestimmungsgemäßer Verwendung zulässig ist.

Die Zulässigkeitsbestimmung des § 1a Abs. 1 StVG kann allerdings nicht isoliert betrachtet werden, sondern ist in Zusammenhang mit den ihr flankierenden Regelungen zu sehen. Im Folgenden soll daher die Systematik der §§ 1a, 1b StVG dargestellt werden, um den gesetzlichen Regelungsmechanismus zum automatisierten Fahren zu verdeutlichen.[418] Hierauf aufbauend werden die vom Gesetzgeber aufgestellten Voraussetzungen für die Zulässigkeit der Verwendung von hoch- oder vollautomatisierten Fahrfunktionen im öffentlichen Straßenverkehr untersucht.[419] In einem nächsten Schritt soll die Abwendungsbefugnis des Fahrers vom Verkehrsgeschehen und die dabei vom Fahrer einzuhaltenden besonderen verhaltensrechtlichen Anforderungen bei der Benutzung der Fahrfunktion dargestellt und in einen haftungsrechtlichen Kontext eingeordnet werden.[420]

1. Systematik

Mit der Einführung von § 1a Abs. 1 StVG hat der Gesetzgeber den Betrieb von Kraftfahrzeugen mittels hoch- oder vollautomatisierter Fahrfunktion grundsätzlich für zulässig erklärt.[421] Dabei handelt es sich um eine zentrale Aussage der StVG-Novelle 2017, wodurch die Benutzung von hoch- oder

---

417 So stellte *Wolfers*, RAW 2017, 2 (2), die Frage „Selbstfahrende Autos: Ist das erlaubt?"; siehe auch *Wolfers*, RAW 2017, 86 (86).

418 Siehe dazu sogleich unter Punkt 1.

419 Siehe dazu unter Punkt 2.

420 Siehe dazu unter Punkt 4.

421 Der Regelungsgehalt betrifft den Betrieb „mittels" der hoch- oder vollautomatisierten Fahrfunktion, also die zulässige Nutzung der hoch- oder vollautomatisierten Fahrfunktion. Dagegen unterfällt die Zulassung des entsprechenden Kraftfahrzeugs weiterhin dem § 1 StVG; siehe dazu *König*, in: Hentschel/König/Dauer, SVR, StVG § 1a, Rn. 8; klarstellend insofern auch die Begründung zum Regierungsentwurf, BT-

vollautomatisierten Fahrsystemen auf deutschen Straßen ermöglicht wird.[422] Zudem wird hierdurch ein Anknüpfungspunkt für weitergehende Zulässigkeitsbestimmungen geschaffen. Zum einen erfordert die Zulässigkeit schon tatbestandlich eine bestimmungsgemäße Verwendung der hoch- oder vollautomatisierten Fahrfunktion (§ 1a Abs. 1 StVG). Zum anderen werden mit der Definition des § 1a Abs. 2 Satz 1 StVG im nationalen Recht Mindestanforderungen an den Funktionsumfang des Systems festgeschrieben, deren Einhaltung eine zwingende Voraussetzung für die Zulässigkeit in Deutschland darstellt.

Die Zulässigkeitsregelung wird ergänzt durch den im Rahmen der StVG-Novelle eingeführten § 1b StVG. Während § 1a Abs. 1 StVG die generelle Zulässigkeit der Nutzung von hoch- oder vollautomatisierten Fahrsystemen regelt, erfasst § 1b StVG die konkrete Benutzung durch den Fahrer.[423] Es werden insoweit weitergehende Verhaltenspflichten für denjenigen Fahrer aufgestellt, der sich einer hoch- oder vollautomatisierten Fahrfunktion zulässigerweise bedient. Die §§ 1a und 1b StVG betreffen damit jeweils unterschiedliche Regelungskomplexe, wobei erst durch deren Zusammenwirken die Nutzung von hoch- oder vollautomatisierten Fahrsystemen vollumfänglich in Deutschland geregelt wird.

Im Zentrum steht die hoch- oder vollautomatisierte Fahrfunktion im Sinne des § 1a Abs. 2 StVG.[424] So ist es § 1a Abs. 1 und § 1b StVG gemein, dass die Definition des § 1a Abs. 2 StVG auf Tatbestandsebene jeweils als Türöffner für die jeweilige Rechtsfolge fungiert. Zum einen ist die Nutzung einer hoch- oder vollautomatisierten Fahrfunktion nach § 1a Abs. 1 StVG nur zulässig, sofern die Vorgaben der Definition eingehalten werden. Zum anderen gelten die speziellen Regelungen und Privilegien des § 1b StVG ausschließlich für hoch- oder vollautomatisierte Systeme im Sinne des § 1a Abs. 2 StVG. Im Ergebnis ist die Erfüllung der Vorgaben der Definition des § 1a Abs. 2 Satz 1 StVG damit grundlegende Voraussetzung sowohl für die generelle Zulässigkeit als auch für die konkrete Nutzung von hoch- oder vollautomatisierten Kraftfahrzeugen und den damit verbundenen Privilegien, wie die Abwendungsbefugnis vom Fahrgeschehen.

Drs. 18/11300, S. 20; auf die für den Betrieb von hoch- oder vollautomatisierten Fahrzeugen notwendige Zulassung wird ausführlich unten in Kapitel B. eingegangen.

422 So auch *Sesing*, Fahrzeuge als Normadressaten?, in: Taeger, Tagungsband Herbstakademie 2021, S. 573, der insofern von einer „Kernaussage" spricht.

423 In diese Richtung auch *von Bodungen/Hoffmann*, NZV 2018, 97 (101).

424 Zur Definition der hoch- oder vollautomatisierten Fahrfunktion siehe ausführlich oben in Teil 2 unter Punkt A.II.

2. Zulässigkeitsvoraussetzungen

Zunächst ist die Benutzung der hoch- oder vollautomatisierten Fahrfunktion gemäß § 1a Abs. 1 HS 2 StVG tatbestandlich nur zulässig, soweit die automatisierte Funktion bestimmungsgemäß verwendet wird.[425] Zudem muss das jeweilige Kraftfahrzeug der Definition des § 1a Abs. 2 Satz 1 StVG entsprechen, damit das Fahrzeug dem Anwendungsbereich des § 1a Abs. 1 StVG unterfällt und der Betrieb mittels dessen hoch- oder vollautomatisierten Fahrfunktion nach dem Willen des Gesetzgebers auf deutschen Straßen erlaubt ist.[426] Besonderes Konfliktpotential ist in der Definitionsvorgabe des § 1a Abs. 2 Satz 1 Nr. 2 StVG enthalten, wonach die technische Ausrüstung in der Lage sein muss, den an die Fahrzeugführung gerichteten Verkehrsvorschriften zu entsprechen.[427]

a) Bestimmungsgemäße Verwendung

Nach § 1a Abs. 1 HS 2 StVG ist die Benutzung der hoch- oder vollautomatisierten Fahrfunktion nur bei bestimmungsgemäßer Verwendung zulässig. Diese tatbestandliche Voraussetzung ist im Zusammenspiel mit den Erläuterungen der Systembeschreibung zu verstehen, mit welcher der Hersteller den Funktionsumfang und die Grenzen des hoch- oder vollautomatisierten Systems beschreiben muss.[428] Flankiert wird die Regelung des § 1a Abs. 1 StVG zudem durch die „in letzter Minute“[429] im Rahmen der Definition aufgenommene technische Ausgestaltung des § 1a Abs. 2 Satz 1 Nr. 6 StVG, wonach das hoch- oder vollautomatisierte Fahrzeug den Fahrer auf eine der Systembeschreibung zuwiderlaufende Verwendung der Fahrfunktion hinweisen muss.

aa) Meinungsstand

Einige Autoren äußerten sich zu dem Tatbestandsmerkmal der bestimmungsgemäßen Verwendung bereits in Bezug auf den Anfang 2017 zirkulierten Regierungsentwurf[430], dessen § 1a Abs. 1 StVG-E wortgleich als § 1a

425 Dazu sogleich unter Punkt a).

426 Dazu unter Punkt b).

427 Dazu unter Punkt c).

428 Den Zusammenhang mit der Systembeschreibung des Herstellers stellt auch *Wagner*, Das neue Mobilitätsrecht, S. 55 m. w. N. her.

429 Die Regelung des § 1a Abs. 1 Satz 1 Nr. 6 StVG hat erst mit der Beschlussempfehlung des Ausschusses für Verkehr und digitale Infrastruktur in den Gesetzeswortlaut Eingang gefunden, vgl. BT-Drs. 18/11776, S. 2; der Regierungsentwurf enthielt keine vergleichbare Regelung, vgl. BT-Drs. 18/11300, S. 8.

430 BT-Drs. 18/11300.

Abs. 1 StVG übernommen wurde.[431] Von der Literatur wird hinsichtlich der bestimmungsgemäßen Verwendung vor allem kritisiert, dass der Hersteller durch die Vorgaben in der Systembeschreibung zu einem „Ersatzgesetzgeber"[432] werde. So sehen es auch *Lüdemann/Sutter/Vogelpohl* kritisch, dass sich die bestimmungsgemäße Verwendung im Sinne von § 1a Abs. 1 StVG allein nach den Vorgaben der Hersteller richte. Dieser werde damit zum Ersatzgesetzgeber, da er die bestimmungsgemäße Verwendung nach seinen Vorstellungen definieren könne.[433] Die Autoren sind aber grundsätzlich der Ansicht, dass der Hersteller selbst am besten den Funktionsumfang der von ihm angebotenen Automatisierung umschreiben und auch schneller auf technische Neuerungen reagieren könne. Die Autoren beanstanden, dass aus dem Gesetz keine klaren Vorgaben zur Ausgestaltung der Systembeschreibung hervorgehen.[434] Schließlich sehen die Autoren die Gefahr, dass der Hersteller das Haftungsrisiko durch immer detailreichere Vorgaben im Rahmen der Systembeschreibung auf den Fahrer verlagert.[435] Der Nutzer laufe Gefahr, durch die Beschreibung mit Informationen überfrachtet zu werden. Eine Überforderung der Nutzer zeige sich bereits bei Systemen der Automatisierungsstufe 1, wie beispielsweise dem adaptiven Abstandsregeltempomat[436], bei denen es Nutzern nicht möglich sei, die umfangreichen Instruktionen zu verinnerlichen.[437] Bei Funktionen der Automatisierungsstufen 3 und 4 seien Komplexität und Umfang der zu beachtenden Instruktionen ungleich höher. Den mit dieser „Informationsüberflutung"[438] einhergehenden Risiken

---

431 Hierzu zählen insbesondere die Ausführungen von *König*, NZV 2017, 123; *Wagner/Goeble*, ZD 2017, 263; *Berndt*, SVR 2017, 121; freilich konnten diese Autoren die Hinweispflicht des § 1a Abs. 1 Satz 1 Nr. 6 StVG nicht in ihre Überlegungen einstellen, da diese Regelung im Regierungsentwurf BT-Drs. 18/11300 noch nicht enthalten war.

432 Den Begriff des Ersatzgesetzgebers im Zusammenhang mit der StVG-Novelle 2017 verwendete – soweit ersichtlich – erstmals *Grützmacher*, Gesetzentwurf zum autonomen Fahren. Drum prüfe, was der Hersteller findet, Legal Tribune Online vom 13.01.2017.

433 So *Lüdemann/Sutter/Vogelpohl*, NZV 2018, 411 (412).

434 So *Lüdemann/Sutter/Vogelpohl*, NZV 2018, 411 (412).

435 Vgl. *Lüdemann/Sutter/Vogelpohl*, NZV 2018, 411 (413), die insoweit von keinem „fairen" Interessenausgleich zu Lasten des Verbrauchers sprechen; a.A. *Hilgendorf*, RAW 2018, 85 (86), der in diesem Zusammenhang vielmehr den Hersteller als „nicht unerheblich belastet" sieht; in diese Richtung auch *Wolfers*, RAW 2017, 86 (88), der davon ausgeht, dass Unklarheiten bei der Beschreibung gerade zu Lasten des Herstellers gehen; auch nach *Wagner/Goeble*, ZD 2017, 263 (265) gehen unklare Angaben in der Beschreibung zu Lasten des Herstellers.

436 Zur Adaptive Cruise Control als Anwendungsfall der Automatisierungsstufe 1, siehe oben in Teil 2 unter Punkt A. I.4.b).

437 *Lüdemann/Sutter/Vogelpohl*, NZV 2018, 411 (43), mit näherer Darlegung der nicht ausreichenden Gedächtnisleistung und der Verinnerlichung der Vorgaben schließlich erst durch „Try-and-error".

438 So *Lüdemann/Sutter/Vogelpohl*, NZV 2018, 411 (413).

werde durch die Regelung des § 1a Abs. 2 Nr. 6 StVG nicht ausreichend begegnet. *Lüdemann/Sutter/Vogelpohl* stimmen der im Gesetzgebungsverfahren geäußerten Ansicht des Bundesrates[439] im Ergebnis zu, wonach es sehr bedenklich sei, dass es für die Zulässigkeit der Verwendung der hoch- oder vollautomatisierten Fahrfunktion auf die Herstellervorgaben ankomme.[440] *König* weist ebenfalls auf die im Gesetzgebungsverfahren vom Bundesrat geäußerten Bedenken zur Ausgestaltung des § 1a Abs. 1 StVG hin.[441] Bereits in Bezug auf den Regierungsentwurf stellte *König* zudem fest, dass für die bestimmungsgemäße Verwendung vor allem die herstellerseitige Systembeschreibung maßgeblich sei.[442] Die Vorgabe durch den Hersteller sei jedoch sinnvoll, da dieser die Grenzen seiner Technik am besten einschätzen könne. Es sei zudem auffällig, dass der Gesetzgeber keine Rechtsfolgen an eine bestimmungswidrige Verwendung geknüpft habe.[443] Auch *Berndt* fragt nach der Rechtsfolge einer bestimmungswidrigen Verwendung der hoch- oder vollautomatisierten Fahrfunktion.[444] In § 1a Abs. 1 StVG werde mit der bestimmungsgemäßen Verwendung eine zusätzliche Verhaltensvorschrift eingefügt, unter deren Bedingung die Benutzung der automatisierten Fahrfunktion erst erlaubt sei. Der Autor sieht mit der Regelung des § 1a Abs. 1 StVG damit den Grundsatz durchbrochen, wonach schon mit der Zulassung des Kraftfahrzeugs gemäß § 1 Abs. 1 StVG die Erlaubnis einhergehe, alle im Fahrzeug vorhandenen Systeme benutzen zu dürfen.[445] *Kütük-Markendorf* wirft einleitend die Frage nach der Bedeutung des Begriffs der bestimmungsgemäßen Verwendung auf und stellt fest, dass es an einer entsprechenden Definition fehlt.[446] Der Autor geht davon aus, dass dem jeweiligen Hersteller eine „Gestaltungshoheit“ zukomme und im Wege der Ausgestaltung der Systembeschreibung eine herstellerseitige Definition in das Gesetz „hineingelesen werden müsste“.[447] Der Hersteller sei im Ergebnis als „Ersatzgesetzgeber“ anzusehen.[448] *Kütük-Markendorf* vertritt zudem die Ansicht, dass die „Zulässigkeit der Nutzung der hoch- oder vollautomatisierten Fahrfunktion

---

439 Siehe Stellungnahme des Bundesrates, BT-Drs. 18/11534, S. 2.

440 Vgl. *Lüdemann/Sutter/Vogelpohl*, NZV 2018, 411 (412), mit Verweis auf die Stellungnahme des Bundesrates, BT-Drs. 18/11534.

441 Siehe *König*, NZV 2017, 249 (250), der allerdings in diesem Zusammenhang die Bedenken des Bundesrates nicht bewertet.

442 Siehe *König*, NZV 2017, 123 (125); zustimmend *Goßler*, in: Bräutigam/Kraul, IoT, § 16 Rn. 11.

443 So *König*, NZV 2017, 123 (125).

444 Siehe *Berndt*, SVR 2017, 121 (122), der zudem darauf hinweist, dass sich auch keine Rechtsfolge außerhalb des StVG finden lasse.

445 Vgl. *Berndt*, SVR 2017, 121 (122).

446 Siehe *Kütük-Markendorf*, CR 2017, 349 (351).

447 So *Kütük-Markendorf*, CR 2017, 349 (351).

448 So im Rahmen der Zusammenfassung *Kütük-Markendorf*, CR 2017, 349 (354).

davon abhängt, ob eine unmissverständliche Auskunft erteilt wurde"[449]. Es sei vor diesem Hintergrund kaum anzunehmen, dass sich der Fahrer vor Verwendung der Fahrfunktion mit der Bedienungsanleitung auseinandersetze.

Grünvogel vertritt die Ansicht, dass mit § 1a Abs. 1 StVG neben hoch- und vollautomatisierten Fahrfunktionen auch bereits vorhandene Assistenzfunktionen, wie Spurhalte- und Stauassistenten, erlaubt würden.[450] Der Autor sieht ebenfalls den Hersteller in einer dem Gesetzgeber ähnlichen Stellung, da die bestimmungsgemäße Verwendung von ihm, dem Hersteller, definiert werde.[451] Infolgedessen käme es von Hersteller zu Hersteller zu unterschiedlichen Beschreibungen der bestimmungsgemäßen Verwendung, womit im Ergebnis Rechtsunsicherheit einherginge.[452] Auch *Wagner/Goeble* sehen den Hersteller in Bezug auf die bestimmungsgemäße Verwendung als einen „Ersatzgesetzeber für den Straßenverkehr".[453] Die Autoren begrüßen die Definitionsvorgabe durch den Hersteller allerdings, da dieser den Funktionsumfang seiner Systeme am besten kenne, wobei eine unklare Beschreibung zu Lasten des Herstellers gehen müsse. Neben der Systembeschreibung werde die bestimmungsgemäße Verwendung auch durch Werbeäußerungen beschrieben, an denen sich der Hersteller festhalten lassen müsse, soweit er diese nicht berichtige.[454]

Von Bodungen/Hoffmann stellen fest, dass dem Hersteller durch die Ausgestaltung des § 1a Abs. 1 StVG die Möglichkeit gegeben wird, Art und Umfang der hoch- oder vollautomatisierten Fahrfunktion festzulegen.[455] Hierbei käme der Systembeschreibung eine besondere Bedeutung zu, da die Definition des Abs. 2 die im Rahmen der technischen Einteilung noch getrennte hoch- und vollautomatisierte Fahrfunktion unter eine gemeinsame Definition fasst.[456] Es sei letztlich folgerichtig, den Herstellern einen gewissen Spielraum bei der Festlegung der bestimmungsgemäßen Verwendung einzuräumen.

Wolfers betont die Verantwortung des Herstellers, die Systemgrenzen in aller Deutlichkeit aufzuzeigen.[457] Der Umstand, dass nicht der Gesetzgeber, sondern der Hersteller die bestimmungsgemäße Verwendung im Sinne von

---

449 So *Kütük-Markendorf*, CR 2017, 349 (351), der bezüglich der „unmissverständlichen Auskunft" offensichtlich auf den Wortlaut der Begründung zum Regierungsentwurf abstellt, vgl. BT-Drs. 18/11300, S. 20.
450 Siehe *Grünvogel*, MDR 2017, 973 (973).
451 So *Grünvogel*, MDR 2017, 973 (973).
452 Vgl. *Grünvogel*, MDR 2017, 973 (974).
453 So *Wagner/Goeble*, ZD 2017, 263 (265).
454 Vgl. *Wagner/Goeble*, ZD 2017, 263 (265).
455 Vgl. *von Bodungen/Hoffmann*, NZV 2018, 97 (99).
456 Vgl. *von Bodungen/Hoffmann*, NZV 2018, 97 (99).
457 Vgl. *Wolfers*, RAW 2017, 86 (88).

§ 1a Abs. 1 StVG vorgibt, wird von *Wolfers* nicht weiter problematisiert.[458] Er stellt allerdings fest, dass durch die Vorgaben des Herstellers die Grenze zwischen zulässiger und unzulässiger Verwendung der Fahrfunktion gezogen wird.[459] *Hilgendorf* führt an, dass der Hersteller den Zweck und den Funktionsumfang des Systems und damit dessen bestimmungsgemäße Verwendung im Sinne von § 1a Abs. 1 StVG vorgibt.[460] Das Gesetz stelle damit in erster Linie auf die Zweck- und Nutzungsbestimmung des Herstellers ab.[461] Der Autor geht davon aus, dass die Hersteller ihre Systeme sehr detailliert beschreiben werden, um Haftungsrisiken[462] zu minimieren. Gesetzgeber und Rechtsprechung seien in diesem Zusammenhang gehalten, darauf zu achten, dass die Beschreibung für den Benutzer verständlich bleibe.[463] *Hilgendorf* geht im Übrigen auch auf die Kritik des Bundesrates[464] ein, plädiert aber für die im Gesetz Eingang gefundene Lösung, wonach der Hersteller die bestimmungsgemäße Verwendung vorgibt.[465] Eine gesetzliche Definition der bestimmungsgemäßen Verwendung sei aufgrund der technischen Entwicklung schwer vorstellbar.

bb) Stellungnahme

(1) Eignung des Herstellers

Es ist nicht von der Hand zu weisen, dass der Hersteller durch die Systembeschreibung Vorgaben für die bestimmungsgemäße Verwendung der automatisierten Fahrfunktion im Sinne von § 1a Abs. 1 StVG machen kann. Soweit in diesem Zusammenhang allerdings davon gesprochen wird, dass der Hersteller damit zum Ersatzgesetzgeber werde, überspannt dies die tatsächliche Reichweite der herstellerseitigen Vorgaben.[466] Der jeweilige Hersteller gibt keine allgemeingültige Beschreibung des bestimmungsgemäßen Gebrauchs schlechthin vor, sondern ist auf Vorgaben in Bezug auf das von ihm angebotene System beschränkt. Hierbei wird deutlich, dass sich der

---

458 Vgl. *Wolfers*, RAW 2018, 94 (96 f.); *Wolfers*, RAW 2017, 86 (88); *Wolfers*, RAW 2017, 2 (10 f.).

459 Vgl. *Wolfers*, RAW 2017, 2 (11), der insoweit von der „Rechtmäßigkeit und Rechtswidrigkeit" des Einsatzes spricht.

460 Vgl. *Hilgendorf*, JA 2018, 801 (801); *ders.*, RAW 2018, 85 (86).

461 Vgl. *Hilgendorf*, KriPoZ 2017, 225 (225); *ders.*, JA 2018, 801 (801).

462 Der Hersteller sei daher nicht unerheblich belastet, *Hilgendorf*, RAW 2018, 85 (86).

463 Vgl. *Hilgendorf*, JA 2018, 801 (801).

464 Der Bundesrat kritisierte die Möglichkeit der Definition der „bestimmungsgemäßen Verwendung" durch den Hersteller und schlug eine (nicht näher beschriebene) Legaldefinition vor, vgl. BT-Drs. 18/11534, S. 2 f.

465 Siehe *Hilgendorf*, KriPoZ 2017, 225 (227).

466 Entgegen *Lüdemann/Sutter/Vogelpohl*, NZV 2018, 411 (412); *Wagner/Goeble*, ZD 2017, 263 (265); *Kütük-Markendorf*, CR 2017, 349 (354).

Hersteller gerade nicht als Ersatzgesetzgeber geriert, denn eine gesetzliche Definition würde nicht nur für den Einzelfall gelten, sondern müsste eine Vielzahl von Anwendungsfällen herstellerübergreifend erfassen. Es ist dabei nicht zu beanstanden, dass dem jeweiligen Hersteller im Rahmen der Systembeschreibung die umfangreiche Möglichkeit eingeräumt wird, den bestimmungsgemäßen Gebrauch frei zu definieren. Hierfür sprechen schon Praktikabilitätserwägungen. Der Kraftfahrzeug-Hersteller wird sich im Detail mit dem Einsatzbereich, dem Anwendungsbereich und den Grenzen der von ihm entwickelten und in seinen Fahrzeugen verbauten[467] hoch- oder vollautomatisierten Fahrfunktionen detailliert auseinandersetzen. Die Leistungsfähigkeit der Systeme wird insbesondere auch mit Blick auf die Zulassung der Fahrzeuge und das dabei im Vorfeld zu durchlaufende Genehmigungsverfahren[468] relevant und unterstreicht die notwendige Kompetenz des Herstellers bereits vor Markteinführung eines hoch- oder vollautomatisierten Fahrzeugs.

In diesem Zusammenhang darf die bestimmungsgemäße Verwendung nicht als Festlegung von Mindeststandards zur Funktionsweise der automatisierten Fahrfunktion missverstanden werden. Der Gesetzgeber hat verbindliche Mindestanforderungen an die Ausgestaltung der technischen Ausrüstung in § 1a Abs. 2 Satz 1 StVG bereits selbst festgelegt[469], welche zu beachten sind. Nur wenn diese Voraussetzungen eingehalten werden, ist die Benutzung der automatisierten Fahrfunktion auf deutschen Straßen überhaupt zulässig. Im Rahmen der bestimmungsgemäßen Verwendung geht es dagegen um die konkrete Ausgestaltung und Benutzung der jeweiligen herstellerspezifischen Automatisierungsfunktion.[470] Diese beiden Regelungsbereiche – Festlegung von Mindestanforderungen einerseits und Vorgaben zur konkreten Verwendung andererseits – sind voneinander getrennt zu betrachten. Dabei liegt es auf der Hand liegt, dass der Gesetzgeber zwar für die Festlegung von Mindestanforderungen verantwortlich sein muss, der Hersteller aber für die Beschreibung der konkreten Benutzung der von ihm angebotenen Funktion besser geeignet ist. Im Ergebnis ist der Hersteller für die Festlegung des bestimmungsgemäßen Gebrauchs grundsätzlich besser geeignet als der Ge-

---

467 Zu denken ist auch an Zulieferer, die die hoch- oder vollautomatisierte Fahrfunktion samt Komponenten entwickeln und herstellen.

468 Zur Genehmigung von Kraftfahrzeugen mit hoch- oder vollautomatisierter Fahrfunktion siehe ausführlich unten in Kapitel B.IV.

469 Hierzu sogleich näher unter Punkt b).

470 In diese Richtung auch *Ensthaler/Gollrad*, Rechtsgrundlagen automatisiertes Fahren, S. 69.

setzgeber.[471] Die gesetzliche Konzeption ist daher aus diesem Blickwinkel nicht zu beanstanden.

(2) Ausgestaltung der Systembeschreibung

Ein Schwachpunkt der im Gesetz angelegten Konzeption der herstellerseitigen Vorgabe der bestimmungsgemäßen Verwendung ist jedoch in der im Gesetz unzureichend ausgestalteten Systembeschreibung zu sehen. So besteht in der Praxis die Gefahr, dass die Benutzer einer automatisierten Fahrfunktion von der Beschreibung des Herstellers überfordert werden könnten.[472] Die Hersteller von Kraftfahrzeugen mit hoch- oder vollautomatisierter Fahrfunktion befinden sich bei der Beschreibung der bestimmungsgemäßen Verwendung im Rahmen der Systembeschreibung in einem Spannungsfeld. Sie sind einerseits gehalten, dem Nutzer die Grenzen und den Funktionsumfang detailliert vor Augen zu führen.[473] Gleichzeitig muss die Beschreibung verständlich bleiben, denn eine unverständliche Systembeschreibung könnte im Lichte einer verletzten Instruktionspflicht ein Haftungsrisiko für den Hersteller darstellen.[474] Aufgrund dieses Spannungsfeldes kann nicht ohne Weiteres davon ausgegangen werden, dass die Erläuterung der bestimmungsgemäßen Verwendung leicht verständlich sein wird. Es fehlt in diesem Zusammenhang an einer gesetzlichen Konkretisierung der Systembeschreibung. Aus den Gesetzesmaterialien ergibt sich zumindest, dass die Bundesregierung die Systembeschreibung innerhalb des Betriebshandbuchs des Fahrzeugs erwarten würde.[475] Der Gesetzgeber hat es allerdings versäumt, einen genauen Ort, an welchem die Systembeschreibung zu finden sein muss, oder deren genauere Ausgestaltung gesetzlich festzulegen.[476] Dies hat zur Folge, dass sich der Hersteller im Vorfeld auch mit der Frage auseinanderzusetzen

471 Vgl. dazu *Lüdemann/Sutter/Vogelpohl*, NZV 2018, 411 (412); *Hilgendorf*, KriPoZ 2017, 225 (227); *König*, NZV 2017, 123 (125); *Wagner/Goeble*, ZD 2017, 263 (265); *von Bodungen/Hoffmann*, NZV 2018, 97 (99); im Ergebnis auch *Hinze*, Haftungsrisiken, S. 49 a. E.

472 Siehe hierzu *Lüdemann/Sutter/Vogelpohl*, NZV 2018, 411 (413), die insoweit auch auf verkehrspsychologische Aspekte eingehen; vgl. auch *Kütük-Markendorf*, CR 2017, 349 (351), der schon davon ausgeht, dass sich kaum ein Fahrer mit der Bedienungsanleitung auseinandersetzen wird.

473 In diese Richtung bereits *Hilgendorf*, JA 2018, 801 (801).

474 Damit ist *Hilgendorf*, RAW 2018, 85 (86), zuzustimmen, der den Hersteller durch die Erstellung der Systembeschreibung belastet sieht; auch *Ensthaler/Gollrad*, Rechtsgrundlagen automatisiertes Fahren, S. 69, weisen auf Instruktionspflichten des Herstellers hin.

475 Vgl. BT-Drs. 18/11534, S. 14; so auch *Kütük-Markendorf*, CR 2017, 349 (351), der neben der Bedienungsanleitung auch auf die Möglichkeit von Meldungen im Infotainmentsystem des Fahrzeugs hinweist.

476 In diese Richtung auch *Lüdemann/Sutter/Vogelpohl*, NZV 2018, 411 (412).

hat, wie er die detaillierte und leicht verständliche Systembeschreibung dem Fahrer möglichst einfach zugänglich zur Verfügung zu stellen hat. Es liegt auf der Hand, dass eine noch so gute Beschreibung nutzlos ist, wenn sie der Adressatenkreis nicht ausreichend zur Kenntnis nehmen kann. Dies gilt insbesondere auch mit Blick auf den nicht klar überschaubaren Fahrerkreis eines Kraftfahrzeugs. Auch derjenige, der ein hoch- oder vollautomatisiertes Fahrzeug nicht regelmäßig benutzt, muss wie der Hauptfahrer über die technischen Grenzen der hoch- oder vollautomatisierten Fahrfunktion, mithin über die bestimmungsgemäße Verwendung, informiert werden. Die Hersteller werden in diesem Zusammenhang von den gesetzlichen Vorgaben allein gelassen. Dies bietet ihnen auf der einen Seite eine große Gestaltungsfreiheit. Auf der anderen Seite erhöht sich durch die fehlende gesetzliche Rahmenbedingung das Risiko einer Herstellerhaftung. Allein aufgrund dieser Haftungsrisiken darauf zu vertrauen, dass die Systembeschreibung durch die Hersteller einfach verständlich und leicht zugänglich für einen unüberschaubaren Fahrerkreis zur Verfügung gestellt wird, ist nicht ausreichend. Daher sind konkretere Vorgaben zur Ausgestaltung der Systembeschreibung durch den Gesetzgeber notwendig.

Die insoweit im Gesetzgebungsverfahren zu verortenden Versäumnisse werden sich in der Praxis für die Verkehrsteilnehmer und Hersteller allerdings nicht negativ auswirken. Der Benutzer wird vor etwaigen Defiziten in der Ausgestaltung der Systembeschreibung oder einer an sich schon unverständlichen Umschreibung der bestimmungsgemäßen Verwendung durch das Gesetz geschützt. Durch die Aufnahme von § 1a Abs. 2 Satz 1 Nr. 6 StVG wird der Benutzer im Ergebnis vor einer bestimmungswidrigen Verwendung bewahrt, denn der Hersteller ist verpflichtet, den Fahrer auf eine der Systembeschreibung zuwiderlaufende – und damit nicht bestimmungsgemäße – Verwendung ausdrücklich hinzuweisen.

(3) Rechtsfolge einer bestimmungswidrigen Verwendung

Da das Gesetz jedoch im Rahmen der Definition des § 1a Abs. 2 Satz 1 Nr. 6 StVG lediglich einen Hinweis auf die nicht bestimmungsgemäße Verwendung ausreichen lässt, kann eine vorsätzliche bestimmungswidrige Verwendung durch den Fahrer nicht ausgeschlossen werden, denn dieser kann sich dem Hinweis widersetzen. Daher liegt der Gedanke von *König* nicht fern, Sanktionen an eine bestimmungswidrige Verwendung zu knüpfen.[477] Zunächst ist allerdings festzuhalten, dass durch die Definition in § 1a Abs. 2 Satz 1 StVG lediglich Mindestanforderungen an die technische Ausgestal-

477 Siehe hierzu *König*, NZV 2017, 123 (125), der das Fehlen einer Rechtsfolge im Rahmen der Regelung auffällig findet.

tung der hoch- oder vollautomatisierten Fahrfunktion festgelegt werden. Den Herstellern bleibt es in diesem Zusammenhang unbenommen, über die entsprechende gesetzliche Anforderung hinauszugehen und neben dem Hinweis auf die bestimmungswidrige Verwendung auch die Benutzung des automatisierten Systems technisch zu unterbinden. Damit wäre selbst eine vorsätzliche bestimmungswidrige Verwendung technisch ausgeschlossen.

Aber auch für den Fall, dass sich der Hersteller auf die Mindestanforderung der nationalen Vorschrift[478] zurückzieht, ist eine eigens definierte Rechtsfolge nicht notwendig. Der Gesetzgeber war nicht gehalten, eine spezielle Sanktion an die bestimmungswidrige Verwendung zu knüpfen, denn die Rechtsfolgen ergeben sich unmittelbar aus dem Gesetz. Sobald eine automatisierte Fahrfunktion nicht bestimmungsgemäß verwendet wird, fehlt die Voraussetzung für deren Zulässigkeit gemäß § 1a Abs. 1 StVG. Es gelten damit insbesondere auch nicht die Privilegien und besonderen Vorschriften des § 1b StVG.[479] Bei bestimmungswidriger Verwendung ist der Fahrer vollumfänglich verantwortlich und muss sich nach dem durch die StVO vorgegebenen Verhaltensrecht richten.[480] Die Einführung einer besonderen gesetzlichen Rechtsfolge oder Sanktionierung ist damit nicht erforderlich.[481]

cc) Ergebnis

Aufgrund der technischen Grenzen von automatisierten Fahrfunktionen der BASt-Stufe 3 und 4[482] war der Gesetzgeber veranlasst, die Zulässigkeit der Benutzung entsprechender automatisierter Fahrfunktionen unter die zwingende gesetzliche Voraussetzung der bestimmungsgemäßen Verwendung zu stellen. In diesem Zusammenhang ist es nicht als Versäumnis des Gesetzgebers zu werten, dass die bestimmungsgemäße Verwendung in § 1a Abs. 1 StVG nicht definiert oder näher umschrieben wurde. Im Gegenteil, die Umschreibung der bestimmungsgemäßen Verwendung durch den Her-

---

478 Bereits an dieser Stelle sei angemerkt, dass es nicht ausgeschlossen ist, dass bereits im Genehmigungsverfahren höhere Anforderungen als in § 1a Abs. 2 StVG zu beachten sind. Die technischen Vorgaben richten sich dabei nach europarechtlichen und internationalen Vorschriften und folgen gerade nicht rein nationalem Recht, siehe dazu ausführlich unten in Kapitel B.

479 So auch *Wolfers*, RAW 2017, 86 (88).

480 In diese Richtung auch *Berndt*, SVR 2017, 121 (122 f.).

481 So im Ergebnis auch *Berndt*, SVR 2017, 121 (123), der allerdings von der technischen Unterbindung einer bestimmungswidrigen Verwendung ausgeht; a. A. *König*, NZV 2017, 123 (128), der in diesem Zusammenhang eine Regelungslücke sieht und die Einführung eines Bußgeldtatbestandes erwartet.

482 Zum technischen Leistungsumfang nach BASt-Klassifizierung siehe oben in Teil 2 unter Punkt A. I. 4.; zu Unterschieden im Vergleich zur SAE-Stufe 4 siehe oben in Teil 2 unter Punkt B. I. 2. c).

steller anhand der Systembeschreibung ist aufgrund von Praktikabilitätserwägungen zu begrüßen. Verbesserungsbedarf besteht allerdings bezüglich der gesetzlichen Vorgaben zur konkreten Ausgestaltung der Systembeschreibung sowie bei deren Zugänglichmachung für den jeweiligen Fahrer.

b) Erfüllung der Definitionsvorgaben als zwingende Voraussetzung

Während die Frage nach der bestimmungsgemäßen Verwendung großen Widerhall in der wissenschaftlichen Diskussion gefunden hat, wurde die Erfüllung der Definitionsvorgaben als Voraussetzung für die Zulässigkeit der Benutzung des Systems weniger umfangreich diskutiert. Die Definition des § 1a Abs. 2 Satz 1 StVG ist aber gerade der Türöffner für die Zulässigkeit der Benutzung der hoch- oder vollautomatisierten Fahrfunktion und den damit verbundenen Privilegien und Pflichten des § 1b StVG. Daher ist im Folgenden auf die Erfüllung der Definitionsvorgaben als Voraussetzung der Zulässigkeit der hoch- oder vollautomatisierten Fahrfunktion einzugehen.

aa) Wortlaut

Zunächst ergibt sich aus dem Wortlaut des § 1a StVG, dass die Erfüllung der Definition des § 1a Abs. 2 Satz 1 StVG zwingende Voraussetzung für die Zulässigkeit[483] nach Abs. 1 ist. Der Gesetzgeber hat in § 1a Abs. 2 Satz 1 StVG abschließend definiert, was in Deutschland unter einem Kraftfahrzeug mit einer hoch- oder vollautomatisierten Fahrfunktion zu verstehen ist. Damit kann sich die Zulässigkeitsbestimmung des § 1a Abs. 1 StVG, welche sich ihrem Wortlaut nach ausdrücklich auf die in § 1a Abs. 2 Satz 1 StVG gegebene Definition bezieht, nur einschlägig sein, wenn das Fahrzeug die Voraussetzungen des § 1a Abs. 2 Satz 1 StVG erfüllt.[484] Erfüllt das jeweilige Kraftfahrzeug die Voraussetzungen des Abs. 2 nicht vollumfänglich, handelt es sich schon definitionsgemäß nicht um ein Kraftfahrzeug, welches mit einer hoch- oder vollautomatisierten Fahrfunktion ausgestattet ist.[485] Die Benutzung der insoweit verbauten automatisierten Fahrfunktion ist dann gemäß § 1a Abs. 1 StVG nicht zulässig.

---

483 Hiervon scheint auch *Freise*, VersR 2019, 65 (66 f.), auszugehen, der die Erfüllung der Voraussetzungen unter den Oberpunkt „Zulässigkeit des Betriebs eines Kfz mit hoch- oder vollautomatisierter Funktion (§ 1a StVG)“ fasst.

484 In diese Richtung auch *Hilgendorf*, JA 2018, 801 (801), wonach die Definition des § 1a Abs. 2 StVG den „Anwendungsbereich der neuen Regelungen“ umschreibe.

485 So auch *von Bodungen/Hoffmann*, NZV 2018, 97 (100).

bb) Systematik

Der Zusammenhang zwischen der Zulässigkeitsbestimmung des § 1a Abs. 1 StVG und der Definition des Abs. 2 wird überdies durch § 1a Abs. 3 StVG hergestellt. § 1a Abs. 3 StVG bestimmt, dass die Zulässigkeitsbestimmung des § 1a Abs. 1 StVG lediglich auf Fahrzeuge anzuwenden ist, die unter anderem den Vorgaben der Definition des Abs. 2 entsprechen. Es handelt sich in Bezug auf diese Vorgabe des Abs. 3 um eine deklaratorische Feststellung, da § 1a Abs. 1 StVG – wie gezeigt – schon nach seinem ausdrücklichen Wortlaut nur für Kraftfahrzeuge mit hoch- oder vollautomatisierter Fahrfunktion im Sinne von § 1a Abs. 2 StVG gilt.

cc) Folgeproblematik

Die Feststellung, dass die automatisierte Fahrfunktion des Kraftfahrzeugs den Definitionsvorgaben des § 1a Abs. 2 Satz 1 StVG zwingend entsprechen muss, weist den Weg zu der sich daran anschließenden Folgeproblematik. Die Definitionsvorgaben des § 1a Abs. 2 StVG wurden aus der technischen Klassifizierung der BASt entwickelt, wobei der Gesetzgeber Einschränkungen unterworfen gewesen ist.[486] An die gesetzliche Definition in § 1a Abs. 2 StVG können daher nicht die Erwartungen wie an eine technische Norm gelegt werden. Dies schlägt sich besonders in der Definitionsvorgabe des § 1a Abs. 2 Satz 1 Nr. 2 StVG nieder. Angesichts der zentralen Funktion der Definition der hoch- oder vollautomatisierten Fahrfunktion im Gefüge der Neuregelung ist dies unter dem Aspekt der Rechtssicherheit von besonderer Bedeutung. Daher ist an dieser Stelle die gesetzliche Vorgabe der Definition des § 1a Abs. 2 Satz 1 Nr. 2 StVG zu untersuchen.

c) An die Fahrzeugführung gerichtete Verkehrsvorschriften

Die Vorgabe des § 1a Abs. 2 Satz 1 Nr. 2 StVG erweist sich als besonders problematisch. So muss das Fahrzeug dem Gesetzeswortlaut nach in der Lage sein, „während der hoch- oder vollautomatisierten Fahrzeugsteuerung den an die Fahrzeugführung gerichteten Verkehrsvorschriften zu entsprechen“. Hierbei offenbaren sich Unschärfen im Gesetz, denn schon der Begriff der Verkehrsvorschrift ist denkbar weit gefasst. So ergibt sich allein aus dem Wortlaut der Norm nicht eindeutig, welche Verkehrsvorschriften unter die gesetzliche Vorgabe zu fassen sind und das hoch- oder vollautomatisierte Fahrsystem folglich beachten muss.

---

486 Siehe dazu ausführlich oben in Teil 2 unter Punkt A.II.

aa) Streitstand

In der juristischen Diskussion finden sich ebenfalls Stimmen, die den Wortlaut dieser Definitionsvorgabe mit Blick auf den Einsatz von hoch- oder vollautomatisierten Fahrzeugen problematisch sehen.[487] Während ein Teil dafür argumentiert, dass die Vorgabe des § 1a Abs. 2 Satz 1 Nr. 2 StVG im Ergebnis einem Einsatz von automatisierten Fahrzeugen nicht entgegenstehe[488], sieht die andere Ansicht den Einsatz von automatisierten Fahrzeugen aufgrund der Vorgabe der an die Fahrzeugführung gerichteten Verkehrsvorschriften erheblich gefährdet.[489]

So sieht *Hilgendorf* zunächst ein erhebliches Konfliktpotential zwischen der gesetzlichen Regelung und dem technisch Machbaren. Würde man allein auf den Gesetzeswortlaut abstellen, seien hoch- oder vollautomatisierte Fahrzeuge auf absehbare Zeit nicht realisierbar.[490] Die Systeme seien beispielsweise nicht in der Lage, Blaulicht oder akustische Warnhinweise sicher wahrzunehmen. Einen pragmatischen Ansatz zur Lösung dieser Problematik verfolgt *Hilgendorf* allerdings, indem er davon ausgeht, dass das Fahrzeug lediglich die Grundregeln im Straßenverkehr befolgen muss.[491] Mit Hinweis darauf, dass § 1a Abs. 2 Satz 1 Nr. 2 StVG mit §§ 1a Abs. 2 Satz 1 Nr. 5, 1b Abs. 2 StVG zusammenzulesen seien, plädiert der Autor dafür, dass das Fahrzeug nicht sämtliche Situationen im Straßenverkehr beherrschen müsse.[492]

In diese Richtung gehen auch die Ausführungen von *Wolfers*, der die Regelung zu den Verkehrsvorschriften allerdings in Zusammenhang mit der bestimmungsgemäßen Verwendung des § 1a Abs. 1 StVG verstanden wissen will.[493] Die Bestimmung des § 1a Abs. 2 Satz 1 Nr. 2 StVG könne sich vor diesem Hintergrund nur auf diejenigen Verkehrsvorschriften beziehen, die nach der in der Systembeschreibung definierten bestimmungsgemäßen Verwendung vom System überhaupt erkannt werden können.[494] Das hoch- oder vollautomatisierte System müsse nur innerhalb der insoweit aufgezeigten Systemgrenzen und unter den beschriebenen Voraussetzungen die jeweili-

---

487 *von Bodungen/Hoffmann*, NZV 2018, 97 (101); *Hilgendorf*, JA 2018, 801 (802); *Wolfers*, RAW 2018, 94 (96 f.); *ders.*, RAW 2017, 2 (11).

488 Hierfür *Hilgendorf*, JA 2018, 801 (802); *Wolfers*, RAW 2018, 94 (96 f.); *ders.*, RAW 2017, 2 (11).

489 So im Ergebnis *von Bodungen/Hoffmann*, NZV 2018, 97 (101).

490 Vgl. *Hilgendorf*, JA 2018, 801 (802).

491 Vgl. *Hilgendorf*, JA 2018, 801 (802).

492 Vgl. *Hilgendorf*, JA 2018, 801 (802).

493 Vgl. *Wolfers*, RAW 2018, 94 (96); *ders.*, RAW 2017, 2 (11).

494 Vgl. *Wolfers*, RAW 2018, 94 (96); *ders.*, RAW 2017, 2 (11).

gen Verkehrsvorschriften erkennen.[495] Es könne beispielsweise in der Systembeschreibung darüber informiert werden, dass das automatisierte System das Signalhorn eines Einsatzfahrzeugs oder Zeichen von Polizeibeamten nicht erkennen kann, womit die diesbezüglichen Verkehrsvorschriften[496] nicht vom Fahrzeug, sondern vom Fahrer – auch während der automatisierten Fahrt – befolgt werden müssen.[497]

Gegen diese Ansicht wenden sich *von Bodungen/Hoffmann.* Die Autoren stellen zunächst fest, dass die Befolgung von Signalzeichen von Einsatzfahrzeugen oder die Beachtung von Zeichen von Polizeibeamten eine straßenverkehrsrechtliche Pflicht darstellt, die sich aus den entsprechenden Verkehrsregeln der StVO ergibt.[498] Unter Fahrzeugsteuerung sei die uneingeschränkte Bewältigung der Fahraufgabe zu verstehen, wobei das System *„sämtliche[n]"*[499] Verkehrsvorschriften Folge leisten können muss.[500] Eine Ausklammerung von technisch schwer realisierbaren Verkehrsvorschriften sei durch den Hersteller im Rahmen der Systembeschreibung gerade nicht möglich. Eine Beschränkung auf lediglich vom System erkennbare Verkehrsvorschriften sei ausgeschlossen, da eine herstellerseitige vorgegebene bestimmungsgemäße Verwendung der gesetzlichen Regelung in § 1a Abs. 2 Satz 1 StVG nicht vorgehen könne.[501] Dies folge schon aus dem Wortlaut des § 1a Abs. 1 StVG, wonach ausschließlich die Benutzung des Systems durch den Hersteller konkretisiert werden könne, dagegen aber nicht die in § 1a Abs. 2 Satz 1 StVG tatbestandlichen Voraussetzungen für das Vorliegen einer hoch- oder vollautomatisierten Fahrfunktion an sich.[502] Außerdem können nach Ansicht der Autoren einzelne Verkehrsvorschriften auch nicht

495 Vgl. *Wolfers*, RAW 2018, 94 (96); *ders.*, RAW 2017, 2 (11); *ders.*, RAW 2017, 86 (89).

496 Also insbesondere bei nahendem Blaulicht und Einsatzhorn gemäß § 38 Abs. 1 Satz 2 StVO sofort freie Bahn zu schaffen oder der Weisung eines Polizeibeamten Folge zu leisten und gemäß § 36 Abs. 5 StVO anzuhalten.

497 Siehe *Wolfers*, RAW 2017, 2 (11); a.A. *von Bodungen/Hoffmann*, NZV 2018, 97 (101).

498 Siehe *von Bodungen/Hoffmann*, NZV 2018, 97 (100).

499 So *von Bodungen/Hoffmann*, NZV 2018, 97 (100); *von Bodungen*, in: Sassenberg/Faber, Rechtshandbuch Industrie 4.0, § 16, Rn. 44; a.A. *Hilgendorf*, JA 2018, 801 (802), wonach lediglich die Grundregeln durch das automatisierte System zu befolgen sind.

500 Vgl. *von Bodungen/Hoffmann*, NZV 2018, 97 (100), deren Wortwahl („uneingeschränkt" und „sämtliche") bereits auf ein strenges Verständnis des Tatbestandsmerkmals hindeutet; *von Bodungen*, in: Sassenberg/Faber, Rechtshandbuch Industrie 4.0, § 16, Rn. 44, fasst unter die an die Fahrzeugführung gerichteten Verkehrsregeln „etwa Geschwindigkeitsbegrenzungen oder Vorfahrtsregelungen"; siehe auch *Lange*, NZV 2017, 345 (349).

501 Vgl. *von Bodungen/Hoffmann*, NZV 2018, 97 (100).

502 Vgl. *von Bodungen/Hoffmann*, NZV 2018, 97 (100).

durch die Definierung einer entsprechenden Systemgrenze[503] ausgeschlossen werden.[504] Grundsätzlich sei es zwar für den Hersteller möglich, eine Systemgrenze vorzugeben, sofern das automatisierte System gemäß § 1a Abs. 2 Satz 1 Nr. 4, 5 StVG diese Grenze selbstständig erkennen und die Erforderlichkeit der eigenhändigen Fahrzeugsteuerung anzeigen kann.[505] Ist das Fahrzeug allerdings hierzu nicht in der Lage, verbiete sich der Ausschluss von Verkehrsvorschriften auf diesem Wege. In diesem Zusammenhang könne das Signalhorn oder Zeichen der Polizei insbesondere nicht als offensichtliche Umstände im Sinne von § 1b Abs. 2 Nr. 2 StVG gewertet werden, auf die der Fahrer auch während der automatisierten Fahrt selbstständig reagieren müsse. Ein Rückgriff auf § 1b StVG verbiete sich überdies, da mit dieser Vorschrift erst nachgelagerte Pflichten geregelt seien.[506]

Vor dem Hintergrund der StVG-Novelle 2021 mit den gesetzlichen Neuregelungen zu autonomen Fahrfunktionen in festgelegten Betriebsbereichen argumentiert *Steege* dafür, dass auch ein hoch- oder vollautomatisiertes Fahrzeug gemäß § 1a Abs. 2 Satz 1 Nr. 2 StVG „sämtliche Verkehrsvorschriften" einhalten müsse.[507] Der mit der Novelle 2021 in das StVG eingefügte § 1e Abs. 2 Nr. 2 StVG sei auf „einer Linie mit den Anforderungen an das hoch- und vollautomatisierte Fahren".[508] Diese Feststellung des Autors findet eine Stütze in der Gesetzesbegründung zur StVG-Novelle 2021, wonach sich die Pflichten zur Einhaltung von Verkehrsvorschriften nach § 1e Abs. 2 Nr. 2 Alt. 1 StVG und nach § 1a Abs. 2 Satz 1 Nr. 2 StVG entsprächen.[509] Die gleichen Parallelen zieht *Wagner* und hält in Bezug auf automatisierte Fahrzeuge im Sinne von § 1a Abs. 2 StVG fest, dass die in den „Einsatzszenarien [...] anzutreffenden Verkehrsvorschriften"[510] ausnahmslos vom Fahrsystem einzuhalten sind.[511]

503 Wie beispielsweise die herstellerseitige Angabe, dass das Fahrzeug während der automatisierten Fahrzeugsteuerung ein sich mit Blaulicht und Signalhorn näherndes Einsatzfahrzeug oder Weisungen von Polizeibeamten nicht erkennen und damit nicht hierauf reagieren kann.

504 Vgl. *von Bodungen/Hoffmann*, NZV 2018, 97 (101); a.A. *Wolfers*, RAW 2017, 2 (11).

505 Vgl. *von Bodungen/Hoffmann*, NZV 2018, 97 (101).

506 Vgl. *von Bodungen/Hoffmann*, NZV 2018, 97 (101).

507 Siehe *Steege*, SVR 2021, 128 (131).

508 So *Steege*, SVR 2021, 128 (131).

509 Vgl. Begründung, BT-Drs. 19/27439, S. 21.

510 So *Wagner*, SVR 2021, 287 (287).

511 Siehe *Wagner*, SVR 2021, 287 (287); vgl. aber auch *Wagner*, InTeR 2021, 132 (134), wonach nach wie vor umstritten sei, ob „sämtliche Vorschriften oder nur die ‚während der Fahrt' angetroffenen Regeln" gemeint seien.

bb) Bewertung und Auslegung der Norm

Im Zentrum der Diskussion muss die Beantwortung der Frage stehen, welche Vorschriften der Gesetzgeber unter das Tatbestandsmerkmal der „an die Fahrzeugsteuerung gerichteten Verkehrsvorschriften“ im Sinne von § 1a Abs. 2 Satz 1 Nr. 2 StVG fassen möchte. Verfehlt die technische Ausgestaltung der hoch- oder vollautomatisierten Fahrfunktion die Vorgabe der nationalen Definition bereits auf Tatbestandsebene, handelt es sich nach der gesetzlichen Definition nicht um ein Kraftfahrzeug mit hoch- oder vollautomatisierter Fahrfunktion.[512] Somit würde ein derartiges Fahrzeug der Voraussetzungen für eine zulässige Verwendung der hoch oder vollautomatisierten Fahrfunktion gemäß § 1a Abs. 1 StVG entbehren.

Um die zentrale Frage zu klären, welche Verkehrsvorschriften tatbestandlich von § 1a Abs. 2 Satz 1 Nr. 2 StVG erfasst sind, ist der Regelungsgehalt der Norm durch Auslegung zu ermitteln.[513] Den Ausgangspunkt soll der Wortlaut der Vorschrift bilden, bevor systematische Erwägungen angestellt werden. Sodann ist der mit der Vorschrift verfolgte Sinn und Zweck in die Untersuchung einzustellen. Zuletzt wird der Blick auf die Gesetzesentwicklung gerichtet.

(1) Wortlaut

Zunächst findet sich keine Legaldefinition des Begriffs „Verkehrsvorschrift“ in den einschlägigen Gesetztestexten. Lediglich §§ 1 bis 6g StVG sind unter der amtlichen Überschrift „Verkehrsvorschriften“ zusammengefasst. Dieses Kapitel der StVG enthält allerdings keine Regelung, welche sinnvollerweise unter die „an die Fahrzeugsteuerung gerichteten Verkehrsvorschriften“ gefasst werden könnte.[514] Es liegt dagegen auf der Hand, dass die im Rahmen von § 1a Abs. 2 Satz 1 Nr. 2 StVG adressierten Verkehrsvorschriften in erster Linie die Vorschriften der StVO sind. So finden sich in den §§ 1 bis 35 StVO allgemeine Verkehrsregeln[515] und in den §§ 36 bis 43 StVO Vorschriften zu Verkehrszeichen und Weisungen.

Die StVO bezieht sich an drei Stellen ausdrücklich auf den Begriff der Verkehrsvorschrift. Nach § 29 Abs. 2 Satz 3 StVO ist bei einer Veranstaltung, bei der Straßen mehr als verkehrsüblich in Anspruch genommen werden, Sorge zu tragen, dass die Verkehrsvorschriften eingehalten werden. Daran ist der Ordnungswidrigkeiten-Tatbestand des § 49 Abs. 2 Nr. 6 StVO ge-

512 So auch *von Bodungen/Hoffmann*, NZV 2018, 97 (100), zur Relevanz der Definitionsvorgaben siehe ausführlich oben unter Punkt b).
513 Hierzu auch *Josipovic*, in: Hagebölling, Mobilitätswende, S. 69 ff.
514 So auch *Josipovic*, in: Hagebölling, Mobilitätswende, S. 70.
515 So die amtliche Überschrift des ersten Kapitels der StVO.

knüpft, der den Wortlaut des §29 StVO aufgreift und daher ebenfalls die Verkehrsvorschriften adressiert. Außerdem kann gemäß §48 StVO derjenige, der die Verkehrsvorschriften nicht beachtet, verpflichtet werden, an einem Verkehrsunterricht teilzunehmen. In Bezug auf §48 StVO wurde bereits die Frage aufgeworfen, was in diesem Zusammenhang unter den tatbestandlichen Begriff der Verkehrsvorschriften zu fassen sei.[516] Hierzu wurde festgestellt, dass der Begriff der Verkehrsvorschriften kaum weiter hätte formuliert werden können und hiervon Vorschriften des gesamten Verkehrsrechts umfasst seien.[517]

Es kann damit festgestellt werden, dass der Gesetzgeber im Straßenverkehrsrecht den Begriff der Verkehrsvorschrift wählt, wenn er allgemein und möglichst umfangreich auf die straßenverkehrsrechtlichen Vorschriften verweisen möchte, ohne auf spezielle Regelungsbereiche abzustellen. Dies spricht in Bezug auf den Wortlaut des § 1a Abs. 2 Satz 1 Nr. 2 StVG zunächst für einen weiten Anwendungsbereich der Vorschrift. Damit wären vom Wortlaut der Norm grundsätzlich alle Verkehrsvorschriften der StVO erfasst. Der Gesetzgeber hat allerdings den tatbestandlichen Anwendungsbereich des § 1a Abs. 2 Satz 1 Nr. 2 StVG enger gefasst, indem lediglich den „an die Fahrzeugführung" gerichteten Verkehrsvorschriften während der hoch- oder vollautomatisierten Fahrzeugsteuerung[518] zu entsprechen ist. Da unter der Fahrzeugführung die Längs- und Querführung zu verstehen ist, werden damit Vorschriften tatbestandlich ausgeschlossen, die sich ohnehin nicht auf die Längs- und Querführung des Fahrzeugs beziehen können. Darunter fallen beispielsweise die Pflicht zum Aufstellen des Warndreiecks gemäß § 15 Satz 2 StVG oder die Vorschriften zur Ladungssicherung gemäß §22 StVO. Aufgrund des nur klarstellenden Ausschlusses von Vorschriften ohne Bezug zur Fahrzeugführung bleibt es aufgrund des weit gefassten Wortlauts allerdings bei einem grundsätzlich weiten Anwendungsbereich der zu beachtenden Verkehrsvorschriften im Rahmen des § 1a Abs. 2 Satz 1 Nr. 2 StVG. Damit fällt insbesondere auch das in der Diskussion oft bemühte Beispiel des Signalhorns von Einsatzfahrzeugen und Weisungen von Polizeibeamten nach dem Wortlaut der Vorschrift in den Anwendungsbereich des § 1a Abs. 2 Satz 1 Nr. 2 StVG. Die sich insoweit aus §36 Abs. 5 StVO

516 Dazu *Müller*, in: Bachmeier/Müller/Rebler, Verkehrsrecht, StVO §48, Rn. 6; MüKoStVR/*Koehl*, Band 1, StVO §48, Rn. 3.

517 So *Müller*, in: Bachmeier/Müller/Rebler, Verkehrsrecht, StVO §48, Rn. 6; siehe auch MüKoStVR/*Koehl*, Band 1, StVO §48, Rn. 3, der bei §48 StVO einen weiten Anwendungsbereich eröffnet sieht.

518 Nach der Legaldefinition des § 1a Abs. 2 Satz 1 Nr. 1 StVG handelt es sich hierbei um die Bewältigung der Fahraufgabe – einschließlich Längs- und Querführung des Fahrzeugs – durch das Fahrzeug selbst. Die durch den menschlichen Fahrer ausgeführte Fahraufgabe wird dagegen ausdrücklich als „eigenhändige Fahrzeugsteuerung" bezeichnet, vgl. § 1a Abs. 2 Satz 1 Nr. 4 StVG.

bzw. § 38 Abs. 1 Satz 2 StVO ergebenden Pflichten anzuhalten oder sofort freie Bahn zu schaffen, beziehen sich auf die Fahrzeugführung und unterfallen daher nach dem Wortlaut der Vorschrift den vom Fahrzeug zu entsprechenden Verkehrsvorschriften.

(2) Systematik

Wie bereits dargestellt, hat der Gesetzgeber in § 1a Abs. 2 Satz 1 StVG Mindestanforderungen für hoch- oder vollautomatisierte Fahrsysteme in Deutschland aufgestellt. Die Definition geht als zwingende Voraussetzung für die generelle Zulässigkeit der Nutzung der Fahrfunktionen systematisch den in § 1b StVG geregelten Verhaltenspflichten des Fahrers vor. Diese Gesetzeskonzeption kann nicht durch einen Rückgriff auf die Regelung in § 1b Abs. 2 StVG aufgeweicht werden. Es ist nicht möglich, die nach § 1a Abs. 2 Satz 1 Nr. 2 StVG durch das System einzuhaltenden Verkehrsvorschriften im Rahmen einer Zusammenschau von § 1b Abs. 2 StVG und § 1a Abs. 2 StVG einzugrenzen.[519] Dies verbietet die Systematik der Neuregelung in §§ 1a, 1b StVG.[520]

Das Verhältnis zwischen dem Regelungskomplex des § 1a Abs. 1 und Abs. 2 StVG einerseits und dem des § 1b StVG andererseits wurde bereits aufgezeigt.[521] Während § 1a Abs. 2 StVG die generelle Zulässigkeit der Benutzung der hoch- oder vollautomatisierten Fahrfunktion betrifft, werden in § 1b StVG konkrete Verhaltenspflichten für denjenigen aufgestellt, der sich einer automatisierten Fahrfunktion bedient.[522] Derartige Verhaltenspflichten während der hoch- oder vollautomatisierten Fahrt können nicht die definitorischen Mindestanforderungen einschränken, deren Erfüllung der Gesetzgeber für das Vorliegen einer hoch- oder vollautomatisierten Fahrfunktion festgeschrieben hat.[523] Bevor die Beachtung von besonderen Verhaltenspflichten des § 1b StVG überhaupt relevant werden kann, muss es sich schon tatbestandlich um ein Fahrzeug handeln, das mit einer hoch- oder vollautomatisierten Fahrfunktion im Sinne von § 1a Abs. 2 StVG ausgestattet ist. Damit muss der Rückgriff auf § 1b StVG ausscheiden, da diese Regelung erst die der generellen Zulässigkeit nachgelagerte Stufe der konkreten Benutzung durch den Fahrer betrifft.

---

519 In diese Richtung aber *Hilgendorf*, JA 2018, 801 (802); *Wolfers*, RAW 2018, 94 (96).

520 Entgegen *Wolfers*, RAW 2018, 94 (96), der systematische Erwägungen für die gegenteilige Annahme heranziehen möchte.

521 Siehe dazu bereits oben unter Punkt A. I. 1.

522 In diese Richtung auch *von Bodungen/Hoffmann*, NZV 2018, 97 (101), die die Regelung des § 1b StVG einer gegenüber § 1a StVG „nachgelagerten" Frage zuordnen.

523 Hierfür auch *von Bodungen/Hoffmann*, NZV 2018, 97 (100).

Diese systematische Konzeption ist *Wolfers* entgegenzuhalten, soweit er mit der in § 1b Abs. 2 Nr. 2 StVG festgelegten Übernahmeverantwortung des Fahrers argumentieren möchte.[524] Er kann in diesem Zusammenhang gerade nicht die „Gesetzessystematik"[525] für seine Ansicht beanspruchen, wonach wegen § 1b Abs. 2 Nr. 2 StVG das Tatbestandsmerkmal der Verkehrsvorschriften in § 1a Abs. 2 Satz 1 Nr. 2 StVG eingeschränkt zu verstehen sei.[526] *Wolfers* verkennt dabei, dass systematisch zwischen der Zulässigkeit auf der Tatbestandsebene des § 1a Abs. 1 StVG einerseits und den Verhaltensvorschriften des § 1b StVG andererseits zu trennen ist. Das tatbestandliche Vorliegen einer der Definition entsprechenden hoch- oder vollautomatisierten Fahrfunktion geht den Verhaltenspflichten des § 1b Abs. 2 StVG vor.[527] Daher steht die Gesetzessystematik einem argumentativen Rückgriff auf den Regelungskomplex des § 1b StVG entgegen.

Allerdings kann die Definitionsvorgabe in § 1a Abs. 2 SVG nicht völlig isoliert betrachtet werden. Sie befindet sich in einem unmittelbaren Zusammenhang zur bestimmungsgemäßen Verwendung des § 1a Abs. 1 StVG[528], welche ebenfalls eine Voraussetzung für die Zulässigkeit darstellt. Die Definitionsvorgaben treten auf Tatbestandsebene als weitere Voraussetzung damit neben die bestimmungsgemäße Verwendung in § 1a Abs. 1 StVG. Dabei betreffen sowohl die bestimmungsgemäße Verwendung des § 1a Abs. 1 StVG als auch die Definitionsvoraussetzungen denselben Regelungskomplex.[529] Einigkeit herrscht insbesondere darüber, dass im Rahmen der bestimmungsgemäßen Verwendung der Anwendungsbereich der hoch- oder vollautomatisierten Fahrfunktion durch den Hersteller vorgegeben werden kann und muss.[530] Damit kommt es auf ein Zusammenspiel der bestimmungsgemäßen Verwendung mit den Definitionsvorgaben an, wobei auch eine Begrenzung der zu beachtenden Verkehrsvorschriften einhergeht. Durch die Vorgabe der bestimmungsgemäßen Verwendung legt der Hersteller – im Einklang mit der gesetzlichen Konzeption – unter anderem den

---

524 Siehe *Wolfers*, RAW 2018, 94 (97).

525 So *Wolfers*, RAW 2018, 94 (97).

526 Vgl. *Wolfers*, RAW 2018, 94 (97), wonach nicht sämtliche Verkehrsvorschriften durch die Fahrfunktion zu beachten seien.

527 In diese Richtung auch *von Bodungen/Hoffmann*, NZV 2018, 97 (100).

528 In diese Richtung *Wolfers*, RAW 2018, 94 (96), der insoweit von einem „systematischen Zusammenhang" ausgeht und sich an dieser Stelle ausdrücklich auf § 1a Abs. 1 StVG bezieht; einen – wenn auch nur mittelbaren – Zusammenhang zur bestimmungsgemäßen Verwendung des § 1a Abs. 1 StVG erkennen im Grundsatz auch *von Bodungen/Hoffmann*, NZV 2018, 97 (100) an.

529 Im Gegensatz zu den Regelungen des § 1b Abs. 2 StVG, die nachgelagerte Verhaltenspflichten betreffen und damit einem anderen Regelungskomplex zuzuordnen sind; siehe dazu schon die systematische Einordung oben unter Punkt A. I. 1.

530 Vgl. *von Bodungen/Hoffmann*, NZV 2018, 97 (100); *Wolfers*, RAW 2018, 94 (96).

Anwendungsbereich der hoch- oder vollautomatisierten Fahrfunktion fest. Dies wirkt sich auf die vom Fahrzeug zu beachtenden Verkehrsvorschriften aus, die sich lediglich auf den jeweiligen Anwendungsbereich beziehen. Damit erfährt der an sich weite Anwendungsbereich der „an die Fahrzeugführung gerichteten Verkehrsvorschriften" eine Einschränkung, da gerade nicht sämtlichen Verkehrsvorschriften entsprochen werden muss. Es kommt vielmehr nur auf diejenigen Vorschriften an, die im jeweiligen, durch die bestimmungsgemäße Verwendung vorgegebenen Anwendungsbereich relevant sind.[531] Hierfür spricht insbesondere auch der Sinn und Zweck des § 1a Abs. 2 Satz 1 Nr. 2 StVG als Teil der gesetzlichen Neuregelung.

(3) Sinn und Zweck

Sinn und Zweck der Definitionsvorgaben des § 1a Abs. 2 Satz 1 StVG ist die Festsetzung von Mindestanforderungen an die technische Ausgestaltung von hoch- oder vollautomatisierten Fahrsystemen. Die Vorgabe des § 1a Abs. 2 Satz 1 Nr. 2 StVG ist ein Teil der Definition und soll sicherstellen, dass das Fahrzeug den an die Fahrzeugführung gerichteten Verhaltensvorschriften der StVO entsprechen kann, wobei eine Überwachung durch den Fahrer entbehrlich sein soll.[532] Vor diesem Hintergrund liegt es auf der Hand, dass hoch- oder vollautomatisierte Fahrsysteme grundsätzlich allen relevanten Verkehrsvorschriften entsprechen müssen. Relevant sind allerdings nicht sämtliche Verkehrsvorschriften der StVO, sondern lediglich die Vorschriften, welche für den jeweiligen Anwendungsbereich notwendig sind.[533] So muss eine ausschließlich für die Verwendung auf der Autobahn konzipierte Funktion beispielsweise nicht das Parkverbot vor Grundstückseinfahrten gemäß § 12 Abs. 2 Nr. 3 StVO beachten können oder die Vorfahrtsregelung an Kreuzungen und Einmündungen des § 8 Abs. 1 StVO beherrschen. Dies deckt sich mit dem Sinn und Zweck des § 1a Abs. 2 Satz 1 Nr. 2 StVG, da eine sichere Fahrzeugführung auch ohne die Überwachung des Fahrers gewährleistet ist, wenn vom Fahrzeug allein den relevanten Verkehrsvorschriften entsprochen werden kann. Daher muss nach dem Sinn und Zweck der Vorschrift die hoch- oder vollautomatisierte Fahrfunktion nur in der Lage sein, den für das jeweilige Einsatzgebiet relevanten, an die Fahrzeugführung gerichteten Verkehrsvorschriften zu entsprechen.

---

531 Entgegen *von Bodungen/Hoffmann*, NZV 2018, 97 (100).

532 Hierfür spricht auch die Gesetzesentwicklung, siehe sogleich unten unter Punkt (4).

533 So im Ergebnis auch *Ensthaler/Gollrad*, Rechtsgrundlagen automatisiertes Fahren, S. 87, die dies aus dem Wortlaut des § 1a Abs. 2 Satz 1 Nr. 2 StVG „während der hoch- oder vollautomatisierten Fahrzeugsteuerung" herleiten.

(4) Gesetzesentwicklung

Der Umfang der von § 1a Abs. 2 Satz 1 Nr. 2 StVG erfassten Verkehrsvorschriften ist auch anhand der Entwicklung im Gesetzgebungsverfahren zu untersuchen. Dabei fällt auf, dass die Vorgabe des § 1a Abs. 2 Satz 1 Nr. 2 StVG erst mit dem Anfang 2017 veröffentlichten Regierungsentwurf aufgenommen wurde.[534] In dem vorbereitenden Referentenentwurf[535] war die Pflichtenverteilung in Zusammenhang mit der Beachtung der Verkehrsvorschriften dagegen anders vorgesehen: Eine mit dem § 1a Abs. 2 Satz 1 Nr. 2 StVG vergleichbare Anforderung an das Fahrzeug lässt der Referentenentwurf gänzlich vermissen.[536] Dafür wurde der Fahrer in Bezug auf die Einhaltung der straßenverkehrsrechtlichen Vorschriften ausdrücklich in die Pflicht genommen. Nach § 1b Nr. 4 StVG-E[537] war vorgesehen, den Fahrzeugführer zu verpflichten, die Fahrzeugsteuerung wieder zu übernehmen,

> *4. wenn er erkennt oder auf Grund offensichtlicher Umstände erkennen muss, dass die* ***Übernahme*** *der Fahrzeugführung zum Zweck der* ***Einhaltung der straßenverkehrsrechtlichen Vorschriften erforderlich*** *ist.*

Diese ausdrückliche Verpflichtung des Fahrers in Bezug auf die straßenverkehrsrechtlichen Vorschriften ist im Regierungsentwurf entfallen und hat schließlich auch keinen Eingang in das StVG gefunden. Spiegelbildlich wurde im Regierungsentwurf allerdings in § 1a Abs. 2 Nr. 2 StVG-E definitorisch festgeschrieben, dass das Kraftfahrzeug während der hoch- oder vollautomatisierten Fahrzeugsteuerung den an die Fahrzeugführung gerichteten Verkehrsvorschriften entsprechen kann.[538] Diese konkrete Systemausprägung fehlt im Referentenentwurf gänzlich.

Hieraus ergibt sich, dass im Referentenentwurf der Fahrer noch als Kontrollinstanz in Bezug auf die Einhaltung der straßenverkehrsrechtlichen Vorschriften vorgesehen war. Mit dem Regierungsentwurf wurde diese Ausgestaltung gestrichen und im Gegenzug festgeschrieben, dass das automatisierte Fahrzeug selbstständig den straßenverkehrsrechtlichen Vorschriften entsprechen können muss. Die Einhaltung der Verkehrsvorschriften wurde damit ausdrücklich dem voll- oder hochautomatisierten Kraftfahrzeug übertragen, wobei gleichzeitig keine Notwendigkeit gesehen wurde, den Fahrer zur Einhaltung der Verkehrsvorschriften ausdrücklich heranzuziehen. Dies lässt den Schluss zu, dass das Fahrzeug nach dem Willen des Gesetzgebers

---

534 Vgl. § 1a Abs. 2 Nr. 2 StVG-E, BT-Drs. 18/11300, S. 7.

535 Referentenentwurf 18/12128, Stand 20.12.2016.

536 Vgl. § 1a Abs. 1 Nr. 1 bis Nr. 4 StVG-E, Referentenentwurf 18/12128, Stand 20.12.2016, S. 4.

537 Siehe Referentenentwurf 18/12128, Stand 20.12.2016, S. 5; Hervorhebungen durch Fettdruck nur hier.

538 Vgl. BT-Drs. 18/11300, S. 7.

sämtliche an die Fahrzeugführung gerichteten Verkehrsvorschriften – wie ein menschlicher Fahrer – entsprechen können muss.[539] Die weiteren Gesetzesmaterialien geben im Übrigen keinen Aufschluss über die Reichweite der Verkehrsvorschriften, denn die Begründung zum Regierungsentwurf enthält keine diesbezügliche Erläuterung des § 1a Abs. 2 Satz 1 Nr. 2 StVG. Es wird lediglich der Wortlaut der Vorschrift sinngemäß wiederholt und festgestellt, dass die hoch- oder vollautomatisierte Fahrfunktion die „straßenverkehrsrechtlichen Vorschriften einzuhalten" habe.[540] Weitergehende Schlüsse lassen sich aus der Gesetzesbegründung damit nicht ziehen.

Im Ergebnis spricht die Gesetzesentwicklung aufgrund der Übertragung der Pflicht zur Einhaltung der Verkehrsvorschriften weg vom Fahrer als Kontrollinstanz hin allein zum Fahrzeug für eine vollumfassende Beachtung aller Verkehrsvorschriften durch das Fahrzeug.

cc) Ergebnis

Sowohl der Wortlaut des § 1a Abs. 2 Satz 1 Nr. 2 StVG als auch die Gesetzesentwicklung sprechen für einen weiten und nicht einschränkbaren Anwendungsbereich des Begriffs der „an die Fahrzeugführung gerichteten Verkehrsvorschriften". Damit würde mit Blick auf die generelle Zulässigkeit der hoch- oder vollautomatisierten Fahrfunktion eine technische Ausgestaltung notwendig werden, die sämtlichen für die Fahrzeugführung relevanten Verkehrsvorschriften der StVO entsprechen kann. Der Blick auf die Gesetzessystematik der §§ 1a, 1b StVG, in welche § 1a Abs. 2 Satz 1 Nr. 2 StVG eingebettet ist, lässt indes keinen derart eindeutigen Schluss zu. Auf der einen Seite verbietet die Systematik einen argumentativen Rückgriff auf die Verhaltensanforderungen und insbesondere die Übernahmeverpflichtung in § 1b StVG, was für einen umfassenden Anwendungsbereich der Verkehrsvorschriften spricht. Auf der anderen Seite offenbart die Gesetzessystematik schon auf Ebene der Zulässigkeit ein Zusammenspiel zwischen den Definitionsvorgaben und der bestimmungsgemäßen Verwendung in § 1a Abs. 1 StVG. Mit der bestimmungsgemäßen Verwendung werden der Anwendungsbereich und die Grenzen der jeweiligen hoch- oder vollautomatisierten Fahrfunktion vorgegeben. Damit ist ein Zusammenhang zwischen

539 Dies entspricht der Grundannahme bei *von Bodungen/Hoffmann*, NZV 2018, 97 (100); siehe auch *von Bodungen*, in: Sassenberg/Faber, Rechtshandbuch Industrie 4.0, § 16, Rn. 44, wonach sämtliche Verkehrsvorschriften durch das Fahrzeug einzuhalten seien; siehe hierzu auch den Hinweis auf die Diskussion im Gesetzgebungsverfahren bei *Lange*, NZV 2017, 345 (349).

540 Siehe Begründung, BT-Drs. 18/11300, S. 21; der Begriff der „straßenverkehrsrechtlichen Vorschriften" dürfte sich mit dem in § 1a Abs. 2 Satz 1 StVG verwendeten Begriff der „Verkehrsvorschriften" decken.

der Definitionsvorgabe des § 1a Abs. 2 Satz 1 Nr. 2 StVG und der bestimmungsgemäßen Verwendung nicht von der Hand zu weisen. Hierdurch erfährt der nach dem Wortlaut weite Anwendungsbereich der zu entsprechenden Verkehrsvorschriften deutliche Einschränkungen, welche zudem mit dem Sinn und Zweck der Vorschrift vereinbar sind.

Aus dem Sinn und Zweck der Vorschrift lässt sich folgern, dass es der Gesetzgeber als Mindestanforderung ausreichen lässt, wenn das Fahrzeug denjenigen Verkehrsvorschriften der StVO entsprechen kann, die für den herstellerseitig vorgegebenen Anwendungsbereich des Systems relevant werden können. An die Definitionsvorgaben können im Rahmen der generellen Zulässigkeit mithin nicht Anforderungen wie an technische Vorschriften im Genehmigungsverfahren gestellt werden. Damit steht fest, dass das dem Wortlaut nach weit gefasste Tatbestandsmerkmal der „an die Fahrzeugführung gerichteten Verkehrsvorschriften" in § 1a Abs. 2 Satz 1 Nr. 2 StVG aus teleologischer Sicht Einschränkungen unterworfen ist. Das hoch- oder vollautomatisierte System muss damit in der Lage sein, lediglich den im jeweiligen Einsatzgebiet relevanten und an die Fahrzeugführung gerichteten Verkehrsvorschriften zu entsprechen.[541].

d) Vorgegebener Anwendungsbereich

Dieses Auslegungsergebnis hat unmittelbare Auswirkungen auf die Praxis, denn die Hersteller stehen vor der Frage, welche Verkehrsvorschriften der StVO für die von ihnen angebotene Fahrfunktion relevant sind. Wie gezeigt, verbietet sich eine pauschale Betrachtung, welche Verkehrsvorschriften durch das hoch- oder vollautomatisierte System zu beachten sind, da die Relevanz der Vorschriften vom jeweils vorgesehenen Anwendungsbereich abhängen. Zunächst werden hoch- und vollautomatisierte Systeme im gleichgerichteten Verkehr zum Einsatz kommen, da dieser aufgrund von fehlendem Gegen- und Kreuzungsverkehr für das automatisierte System einfacher zu beherrschen ist als eine Überlandfahrt oder der besonders herausfordernde Stadtverkehr. Damit kommt zunächst der Einsatz auf Autobahnen und Kraftfahrstraßen mit baulich getrennten Fahrstreifen für jeweils eine Richtung im Sinne von § 18 Abs. 5 Satz 1 StVO in Frage. Im Folgenden sollen hoch- oder vollautomatisierte Systeme für das Einsatzgebiet auf der Autobahn näher betrachtet werden. Hierbei ist zu beachten, dass der Anwendungsbereich (ODD) vom Hersteller jeweils vorgegeben wird und sich erst aus dieser ODD die konkreten einzuhaltenden Verkehrsvorschriften ergeben können.

---

541 Im Ergebnis auch *Ensthaler/Gollrad*, Rechtsgrundlagen automatisiertes Fahren, S. 87.

aa) Generelle Anwendbarkeit der Vorschriften der StVO auf automatisierte Fahrsysteme

Vorschriften der StVO, die sich ausdrücklich an einen menschlichen Fahrer richten, sind grundsätzlich auch von hoch- oder vollautomatisierten Fahrsystemen zu beachten. *Hammer* kommt dagegen zu dem Ergebnis, dass die Verhaltensvorschriften der StVO ausschließlich den menschlichen Fahrer adressieren und damit nicht auf automatisierte Fahrzeuge Anwendung finden können.[542] Auch eine analoge Anwendung lehnt er mit Hinweis auf die nicht passende Ausgestaltung der StVO-Normen auf Fahrzeuge ab.[543] Die fundierte Betrachtung von *Hammer* bezieht sich allerdings auf die Rechtslage vor Einführung der StVG-Novelle, wodurch der Autor die Regelung des § 1a Abs. 2 Satz 1 Nr. 2 StVG nicht in seine Überlegungen einstellen konnte. Obwohl regelmäßig der menschliche Fahrer Adressat der Regelungen der StVO ist, muss das automatisierte Fahrzeug aufgrund von § 1a Abs. 2 Satz 1 Nr. 2 StVG den an die Fahrzeugführung gerichteten Verkehrsvorschriften entsprechen, soweit diese für den vom Hersteller definierten Anwendungsbereich relevant sind.

bb) Vermeidung von Unfällen

Das Vorsicht- und Rücksichtnahmegebot[544] des § 1 Abs. 1 StVO verpflichtet den menschlichen Fahrer zu ständiger Vorsicht und Rücksichtnahme. Hierzu zählt beispielsweise die aufmerksame Beobachtung des Verkehrs, wobei Ablenkungen, sei es beispielsweise durch heruntergefallene Zigarettenglut oder durch zu lebhafte Gespräche, mit der Grundregel nicht vereinbar sind.[545] Es stehen damit typisch menschliches Verhalten und dessen negative Auswirkungen auf die Fahrzeugführung im Zentrum des § 1 Abs. 1 StVO. Das hoch- oder vollautomatisierte Fahrsystem entbehrt indes der menschlichen Schwäche, sich durch fahrfremde Tätigkeiten ablenken zu lassen. Allerdings lässt sich aus dem Rücksichtnahmegebot ableiten, dass das Fahrzeug während der hoch- oder vollautomatisierten Fahrt eine eher defensive Fahrweise[546] an den Tag legen sollte.

Für hoch- oder vollautomatisierte Fahrzeuge ist insbesondere das in § 1 Abs. 2 StVO enthaltene Verbot, andere zu schädigen oder zu gefährden, relevant. Die oberste Priorität gilt der Vermeidung von Schädigungen, auch

---

542 Vgl. das Zwischenergebnis bei *Hammer*, Automatisierte Steuerung, S. 141.
543 So im Ergebnis *Hammer*, Automatisierte Steuerung, S. 158.
544 *König*, in: Hentschel/König/Dauer, SVR, StVO § 1, Rn. 6.
545 Vgl. *König*, in: Hentschel/König/Dauer, SVR, StVO § 1, Rn. 7 m. w. N.
546 So BHHJ/*Heß*, StVO § 1, Rn. 1, in Bezug auf den menschlichen Fahrer.

wenn hierfür die Missachtung einer Verkehrsvorschrift notwendig ist.[547] Dem menschlichen Fahrer ist in diesem Zusammenhang intuitiv bewusst, dass er sich zur Vermeidung eines Unfalls über Verkehrsregeln hinwegzusetzen hat. Für das automatisierte Kraftfahrzeug muss eine dieser Grundregel entsprechende Programmierung erwartet werden, wonach eine Schädigung von anderen Verkehrsteilnehmern unbedingt zu vermeiden ist.[548] Beispielsweise ist zu erwarten, dass ein Fahrzeug, welches die rechte Spur auf der Autobahn benutzt und von einem anderen Verkehrsteilnehmer durch zu knappes Einscheren geschnitten wird, auf den Standstreifen ausweicht, wenn bremsen nicht mehr ausreicht. Gleiches gilt, wenn auf eine andere Spur ausgewichen werden muss und der rückwärtige Verkehr dadurch zum Bremsen genötigt wird. Das Fahrzeug muss selbst entscheiden können, wann es sich zur Unfallvermeidung über Verkehrsvorschriften hinwegzusetzen hat.

cc) Geschwindigkeit und Abstand

In Bezug auf die Längsführung sind die Vorschriften des § 3 StVO zur Geschwindigkeit zu beachten. Die Einhaltung der zulässigen Höchstgeschwindigkeit, aber auch die angepasste Geschwindigkeit sind von zentraler Bedeutung im Straßenverkehr.[549]

Die zulässige Höchstgeschwindigkeit muss von einem hoch- oder vollautomatisierten Kraftfahrzeug eingehalten werden. Durch § 3 Abs. 3 StVO wird die jeweils zulässige Höchstgeschwindigkeit für Kraftfahrzeuge festgelegt. Für Personenkraftwagen mit einer zulässigen Gesamtmasse bis 3,5 t gilt auf deutschen Autobahnen keine Geschwindigkeitsbegrenzung, § 3 Abs. 3 Nr. 2 lit. c) StVO. Das Fahrzeug muss selbstverständlich Verkehrszeichen erkennen können, die eine zulässige Höchstgeschwindigkeit anordnen, und diese Geschwindigkeit einhalten.[550] Es ist davon auszugehen, dass die Hersteller sich an die in Deutschland festgelegte Richtgeschwindigkeit von 130 km/h[551] orientieren werden.

547 Vgl. auch *König*, in: Hentschel/König/Dauer, SVR, StVO § 1, Rn. 9.

548 Siehe auch Regel Nr. 5 im Bericht der Ethik-Kommission: Automatisiertes und vernetztes Fahren, S. 10, abrufbar unter https://bmdv.bund.de/SharedDocs/DE/Publikationen/DG/bericht-der-ethik-kommission.pdf?__blob=publicationFile (zuletzt abgerufen am 31.08.2023).

549 So auch MüKoStVR/*Bender*, Band 1, StVO § 3, Rn. 1; *Gutt*, in: Haus/Krumm/Quarch, GVR, StVO § 3, Rn. 1.

550 Es handelt sich hierbei um das Zeichen 274, siehe § 41 Abs. 1 StVO i. V. m. Anlage 2 Abschnitt 7 Nr. 49.

551 Vgl. § 1 S. 1 Autobahn-Richtgeschwindigkeits-Verordnung vom 21.11.1978 (BGBl. I S. 1824), zuletzt geändert durch VO vom 05.08.2009 (BGBl. I S. 2631).

Neben vorgegebenen Geschwindigkeitsgrenzen werden in § 3 StVO auch Vorgaben zur angepassten Geschwindigkeit gemacht, die sich nach unterschiedlichen und sich verändernden Einflüssen richten. Die Anpassung der Geschwindigkeit an Umwelteinflüsse, das eigene fahrerische Können und die Eigenschaften des Fahrzeugs, wie es § 3 Abs. 1 StVO verlangt, betreffen das automatisierte Fahrzeug nur zum Teil. Es wird aber zu verlangen sein, dass eine stets sichere Bahnführung gewährleistet ist. Das Sichtfahrgebot hat grundlegend die Bedeutung, dass noch rechtzeitig reagiert werden kann, bevor es zu Schäden kommt.[552] Dies bedeutet auf automatisierte Fahrzeuge angewandt, dass sie im Rahmen ihrer Sensorreichweite sicher auf Hindernisse reagieren können.

Das hoch- oder vollautomatisierte Fahrzeug muss auch den Vorschriften zu Abstand und Überholen entsprechen. § 4 Abs. 1 Satz 1 StVO verlangt, dass hinter dem vorausfahrenden Fahrzeug rechtzeitig angehalten werden kann, wenn dieses plötzlich bremst. Hoch- oder vollautomatisierte Fahrsysteme werden aufgrund ihrer Sensorik eine schnellere Reaktionszeit als der durchschnittliche menschliche Fahrer haben und könnten somit einen geringeren Abstand als gewöhnlich einhalten. Dennoch ist ein Abstand einzuhalten, den ein durchschnittlicher menschlicher Fahrer einhalten würde, um beim Vorausfahrenden keine Bedrängnis auszulösen. Das Fahrzeug hat gemäß § 5 Abs. 1 StVO stets links zu überholen, außer es liegen die Voraussetzungen des § 7 Abs. 2a StVO vor. Das Fahrzeug muss daher selbstständig erkennen, ob die Voraussetzungen des § 7 Abs. 2a StVO vorliegen und rechts überholt werden darf.

dd) Besondere Verkehrslagen

Auf Autobahnen ist gemäß § 11 Abs. 2 StVO eine Rettungsgasse zu bilden, sofern der Verkehr zum Stehen kommt. Das Erkennen der Voraussetzungen und die Bildung einer Rettungsgasse muss ein Fahrzeug mit hoch- oder vollautomatisierter Fahrfunktion beherrschen, sofern dieses für einen entsprechenden Einsatzbereich, beispielweise eine Funktion wie Autobahn-Chauffeur oder Stau-Pilot, vorgesehen ist. Die Rettungsgasse ist zu bilden, auch wenn sich noch kein Rettungsfahrzeug oder sonstiges Einsatzfahrzeug hinter dem automatisierten Fahrzeug befindet. Die Erkennung von derartigen Fahrzeugen oder deren Signale sind daher in Bezug auf diese Verkehrsvorschrift nicht notwendig.

---

552 Siehe MüKoStVR/*Bender*, Band 1, StVO § 3, Rn. 6.

ee) Weisungen der Polizei und Signale von Einsatzfahrzeugen

Auf der Autobahn ist es allerdings möglich, dass Einsatzfahrzeugen der Polizei oder Rettungskräften unverzüglich freie Bahn gegeben werden muss, da sich diese mit Blaulicht nähern. Zudem ist es nicht auszuschließen, dass der Fahrer während der hoch- oder vollautomatisierten Fahrt durch Zeichen der Polizei zum Anhalten aufgefordert wird. Fraglich ist daher, ob das hoch- oder vollautomatisierte System den diesbezüglichen Verkehrsvorschriften entsprechen muss.

Unstreitig ist, dass der Hersteller in seiner Systembeschreibung den Anwendungsbereich der von ihm angebotenen hoch- oder vollautomatisierten Fahrfunktion angeben und beschreiben muss. Fraglich ist allerdings, ob die Voraussetzung des § 1a Abs. 2 Satz 1 Nr. 2 StVG durch eine entsprechende Ausgestaltung der Systembeschreibung herstellerseitig weiter eingeschränkt werden können.[553] Damit könnte der Hersteller bereits auf der Zulässigkeitsebene des § 1a Abs. 1 HS 2 StVG angreifen und die Beachtung von problematischen Verkehrsvorschriften durch die Definierung von Systemgrenzen ausnehmen. Nach der obigen Auslegung muss das Fahrzeug in der Lage sein, die für den Anwendungsfall relevanten Verkehrsvorschriften zu beachten.

Es ist mit dem Sinn und Zweck der Regelung vereinbar, dass der Hersteller den Benutzer darauf hinweist, dass das Fahrzeug nicht auf Zeichen von Polizeibeamten reagieren kann. Eine derartige Systemausgestaltung hält die Mindestanforderung des § 1a Abs. 2 Satz 1 Nr. 2 StVG ein. Die Grenze bildet die für den Nutzer der automatisierten Fahrfunktion die in Bezug auf den jeweiligen Anwendungsbereich überraschende Überbürdung von Verkehrsvorschriften. Im Zentrum steht damit die Frage, wo die Grenze zwischen zulässiger Ausnahme von Verkehrsregeln und überraschender Überbürdung zu ziehen ist. Es würde sicherlich eine überraschende Überbürdung darstellen, wenn der Fahrer durch die herstellerseitige Systembeschreibung verpflichtet würde, den korrekten Abstand und die erlaubte Geschwindigkeit zu kontrollieren.

3. Zwischenergebnis

Zunächst ist festzuhalten, dass für die Zulässigkeit des Betriebs eines Kraftfahrzeugs mittels hoch- oder vollautomatisierter Fahrfunktion zwei Voraussetzungen erfüllt sein müssen:

---

553 Hierfür *Wolfers*, RAW 2018, 94 (96); *ders.*, RAW 2017, 2 (11); dagegen *von Bodungen/Hoffmann*, NZV 2018, 97 (101).

- Zum einen ist die hoch- oder vollautomatisierte Fahrfunktion gemäß § 1a Abs. 1 StVG vom Nutzer bestimmungsgemäß zu verwenden.[554]
- Daneben muss das automatisierte Fahrsystem auch die Definitionsvorgaben des § 1a Abs. 2 Satz 1 StVG kumulativ erfüllen.[555]

In beiden Regelungskomplexen ergeben sich Problemkreise, die sich zum einen an dem Tatbestandsmerkmal der „bestimmungsgemäßen Verwendung", zum anderen an den zu entsprechenden „Verkehrsvorschriften" entspinnen. Die jeweilige Problematik lässt sich allerdings auf eine gemeinsame Problematik herunterbrechen, nämlich die zulässige Reichweite der herstellerseitigen Systembeschreibung.

Vorliegend wird in diesem Zusammenhang eine vermittelnde Position vertreten. Der Hersteller ist zunächst geeignet, den Umfang und die Grenzen der von ihm angebotenen automatisierten Fahrfunktion zu beschreiben und damit die bestimmungsgemäße Verwendung zu konkretisieren. Dem Hersteller ist es dabei in eng umgrenztem Umfang auch erlaubt, bestimmte Situationen, die durch Verkehrsvorschriften der StVO geregelt werden, als nicht von der Fahrfunktion umfasst auszuschließen. Eine überraschende Überbürdung von Überwachungs- oder Steuerungspflichten innerhalb der jeweils beschriebenen Einsatzausprägung ist vor dem Hintergrund der Abwendungsbefugnis des Fahrzeugführers allerdings in keinem Falle möglich. So kann in der Systembeschreibung für einen Stau-Piloten beispielsweise nicht die automatische Bildung einer Rettungsgasse vom Funktionsumfang der Automatisierung ausgenommen werden. Die Möglichkeiten des Herstellers, gewisse Vorgaben zu machen, findet ihre Berechtigung darin, dass Mindestanforderungen durch die gesetzlichen Vorgaben in § 1a Abs. 1 und Abs. 2 StVG festgeschrieben sind und der Systembeschreibung lediglich ein erläuternder Charakter zukommt. In diesem Zusammenhang darf nicht außer Acht gelassen werden, dass es sich bei der gesetzlichen Definition in § 1a Abs. 2 Satz 1 StVG nicht um technische Vorschriften handelt, die im Rahmen der zulassungsrechtlichen Genehmigung zu beachten sind. Die Voraussetzungen an die Detailliertheit dürfen daher nicht überspannt werden. Für die Zulässigkeit der Nutzung der automatisierten Fahrfunktion ist es daher insgesamt nicht erforderlich, dass das Fahrzeug sämtliche an die Fahrzeugführung gerichteten Verkehrsvorschriften einhalten kann. Vielmehr sind nur die für den Einsatzbereich relevanten Verkehrsvorschriften vom Fahrzeug zu entsprechen, die sich überdies auf die Fahrzeugsteuerung beziehen. Das Aufstellen eines Warndreiecks nach § 15 Satz 2 StVO muss ein für die

554 Siehe dazu ausführlich oben unter Punkt a).
555 Siehe dazu ausführlich oben unter Punkt b).

Autobahn konzipiertes Fahrsystem daher ebenso wenig beherrschen[556] wie die Vorfahrt-Regelung „Rechts-vor-links“ im Kreuzungsbereich gemäß § 8 Abs. 1 Satz 1 StVO. Im Ergebnis ist festzuhalten, dass die Ausgestaltung des § 1a Abs. 2 Satz 1 Nr. 2 StVG dem Einsatz von hoch- oder vollautomatisierten Fahrzeugen in Deutschland nicht entgegensteht.[557]

4. Die Abwendungsbefugnis des Fahrers als zentraler Aspekt

Die Abwendungsbefugnis des § 1b Abs. 1 HS 1 StVG ist die zentrale Neuerung, die mit dem hoch- oder vollautomatisierten Fahren im deutschen Straßenverkehr einhergeht.[558] Hierbei ist anzumerken, dass der Referentenentwurf die Abwendungsbefugnis noch nicht vorgesehen hat, sondern in § 1b StVG-E allein Sorgfaltspflichten normiert wurden.[559] Das zentrale Element der Abwendungsbefugnis fand erst mit der Beschlussempfehlung des Ausschusses für Verkehr und digitale Infrastruktur in den Gesetzesentwurf Eingang[560] und sollte klarstellen, was ein Fahrzeugführer „während der Verwendung einer hoch- oder vollautomatisierten Fahrfunktion darf“.[561] Das erlaubte Abwenden vom Fahrgeschehen wurde zuletzt auch im „Bericht über die Ergebnisse der Evaluation der Regelungen zum automatisierten Fahren“ in den Fokus gerückt[562] und damit die Relevanz der Vorschrift unterstrichen.

Vom Nutzer eines automatisierten Fahrsystems muss trotz der gesetzlich angelegten Abwendungsbefugnis ein gewisses Maß an Aufmerksamkeit erwartet werden. Daher werden ihm im Rahmen von § 1b StVG insbesondere auch verhaltensrechtliche Sorgfaltspflichten auferlegt. Eine Verletzung von § 1b StVG macht die Nutzung des hoch- oder vollautomatisierten Fahrsystems nicht unzulässig, denn die Bestimmung des § 1b StVG ist gerade keine in § 1a StVG verortete Zulässigkeitsvoraussetzung. Eine Nichtbeachtung der Vorgaben in § 1b StVG stellt vielmehr eine Sorgfaltspflichtverletzung dar und wird in der Regel einen Fahrlässigkeitsvorwurf begründen.[563] Vor

---

556 Das Aufstellen des Warndreiecks scheidet auch deshalb aus, da diese Vorschrift schon nicht „an die Fahrzeugführung“ gerichtet ist (§ 1a Abs. 2 Satz 1 Nr. 2 StVG).

557 Im Ergebnis auch *Hilgendorf*, JA 2018, 801 (802); *Wolfers*, RAW 2018, 94 (96 f.); *ders.*, RAW 2017, 2 (11); a. A. *von Bodungen/Hoffmann*, NZV 2018, 97 (101).

558 Von einem „Kernelement der Verhaltensregeln“ sprechen insofern auch *Ellinghaus/Döveling*, in: Ebers/Heinze/Krügel/Steinrötter, Rechtshandbuch KI, § 23, Rn. 38; siehe auch *Ensthaler/Gollrad*, Rechtsgrundlagen automatisiertes Fahren, S. 105.

559 Vgl. § 1b Nr. 1 bis Nr. 4 StVG-E, Referentenentwurf 18/12128, Stand 20.12.2016, S. 5; kritisch hierzu *König*, NZV 2017, 123 (124).

560 Vgl. BT-Drs. 18/11776, S. 3.

561 So die Begründung zu der Änderung, siehe BT-Drs. 18/11776, S. 10.

562 Siehe BT-Drs. 19/28800, S. 2.

563 Siehe auch *Lüdemann/Sutter/Vogelpohl*, NZV 2018, 411 (412); kritisch vor dem Hintergrund strafrechtlicher Erwägungen *Berndt*, NZV 2022, 462 (465, 467).

diesem Hintergrund sind die mit § 1b StVG eingeführten Rechte und Pflichten des Fahrzeugführers bei Nutzung einer hoch- oder vollautomatisierten Fahrfunktion in den haftungsrechtlichen Kontext der Fahrerhaftung nach § 18 StVG einzuordnen.

a) Haftungsrechtliche Implikationen

Die StVG-Novelle 2017 zum automatisierten Fahren hat das bewährte Haftungssystem aus Halter- und Fahrerhaftung unberührt gelassen.[564] Lediglich die Haftungshöchstbeträge in § 12 Abs. 1 StVG wurden angehoben.[565] Durch die Regelungen zum automatisierten Fahren in §§ 1a, 1b StVG ergeben sich insbesondere auch keine Besonderheiten für die Halterhaftung nach § 7 Abs. 1 StVG.[566] Der Gesetzgeber behält beim Einsatz automatisierter Fahrzeuge den Opferschutz im Blick und hält insoweit an der Gefährdungshaftung des Halters fest.[567] Allerdings haben die Regelungen in §§ 1a, 1b StVG Auswirkungen auf die Fahrerhaftung gemäß § 18 Abs. 1 StVG.[568] Gerade die Übernahmeverpflichtung und die damit verbundene Frage nach der Wahrnehmungsbereitschaft des Nutzers einer aktivierten hoch- oder vollautomatisierten Fahrfunktion haben im Falle eines Unfalles Relevanz für die Haftung des Fahrzeugführers.

b) Fahrzeugführereigenschaft

Fahrzeugführer ist derjenige, der das Fahrzeug in eigener Verantwortung in Betrieb setzt und durch Lenken und Bremsen steuert.[569] Solange also ein Fahrer für die Fahrzeugführung notwendig ist, ist dieser als Fahrzeugfüh-

---

564 Siehe auch *Ensthaler/Gollrad*, Rechtsgrundlagen automatisiertes Fahren, S. 102; *König*, NZV 2017, 123 (126); *ders.*, NZV 2017, 249 (251).

565 Siehe dazu Begründung, BT-Drs. 18/11300, S. 14; siehe ausführlich zur Änderung des § 12 StVG durch die StVG-Novelle 2017, *Huber*, NZV 2017, 545.

566 Siehe etwa *Ensthaler/Gollrad*, Rechtsgrundlagen automatisiertes Fahren, S. 103; im Ergebnis auch *Buck-Heeb/Dieckmann* in: Oppermann/Stender-Vorwachs, Autonomes Fahren, Kap. 3.1.1, Rn. 21 f., wonach es für die Halterhaftung nach § 7 Abs. 1 StVG keine Rolle spielt, ob bei einem Unfall eine automatisierte Fahrfunktion im Einsatz gewesen ist.

567 Vgl. Begründung, BT-Drs. 18/11300, S. 14; siehe auch *Hinze*, Haftungsrisiken, S. 38, der das Festhalten an der Gefährdungshaftung des Halters für automatisierte Fahrzeuge mit Blick auf den Sinn und Zweck der Halterhaftung für sinnvoll erachtet; ebenso für sinnvoll hält dies *Wagner*, Das neue Mobilitätsrecht, S. 89.

568 Vgl. *Buck-Heeb/Dieckmann*, NZV 2019, 113 (113).

569 Vgl. *Kaufmann*, in: Geigel, Haftpflichtprozess, Kap. 25, Rn. 314; BeckOGK/*Walter*, Stand: 01.01.2022, StVG § 18, Rn. 6; auf die tatsächliche Gewalt im Unfallzeitpunkt abstellend BHHJ/*Heß*, StVG § 18, Rn. 3; *Ensthaler/Gollrad*, Rechtsgrundlagen automatisiertes Fahren, S. 104.

rer im Sinne von § 18 Abs. 1 StVG einzuordnen.[570] Das bedeutet, dass Systeme der Automatisierungsstufe 0 bis 2 keine Fragen bezüglich der Fahrzeugführereigenschaft aufwerfen, da eine Person als verantwortlicher Fahrer weiterhin für die Fahrzeugsteuerung erforderlich ist. Kraftfahrzeuge mit hoch- oder vollautomatisierter Fahrfunktion können dagegen bei aktiviertem System den Fahrer aus der Fahrzeugsteuerung entlassen. In der Folge könnte bei einem Unfall während der automatisierten Steuerung die Fahrzeugführereigenschaft der sich auf dem Fahrersitz befindlichen Person angezweifelt werden.[571] Einer solchen Diskussion wurde jedoch im Rahmen der StVG-Novelle 2017 durch die Implementierung von § 1a Abs. 4 StVG die Grundlage entzogen, indem ausdrücklich bestimmt wird, dass auch derjenige Fahrzeugführer ist, der eine hoch- oder vollautomatisierte Fahrfunktion aktiviert. Die Bestimmung des Fahrzeugführers in § 1a Abs. 4 StVG ist dabei sehr weitreichend, denn selbst wenn der Fahrer das System aktiviert und sodann den Fahrersitz verlässt, bleibt er Fahrzeugführer.[572]

c) Haftungsmaßstab

Der Fahrzeugführer haftet gemäß § 18 Abs. 1 Satz 2 StVG für vermutetes Verschulden.[573] Dieser Haftungsmaßstab blieb durch die StVG-Novelle zum automatisierten Fahren unangetastet und wurde nicht etwa für den Fall der Steuerung durch eine aktivierte hoch- oder vollautomatisierte Fahrfunktion modifiziert. Es bleibt also dabei, dass der Fahrer den Entlastungsbeweis im Sinne von § 18 Abs. 1 Satz 2 StVG führen muss, damit eine Haftung nach § 18 StVG ausscheidet.[574] Der Fahrer muss insofern nachweisen, dass ihn an dem entstandenen Schaden kein Verschulden im Sinne von § 276 BGB trifft, ihm also weder vorsätzliches noch fahrlässiges Handeln angelastet werden kann.[575] Der im Rahmen von § 276 Abs. 2 BGB anzulegende Sorg-

570 Vgl. BeckOGK/*Walter*, Stand: 01.01.2022, StVG § 18, Rn. 13, unter Bezugnahme auf Assistenzsysteme; technisch differenzierter *Greger*, NZV 2018, 1 (1).

571 Siehe dazu *Hinze*, Haftungsrisiken, S. 43, m. w. N. aus der Literatur vor der StVG-Novelle 2017; vgl. *Hey*, Haftung des Herstellers, S. 24, mit Hinweis auf die Diskussion vor „Einführung des § 1a Abs. 4 StVG".

572 Siehe *Greger*, NZV 2018, 1 (2); zustimmend *Buck-Heeb/Dieckmann*, NZV 2019, 113 (114).

573 Siehe mit Erwägungen zum Sinn und Zweck des vermuteten Verschuldens, *Buck-Heeb/Dieckmann* in: Oppermann/Stender-Vorwachs, Autonomes Fahren, Kap. 3.1.1, Rn. 45 ff.; vgl. *Kaufmann*, in: Geigel, Haftpflichtprozess, Kap. 25, Rn. 311.

574 Vgl. *Siemann*, in: Chibanguza/Kuß/Steege, Künstliche Intelligenz, § 3, Kapitel H, Rn. 22; *Greger*, NZV 2018, 1 (2).

575 Siehe *Zeycan*, in: Haus/Krumm/Quarch, GVR, StVG § 18, Rn. 7; vgl. BeckOGK/*Walter*, Stand: 01.01.2022, StVG § 18, Rn. 18.

faltsmaßstab ist der eines Durchschnittsfahrers.[576] Dieser hat bei der Fahrzeugführung Fahrfehler zu vermeiden und dazu die Aufmerksamkeit auf das Verkehrsgeschehen zu richten.[577] Während der Nutzung einer hoch- oder vollautomatisierten Fahrfunktion wird allerdings die Fahrzeugsteuerung vom System ausgeführt, und der Fahrer darf sich nach dem Wortlaut von § 1b Abs. 1 HS 1 StVG sowohl vom Verkehrsgeschehen als auch von der Fahrzeugsteuerung abwenden. Den Fahrer treffen insoweit aber besondere Sorgfaltspflichten nach § 1b Abs. 1 HS 2, Abs. 2 StVG. Bei aktiviertem Fahrsystem kommt es demnach maßgeblich darauf an, ob der Fahrer die Pflichten nach § 1b StVG eingehalten hat, bevor es zu dem Unfallereignis gekommen ist.

Die zentrale Verhaltenspflicht des Nutzers einer hoch- oder vollautomatisierten Fahrfunktion ist dabei die in § 1b Abs. 1 HS 2 StVG angelegte Wahrnehmungsbereitschaft.[578] Der Fahrer muss während der automatisierten Fahrt so aufmerksam sein, dass er in den in § 1b Abs. 2 StVG definierten Fällen seiner Übernahmeverpflichtung nachkommen kann.

d) Übernahmeverpflichtung

Die Übernahmeverpflichtung nach § 1b Abs. 2 StVG ist nach dem Gesetzeswortlaut in zwei Fällen gegeben. Zum einen gemäß § 1b Abs. 2 Nr. 1 StVG, sofern der Fahrer vom automatisierten System zur Übernahme aufgefordert wird. Zum anderen, wenn nach § 1b Abs. 2 Nr. 2 StVG offensichtliche Umstände vorliegen, die darauf hindeuten, dass die Voraussetzungen für eine bestimmungsgemäße Verwendung nicht mehr vorliegen. In jedem Falle hat die Übernahme der Fahrzeugsteuerung durch den Fahrer gemäß § 1b Abs. 2 StVG unverzüglich zu erfolgen.[579]

---

576 Zum Sorgfaltsmaßstab des Durchschnittsfahrers siehe *Kaufmann*, in: Geigel, Haftpflichtprozess, Kap. 25, Rn. 321, mit Verweis auf BGH, VersR 1982, 442; siehe aber BeckOGK/*Walter*, Stand: 01.01.2022, StVG § 18, Rn. 18: „Sorgfalt eines besonnenen und gewissenhaften Kraftfahrers"; vgl. auch *Siemann*, in: Chibanguza/Kuß/Steege, Künstliche Intelligenz, § 3, Kapitel H, Rn. 22.

577 In diese Richtung *Kaufmann*, in: Geigel, Haftpflichtprozess, Kap. 25, Rn. 321 f.; siehe dazu auch *Hey*, Haftung des Herstellers, S. 24, wonach sich die Sorgfaltspflichten des Fahrers in erster Linie auf die Steuerung des Fahrzeugs beziehen.

578 Siehe dazu *Hilgendorf*, JA 2018, 801 (802); *Ensthaler/Gollrad*, Rechtsgrundlagen automatisiertes Fahren, S. 105 f.; siehe auch *Wagner*, Das neue Mobilitätsrecht, S. 56 f.; ausführlich *Lüdemann/Sutter/Vogelpohl*, NZV 2018, 411 (413 ff.).

579 Hierzu *Laws/Lohmeyer/Vinke*, in: Freymann/Wellner, jurisPK-Straßenverkehrsrecht, § 1b StVG (Stand: 01.12.2021), Rn. 32, mit der Schlussfolgerung, dass sich der Fahrer nicht zu weit vom Verkehrsgeschehen abwenden darf; zum Tatbestandsmerkmal „unverzüglich" *König*, NZV 2017, 123 (125); *ders.*, NZV 2017, 249 (251).

aa) Aufforderung durch das System

Die Aufforderung zur Übernahme der Fahrzeugsteuerung nach § 1b Abs. 2 Nr. 1 StVG korreliert mit § 1a Abs. 2 Satz 1 Nr. 5 StVG, wonach das hoch- oder vollautomatisierte Fahrsystem technisch in der Lage sein muss, den Fahrzeugführer „mit ausreichender Zeitreserve" zur Übernahme der Steuerung aufzufordern.[580] In diesem Zusammenhang zeigt sich eine Unschärfe in der gesetzlichen Regelung, da es an einer Konkretisierung der „ausreichenden Zeitreserve" fehlt.[581] Eine genaue Zeitangabe, beispielsweise in Sekunden, wurde in das Gesetz allerdings richtigerweise nicht eingeführt. Technische Details und Ausgestaltung der Übergabe sind auf Ebene der technischen Vorgaben dem der Zulassung vorgeschalteten Genehmigungsverfahren vorbehalten, um auf harmonisierter Basis einheitliche technische Voraussetzungen zu schaffen. Würde nun der deutsche Gesetzgeber hiervon losgelöst konkrete Zeitfenster vorgeben, bestünde die Gefahr, dass die nationale Regelung mit den Vorgaben in der technischen Vorschrift auseinanderfällt. Trotz des unbestimmten Rechtsbegriffs der ausreichenden Zeitreserve in § 1a Abs. 2 Satz 1 Nr. 5 StVG ist die den Fahrer treffende Sorgfaltspflicht des § 1b Abs. 2 Nr. 1 StVG hinreichend konkret, denn er hat die Fahrzeugsteuerung unverzüglich, mithin ohne schuldhaftes Zögern, wieder zu übernehmen. Der Fahrer muss nach einer entsprechenden Aufforderung durch das System die Fahrzeugsteuerung also schnellstmöglich übernehmen, um eine Haftung nach § 18 Abs. 1 StVG zu vermeiden.[582]

bb) Offensichtliche Umstände

In der Literatur wurden zudem Unschärfen im Wortlaut der Vorschrift identifiziert, da nicht definiert sei, was unter „offensichtlichen Umständen" im Sinne von § 1b Abs. 2 Nr. 2 StVG zu verstehen sei.[583] Dem Vorschlag des

580 Siehe zur Übergabesituation bereits oben in Teil 2 unter Punkt A.II.1.d).

581 Hierzu *von Bodungen/Hoffmann*, NZV 2018, 97 (102); ausführlich mit Bezug zu verkehrspsychologischen Aspekten *Lüdemann/Sutter/Vogelpohl*, NZV 2018, 411 (415 f.); auf eine fehlende Konkretisierung weisen auch *Ellinghaus/Döveling*, in: Ebers/Heinze/Krügel/Steinrötter, Rechtshandbuch KI, § 23, Rn. 40, hin.

582 So im Ergebnis *Ensthaler/Gollrad*, Rechtsgrundlagen automatisiertes Fahren, S. 106; auf die jeweils „konkrete Fahrsituation" in Bezug auf Verkehrs- und Wetterverhältnisse abstellend *Buck-Heeb/Dieckmann*, in: Oppermann/Stender-Vorwachs, Autonomes Fahren, Kap. 3.1.1, Rn. 82; für *Hey*, Haftung des Herstellers, S. 25, ergeben sich in Bezug auf die Übernahmeverpflichtung nach § 1b Abs. 2 Nr. 1 StVG insoweit keine Unklarheiten.

583 Vgl. *Hilgendorf*, JA 2018, 801 (802); siehe hierzu auch *Wagner/Goeble*, ZD 2017, 263 (265), mit Beispielen zu wohl offensichtlichen Fällen im Sinne der Vorschrift; *Greger*, NZV 2018, 1 (3), sieht vor dem Hintergrund zivilrechtlicher Haftungsfragen in der

Bundesrates, das Tatbestandsmerkmal durch die Aufnahme von Regelbeispielen zu konkretisieren[584], wurde nicht nachgekommen. Dies wird zum Teil kritisch gesehen, da die Pflichten des Fahrers durch das Gesetz selbst konkretisiert und nicht erst durch Rechtsprechung herausgebildet werden sollten.[585] Die Wahl einer offenen Formulierung durch den Gesetzgeber ist indes aufgrund der Vielzahl der denkbaren „offensichtlichen Umstände" zu begrüßen. Eine beispielhafte Aufzählung von offensichtlichen Umständen im Gesetzestext wäre dagegen wenig praktikabel. Die Ausgestaltung lässt dem jeweiligen Fahrer somit einen gewissen Spielraum, wie sehr er sich vom Fahrgeschehen während der automatisierten Fahrt abwenden möchte.[586] Die Grenze ist die Erfüllung seiner Pflichten auf der Rückfallebene.[587]

e) Umfang der Wahrnehmungsbereitschaft

Es zeigt sich, dass die zentrale Abwendungsbefugnis des Fahrzeugführers in einem Spannungsverhältnis mit seiner Wahrnehmungsbereitschaft steht.[588] Die Problematik der unbestimmten Rechtsbegriffe oder der nicht weiter konkretisierten Tatbestandsmerkmale[589] lässt sich auf die Frage herunterbrechen, wie sehr sich der Fahrer während der automatisierten Fahrt vom Fahrgeschehen abwenden darf. Grundsätzlich sollten sich Fahrer auch während der automatisierten Fahrt wenig ablenken lassen.[590] Ein gewisses Maß an Ablenkung ist jedoch vom Gesetzgeber erlaubt. Hierauf lässt die Neufas-

---

Vorschrift die „Achillesferse des automatisierten Fahrens"; *Steinert*, SVR 2019, 5 (6) mit strafrechtlichen Implikationen; *Wagner*, InTeR 2021, 132 (134).

584 Vgl. Stellungnahme des Bundesrates, BR-Drs. 69/17, S. 6.

585 Vgl. *Wagner/Goeble*, ZD 2017, 263 (269).

586 In diese Richtung auch *Wagner*, InTeR 2021, 132 (134), wonach sich jeder Fahrer individuell im Rahmen seiner Reaktionsmöglichkeiten für oder gegen ablenkende Tätigkeiten entscheiden müsse.

587 *Ensthaler/Gollrad*, Rechtsgrundlagen automatisiertes Fahren, S. 110, raten daher zu einem „restriktiven" Grad des Abwendens vom Verkehrsgeschehen; in diese Richtung bereits *Greger*, NZV 2018, 1 (3).

588 So *Greger*, NZV 2018, 1 (3).

589 So *Lüdemann/Sutter/Vogelpohl*, NZV 2018, 411 (413); *Schirmer*, NZV 2017, 253 (255), stellt ebenfalls „viele unbestimmte Tatbestandsmerkmale" fest; kritisch auch *Berndt*, NZV 2022, 462 (453), mit Verweis auf eine fehlende gesetzliche Erläuterung des „unbestimmten Rechtsbegriff[s]"; *Pataki*, DAR 2018, 133 (135), wertet die Regelung des § 1b StVG insgesamt allerdings als gelungen.

590 Siehe *Ensthaler/Gollrad*, Rechtsgrundlagen automatisiertes Fahren, S. 110; *Greger*, NZV 2018, 1 (3).

sung[591] von §23 Abs. 1a StVO schließen, der das Verbot der Benutzung von elektronischen Geräten im Straßenverkehr normiert.[592]

Mit Einführung des §23 Abs. 1a Satz 5 StVO wurde klargestellt, dass die Regelung des § 1b StVG zum hoch- oder vollautomatisierten Fahren von den einschränkenden Regelungen zur Handynutzung unberührt bleibt. Der Normgeber hatte dabei expressis verbis die Neuregelung zum StVG und die Erlaubnis des Fahrzeugführers, sich vom Verkehrsgeschehen abzuwenden, im Blick.[593] Während der hoch- oder vollautomatisierten Fahrt bedürfe es nicht des Verbots des §23 Abs. 1a StVO.[594] Dies zeigt, dass der Gesetzgeber die in § 1b Abs. 1 HS 1 StVG normierte Abwendungsbefugnis als umfassend ansieht. So ist zum einen das Telefonieren mit dem Handy erlaubt. Zum anderen folgt aus dem neu eingefügten §23 Abs. 1a Satz 5 StVO auch, dass die Nutzung der sonstigen Funktionen, die moderne elektronische Geräte[595] und Smartphones ermöglichen, während einer hoch- oder vollautomatisierten Fahrt nicht verboten ist. Hierunter fallen Tätigkeiten wie das Schreiben von Textnachrichten via SMS oder Messenger-Diensten, das Surfen im Internet oder das Abspielen von Videos. Das grundsätzlich geltende Benutzungsverbot soll alle Funktionen moderner Mobilfunkgeräte erfassen und das Verbot effektiv durchsetzen.[596] Der Gesetzgeber sieht in der Benutzung von Smartphones mit all ihren Möglichkeiten – zu Recht – ein erhebliches Ablenkungs- und Gefährdungspotential.[597] Da er die Benutzung eines Smartphones allerdings während der hoch- oder vollautomatisierten Fahrt uneingeschränkt erlaubt, zeigt er, dass die Abwendungsbefugnis nicht zu restriktiv zu verstehen ist. So wäre es auch ein gangbarer Weg gewesen, das Telefonieren, Surfen und Videoabspielen ausschließlich über das bordeigene Infotainment-System vom Verbot[598] auszunehmen und die Nut-

591 BGBl. I 2017 S. 3549 (3549 f.).

592 Zum „Handy-Verbot" am Steuer siehe *Rebler*, SVR 2018, 241 (242 f.); vgl. *Armbrüster*, ZRP 2017, 83 (84), mit Hinweis auf den Anpassungsbedarf vor dem Hintergrund des automatisierten Fahrens.

593 Vgl. Begründung zur 53. Verordnung zur Änderung straßenverkehrsrechtlicher Vorschriften, BR-Drs. 556/17, S. 13 f.

594 Siehe BR-Drs. 556/17, S. 5.

595 Siehe auch BHHJ/*Heß*, StVO §23, Rn. 22a, wonach durch das in §23 Abs. 1a StVO zum Ausdruck kommende generelle Benutzungsverbot das „breite Spektrum elektronischer Geräte" erfasst werden soll.

596 Vgl. BHHJ/*Heß*, StVO §23, Rn. 22a, mit umfangreichen Beispielen aus der Rechtsprechung.

597 Siehe dazu drastisch die Einführung bei *Rebler*, SVR 2018, 241 (241).

598 Es spricht sehr vieles dafür, dass auch im Fahrzeug herstellerseitig eingebaute Touch-Bildschirme unter die Definition des elektronischen Geräts im Sinne von §23 Abs. 1a Satz und Satz 2 StVO zu fassen sind, vgl. Oberlandesgericht Karlsruhe, Beschluss vom 27.03.2020 – 1 Rb 36 Ss 832/19 (= DAR, 2020, 530; SVR 2021, 38 mit Anm. *Günther*), zum Hersteller Tesla.

zung des Mobiltelefons weiterhin zu untersagen. Auf diese Weise wäre die Übernahmeaufforderung an den Fahrer über einen Hinweis im Infotainment schnellstmöglich und besonders deutlich möglich. Der Gesetzgeber hat sich aber bewusst dafür entschieden, die Handynutzung während der automatisierten Fahrt nicht zu verbieten.

Im Ergebnis lässt die verhaltensrechtliche Regelung in § 1b Abs. 1 StVG eine Ablenkung des Fahrers, wie das Schreiben von Kurznachrichten oder das Ansehen von Videos, grundsätzlich zu. Aufgrund der gesetzlich vorgeschriebenen Wahrnehmungsbereitschaft gemäß § 1b Abs. 1 HS 2 StVG wird der Umfang der zulässigen Ablenkung indes eingeschränkt. Daher bleibt es dabei, dass es in der Verantwortung des Nutzers einer hoch- oder vollautomatisierten Fahrfunktion liegt, wie sehr er sich in der jeweiligen Verkehrssituation[599] vom Fahrgeschehen abwendet. Nimmt er bei geringem Verkehrsaufkommen die Hände vom Steuer und lässt den Blick lediglich ab und zu von der Straße schweifen, so wird ein sorgfaltsgemäßes Verhalten im Sinne von § 1b StVG anzunehmen sein. Vertieft sich der Fahrer dagegen bei hohem Verkehrsaufkommen in ein Video, begibt sich der Fahrer bei Nutzung einer hoch- oder vollautomatisierten Fahrfunktion in die Gefahr eines Sorgfaltsverstoßes, der das Führen eines Entlastungsbeweises nach § 18 Abs. 1 Satz 2 StVG erheblich erschweren wird.

5. Zusammenfassung

Systematisch fügen sich § 1a und § 1b StVG gleichermaßen als zentrale Normen in das deutsche Straßenverkehrsrecht ein. § 1a Abs. 1 und Abs. 2 StVG bilden die rechtliche Grundlage für die Zulässigkeit von Kraftfahrzeugen mit hoch- oder vollautomatisierter Fahrfunktion in Deutschland. Sind die Voraussetzungen für eine zulässige Verwendung erfüllt, kommen die vom Fahrer zu beachtenden konkretisierenden Verhaltensvorschriften des § 1b StVG zum Tragen, soweit sich der Fahrer einer hoch- oder vollautomatisierten Fahrfunktion bedient. Mit dem Regelungskomplex der §§ 1a und 1b StVG hat der deutsche Gesetzgeber auf Ebene der Zulässigkeit Mindestanforderungen an die Ausgestaltung der technischen Ausrüstung (§ 1a Abs. 2 Satz 1 StVG) und deren Verwendung (§ 1a Abs. 1 HS 2 StVG) sowie an die Verhaltenspflichten des Fahrers aufgestellt, unter denen die Benutzung eines hoch- oder vollautomatisierten Systems mit gleichzeitiger Abwendungsbefugnis für den deutschen Straßenverkehr für vertretbar erachtet wird. Auch wenn sich der Fahrer während der Nutzung einer hoch- oder voll-

599 Diesen Aspekt der individuellen Einschätzung des Fahrers in der konkreten Verkehrssituation stellen *Buck-Heeb/Dieckmann* in: Oppermann/Stender-Vorwachs, Autonomes Fahren, Kap. 3.1.1, Rn. 82, heraus; in diese Richtung auch *Siemann*, in: Chibanguza/Kuß/Steege, Künstliche Intelligenz, § 3, Kapitel H, Rn. 64.

automatisierten Fahrfunktion grundsätzlich vom Fahrgeschehen abwenden darf, so ist von ihm ein gewisses Verantwortungsbewusstsein zu fordern, um der von ihm gesetzlich geforderten Wahrnehmungsbereitschaft zu genügen. In diesem Zusammenhang bestehende Unschärfen in Bezug auf Sorgfaltspflichten des Fahrers können sich im Rahmen der Fahrerhaftung nach § 18 StVG niederschlagen. Allerdings ist die insofern offene Gestaltung[600] der verhaltensrechtlichen Vorgaben notwendig, um etwaigen Anforderungen in technischen Vorschriften auf Genehmigungsebene nicht zuwiderzulaufen. Dass die StVG-Novelle schwerpunktmäßig das Verhaltensrecht adressiert, ist demnach folgerichtig, da in diesem Regulierungskomplex noch nationale Rechtshoheit besteht. Anders ist dies im supranational überformten Zulassungs- und Genehmigungsrecht.

Die dargestellten Verhaltensvorschriften des § 1b StVG stehen neben den sonstigen Verhaltenspflichten der StVO und ergänzen diese im Bereich des automatisierten Fahrens. Auf den ersten Blick überrascht die Verortung der Neuregelung zur Zulässigkeit und des Verhaltensrechts im StVG. Vorschriften zum Verhaltensrecht im Straßenverkehr würde man in der StVO erwarten[601], denn die StVO hält traditionell die Verhaltensvorschriften für den Straßenverkehr in Deutschland bereit. Die vom Gesetzgeber in den Blick gefasste Einführung von hoch- und vollautomatisierten Fahrsystemen veranlasste den Gesetzgeber indes nicht dazu, die verhaltensrechtlichen Anforderungen in der StVO abzuändern. Lediglich an kleinen Stellschrauben wurde unter dem Eindruck der mit der StVG-Novelle 2017 erfolgten Neuregelung gedreht. So wurde zeitnah die Regelung zur Nutzung von Mobiltelefonen in § 23 Abs. 1a StVO angepasst.

Das Nebeneinander der unberührt gebliebenen Verhaltensvorschriften der StVO und der Änderungen im StVG unter einem gemeinsamen Aufhänger spiegelt dabei die tatsächlichen Gegebenheiten des zukünftigen Bildes im Straßenverkehr wider. So ist noch sehr lange Zeit ein Nebeneinander von hoch- oder vollautomatisierten Fahrzeugen und Fahrzeugen, die lediglich mit Fahrsystemen bis Level 2 ausgestattet sind, zu erwarten. Genau dieses Nebeneinander bildet die verhaltensrechtliche Aufspaltung in der StVO für das „herkömmliche“ Fahren und § 1b StVG für das hoch- oder vollautomatisierte Fahren ab.

---

600 Einer Konkretisierung „bis ins Detail“ steht auch *Siemann*, in: Chibanguza/Kuß/Steege, Künstliche Intelligenz, § 3, Kapitel H, Rn. 62, ablehnend gegenüber – allerdings vor dem Hintergrund einer steten Weiterentwicklung der Leistungsfähigkeit der Technik und einer entsprechend notwendigen Technologieoffenheit der Regelungen zum automatisierten Fahren.

601 In diese Richtung auch die Überlegungen von *Hammer*, Automatisierte Steuerung, S. 216 f., der bereits vor der StVG-Novelle 2017 für die Einfügung einer Spezialvorschrift für automatisierte Systeme in die StVO plädierte.

II. Betrieb autonomer Kraftfahrzeuge in festgelegten Betriebsbereichen

Mit § 1e Abs. 1 StVG wurden in Deutschland die Voraussetzungen für den zulässigen Betrieb von Kraftfahrzeugen mit autonomer Fahrfunktion in festgelegten Betriebsbereichen geschaffen. Neben der Definition des Kraftfahrzeugs mit autonomer Fahrfunktion in § 1d Abs. 1 StVG[602] handelt es sich um die für den Regelbetrieb entscheidende Bestimmung der StVG-Novelle 2021. Daher soll zunächst die Systematik der Zulässigkeitsbestimmungen zum autonomen Fahren dargestellt werden[603], um sodann im Einzelnen auf die Zulässigkeitsvoraussetzungen[604] für den Betrieb von autonomen Kraftfahrzeugen auf deutschen Straßen einzugehen. Nach § 1f StVG treffen die Beteiligten beim Betrieb von Kraftfahrzeugen mit autonomer Fahrfunktion gesteigerte Sorgfaltspflichten, welche als Besonderheit der StVG-Novelle zum autonomen Fahren abschließend erläutert werden.[605]

1. Systematik

Während § 1i StVG lediglich den Rahmen für die Erprobung von autonomen Fahrfunktionen vorgibt, fällt der Regelbetrieb von Kraftfahrzeugen mit autonomer Fahrfunktion in den Anwendungsbereich des § 1e Abs. 1 StVG.[606] § 1e Abs. 1 StVG ist somit die zentrale Bestimmung für den Betrieb von Kraftfahrzeugen mit autonomer Fahrfunktion in festgelegten Betriebsbereichen. Der Regelungsgehalt von § 1e Abs. 1 StVG betrifft dem Wortlaut nach den Betrieb des Kraftfahrzeugs „mittels“ autonomer Fahrfunktion, also die zulässige Steuerung des Kraftfahrzeugs durch die autonome Fahrfunktion.[607] Die für den Betrieb des autonomen Kraftfahrzeugs notwendige Zulassung zum Straßenverkehr unterfällt dem Anwendungsbereich des § 1 StVG.[608]

---

602 Hierzu bereits oben in Teil 2 unter Punkt A.III.

603 Siehe dazu sogleich unter Punkt 1.

604 Siehe dazu unter Punkt 2.

605 Siehe dazu unter Punkt 3.

606 Siehe *Gatzke*, NZV 2022, 62 (62 f.), mit deutlicher Trennung zwischen dem Regelbetrieb einerseits und dem Erprobungsbetrieb andererseits; siehe auch *Kleemann/Arzt*, RAW 2021, 99 (99 f.).

607 Siehe auch *Sesing*, Fahrzeuge als Normadressaten?, in: Taeger, Tagungsband Herbstakademie 2021, S. 574, wonach die Wortwahl „Betrieb […] mittels autonomer Fahrfunktion“ dem Umstand geschuldet sein dürfte, dass Kraftfahrzeuge mit autonomer Fahrfunktion grundsätzlich auch manuell betrieben werden können.

608 Siehe dazu auch *König*, in: Hentschel/König/Dauer, SVR, StVG § 1e, Rn. 3; auf die Genehmigung und Zulassung von Kraftfahrzeugen mit autonomer Fahrfunktion wird ausführlich unten unter Punkt B. V. eingegangen.

Nach § 1j Abs. 1 Nr. 1 lit. c) StVG ist das BMDV ermächtigt, gerade auch weitere Anforderungen an den Betrieb von Kraftfahrzeugen mit autonomer Fahrfunktion aufzustellen. In der auf Grundlage von § 1j StVG erlassenen AFGBV werden allerdings keine über die Anforderungen des § 1e Abs. 1 Satz 1 StVG hinausgehenden Zulässigkeitsvoraussetzungen aufgestellt. In Anlage 1 der AFGBV werden die Anforderungen an die Leistungsfunktionen für Kraftfahrzeuge mit autonomer Fahrfunktion detaillierter beschrieben und somit die technischen Anforderungen, die schon mit § 1e Abs. 2 StVG aufgestellt werden, konkretisiert. Diese konkretisierenden Anforderungen der AFGBV sind jedoch im Rahmen des Genehmigungsverfahrens zu überprüfen und sind daher dem zulassungsrechtlichen Regelungskomplex zuzuordnen.[609] Die Vorgaben in Anlage 1 der AFGBV wurden nicht etwa als zusätzliche Zulässigkeitsvoraussetzungen neben § 1e Abs. StVG ausgestaltet. Nach der gesetzlichen Konzeption richtet sich die Zulässigkeit des Betriebs von autonomen Kraftfahrzeugen demnach ausschließlich nach § 1e Abs. 1 StVG.

2. Zulässigkeitsvoraussetzungen

Der zulässige Betrieb von führerlosen Kraftfahrzeugen mit autonomer Fahrfunktion in festgelegten Betriebsbereichen richtet sich nach § 1e Abs. 1 Satz 1 StVG. Demnach ist der Einsatz von autonomen Kraftfahrzeugen im Regelbetrieb zulässig, wenn die vier Voraussetzungen des § 1e Abs. 1 Satz 1 StVG kumulativ erfüllt sind.[610]

a) Erfüllung der Definitionsvorgaben

Zunächst wird mit § 1e Abs. 1 Satz 1 Nr. 1 StVG der Bogen zu den technischen Voraussetzungen geschlagen, die autonome Kraftfahrzeuge gemäß der Definition in § 1e Abs. 2 StVG einhalten müssen. Damit wird für das autonome Fahren in festgelegten Betriebsbereichen ausdrücklich bestimmt, dass die Erfüllung der technischen Vorgaben des § 1e Abs. 2 StVG – mithin die Einhaltung der Definitionsvorgaben – eine zwingende Voraussetzung für die zulässige Verwendung der autonomen Fahrfunktion ist. Im Rahmen der StVG-Novelle 2017 zu hoch- oder vollautomatisierte Fahrfunktionen hat sich die Einhaltung der Definitionsvorgaben des § 1a Abs. 2 Satz 1 StVG dagegen nicht derart konkret im Gesetzeswortlaut niedergeschlagen und führte

609 Dazu ausführlich unten unter Punkt B. V.

610 Vgl. Begründung, BT-Drs. 19/27439, S. 21; siehe auch *Gatzke*, NZV 2022, 62 (63); *Seyda*, ZD-Aktuell 2021, 0536; *König*, in: Hentschel/König/Dauer, SVR, StVG § 1e, Rn. 2; *Hilgendorf*, JZ 2021, 444 (446 f.), zum Gesetzesentwurf vom 12.02.2021, BR-Drs. 155/21.

zu Unklarheiten.[611] Die Hervorhebung der zentralen Rolle der Definitionsvorgaben auch auf Ebene der Zulässigkeit ist daher im Sinne klarer Zulässigkeitsvoraussetzungen zu begrüßen.[612]

b) Verhaltensrechtliche Anforderungen an die technische Ausrüstung

Im Gegensatz zu hoch- oder vollautomatisierten Fahrfunktionen im Sinne von § 1a Abs. 2 StVG, sollen Kraftfahrzeuge mit autonomer Fahrfunktion im festgelegten Betriebsbereich gänzlich führerlos verkehren.[613] Die Fahrzeuginsassen sind in diesem Fall daher nur Passagiere, ohne dass im Fahrzeug ein übernahmebereiter Fahrer anwesend ist. Daher rückt die technische Ausrüstung als Adressat von verhaltensrechtlichen Vorgaben während der autonomen Fahrt in festgelegten Betriebsbereichen in den Vordergrund. Der umfassende Kriterienkatalog des § 1e Abs. 2 StVG zum Funktionsumfang der technischen Ausrüstung von Kraftfahrzeugen mit autonomer Fahrfunktion wurde als Teil der gesetzlichen Definition bereits erläutert.[614] An dieser Stelle sollen diejenigen technischen Voraussetzungen des § 1e Abs. 2 StVG hervorgehoben werden, die eine überwiegend verhaltensrechtliche Komponente beinhalten.

aa) An die Fahrzeugführung gerichtete Verkehrsvorschriften

Wie bereits bei der Regelungssystematik zu hoch- oder vollautomatisierten Fahrsystemen, ist die Erfüllung der an die Fahrzeugführung gerichteten Verkehrsvorschriften ein wesentliches Merkmal des Soll-Leistungsumfangs der technischen Ausrüstung. So muss das autonome Fahrsystem gemäß § 1e Abs. 2 Nr. 2 Alt. 1 StVG in der Lage sein, den Verkehrsvorschriften selbstständig zu entsprechen. Im Rahmen der Gesetzesbegründung wird diesbezüglich klargestellt, dass das autonome Kraftfahrzeug nicht alle Verkehrsvorschriften erfüllen können muss, sondern vielmehr diejenigen, die im festgelegten Betriebsbereich zu beachten sind.[615] Im Zusammenspiel mit der verbindlichen Bestimmung des Betriebsbereichs im Sinne von § 1d Abs. 2 StVG geht damit eine Begrenzung des Funktionsumfanges der autonomen Fahrfunktion bei der Beachtung der Verkehrsvorschriften einher.

611 Siehe zur Erfüllung der Definitionsvorgaben des § 1a Abs. 2 StVG als Voraussetzung der Zulässigkeit der hoch- oder vollautomatisierten Fahrfunktion oben unter Punkt I.2.b).

612 Siehe dazu auch *Hilgendorf*, JZ 2021, 444 (447), wonach der Regelung des § 1e Abs. 1 Satz 1 Nr. 1 StVG-E eher eine klarstellende Funktion zukomme.

613 Vgl. Begründung, BT-Drs. 19/27439, S. 16.

614 Dazu oben in Teil 2 unter Punkt A.III.1.b).

615 Vgl. Begründung, BT-Drs. 19/27439, S. 21.

Hier lassen sich Parallelen zur Ausprägung der hoch- oder vollautomatisierten Fahrfunktion im Sinne von § 1a Abs. 2 Satz 1 StVG ziehen. Dort wird über den in der Systembeschreibung vorgegebenen Anwendungsbereich der hoch- oder vollautomatisierten Fahrfunktion der erforderliche Leistungsumfang der technischen Ausrüstung konkretisiert.[616] Durch die Eingrenzung der Verkehrsvorschriften im festgelegten Betriebsbereich beziehungsweise im definierten Anwendungsbereich zeigt sich ein gewisser Gleichlauf der technischen Anforderungen unter dem Merkmal der „an die Fahrzeugführung gerichteten Verkehrsvorschriften" für autonome Fahrfunktionen einerseits und hoch- oder vollautomatisierte Fahrfunktionen andererseits.[617]

Für autonome Fahrzeuge ist allerdings festzustellen, dass ausnahmslos alle Verkehrsvorschriften im festgelegten Betriebsbereich beachtet werden müssen.[618] Eine Konkretisierung der Leistungsfähigkeit über die fahrzeugspezifische Systembeschreibung wie bei hoch- oder vollautomatisierten Fahrfunktionen scheidet im Falle einer autonomen Fahrfunktion aufgrund des dort führerlosen Betriebs aus. Ein autonomes Fahrsystem muss daher auch in der Lage sein, Einsatzfahrzeuge zu erkennen und diesen im Falle von Blaulicht und Einsatzhorn gemäß § 38 Abs. 1 Satz 2 StVO „sofort freie Bahn zu schaffen".[619] Auch den Zeichen und Weisungen von Polizeibeamten muss das autonome Fahrsystem selbstständig Folge leisten können.[620] Das autonome Fahrzeug muss also beispielsweise an einer Kreuzung mit ausgefallener Ampelanlage den Zeichen eines den Verkehr regelnden Polizeibeamten im Sinne von § 36 Abs. 2 StVO entsprechen können oder auf Aufforderung nach § 36 Abs. 5 StVO anhalten.[621]

Eine ausnahmsweise Übertragung der Fahraufgabe etwa auf die Technische Aufsicht wäre in den genannten Fällen dagegen nicht ausreichend, um die Vorgabe nach § 1e Abs. 2 Nr. 2 Alt. 1 StVG zu erfüllen, da die technische Ausrüstung des Fahrzeugs derartige Situationen selbstständig beherrschen

616 Siehe dazu das oben unter A. I.2.c)cc) vorgestellte Ergebnis und die weiterführenden Erwägungen zum Anwendungsbereich unter A. I.2.d).

617 Siehe auch Begründung, BT-Drs. 19/27439, S. 21, wonach sich die Pflichten zur Einhaltung von Verkehrsvorschriften nach § 1e Abs. 2 Nr. 2 StVG den Pflichten gemäß § 1a Abs. 2 Satz 1 Nr. 2 StVG entsprechen.

618 So im Ergebnis auch *von Bodungen/Mühlon*, ZdiW 2022, 5 (9), die dies aus der Gesetzesbegründung herleiten; *von Bodungen/Gatzke*, RDi 2022, 354 (Rn. 11); vgl. auch *Laws/Lohmeyer/Vinke*, in: Freymann/Wellner, jurisPK-Straßenverkehrsrecht, § 1e StVG (Stand: 01.12.2021), Rn. 18.

619 So auch *von Bodungen/Mühlon*, ZdiW 2022, 5 (9); vgl. insofern auch die deutliche Regelung in Anlage 1 Teil 1 Nr. 1.3 lit. c) AFGBV im Hinblick auf funktionale Anforderungen bei der Genehmigung, dazu ausführlich unten unter Punkt B. V.2.b).

620 Siehe auch die funktionale Anforderung in Anlage 1 Teil 1 Nr. 1.3 lit. c) AFGBV im Rahmen der Genehmigung, dazu ausführlich unten unter Punkt B. V.2.b).

621 Vgl. *von Bodungen/Mühlon*, ZdiW 2022, 5 (9).

muss. Mit der Regelung des § 1e Abs. 2 Nr. 3 StVG ist die Situation, in der die Technische Aufsicht zulässigerweise eingebunden werden darf, im Rahmen des Anforderungskatalogs nach § 1e Abs. 2 StVG abschließend genannt. Die soeben geschilderten Verkehrssituationen sind auch nicht unter „sonstige Beeinträchtigungen"[622] im Sinne von § 1e Abs. 3 StVG zu fassen. Diese Ausnahmeregelung erfasst Verkehrslagen, die von den Verkehrsteilnehmern in kooperativen Verhalten gelöst werden müssen, woran ein Kraftfahrzeug mit autonomer Fahrfunktion im Sinne von § 1d Abs. 1 StVG derzeit scheitert.[623] Als Beispiel wird unter anderem eine aufgrund einer technischen Störung auf Dauer-Rot geschaltete Ampel genannt, die das Kraftfahrzeug überfahren muss, um seinen Weg fortsetzen zu können.[624] In derartigen Fällen ist es nach § 1e Abs. 3 StVG dann ausreichend, wenn das Fahrzeug ein von der Technischen Aufsicht vorgegebenes Fahrmanöver selbstständig ausführen kann.

bb) System der Unfallvermeidung

Die technische Ausrüstung eines Kraftfahrzeugs mit autonomer Fahrfunktion muss nach § 1e Abs. 2 Nr. 2 Alt. 2 StVG über ein System der Unfallvermeidung verfügen. Wie bereits dargelegt, folgt aus dem Gebot der Unfall- bzw. Schadensvermeidung die gesetzgeberische Intention, dass ein autonomes Kraftfahrzeug eine defensive Fahrweise an den Tag legen muss.[625] In diesem Zusammenhang zeigt sich, dass es sich bei dem System der Unfallvermeidung um eine verhaltensrechtlich geprägte Vorgabe handelt.

Vor dem Hintergrund der Unfallvermeidung und defensiven Fahrweise lässt sich eine weitere Parallele zu hoch- oder vollautomatisierten Fahrfunktionen nach § 1a Abs. 2 StVG ziehen. Für Kraftfahrzeuge mit hoch- oder vollautomatisierter Fahrfunktion ergibt sich das Verbot andere Verkehrsteilnehmer zu schädigen oder zu gefährden aus der Grundregel des § 1 Abs. 2 StVO. Eine defensive Fahrweise lässt sich für das hoch- oder vollautomatisierte Fahrzeug aus dem Vorsicht- und Rücksichtnahmegebot des § 1 Abs. 1 StVO ableiten.[626] Durch § 1e Abs. 2 Nr. 2 Alt. 2 lit. a) StVG wird die Fokussierung des Systems auf die Schadensvermeidung und Schadensreduzierung allerdings bereits wesentlicher Teil der technischen Voraussetzung für Kraft-

---

622 Der Begriff der sonstigen Beeinträchtigung ist nicht näher definiert; siehe dazu auch *Steege*, SVR 2021, 128 (132).

623 Vgl. Begründung, BT-Drs. 19/27439, S. 24; siehe auch *König*, in: Hentschel/König/Dauer, SVR, StVG § 1e, Rn. 16.

624 Siehe Begründung, BT-Drs. 19/27439, S. 24.

625 Dazu oben in Teil 2 unter Punkt A.III.1.b)bb).

626 Siehe dazu ausführlich oben unter Punkt A. I.2.d).

fahrzeuge mit autonomer Fahrfunktion in festgelegten Betriebsbereichen. Dadurch wird die Zulässigkeitsvoraussetzung für Kraftfahrzeuge mit autonomer Fahrfunktion in Bezug auf die Grundregeln nach § 1 StVO deutlich konkreter gefasst als bei Kraftfahrzeugen mit hoch- oder vollautomatisierter Fahrfunktion.

Soweit ein Unfall unvermeidbar ist, werden dem autonomen Fahrsystem mit § 1e Abs. 2 Nr. 2 Alt. 2 lit. b) StVG weitere verhaltensrechtliche Vorgaben auferlegt. Als Konkretisierung der bereits unter § 1e Abs. 2 Nr. 2 Alt. 2 lit. a) StVG festgelegten Schadensreduzierung wird durch das Gesetz klargestellt, dass bei einer unvermeidbaren Schädigung verschiedener Rechtsgüter deren jeweilige Bedeutung zu berücksichtigen ist. Dem Schutz menschlichen Lebens ist dabei die höchste Priorität einzuräumen. Im Übrigen wird gelten, dass der körperlichen Unversehrtheit Vorrang vor Sachschaden einzuräumen ist.[627] Dagegen darf nach § 1e Abs. 2 Nr. 2 Alt. 2 lit. c) StVG bei einer unvermeidbaren alternativen Gefährdung von Menschenleben keine Gewichtung anhand persönlicher Merkmale erfolgen. Es zeigt sich, dass durch § 1e Abs. 2 Nr. 2 Alt. 2 StVG in besonderem Maße verhaltensrechtliche Vorgaben für den Einsatz von autonomen Kraftfahrzeugen in festgelegten Betriebsbereichen aufgestellt wurden. Im Ergebnis wird eine Abstufung vorgenommen, die allerdings nur einen groben Rahmen vorgeben kann. Die konkrete Ausgestaltung im Rahmen der Programmierung verbleibt beim Hersteller der autonomen Fahrfunktion.

cc) Überführen in den risikominimalen Zustand

Ein Kraftfahrzeug mit autonomer Fahrfunktion muss außerdem in der Lage sein, in gesetzlich bestimmten Situationen selbstständig in den risikominimalen Zustand überführen zu können.[628] Nach der Begriffsbestimmung in § 1d Abs. 4 StVG hat sich das Fahrzeug dazu an einer möglichst sicheren Stelle in den Stillstand zu versetzen. Das Fahrsystem muss demnach mögliche Stellen zum Anhalten erkennen und selbstständig so bewerten können, dass im Ergebnis eine möglichst nahe liegende und möglichst sichere Stelle angefahren wird. Es zeigt eine besondere Ausprägung des § 1 Abs. 2 StVO, wonach kein anderer Verkehrsteilnehmer geschädigt oder gefährdet werden darf. Allerdings wird beim risikominimalen Zustand darüber hinaus auch die Sicherheit der Passagiere des Kraftfahrzeugs mit autonomer Fahrfunktion in besonderem Maße miteinbezogen, da nach § 1d Abs. 4 StVG ausdrücklich auch die größtmögliche Sicherheit der Fahrzeuginsassen zu gewährleisten ist. Die ausdrückliche Erweiterung des Personenkreises in § 1d Abs. 4 StVG

627 So auch BHHJ/*Heß*, StVG § 1e, Rn. 2.
628 Siehe auch *von Bodungen/Gatzke*, RDi 2022, 354 (Rn. 14).

im Vergleich zu § 1 Abs. 2 StVO ist dem führerlosen Betrieb der Kraftfahrzeuge mit autonomer Fahrfunktion geschuldet, da die Fahrzeuginsassen keine Einwirkungsmöglichkeit auf die Fahrweg-Entscheidung der technischen Ausrüstung des Fahrzeugs haben.

c) Ausschließlicher Einsatz im festgelegten Betriebsbereich

Die Verwendung der autonomen Fahrfunktion ist auf den festgelegten Betriebsbereich begrenzt.[629] Dies folgt schon aus der Definition des Kraftfahrzeugs mit autonomer Fahrfunktion gemäß § 1d Abs. 1 Nr. 1 StVG.[630] Diese Einschränkung wird zudem explizit als Voraussetzung für den zulässigen Betrieb von Kraftfahrzeugen mit autonomer Fahrfunktion in § 1e Abs. 1 Satz 1 Nr. 3 StVG genannt. Aus der Regelung kann ergänzend entnommen werden, dass der festgelegte Betriebsbereich also solcher von der zuständigen Behörde genehmigt worden sein muss.

Nach der Begriffsbestimmung des § 1d Abs. 2 StVG handelt es sich um einen örtlich und räumlich bestimmten Straßenraum. Neben der örtlichen Begrenzung können nach dem klaren Wortlaut der Vorschrift dagegen keine weiteren Beschränkungen mit dem festgelegten Betriebsbereich einhergehen. Insbesondere Umweltfaktoren wie Nebel oder Schneefall, können demnach nicht als Teil des festgelegten Betriebsbereiches vorgegeben werden.[631] In diesem Zusammenhang ist insbesondere festzuhalten, dass der festgelegte Betriebsbereich im Sinne von § 1d Abs. 2 StVG auch nicht etwa mit der im Rahmen der hoch- oder vollautomatisierten Fahrfunktion beschriebenen ODD, also dem vorgegebenen Anwendungsbereich der Fahrfunktion, gleichzusetzen ist.[632] Auch die konkretisierten Anforderungen an die Leistungsfähigkeit von Kraftfahrzeugen mit autonomer Fahrfunktion in Anlage 1 zur AFGBV verdeutlichen, dass das Fahrsystem mit widrigen Umweltbedingungen zurecht kommen muss. So hat das Fahrzeug gemäß Ziffer 1.4 der Anlage 1 zur AFGBV unter anderem Wetter- und Umweltbedingungen wie beispielswese Regen im Geschwindigkeits- und Fahrtverlauf zu berück-

---

629 Vgl. *Gatzke*, NZV 2022, 62 (63); siehe auch *Wolfers/Schlenkhoff*, RAW 2022, 24 (28), die insofern vom „Dreh- und Angelpunkt des autonomen Fahrens im Sinne des StVG“ sprechen.

630 Zur Definition nach § 1d Abs. 1 StVG siehe ausführlich oben in Teil 2 unter Punkt A.III.

631 Siehe *Steege*, SVR 2021, 128 (130) mit Bezug auf die Herstellererklärung; so auch *Wolfers/Schlenkhoff*, RAW 2022, 24 (28); a.A. *Kleemann/Arzt*, RAW 2021, 99 (101).

632 Siehe auch *Wolfers/Schlenkhoff*, RAW 2022, 24 (28); *Sesing*, Fahrzeuge als Normadressaten?, in: Taeger, Tagungsband Herbstakademie 2021, S. 574; a.A. *Kleemann/Arzt*, RAW 2021, 99 (101), die im Rahmen des festgelegten Betriebsbereichs eine Bezugnahme auf Umweltbedingungen als Teil der ODD für vorzugswürdig erachten.

sichtigen. Außerdem hat die technische Ausrüstung nach Ziffer 8 der Anlage 1 zur AFGBV Maßnahmen einzuleiten, die Risiken einer durch Wetter- oder Umweltbedingungen verminderten Sensorleistung ausgleichen.

d) Betriebserlaubnis und Zulassung

Mit § 1e Abs. 1 Satz 1 Nr. 2 StVG stellt der Gesetzgeber klar, dass Kraftfahrzeuge mit autonomer Fahrfunktion über eine Betriebserlaubnis verfügen müssen. Zum einen wird mit dieser Vorschrift in Verbindung mit § 1e Abs. 4 StVG die Brücke zum Genehmigungs- und Zulassungsrecht geschlagen, das für autonome Fahrzeuge einzuhalten ist.[633] Zum anderen erfolgt mit der Wahl der Begrifflichkeit des in § 19 StVZO verwendeten Oberbegriffs der Betriebserlaubnis der Verweis in das nationale Genehmigungsregime.[634] Da das Kraftfahrzeug mit autonomer Fahrfunktion am öffentlichen Straßenverkehr teilnimmt, benötigt es eine Zulassung wie sich schon aus § 1 Abs. 1 StVG ergibt. Die entsprechende Vorgabe in § 1e Abs. 1 Satz 1 Nr. 4 StVG ist somit deklaratorisch und ihr kommt eine klarstellende Funktion zu.

3. Besondere Pflichten der Beteiligten

Beim Betrieb von Kraftfahrzeugen mittels autonomer Fahrfunktion rücken die an dem Regelbetrieb Beteiligten stärker in den regulatorischen Fokus, da eine fahrzeugführende Person gänzlich fehlt. Nach § 1f StVG werden den Beteiligten daher besondere Pflichten auferlegt. Als Beteiligte im Sinne von § 1f StVG nennt das Gesetz den Halter und den Hersteller des Kraftfahrzeugs mit autonomer Fahrfunktion sowie die Technische Aufsicht.[635]

a) Haftungsrechtliche Implikationen

Anders als in der StVG-Novelle zum automatisierten Fahren ergeben sich im Rahmen der StVG-Novelle 2021 keine besonderen Rechte und Pflichten für den Nutzer einer autonomen Fahrfunktion, der nur als Passagier zu qualifizieren ist.[636] Da es damit im Gegensatz zum automatisierten Fahren keinen Fahrzeugführer gibt und ein solcher auch nicht fingiert wird, kommt

633 Hierzu ausführlich unten unter Punkt B. V.

634 Zu den nationalen Genehmigungsarten nach der StVZO, siehe unten unter Punkt B.II.4.

635 Siehe bereits zum Gesetzesentwurf vom 08.02.2021, *Haupt*, NZV 2021, 172 (174).

636 Vgl. *Schrader*, ZRP 2021, 109 (111); *Polly/Zeiler*, ZfPC 2022, 56 (60); siehe aber *Siemann*, in: Chibanguza/Kuß/Steege, Künstliche Intelligenz, § 3, Kapitel H, Rn. 95, der zu Recht auf eine mögliche deliktische Haftung des Nutzers in Ausnahmefällen hinweist.

eine Fahrerhaftung nach § 18 StVG bei Betrieb eines Kraftfahrzeugs mit autonomer Fahrfunktion nicht in Betracht.[637] Beim autonomen Betrieb im Sinne von § 1e StVG stehen vielmehr besondere Pflichten der am Betrieb Beteiligten im Raum. Eine Verletzung der dargestellten Pflichten macht den Betrieb des Kraftfahrzeugs im festgelegten Betriebsbereich nicht etwa unzulässig. Aus der Verletzung der Pflichten kann sich allerdings eine Haftung des jeweiligen Akteurs ergeben.[638] Daher sind die neuen Pflichten der Beteiligten am Betrieb des Kraftfahrzeugs mit autonomer Fahrfunktion im Folgenden auch in einen haftungsrechtlichen Kontext zu setzen.

b) Besondere Sorgfaltspflichten des Halters

Den Halter eines Kraftfahrzeugs mit autonomer Fahrfunktion treffen neben generellen Pflichten nach § 1f Abs. 1 Satz 1 StVG auch besondere Sorgfaltspflichten[639] gemäß § 1f Abs. 1 Satz 2 StVG. Begründet werden diese erhöhten Sorgfaltspflichten mit dem Fehlen einer anwesenden fahrzeugführenden Person.[640]

aa) Sicherstellung der Verkehrssicherheit und Funktionsbereitschaft

Besonderes Augenmerk wird auf die Verkehrssicherheit des autonomen Kraftfahrzeugs und der Funktionsfähigkeit der Fahrsysteme gelegt. So hat der Halter schon generell nach § 1f Abs. 1 Satz 1 StVG für die Erhaltung der Verkehrssicherheit des Fahrzeugs Sorge zu tragen. Diese Verpflichtung wird durch erhöhte Anforderungen näher ausgestaltet, wobei dem Stellenwert der für die fahrerlose Steuerung notwendigen Technik Rechnung getragen wird. Der Halter muss nach § 1f Abs. 1 Satz 2 Nr. 1 StVG insbesondere sicherstellen, dass die für die autonome Fahrfunktion erforderlichen Systeme regelmäßig gewartet werden.

Mit § 13 Abs. 1 AFGBV werden dem Halter weitere konkrete Vorgaben zur Gewährleistung der Verkehrssicherheit und Funktionsbereitschaft der autonomen Fahrsysteme gemacht. Unter anderem ist der Halter zur regelmäßigen Überprüfung der Fahrsysteme (§ 13 Abs. 1 Nr. 1 AFGBV) und einer erweiterten Abfahrkontrolle[641] nach § 13 Abs. 1 Nr. 2 i. V. m. Abs. 7 AFGBV verpflichtet. Die Wichtigkeit dieser Sorgfaltspflichten wird von § 13 Abs. 2 Satz 2 AFGBV unterstrichen, indem konkrete Anforderungen an die Person

637 Vgl. *Polly/Zeiler*, ZfPC 2022, 56 (60).
638 Siehe *König*, in: Hentschel/König/Dauer, SVR, StVG § 1f, Rn. 1.
639 Siehe auch *Polly/Zeiler*, ZfPC 2022, 56 (59), die in diesem Zusammenhang – wie die Gesetzesbegründung – von erhöhten Sorgfaltspflichten sprechen.
640 Vgl. Begründung, BT-Drs. 19/27439, S. 25.
641 Dazu *von Bodungen/Gatzke*, RDi 2022, 354 (Rn. 17).

gestellt werden, die die Maßnahmen nach § 13 Abs. 1 AFGBV durchführt. So muss die Person neben einem bestimmten Bildungsgrad (§ 13 Abs. 2 Satz 2 Nr. 1 AFGBV) auch eine Schulung in Bezug auf das Kraftfahrzeug erfolgreich abgeschlossen haben (§ 13 Abs. 2 Satz 2 Nr. 2 AFGBV) und zudem zuverlässig im Sinne von § 13 Abs. 2 Satz 2 Nr. 3 AFGBV sein. Der Halter hat nach § 13 Abs. 2 Satz 1 AFGBV sicherzustellen, dass bei der Durchführung von Maßnahmen nach § 13 Abs. 1 AFGBV jede Person die genannte Eignung aufweist.

bb) Vorkehrungen zur Einhaltung sonstiger Verkehrsvorschriften

Mit § 1f Abs. 1 Satz 2 Nr. 2 StVG soll eine beim führerlosen Betrieb entstehende Lücke in Bezug auf die Einhaltung von Verkehrsvorschriften geschlossen werden. Die als Zulässigkeitsvoraussetzung ausgestaltete Regelung des § 1e Abs. 2 Nr. 2 Alt. 1 StVG soll sicherstellen, dass die an die Fahrzeugführung gerichteten Verkehrsvorschriften beim Betrieb eines autonomen Kraftfahrzeugs in festgelegten Betriebsbereichen eingehalten werden.[642] Mit § 1f Abs. 1 Satz 2 Nr. 2 StVG begegnet der Gesetzgeber dem Umstand, dass auch die sonstigen nicht an die Fahrzeugführung gerichteten Verkehrsvorschriften beachtet werden. In der Gesetzesbegründung werden in diesem Zusammenhang Beispiele wie das Anlegen der Sicherheitsgurte (§ 21a StVO) oder die Absicherung liegen gebliebener Fahrzeuge (§ 15 StVO) gegeben.[643] Mangels eines verantwortlichen Fahrers muss der Halter Vorkehrungen treffen, damit die Einhaltung der nicht an die Fahrzeugführung gerichteten Verkehrsvorschriften „soweit möglich“[644] gewährleistet ist. Wie diese Vorkehrungen konkret ausgestaltet sind, bleibt dem Halter überlassen, denn konkretisierende Vorgaben zu dieser besonderen Halterpflicht sind weder im Rahmen der StVG-Vorschriften noch mit der AFGBV erlassen worden.[645] Nach der Gesetzesbegründung ist es dem Halter jedenfalls gestattet, entsprechende Pflichten auch auf die Fahrgäste, sonstige Dritte oder die Technische Aufsicht zu übertragen.[646]

642 Siehe dazu ausführlich oben unter Punkt 2.b).

643 Vgl. Begründung, BT-Drs. 19/27439, S. 25.

644 Siehe Begründung, BT-Drs. 19/27439, S. 25.

645 Vgl. auch Begründung, BT-Drs. 19/27439, S. 25; insoweit kritisch *König*, in: Hentschel/König/Dauer, SVR, StVG § 1f, Rn. 5.

646 Vgl. Begründung, BT-Drs. 19/27439, S. 25; siehe dazu auch *Steege*, SVR 2021, 128 (132).

cc) Verantwortung für die Technische Aufsicht

Darüber hinaus ist vom Halter gemäß § 1f Abs. 1 Satz 2 Nr. 3 StVG zu gewährleisten, dass die Aufgaben der Technischen Aufsicht erfüllt werden.[647] Damit ist klargestellt, dass die Besetzung der Technischen Aufsicht in den Verantwortungsbereich des Halters des Kraftfahrzeugs mit autonomer Fahrfunktion fällt. Daher kann der Halter gemäß § 13 Abs. 6 Satz 1 AFGBV die Aufgaben der Technischen Aufsicht selbst wahrnehmen oder aber auch nach § 13 Abs. 6 Satz 2 AFGBV delegieren. Entscheidet sich der Halter dazu, die ihn originär treffenden Verpflichtungen durch Dritte erfüllen zu lassen, so muss er sich etwaiges Verschulden regelmäßig zurechnen lassen.[648] In jedem Fall bleibt der Halter nach § 13 Abs. 6 Satz 3 AFGBV zur Bereitstellung der notwendigen technischen Ausstattung und Räumlichkeiten verpflichtet, die für die Wahrnehmung der Pflichten der Technischen Aufsicht nach § 1f Abs. 2 StVG geeignet sind. Zuletzt ist der Halter nach § 1 Satz 2 PflichtVG auch dafür verantwortlich, eine Haftpflichtversicherung für die Person der Technischen Aufsicht abzuschließen und aufrechtzuerhalten.[649]

Im Ergebnis treffen den Halter nach § 1f Abs. 1 StVG i. V. m. § 13 AFGBV besonders sicherheitsrelevante und umfassende Pflichten beim Betrieb von Kraftfahrzeugen mit autonomer Fahrfunktion.[650] Die Halterhaftung nach § 7 StVG bleibt indes weiterhin unangetastet.[651] Daher erscheint die Einhaltung des umfassenden Pflichtenkatalogs vor dem Hintergrund der verschuldensunabhängigen Haftung des Halters aus zivilrechtlicher Sicht zunächst wenig haftungsrelevant – der Halter haftet ohnehin nach § 7 StVG.[652] Kommt es zu einem Schadensfall, werden die Beteiligten allerdings im Nachhinein klären, wie es zu dem Schadensereignis gekommen ist. So kann die Einhaltung der besonderen Sorgfaltspflichten durch den Halter Bedeu-

647 Siehe dazu *Hilgendorf*, JZ 2021, 444 (452), der darin entsprechende Haftungsrisiken zu Lasten des Halters annimmt.

648 Siehe auch Begründung, BT-Drs. 19/27439, S. 27; in diese Richtung auch *Hilgendorf*, JZ 2021, 444 (452).

649 Dazu Begründung, BT-Drs. 19/27439, S. 32.

650 Im Ergebnis auch *Hilgendorf*, JZ 2021, 444 (450), da sich aus der gesetzlichen Regelung ergebe, dass die Verantwortung für das führerlose Fahrzeug grundsätzlich beim Halter liegt; anders dagegen *Sesing*, Fahrzeuge als Normadressaten?, in: Taeger, Tagungsband Herbstakademie 2021, S. 577, der in § 1f Abs. 1 StVG lediglich „einige wenige" neue Anforderungen an den Halter sieht.

651 Vgl. *Hilgendorf*, JZ 2021, 444 (452), der die Ausgestaltung der Halterhaftung auch in Zusammenhang mit dem autonomen Fahren als tragfähig ansieht; *Schrader*, ZRP 2021, 109 (111).

652 In diese Richtung auch *Polly/Zeiler*, ZfPC 2022, 56 (60), wonach ein Geschädigter nicht nachweisen muss, dass der Halter Pflichten gemäß § 1f StVG oder § 13 AFGBV verletzt hat.

tung bei einer Auseinandersetzung mit dem Hersteller des Fahrzeugs haben.[653]

c) Vorgaben zur Technischen Aufsicht

Die Pflichten der Technischen Aufsicht nach § 1f Abs. 2 StVG korrelieren in besonderem Maße mit den Bestimmungen zur technische Ausrüstung nach § 1e Abs. 2 StVG.[654] Weitergehende Anforderungen an die Technische Aufsicht werden in § 14 AFGBV festgelegt.

aa) Verbindliche Wahrnehmung der Aufgaben der Technischen Aufsicht

Mit dem Pflichtenkatalog des § 1f Abs. 2 StVG wird verbindlich festgelegt, dass die Technische Aufsicht den ihr gesetzlich zugewiesenen Aufgaben nachzukommen hat. Besonders deutlich wird dies durch den Verweis in § 1f Abs. 2 Nr. 1 StVG auf § 1e Abs. 2 Nr. 4 StVG. Damit wird sichergestellt, dass die Technische Aufsicht – nach entsprechender Bewertung – ein alternatives Fahrmanöver freigibt. Mit § 1f Abs. 2 Nr. 2 StVG wird zudem gewährleistet, dass die Technische Aufsicht unverzüglich die autonome Fahrfunktion deaktiviert, sobald ihr dies vom Fahrsystem angezeigt wird. Diese Vorgabe korreliert mit der Anforderung an die technische Ausrüstung gemäß § 1e Abs. 2 Nr. 9 StVG, wonach die technische Ausrüstung in der Lage sein muss, die Erforderlichkeit der Deaktivierung der Technischen Aufsicht anzuzeigen. Mit § 1f Abs. 2 Nr. 3 StVG wird ebenfalls der Bogen zu § 1e Abs. 2 Nr. 9 StVG geschlagen. Demnach hat die Technische Aufsicht die von der technischen Ausrüstung gesendeten Signale zum Fahrzeugstatus zu bewerten und etwaige erforderliche Maßnahmen zur Verkehrssicherung einzuleiten.

§ 1f Abs. 2 Nr. 4 StVG bestimmt die Rolle der Technischen Aufsicht, falls das Kraftfahrzeug in den risikominimalen Zustand versetzt wird. So hat die Technische Aufsicht unverzüglich Kontakt mit den Fahrzeuginsassen herzustellen und die zur Verkehrssicherung notwendigen Maßnahmen einzuleiten. Die Technische Aufsicht hat hierbei insbesondere sicherzustellen, dass das

---

653 Siehe *Polly/Zeiler*, ZfPC 2022, 56 (60); zum Ausgleich zwischen Hersteller und Halter im Innenverhältnis siehe auch *Buck-Heeb/Dieckmann* in: Oppermann/Stender-Vorwachs, Autonomes Fahren, Kap. 3.1.1, Rn. 151; zum Verhältnis der Herstellerhaftung zur Halterhaftung siehe bereits *Gomille*, JZ 2016, 76 (81); ausführlich zur Haftung des Herstellers von „autonomen Fahrzeugen" *Hey*, Haftung des Herstellers, S. 35–138; einen Schwerpunkt auf die Produkthaftung des Herstellers legend *Hinze*, Haftungsrisiken, S. 94–151.

654 Vgl. dazu Begründung, BT-Drs. 19/27439, S. 25.

Fahrzeug kein Verkehrshindernis darstellt.[655] Zu den notwendigen Maßnahmen können laut der Gesetzesbegründung auch die Einschaltung von Behörden oder die Kontaktaufnahme mit anderen beteiligten Verkehrsteilnehmern gehören.[656]

Im Ergebnis wird mit dem Pflichtenkatalog des § 1f Abs. 2 StVG gewährleistet, dass eine Rechtspflicht zur Wahrnehmung der Aufgaben durch die Technische Aufsicht besteht. Ohne diese klare Regelung könnte sich eine Pflicht zum Tätigwerden der Technischen Aufsicht nur mittelbar aus der Zulässigkeitsvoraussetzung des § 1e Abs. 1 Satz 1 Nr. 1 StVG ergeben, soweit in § 1e Abs. 2 StVG die Technische Aufsicht in Bezug genommen wird.

bb) Anforderungen an die Technische Aufsicht nach § 14 AFGBV

Nach § 14 Abs. 1 AFGBV werden konkrete Anforderungen an die Eignung der als Technische Aufsicht eingesetzten natürlichen Person gestellt. Hier ist ein ähnliches Anforderungsprofil wie bei der zur Überprüfung des Kraftfahrzeugs eingesetzten Person[657] zu verzeichnen. Es werden insbesondere auch hohe Ansprüche an den Bildungsabschluss nach § 14 Abs. 1 Satz 2 Nr. 1 AFGBV gestellt und ein erfolgreicher Abschluss einer entsprechenden Schulung (§ 14 Abs. 1 Satz 2 Nr. 2 AFGBV) gefordert. Die Technische Aufsicht darf sich gemäß § 14 Abs. 2 AFGBV zur Erfüllung ihrer Aufgaben mit Zustimmung des Halters weiterer geeigneter Personen bedienen.

Für den Fall, dass sich das Kraftfahrzeug selbstständig in einen risikominimalen Zustand versetzt hat, ergeben sich aus § 14 Abs. 3 AFGBV besondere Untersuchungs- und Sorgfaltspflichten für die Technische Aufsicht. Je nach Ergebnis der Untersuchung des Grundes für das Überführen in den risikominimalen Zustand kann der risikominimale Zustand beendet werden (§ 14 Abs. 3 Satz 1 AFGBV) oder eine manuelle Steuerung durch die Technische Aufsicht notwendig sein (§ 14 Abs. 3 Satz 2 AFGBV). Die Bestimmungen nach § 14 Abs. 3 AFGBV ergänzen damit die Pflichten der Technischen Aufsicht gemäß § 1f Abs. 2 Nr. 4 StVG.

d) Herstellerpflichten

Die in § 1f Abs. 3 StVG niedergelegten Pflichten des Herstellers eines Kraftfahrzeugs mit autonomer Fahrfunktion zielen in erster Linie auf die Gewährleistung der Verkehrssicherheit des Fahrzeugs ab.[658]

---

655 Vgl. Begründung, BT-Drs. 19/27439, S. 26.
656 Siehe Begründung, BT-Drs. 19/27439, S. 26.
657 Dazu oben unter Punkt 3.b)aa).
658 Vgl. Begründung, BT-Drs. 19/27439, S. 26.

aa) Angebot von Schulungen

Die Pflichten und Anforderungen an den Hersteller eines Kraftfahrzeugs mit autonomer Fahrfunktion sind zunächst auch eng mit den Vorgaben zum Halter und zur Technischen Aufsicht verzahnt. So hat der Hersteller die für den Halter[659] und die Technische Aufsicht[660] obligatorischen Schulungen anzubieten. Dies folgt bereits aus dem Wortlaut der Vorschriften, wonach die jeweilige Schulung „beim Hersteller“ erfolgreich abzuschließen ist. Die Pflicht des Herstellers ist zudem in § 1f Abs. 3 Nr. 5 StVG verankert, wonach er eine Schulung für die am Betrieb beteiligten Personen anzubieten hat. Auch wenn das herstellerseitige Anbieten von Schulungen ein Novum beim Regelbetrieb von Kraftfahrzeugen darstellt, ist die entsprechende Verpflichtung dazu vor dem Hintergrund der Komplexität der neuen Technik und dem notwendigen Zusammenwirken von Halter, Technischer Aufsicht und Fahrzeug zu begrüßen.[661] Es ist außerdem zu begrüßen, dass der Hersteller Adressat der Verpflichtung ist, da dieser die Funktionsweise und Leistungsfähigkeit des Kraftfahrzeugs mit autonomer Fahrfunktion am besten kennen dürfte.

bb) Herstellererklärung

Mit der Verpflichtung zur Erstellung eines Betriebshandbuches in § 1f Abs. 3 Nr. 4 StVG wird der Zusammenhang zu den technischen Anforderungen des § 1e Abs. 2 StVG hergestellt. So hat der Hersteller unter anderem im Betriebshandbuch verbindlich zu erklären, dass das Kraftfahrzeug die Voraussetzungen nach § 1e Abs. 2 StVG erfüllt.[662] Die Regelung ist ähnlich wie § 1a Abs. 2 Satz 2 StVG ausgestaltet, wonach bei Kraftfahrzeugen mit hoch- oder vollautomatisierter Fahrfunktion ebenfalls vom Hersteller verbindlich zu erklären ist, dass das Fahrzeug den technischen Vorgaben der Definition in § 1a Abs. 2 Satz 2 StVG entspricht.

cc) Nachweis der Verkehrs- und Cybersicherheit

Den Hersteller treffen darüber hinaus originäre Pflichten, die besondere Relevanz für den sicheren Betrieb des Kraftfahrzeugs mit autonomer Fahrfunktion haben. Der Schwerpunkt wird im Rahmen des gesetzlichen Pflichtenkatalogs nach § 1f Abs. 3 StVG auf den Schutz vor Hackerangriffen ge-

659 Siehe § 13 Abs. 2 Satz 2 Nr. 2 AFGBV.

660 Siehe § 14 Abs. 1 Satz 2 Nr. 2 AFGBV sowie § 14 Abs. 2 Satz 2 AFGBV.

661 Siehe auch *Hilgendorf*, JZ 2021, 444 (451).

662 Zur Relevanz der Herstellererklärung im Rahmen der Genehmigung und Zulassung von Kraftfahrzeugen mit autonomer Fahrfunktion siehe unten unter Punkt B. V.2.c).

legt.[663] Nach § 1f Abs. 3 Nr. 1 StVG hat der Hersteller über den gesamten Entwicklungs- und Betriebszeitraum des Kraftfahrzeugs den Nachweis zu erbringen, dass die elektronische und elektrische Architektur vor Angriffen geschützt ist. Zudem ist gemäß § 1f Abs. 3 Nr. 3 StVG eine ausreichend sichere Funkverbindung nachzuweisen. Die Anforderungen an die Ausgestaltung der Sicherung der elektronischen Architektur sowie der Funkverbindung werden in Teil 5 der Anlage 1 zur AFGBV konkretisiert.

Auch die Verpflichtung zur Risikobeurteilung und der Nachweis des Schutzes von kritischen Elementen des Kraftfahrzeugs in § 1f Abs. 3 Nr. 2 StVG zeigen die Relevanz der vom Hersteller zu verantwortenden Sicherheit des Kraftfahrzeugs mit autonomer Fahrfunktion.[664] Sollte es dennoch zu einer Manipulation am Kraftfahrzeug oder einem unerlaubten Zugriff auf die Funkverbindung kommen, ist ein solcher Vorfall vom Hersteller gemäß § 1f Abs. 3 Nr. 6 StVG unverzüglich dem KBA und der zuständigen Behörde mitzuteilen, und es sind erforderliche Maßnahmen, wie beispielsweise Rückrufe[665], einzuleiten.

III. Zusammenfassung

Mit der StVG-Novelle 2017 wurden zunächst die Voraussetzungen für den zulässigen Betrieb von Kraftfahrzeugen mit hoch- oder vollautomatisierten Fahrfunktionen in Deutschland geschaffen. Zentraler Aspekt für die Zulässigkeit der Verwendung der hoch- oder vollautomatisierten Fahrfunktion ist die Erfüllung der gesetzlichen Definitionsvorgaben nach § 1a Abs. 2 Satz 1 StVG. Durch die Einführung der §§ 1d ff. StVG im Rahmen der StVG-Novelle zum autonomen Fahren wurde schließlich der Weg für den zulässigen Betrieb von Kraftfahrzeugen mit autonomer Fahrfunktion in festgelegten Betriebsbereichen geebnet. Beim autonomen Fahren ist die Erfüllung der Definitionsvorgaben als ausdrückliche Zulässigkeitsvoraussetzung in § 1e Abs. 1 Satz 1 Nr. 1 StVG aufgenommen worden, während sich die entsprechende Voraussetzung für Kraftfahrzeuge mit hoch- oder vollautomatisierter Fahrfunktion allein durch Auslegung des § 1a StVG ergibt.

Von den Neuregelungen in den §§ 1d ff. StVG werden Fahrfunktionen erfasst, die der SAE-Stufe 4 entsprechen und keinen im Fahrzeug anwesenden

663 Siehe *von Bodungen/Mühlon*, ZdiW 2022, 5 (11); *Polly/Zeiler*, ZfPC 2022, 56 (59); vgl. auch *Hilgendorf*, JZ 2021, 444 (451), der dem Thema Cybersicherheit beim vernetzten Fahren „fundamentale Bedeutung“ zumisst.

664 Das entsprechende Verfahren ist bereits Standard und insofern kein Novum bei der Entwicklung moderner Kraftfahrzeuge, siehe *Hilgendorf*, JZ 2021, 444 (451).

665 Vgl. Begründung, BT-Drs. 19/27439, S. 26.

Fahrer vorsehen.[666] Daher entbehrt die StVG-Novelle 2021 zum autonomen Fahren an den Fahrer gerichtete verhaltensrechtliche Regelungen, während die StVG-Novelle zu hoch- oder vollautomatisierten Fahrfunktionen gerade die Rechte und Pflichten des Fahrzeugführers während der automatisierten Fahrt in den Fokus nimmt.[667] Der zulässige Betrieb eines Kraftfahrzeugs mittels autonomer Fahrfunktion ist allerdings gemäß § 1e Abs. 1 Satz 1 Nr. 3 StVG auf den festgelegten Betriebsbereich beschränkt. Ergänzt werden die Regelungen durch einen umfassenden Pflichtenkatalog, der sich an die wesentlichen „Akteure" beim Betrieb des Kraftfahrzeugs mit autonomer Fahrfunktion richtet. Diese Pflichten stellen allerdings keine Zulässigkeitsvoraussetzung für den Betrieb von Kraftfahrzeugen mit autonomer Fahrfunktion dar. Sie sind insofern lediglich flankierende Regelungen, die den sicheren Einsatz der führerlosen Fahrzeuge gewährleisten sollen; eine Verletzung der Pflichten der Beteiligten macht den Betrieb eines Kraftfahrzeugs mit autonomer Fahrfunktion folglich nicht etwa unzulässig.

B. Zulassung und Genehmigung von Kraftfahrzeugen mit automatisierter oder autonomer Fahrfunktion

Kraftfahrzeuge mit hoch- oder vollautomatisierter Fahrfunktion müssen – wie Kraftfahrzeuge ohne derartige Systeme – genehmigt und zugelassen[668] werden, bevor mit ihnen am öffentlichen Straßenverkehr teilgenommen werden darf. Die diesbezüglichen Voraussetzungen sind dabei schon längst keine Frage allein des nationalen Rechts mehr, denn das deutsche Zulassungsrecht ist in besonderem Maße europarechtlich überformt und zudem völkerrechtlichen Regelungen unterworfen. Andere Maßstäbe ergeben sich für die Zulassung von Kraftfahrzeugen mit autonomer Fahrfunktion. Diese Fahrzeuge unterfallen mangels entsprechender Regelungen nicht zwingend dem europäischen Genehmigungsregime, sondern sind in erster Linie dem nationalen Genehmigungs- und Zulassungsrecht unterworfen. Mangels technischer Vorschriften auf supranationaler Ebene rücken daher die Bestimmungen der StVG-Novelle 2021 sowie der AFGBV für die Genehmigung und Zulassung von Kraftfahrzeugen mit autonomer Fahrfunktion in den Vordergrund.

---

666 Siehe hierzu oben in Teil 2 unter Punkt A.III.1.a).

667 Zur Voraussetzung der bestimmungsgemäßen Verwendung sowie zu den Rechten und Pflichten des Nutzers einer hoch- oder vollautomatisierten Fahrfunktion siehe oben unter I.2.a) und I.3.

668 Die Zulassung des Fahrzeugs zum Straßenverkehr ist von der soeben unter Punkt A. I. ausführlich dargestellten Zulässigkeit der Benutzung der hoch- oder vollautomatisierten Fahrfunktion zu unterscheiden; siehe auch BT-Drs. 18/11300, S. 20.

Im Folgenden werden daher nach einer kurzen Einführung in das Zulassungsrecht[669] zunächst der nationale Rechtsrahmen abgesteckt[670] und die voranschreitende europäische Harmonisierung[671] des Zulassungs- und Genehmigungsrechts dargestellt, bevor der für hoch- oder vollautomatisierte Fahrzeuge anzuwendende Rechtsrahmen[672] identifiziert wird. Hierbei ist zu untersuchen, inwieweit die nationalen Regelungen der StVG-Novelle 2017 eine Auswirkung auf die Zulassung und Genehmigung von hoch- oder vollautomatisierten Fahrzeugen in Deutschland haben. Ein Schwerpunkt ist zudem auf internationale Vorschriften zu legen, die ihre Grundlage in völkerrechtlichen Verträgen finden. In diesem Zusammenhang ist auf das Völkerrecht als Quelle der Regulierung des Straßenverkehrs näher einzugehen. Vor dem Hintergrund der nationalen Bestimmungen wird schließlich der Bogen zur StVG-Novelle 2021 gespannt und die Genehmigung von Kraftfahrzeugen mit autonomer Fahrfunktion dargestellt.[673]

I. Einführung in das Zulassungsrecht

Soweit schlicht von der Zulassung eines automatisierten Kraftfahrzeugs die Rede ist, ist dies nicht trennscharf genug und verkürzt den Kern der Problematik, da zwischen dem verfahrensrechtlichen Zulassungsvorgang und dem der Zulassung vorgelagerten Genehmigungsverfahren zu unterscheiden ist.[674] Der Antrag auf Zulassung eines Kraftfahrzeugs ist lediglich der verfahrensrechtliche Vorgang, um die Erlaubnis zu dessen Betrieb[675] auf öffentlichen Straßen zu erlangen.[676] Die Grundvoraussetzung für die Erteilung der Zulassung ist allerdings, dass für das entsprechende Kraftfahrzeug eine im Vorfeld erteilte Genehmigung vorliegt.[677] Im Rahmen des dafür notwendigen Genehmigungsverfahrens sind umfangreiche technische Vorschriften zu beachten, die in erster Linie auf europäischer und internationa-

---

669 Siehe dazu sogleich unter Punkt I.

670 Siehe dazu unter Punkt II.

671 Siehe dazu unter Punkt III.

672 Siehe dazu unter Punkt IV.

673 Siehe dazu unter Punkt V.

674 So auch *Hartmann*, PHi 2017, 42 (47); in diese Richtung auch *Arzt/Ruth-Schumacher*, NZV 2017, 57 (58), die in diesem Zusammenhang von einer „doppelten Zulassung" sprechen.

675 Zur Zulassungspflicht von Kraftfahrzeugen siehe sogleich unten unter Punkt II.3.

676 Vgl. *Heinrich/Rebler*, in: Bachmeier/Müller/Rebler, Verkehrsrecht, FZV § 3, Rn. 1; *Dauer*, in: Hentschel/König/Dauer, SVR, FZV § 3, Rn. 5; MüKoStVR/*Huppertz*, Band 1, StVG § 1, Rn. 3.

677 Vgl. § 3 Abs. 1 Satz 2 FZV; zu den weiteren Zulassungsvoraussetzungen *Dauer*, in: Hentschel/König/Dauer, SVR, FZV § 3, Rn. 7; MüKoStVR/*Huppertz*, Band 1, FZV § 3, Rn. 3 ff.

ler Ebene erarbeitet und vorgegeben werden. Das Zulassungs- und Genehmigungsverfahren stellt sich damit als Zusammenspiel zwischen nationalen, europarechtlichen und internationalen Bestimmungen dar. Mit Blick auf die StVG-Novelle 2017 sei damit bereits an dieser Stelle darauf hingewiesen, dass dem nationalen Gesetzgeber das Heft für die Festlegung der Rahmenbedingungen für die Zulassung und Genehmigung von Kraftfahrzeugen längst aus der Hand genommen wurde.[678]

II. Nationaler Rechtsrahmen für die Zulassung

Der rechtliche Rahmen für die Zulassung von Kraftfahrzeugen ist nicht ohne Weiteres zu erfassen. Dies liegt zum einen daran, dass das Zulassungsrecht innerhalb der letzten Jahre umfangreichen Reformbemühungen unterworfen war. Zum anderen wird das Zulassungs- und Genehmigungsrecht in besonderem Maße von europarechtlichen Regelungen überformt. Dies führt dazu, dass es in der Praxis wie auch in der juristischen Auseinandersetzung eine Fülle an Gesetzen, Verordnungen und Richtlinien zu beachten gilt. Zunächst soll daher der nationale Rechtsrahmen für die Zulassung in den Fokus gerückt werden, bevor der Brückenschlag zu Regelungen auf europäischer Ebene[679] erfolgen kann.

1. Systematik

Das deutsche Zulassungsrecht wird überwiegend in der am 1. März 2007 in Kraft getretenen Fahrzeug-Zulassungsverordnung[680] geregelt.[681] Daneben lassen sich für die Zulassung relevante nationale Regelungen in der Straßen-Verkehrs-Zulassungsordnung[682] finden. Die StVZO hält seit dem In-

678 So bereits *Doderer/Hartwig*, IR 2016, 32 (34).

679 Siehe dazu unten unter Punkt III.

680 Verordnung über die Zulassung von Fahrzeugen zum Straßenverkehr in der Fassung der Bekanntmachung vom 03.02.2011 (BGBl. I S. 139), zuletzt geändert durch Art. 13 Satz 2 Verordnung zum Neuerlass der Fahrzeug-Zulassungsverordnung und zur Änderung weiterer Vorschriften vom 20.07.2023 (BGBl. I Nr. 199); im Folgenden „FZV".

681 Vgl. *Dauer*, in: Hentschel/König/Dauer, SVR, FZV Vorbemerkung, Rn. 3 f.; siehe auch *Heinrich/Rebler*, in: Bachmeier/Müller/Rebler, Verkehrsrecht, FZV Vorbemerkungen, Rn. 1, mit einem kurzen Abriss der Gesetzeshistorie.

682 Straßenverkehrs-Zulassungs-Ordnung in der Fassung der Bekanntmachung vom 26.04.2012 (BGBl. I S. 679), zuletzt geändert durch Art. 22 Gesetz zur Anpassung von Gesetzen und Verordnungen an die neue Behördenbezeichnung des Bundesamtes für Güterverkehr vom 02.03.2023 (BGBl. I Nr. 56); im Folgenden „StVZO"; das BMDV teilte bereits mit, dass eine Änderung der StVZO in Vorbereitung ist, siehe Meldung vom 07.12.2022, https://bmdv.bund.de/SharedDocs/DE/Artikel/StV/Strassenverkehr/informationen-zur-strassenverkehrs-zulassungs-ordnung.html (zuletzt abgerufen am 31.08.2023).

krafttreten der FZV in erster Linie noch Bestimmungen für Fahrzeuge bereit, welche nicht dem weiten Anwendungsbereich der FZV unterfallen.[683]

2. Grundsatz der Verkehrsfreiheit

Aus § 16 StVZO ergibt sich zunächst der Grundsatz der Verkehrsfreiheit für Fahrzeuge[684], wonach vorschriftsmäßige Fahrzeuge ohne Weiteres auf öffentlichen Straßen benutzt werden dürfen[685]. Unter Fahrzeugen im Sinne von § 16 Abs. 1 StVZO sind „mobile Transport- oder Verkehrsmittel, die der Beförderung von Gütern (Güterverkehr) oder Personen dienen“[686], zu verstehen. Damit fallen alle Fortbewegungsmittel, vom Fahrrad bis hin zum Automobil, unter den Begriff des Fahrzeugs im Sinne der StVZO. Grundsätzlich kann also ohne weitere formelle Erlaubnis mit Fahrzeugen auf öffentlichen Straßen am Verkehr teilgenommen werden.

Jedoch erfährt der Grundsatz der Verkehrsfreiheit erhebliche Einschränkungen, denn er gilt gemäß § 16 Abs. 1 HS 2 StVZO nur insoweit, als für die Zulassung kein Erlaubnisverfahren vorgeschrieben ist. Für motorisierte Fahrzeuge stellt sich die grundsätzliche Verkehrsfreiheit damit nur als eine Ausnahme dar[687], denn für die allermeisten Kraftfahrzeuge besteht in Deutschland eine Zulassungspflicht.

3. Zulassungspflicht für Kraftfahrzeuge

Nach § 1 Abs. 1 Satz 1 StVG müssen Kraftfahrzeuge zum Verkehr zugelassen sein, bevor sie auf öffentlichen Straßen in Betrieb gesetzt werden dürfen. § 3 FZV regelt „in Ausführung“ der §§ 1, 6 Abs. 1 Satz 1 Nr. 6 StVG die Zulassung von Kraftfahrzeugen in Deutschland.[688] Die FZV konkretisiert damit die Zulassungspflicht des § 1 Abs. 1 StVG und gestaltet das Verfahren

---

683 Vgl. *Dauer*, in: Hentschel/König/Dauer, SVR, StVZO vor § 16, Rn. 1; MüKoStVR/*Zunner*, Band 1, StVZO § 16, Rn. 1; zum verbliebenen Anwendungsbereich der materiell-rechtlichen Bau- und Betriebsvorschriften der StVZO siehe den Überblick bei *Rebler*, in: Bachmeier/Müller/Rebler, Verkehrsrecht, StVZO Vorbemerkungen, Rn. 8.

684 Siehe *Dauer*, in: Hentschel/König/Dauer, SVR, StVZO § 16, Rn. 2; *Rebler*, in: Bachmeier/Müller/Rebler, Verkehrsrecht, StVZO § 16, Rn. 1; *Gutt*, in: Haus/Krumm/Quarch, GVR, StVZO § 16, Rn. 1.

685 Vgl. *Ternig*, in: Haus/Krumm/Quarch, GVR, FZV § 1, Rn. 1; *Rebler*, in: Bachmeier/Müller/Rebler, Verkehrsrecht, StVZO § 16, Rn. 1; *Arzt/Ruth-Schumacher*, NZV 2017, 57 (58).

686 *Rebler*, in: Bachmeier/Müller/Rebler, Verkehrsrecht, StVZO § 16, Rn. 2; siehe auch *Gutt*, in: Haus/Krumm/Quarch, GVR, StVZO § 16, Rn. 4, der ebenfalls von einer weiten Definition des Fahrzeugbegriffs ausgeht.

687 In diese Richtung auch *Arzt/Ruth-Schumacher*, NZV 2017, 57 (58).

688 *Dauer*, in: Hentschel/König/Dauer, SVR, FZV § 3, Rn. 4.

der Zulassung und deren Voraussetzungen näher aus.[689] Für Kraftfahrzeuge mit einer bauartbedingten Höchstgeschwindigkeit[690] von mehr als 6 km/h besteht nach § 3 i. V. m. § 1 FZV grundsätzlich eine Zulassungspflicht.[691] Unter der bauartbedingten Höchstgeschwindigkeit ist die Geschwindigkeit zu verstehen, die von dem jeweiligen Kraftfahrzeug aufgrund dessen Konstruktion[692] nicht überschritten werden kann.[693] Damit müssen die in Deutschland gängigen Kraftfahrzeuge gemäß § 3 FZV zum Verkehr zugelassen werden, da diese regelmäßig eine Geschwindigkeit von über 6 km/h erreichen. Dies gilt insbesondere auch für Personen- und Lastkraftwagen, die das Straßenbild prägen.

Unter der Zulassung ist die behördliche Erlaubnis zu verstehen, ein Fahrzeug auf öffentlichen Straßen in Betrieb setzen zu dürfen.[694] Grundlegende Voraussetzung hierfür ist nach § 3 Abs. 1 Satz 2 FZV, dass das Kraftfahrzeug einem genehmigten Typ entspricht oder dass eine Einzelgenehmigung vorliegt.[695] Die Erteilung dieser Genehmigung ist dem Zulassungsverfahren vorangestellt und nicht etwa Teil der Zulassung selbst.[696]

4. Genehmigungen nach der StVZO

Im Folgenden sollen in der gebotenen Kürze die von der StVZO vorgesehenen Genehmigungen dargestellt werden. Es handelt sich hierbei um Genehmigungen, welche im Gesetzestext der StVZO noch unter den Oberbegriff der Betriebserlaubnis gefasst werden (§ 19 StVZO).[697] Der aktuelle Terminus der Genehmigung deckt sich allerdings inhaltlich mit dem Begriff

---

689 Siehe BHHJ/*Hühnermann*, StVG § 1, Rn. 1.

690 Nach der Legaldefinition des § 30a Abs. 1 Satz 1 StVZO handelt es sich bei der bauartbedingten Höchstgeschwindigkeit um die „Geschwindigkeit, die von einem Kraftfahrzeug nach seiner vom Hersteller konstruktiv vorgegebenen Bauart oder infolge der Wirksamkeit zusätzlicher technischer Maßnahmen auf ebener Bahn bei bestimmungsgemäßer Benutzung nicht überschritten werden kann“; siehe weiterführend *Rebler*, in: Bachmeier/Müller/Rebler, Verkehrsrecht, StVZO § 30a, Rn. 1.

691 Hierdurch soll sichergestellt werden, dass ausschließlich betriebssichere Fahrzeuge in den öffentlichen Straßenverkehr gelangen, siehe *Rebler*, RAW 2013, 19 (20) m. w. N.

692 MüKoStVR/*Zunner*, Band 1, StVZO § 16, Rn. 4, nennt als hierfür wesentliche Baugruppen das Fahrgestell, den Motor und das Getriebe.

693 Siehe *Heinrich/Rebler*, in: Bachmeier/Müller/Rebler, Verkehrsrecht, FZV § 3, Rn. 1; *Arzt/Ruth-Schumacher*, NZV 2017, 57 (58).

694 Vgl. amtliche Begründung zu § 3 FZV, VkBl. 2006, 603; *Dauer*, in: Hentschel/König/Dauer, SVR, FZV § 3, Rn. 5; MüKoStVR/*Huppertz*, Band 1, StVG § 1, Rn. 3.

695 Siehe auch BHHJ/*Hühnermann*, StVG § 1, Rn. 2a.

696 Siehe *Rebler*, SVR 2010, 361 (362), mit Hinweis auf die alte Rechtslage vor Inkrafttreten der FZV im März 2007.

697 *Rebler*, SVR 2010, 361 (365), fasst die Genehmigungen der StVZO daher konsequent unter die „Arten der Betriebserlaubnis“.

der Betriebserlaubnis.[698] In der StVZO ist zum einen die Allgemeine Betriebserlaubnis und zum anderen die Betriebserlaubnis für Einzelfahrzeuge vorgesehen. Ergänzend ist auf die Einzelbetriebserlaubnis für Fahrzeugteile einzugehen.

a) Allgemeine Betriebserlaubnis

Nach § 3 Abs. 1 Satz 2 HS 1 Alt. 1 FZV muss das Fahrzeug für die Erteilung der Zulassung einem genehmigten Typ entsprechen. In diesem Zusammenhang ist auf die Allgemeine Betriebserlaubnis[699] nach § 20 StVZO abzustellen.[700] Diese Genehmigung wird dem Hersteller für reihenweise gefertigte Kraftfahrzeuge nach entsprechender Prüfung ausgestellt.[701] Sie besitzt nur in Deutschland Gültigkeit.[702] Für die Erteilung der Allgemeinen Betriebserlaubnis ist das Kraftfahrt-Bundesamt[703] zuständig (§ 20 Abs. 2 Satz 1 StVZO). In § 2 Nr. 5 FZV wird nicht mehr der Begriff der Allgemeinen Betriebserlaubnis, sondern der der „nationalen Typgenehmigung“ verwendet. Dies entspricht der Begrifflichkeit der neueren Richtlinien und Verordnungen.[704] Ein Unterschied der über die Begrifflichkeit hinausgeht, besteht zwischen einer Allgemeinen Betriebserlaubnis und der nationalen Typgenehmigung im deutschen Recht indes nicht. Die Erteilung der nationalen Typgenehmigung nach § 20 StVZO stellt jedoch die Ausnahme dar und beschränkt sich in erster Linie auf wenige Fahrzeugarten, die nicht den harmonisierten Genehmigungsvorschriften unterfallen.[705]

b) Einzelbetriebserlaubnis

Nach § 3 Abs. 1 Satz 2 HS 1 Alt. 2 FZV kann die Zulassung auch erteilt werden, wenn für das betreffende Kraftfahrzeug eine Einzelgenehmigung erteilt worden ist. Die StVZO sieht hierfür die Beantragung einer sogenannten

698 Vgl. *Dauer*, in: Hentschel/König/Dauer, SVR, StVZO § 19, Rn. 2.

699 Die Allgemeine Betriebserlaubnis wird oftmals entsprechend ihrer Abkürzung als „ABE“ bezeichnet.

700 Zum Verfahren siehe auch überblicksmäßig *Siebert/Bahnert*, Grundlagen Typgenehmigung, in: Genehmigungsverfahren für Kraftfahrzeuge, S. 29.

701 Vgl. *Dauer*, in: Hentschel/König/Dauer, SVR, StVZO § 20, Rn. 2.

702 Vgl. MüKoStVR/*Huppertz*, Band 1, StVZO § 20, Rn. 8; *Dauer*, in: Hentschel/König/Dauer, SVR, StVZO § 20, Rn. 2.

703 Als Abkürzung für das Kraftfahrt-Bundesamt wird üblicherweise „KBA“ verwendet.

704 Vgl. MüKoStVR/*Huppertz*, Band 1, FZV § 2, Rn. 5.

705 Vgl. *Dauer*, in: Hentschel/König/Dauer, SVR, StVZO § 20, Rn. 1b; siehe auch *Siebert/Bahnert*, Grundlagen Typgenehmigung, in: Genehmigungsverfahren für Kraftfahrzeuge, S. 31.

Einzelbetriebserlaubnis[706] vor, welche sich nach § 21 StVZO richtet. Nach der Begriffsbestimmung in § 2 Nr. 6 FZV handelt es sich bei der Einzelbetriebserlaubnis um eine Einzelgenehmigung[707] im Sinne der FZV. Mit der Einzelbetriebserlaubnis kann damit der in § 3 Abs. 1 Satz 2 HS 1 Alt. 2 FZV vorausgesetzten Einzelgenehmigung entsprochen werden. Der in der StVZO noch verwendete Begriff der Einzelbetriebserlaubnis ist mithin überholt.

Der Anwendungsbereich der Einzelbetriebserlaubnis ist allerdings eingeschränkt, da eine Einzelgenehmigung hinter der Typgenehmigung zurücksteht. Dies ergibt sich für die Einzelbetriebserlaubnis schon aus dem Wortlaut des § 21 Abs. 1 Satz 1 StVZO, wonach die Betriebserlaubnis zu beantragen ist, sofern das Fahrzeug nicht schon zu einem genehmigten Typ gehört. Eine Einzelbetriebserlaubnis kann daher grundsätzlich nur beantragt werden, soweit für ein Kraftfahrzeug keine Typgenehmigung vorliegt.

c) Betriebserlaubnis für Fahrzeugteile

Die bereits vorgestellten Genehmigungsarten werden durch die Regelung des § 22 Abs. 1 StVZO ergänzt.[708] Während die Allgemeine Betriebserlaubnis und die Einzelbetriebserlaubnis ausnahmslos komplette Kraftfahrzeuge betreffen, ermöglicht es § 22 Abs. 1 StVZO, eine Betriebserlaubnis für einzelne Fahrzeugteile zu erhalten. Von der Vorschrift werden indes keine Fahrzeugsysteme erfasst.[709]

Bei reihenweise gefertigten Fahrzeugteilen wird eine Allgemeine Betriebserlaubnis erteilt (§ 22 Abs. 2 Satz 2 StVZO), ansonsten eine Einzelbetriebserlaubnis (§ 22 Abs. 2 Satz 4 StVZO).[710] Diese Unterscheidung ist auch für die Bestimmung des Anwendungsbereiches von entscheidender Bedeutung. Der Anwendungsbereich des § 22 StVZO ist deutlich eingeschränkt, soweit es um die Genehmigung von reihenweise gefertigten Fahrzeugteilen geht, da dann das europarechtlich harmonisierte Verfahren (mit wenigen Ausnahmen) vorrangig zur Anwendung kommt.[711] Da im Rahmen von § 22 StVZO

706 Oftmals als „EBE“ abgekürzt.

707 Vgl. auch *Dauer*, in: Hentschel/König/Dauer, SVR, StVZO § 21, Rn. 8, der insoweit von einer „nationale[n] Einzelgenehmigung“ spricht.

708 Vgl. *Rebler*, in: Bachmeier/Müller/Rebler, Verkehrsrecht, StVZO § 22, Rn. 1; *Dauer*, in: Hentschel/König/Dauer, SVR, StVZO § 22, Rn. 3.

709 Vgl. *Siebert/Bahnert*, Grundlagen Typgenehmigung, in: Genehmigungsverfahren für Kraftfahrzeuge, S. 33, der als Beispiel für ein Fahrzeugsystem einen „Bausatz zum Umbau eines Fahrzeugs mit Verbrennungsmotor in ein elektrisch getriebenes Fahrzeug“ nennt.

710 Siehe MüKoStVR/*Meyer*, Band 1, StVZO § 22, Rn. 8; *Rebler*, in: Bachmeier/Müller/Rebler, Verkehrsrecht, StVZO § 22, Rn. 2.

711 Vgl. *Dauer*, in: Hentschel/König/Dauer, SVR, StVZO § 22, Rn. 2, vor dem Hintergrund der EG-FGV.

nicht das Fahrzeug als solches genehmigt wird, findet diese Genehmigungsart keine Entsprechung in der FZV, welche die Zulassung von Kraftfahrzeugen regelt. Von der Möglichkeit der Erlangung einer Betriebserlaubnis für Fahrzeugteile wird daher insbesondere bei Nachrüstlösungen und im Aftersales-Bereich Gebrauch gemacht.[712] Fahrzeugteile, wie beispielsweise Räder oder Abgasanlagen, werden in diesem Fall nachträglich an ein – bereits zugelassenes – Fahrzeug angebaut.

5. Zusammenfassung

Die Zulassungspflicht für Kraftfahrzeuge mit einer bauartbedingten Höchstgeschwindigkeit von mehr als 6 km/h folgt im deutschen Recht aus §§ 1 Abs. 1 Satz 1 StVG, 3 Abs. 1 Satz 1 FZV. Für die Erteilung der Zulassung zum Straßenverkehr muss das Kraftfahrzeug einem genehmigten Typ entsprechen oder es muss eine Einzelgenehmigung vorliegen. In Deutschland hält die StVZO hierfür zwei Genehmigungsarten bereit. Zum einen die Allgemeine Betriebserlaubnis für reihenweise gefertigte Fahrzeuge und zum anderen die Einzelbetriebserlaubnis für Einzelfahrzeuge. Die Einzelbetriebserlaubnis und die Allgemeine Betriebserlaubnis haben im Rahmen der für die Zulassung erforderlichen Genehmigung allerdings aufgrund der europarechtlichen Harmonisierung einen sehr eingeschränkten Anwendungsbereich.

III. Harmonisierung auf europäischer Ebene

Mit der Zielsetzung, das Zulassungsrecht und das Genehmigungsverfahren für Kraftfahrzeuge in der europäischen Union weitestgehend zu harmonisieren, vollzieht sich in diesem Rechtsbereich ein steter Prozess der Überformung von nationalen Normen durch europäisches Recht. Es ist zu beobachten, dass die Regelungen des EU-Rechts dabei eine immer umfassendere Stellung einnehmen.[713] Der Harmonisierungsprozess führte schließlich dazu, dass sich die europarechtlichen Bestimmungen für die Genehmigung von Kraftfahrzeugen im Zeitraum zwischen der StVG-Novelle 2017 und StVG-Novelle 2021 weiterentwickelt haben.

1. Rechtlicher Rahmen bei Umsetzung der StVG-Novelle 2017

Sowohl bei der Erarbeitung als auch bei der Einführung der Vorschriften zu hoch- oder vollautomatisierten Fahrfunktionen im Rahmen der StVG-No-

712 Vgl. *Siebert/Bahnert*, Grundlagen Typgenehmigung, in: Genehmigungsverfahren für Kraftfahrzeuge, S. 33; MüKoStVR/*Meyer*, Band 1, StVZO § 22, Rn. 3.

713 So auch *Hammer*, Automatisierte Steuerung, S. 97.

velle 2017 fanden die europäischen Genehmigungsarten, insbesondere die EG-Typgenehmigung, ihre Grundlage in der Richtlinie 2007/46/EG[714]. Die Voraussetzungen für die Erteilung der EG-Typgenehmigung ergaben sich in Deutschland aus der EG-Fahrzeuggenehmigungsverordnung[715], die die Richtlinie 2007/46/EG in nationales Recht umsetzte und damit am Ende eines bereits lang andauernden Modernisierungs- und Umstrukturierungsprozesses auf europäischer Ebene stand.[716] Die EG-FGV nahm im Rahmen von konkreten Verweisen Bezug auf die Richtlinie 2007/46/EG und deren Anhänge. Damit kam der Richtlinie 2007/46/EG trotz ihrer Umsetzung in nationales Recht eine tragende Rolle im gesetzlichen Regelungsgeflecht zu.

a) Richtlinie 2007/46/EG

Als letztes Glied in einer Kette das Genehmigungsverfahren regelnder Rechtsakte auf europäischer Ebene[717] stellte die Richtlinie 2007/46/EG den vorläufigen Schlussstein der Harmonisierung der Zulassungs- und Genehmigungsvorschriften dar.[718] Mit Einführung der Richtlinie sollte ein weiterer Beitrag zur Verwirklichung des Binnenmarktes geleistet und der Handel durch Abbau von Hemmnissen gestärkt werden.[719] Die konsequente Weiterentwicklung eines einheitlichen Genehmigungsverfahrens sollte schließlich zur „Vollendung des Binnenmarktes“[720] beitragen.

---

714 Richtlinie 2007/46/EG des Europäischen Parlaments und des Rates vom 05.09.2007 zur Schaffung eines Rahmens für die Genehmigung von Kraftfahrzeugen und Kraftfahrzeuganhängern sowie von Systemen, Bauteilen und selbstständigen technischen Einheiten für diese Fahrzeuge (ABl. L 263 vom 09.10.2007, S. 1).

715 Verordnung über die EG-Genehmigung für Kraftfahrzeuge und ihre Anhänger sowie für Systeme, Bauteile und selbstständige technische Einheiten für diese Fahrzeuge in der Fassung vom 03.02.2011 (BGBl. I S. 126), zuletzt geändert durch Art. 33 Gesetz zur Anpassung des Produktsicherheitsgesetzes und zur Neuordnung des Rechts der überwachungsbedürftigen Anlagen vom 27.07.2021 (BGBl. I S. 3146); im Folgenden „EG-FGV“.

716 Zur Entwicklung siehe weiterführend *Liebermann*, VD 2009, 175 (175 f.); vgl. auch die Erwägungsgründe 1 bis 4 der Richtlinie 2007/46/EG zum Entwicklungsprozess und zur Historie der vorangegangenen Richtlinien.

717 Vgl. Erwägungsgründe 1 bis 4 der Richtlinie 2007/46/EG; siehe dazu *Liebermann*, VD 2009, 175 (175 f.).

718 Zur Aufhebung der Richtlinie 2007/46/EG durch die Verordnung 2018/858 im Jahr 2020 siehe unten unter Punkt 2.

719 Vgl. Erwägungsgrund 2 der Richtlinie 2007/46/EG; siehe auch MüKoStVR/*Zunner*, Band 1, EG-FGV § 1, Rn. 2.

720 Siehe Erwägungsgrund 23 der Richtlinie 2007/46/EG.

aa) Überblick

Die Richtlinie 2007/46/EG gab den Rahmen für die Genehmigung von Kraftfahrzeugen mit mindestens vier Rädern und einer bauartbedingten Höchstgeschwindigkeit von mehr als 25 km/h in der Europäischen Union vor. In ihrer Funktion als Rahmenrichtlinie[721] wurden durch die Richtlinie 2007/46/EG insbesondere Vorgaben zur Ausgestaltung des Verfahrens, Begriffsbestimmungen und Arten von Genehmigungen festgelegt. Die insgesamt 21 Anhänge[722] der Richtlinie betrafen dabei unter anderem verbindliche Vorgaben zum Verfahren und die im Rahmen des Genehmigungsverfahrens zu beachtenden technischen Vorgaben. Zudem wurden die im Zuge des Genehmigungs- und Zulassungsverfahrens anzuwendenden Fahrzeugklassen definiert.

bb) EU-Fahrzeugklassen

Die EU-Fahrzeugklassen und deren Beschreibung wurden bei Inkrafttreten der StVG-Novelle 2017 in Anhang II der Richtlinie 2007/46/EG verbindlich festgelegt.[723] Eine grobe Einteilung erfolgte durch die Unterteilung der Kraftfahrzeuge nach ihrem Zweck. So dienen Kraftfahrzeuge der Klasse N der Güterbeförderung, denn für diesen Einsatzzweck sind sie ausgelegt und gebaut.[724] Kraftfahrzeuge der Klasse M sind dagegen für „die Personenbeförderung ausgelegte und gebaute Kraftfahrzeuge mit mindestens vier Rädern“[725]. Von besonderer Relevanz für den Individualverkehr sind Fahrzeuge der Klasse M_1, also Kraftfahrzeuge der Klasse M mit höchstens acht Sitzplätzen außer dem Fahrersitz.[726] Hierunter fallen insbesondere die als Personenkraftwagen bezeichneten Kraftfahrzeuge mit zwei bis sieben Sitzplätzen.

---

721 So schon die amtliche Überschrift der Richtlinie, siehe ABl. L 263 vom 09.10.2007, S. 1; so auch MüKoStVR/*Zunner*, Band 1, EG-FGV § 1, Rn. 3.

722 Siehe hierzu zum Überblick die „Liste der Anhänge“ in der Richtlinie 2007/46/EG, ABl. L 263 vom 9.10.2007, S. 24.

723 Eine Übersicht zu den EU-Fahrzeugklassen enthält auch Anlage XXIX zu § 20 Abs. 3a S. 4 StVZO. Siehe dazu auch die tabellarische Gegenüberstellung bei *Rebler*, in: Bachmeier/Müller/Rebler, Verkehrsrecht, StVZO § 20, Rn. 7.

724 Vgl. Punkt A.2. Anhang II zu RL 2007/46/EG.

725 Siehe Punkt A.1. Anhang II zu RL 2007/46/EG.

726 Vgl. Punkt A.1. Anhang II zu RL 2007/46/EG.

cc) Genehmigungsarten und Verfahren

In der Richtlinie 2007/47/EG waren als Genehmigungsarten die EG-Typgenehmigung für Fahrzeuge[727] und die EG-Typgenehmigung für Systeme, Bauteile und selbstständige technische Einheiten geregelt.[728] Das spezifische Verfahren für die Erteilung der jeweiligen Genehmigung wurde in den Art. 6 ff. der Richtlinie 2007/46/EG vorgegeben. Ergänzend wurde den Mitgliedstaaten durch die Richtlinie auch die Möglichkeit offengelassen, eine Einzelgenehmigung für Fahrzeuge[729] zu erteilen. Eine derartige Einzelgenehmigung gilt allerdings nur auf dem Gebiet des erteilenden Mitgliedstaates.[730]

Die EG-Typgenehmigung beanspruchte dagegen Gültigkeit in der gesamten Union. Der jeweilige Mitgliedstaat bescheinigte mit der EG-Typgenehmigung, dass ein geprüfter Typ eines Fahrzeugs bzw. einzelner Systeme oder Bauteile den technischen Vorgaben entsprach, welche durch die Richtlinie und deren Anhänge vorgegeben wurden.[731] Um die Einhaltung der technischen Vorschriften zu gewährleisten, sah Art. 11 der Richtlinie 2007/46/EG geeignete Prüfungen vor. Nach Art. 11 Abs. 3 Richtlinie 2007/46/EG waren grundsätzlich auch virtuelle Prüfverfahren zulässig. Die tatsächliche Übereinstimmung der Produktion von Fahrzeugen bzw. einzelner Systeme oder Bauteile mit dem geprüften und genehmigten Typ sollten die Vorgaben in Art. 12 der Richtlinie 2007/46/EG gewährleisten.

dd) Technische Anforderungen

Art. 9 Abs. 1 lit. a) und Art. 10 Abs. 1 der Richtlinie 2007/47/EG legten als Voraussetzung für die Erteilung einer Genehmigung fest, dass der Typ eines Fahrzeugs bzw. das System den technischen Anforderungen der in Anhang IV aufgeführten Rechtsakte entsprach. Die Einhaltung der technischen Vorschriften sollte durch geeignete Prüfungen nachgewiesen werden (Art. 11 Abs. 1 Richtlinie 2007/46/EG). Bei den technischen Vorschriften handelte es sich um Vorgaben, deren Einhaltung die Sicherheit des Fahrzeugs bzw. der einzelnen Bauteile gewährleisten sollte. Diese Genehmigungsprüfungen wurden gemäß Art. 41 Abs. 2 der Richtlinie 2007/46/EG von Technischen Diensten durchgeführt, die von den Mitgliedstaaten benannt wurden. Im Rahmen der Richtlinie 2007/46/EG war ein umfassender Verweisungsappa-

---

727 Siehe dazu Art. 8 Abs. 2 i. V. m. Art. 9 Abs. 1 der RL 2007/46/EG.

728 Siehe dazu Art. 8 Abs. 2 i. V. m. Art. 10 der RL 2007/46/EG.

729 Siehe dazu Art. 24 der RL 2007/46/EG.

730 So Art. 24 Abs. 6 der RL 2007/46/EG.

731 Vgl. auch die Begriffsbestimmung in Art. 3 Nr. 5 RL 2007/46/EG; siehe auch *Rebler*, RAW 2013, 19 (20).

rat enthalten, um die einzelnen technischen Vorschriften aufzunehmen, die im Prüfungsverfahren beachtet werden sollten. So verwies Teil I des Anhangs IV auf Rechtsakte der Europäischen Union bzw. der Gemeinschaft. In Teil II des Anhangs IV wurde auf internationale Vorschriften Bezug genommen.

Eine gewisse Offenheit für den technischen Fortschritt sollte die Regelung in Art. 20 der Richtlinie 2007/46/EG ermöglichen, welche Ausnahmen für neue Techniken oder Konzepte vorsah und auf die in § 1a Abs. 3 Nr. 2 StVG für Kraftfahrzeuge mit hoch- oder vollautomatisierter Fahrfunktion ausdrücklich Bezug genommen wird. Flankiert wurde die Regelung in Art. 20 von Art. 21 der Richtlinie 2007/46/EG, welche auf die Änderung von technischen Vorgaben hinwirken sollte, sofern diese Vorgaben neuen Techniken entgegenstehen sollten.

b) EG-Fahrzeuggenehmigungsverordnung

Die Richtlinie 2007/46/EG wurde in Deutschland mit Inkrafttreten der EG-FGV am 29. April 2009[732] in nationales Recht umgesetzt.[733] Im gleichen Zuge wurde mit der EG-FGV zudem die Umsetzung der Richtlinie 2002/24/EG[734] und 2003/37/EG[735] im nationalen Recht durchgeführt.[736] Bei Umsetzung der StVG-Novelle 2017 bildete die EG-FGV in Deutschland die umfassende Grundlage für die Erteilung von EG-Typgenehmigungen für Kraftfahrzeuge und deren Komponenten. Im Folgenden werden daher die Grundlagen für die Genehmigungserteilung nach der EG-FGV näher erläutert.

---

732 BGBl. I 2009, S. 873; Neuverkündung mit Verordnung vom 03.02.2011 (BGBl. I S. 126), siehe hierzu *Dauer*, in: Hentschel/König/Dauer, SVR, EG-FGV Vorbemerkung, Rn. 1, wonach die inhaltsgleiche Neuverkündung der EG-FGV mögliche Formfehler heilen sollte.

733 Vgl. *Dauer*, in: Hentschel/König/Dauer, SVR, EG-FGV Vorbemerkung, Rn. 1; *Rebler*, in: Bachmeier/Müller/Rebler, Verkehrsrecht, EG-FGV Vorbemerkung, Rn. 1; *von Bodungen*, in: Sassenberg/Faber, Rechtshandbuch Industrie 4.0, § 16, Rn. 11; *Rebler*, SVR 2010, 361 (364); *Rebler*, RAW 2013, 19 (21); *Liebermann*, VD 2009, 175 (175).

734 Richtlinie 2002/24/EG des Europäischen Parlaments und des Rates vom 18.03.2002 über die Typgenehmigung für zweirädrige oder dreirädrige Kraftfahrzeuge und zur Aufhebung der Richtlinie 92/61/EWG des Rates (ABl. L 124 vom 09.05.2002, S. 1).

735 Richtlinie 2003/37/EG des Europäischen Parlaments und des Rates vom 26.05.2003 über die Typgenehmigung für land- oder forstwirtschaftliche Zugmaschinen, ihre Anhänger und die von ihnen gezogenen auswechselbaren Maschinen sowie für Systeme, Bauteile und selbstständige technische Einheiten dieser Fahrzeuge und zur Aufhebung der Richtlinie 74/150/EWG (ABl. L 171 vom 09.07.2003, S. 1).

736 *Rebler*, in: Bachmeier/Müller/Rebler, Verkehrsrecht, EG-FGV Vorbemerkung, Rn. 4.

aa) Systematik

Als Umsetzungsgesetz fügte sich die EG-FGV in das durch die europäischen Richtlinien harmonisierte Genehmigungsverfahren nahtlos ein. Anhand der Kapitel der EG-FGV lässt sich bereits die Umsetzung der drei Richtlinien erkennen. So befasst sich Kapitel 2[737] allein mit der Genehmigung von Kraftfahrzeugen im Sinne der Richtlinie 2007/46/EG. Kapitel 3[738] und Kapitel 4[739] beziehen sich dagegen auf Fahrzeuge im Sinne der Richtlinien 2002/24/EG und 2003/37/EG, also in erster Linie zwei- bzw. dreirädrige Fahrzeuge sowie land- oder forstwirtschaftliche Zugmaschinen. Den Schwerpunkt der EG-FGV bildete dabei die Regelung der Erteilung der EG-Typgenehmigung[740], welche allen drei Richtlinien gemein ist und von diesen für die jeweilige Fahrzeuggattung vorgesehen ist.

Mit Blick auf die umfangreichen Regelungen und Anhänge der Richtlinie 2007/46/EG überraschen der überschaubare Umfang und die relativ straffen Ausführungen der EG-FGV. Dies wurde durch eine umfassende Verweisungstechnik auf die Richtlinie ermöglicht. Aufgrund des Umfangs der Anhänge der Richtlinie 2007/46/EG wurde auf eine wörtliche Übernahme dieser Anhänge in der EG-FGV verzichtet und stattdessen auf die entsprechenden Passagen der Richtlinie Bezug genommen.[741]

bb) Anwendungsbereich

Der Anwendungsbereich der EG-FGV wurde durch § 1 EG-FGV bestimmt und ist aufgrund der umgesetzten Richtlinien entsprechend weit gefasst. Die Vorgaben der EG-FGV sind insbesondere auf die Genehmigung von Kraftfahrzeugen und deren Komponenten nach der Richtlinie 2007/46/EG anzuwenden, also auf Kraftfahrzeuge mit mindestens vier Rädern und einer bauartbedingten Höchstgeschwindigkeit von über 25 km/h (§ 1 Nr. 1 i. V. m.

737 Kapitel 2 der EG-FGV mit der amtlichen Überschrift „Genehmigung für Kraftfahrzeuge mit mindestens vier Rädern und ihre Anhänger sowie deren Systeme, Bauteile und selbstständige technische Einheiten".

738 Kapitel 3 der EG-FGV mit der amtlichen Überschrift „EG-Typgenehmigung für zweirädrige oder dreirädrige Kraftfahrzeuge".

739 Kapitel 4 der EG-FGV mit der amtlichen Überschrift „EG-Typgenehmigung für land- oder forstwirtschaftliche Zugmaschinen, ihre Anhänger und die von ihnen gezogenen auswechselbaren Maschinen sowie für Systeme, Bauteile und selbstständige technische Einheiten dieser Fahrzeuge".

740 Vgl. § 4, § 16 und § 21 EG-FGV.

741 *Liebermann*, VD 2009, 175 (177).

§ 3 EG-FGV).[742] Soweit *Hammer* davon ausgeht, dass die EG-FGV bereits Personenkraftwagen mit einer Höchstgeschwindigkeit von mehr als 6 km/h betreffe[743], ist dem nicht zuzustimmen. In dem insoweit einschlägigen zweiten Kapitel der EG-FGV wird der Anwendungsbereich für vierrädrige Kraftfahrzeuge mit einer Höchstgeschwindigkeit von mehr als 25 km/h eröffnet.[744] Soweit *Hammer* zudem festhält, dass ein „zulassungspflichtiges Kfz“[745] unterhalb der 6-km/h-Grenze nach der StVZO zu beurteilen sei[746], ist klarzustellen, dass für Kraftfahrzeuge mit einer Höchstgeschwindigkeit von bis zu 6 km/h kein Erlaubnisverfahren vorgeschrieben ist[747]. Diese Kraftfahrzeuge müssen damit in erster Linie vorschriftsmäßig im Sinne von § 16 Abs. 1 StVZO sein.[748] Die Genehmigungen nach der StVZO sind dagegen im Regelfall nur noch für Kraftfahrzeuge relevant, die zwar eine bauartbedingte Höchstgeschwindigkeit von 6 km/h überschreiten können, aber höchstens 25 km/h[749] erreichen.

Aufgrund des weiten Anwendungsbereiches wurde das europäisch harmonisierte Genehmigungsverfahren vollständig umgesetzt und den europäischen Genehmigungsarten der Vorrang gegenüber den nationalen Genehmigungen[750] eingeräumt. Damit wurde der Harmonisierung umfassend Rechnung getragen und im Sinne der Richtlinie 2007/46/EG der Binnenmarkt gestärkt.[751]

---

742 Siehe dazu auch *Dauer*, in: Hentschel/König/Dauer, SVR, EG-FGV § 3, Rn. 1; *Rebler*, in: Bachmeier/Müller/Rebler, Verkehrsrecht, EG-FGV § 1, Rn. 1; MüKoStVR/*Zunner*, Band 1, EG-FGV § 1, Rn. 4.

743 Siehe *Hammer*, Automatisierte Steuerung, S. 113 entgegen seiner Feststellung auf S. 97.

744 So auch *Dauer*, in: Hentschel/König/Dauer, SVR, EG-FGV § 3, Rn. 1; *Rebler*, in: Bachmeier/Müller/Rebler, Verkehrsrecht, EG-FGV § 1, Rn. 1.

745 *Hammer*, Automatisierte Steuerung, S. 113.

746 Vgl. *Hammer*, Automatisierte Steuerung, S. 113.

747 Vgl. §§ 3, 1 Abs. 1 FZV; *Dauer*, in: Hentschel/König/Dauer, SVR, StVZO § 16, Rn. 2; siehe dazu auch oben unter Punkt II.3.

748 Die Fahrzeuge müssen also den §§ 30 bis 67a StVZO und § 23 Abs. 1 Satz 4 StVO entsprechen, vgl. *Dauer*, in: Hentschel/König/Dauer, SVR, StVZO § 16, Rn. 5; hiervon ausgenommen sind Fahrzeuge, die unter § 16 Abs. 2 StVZO zu fassen sind.

749 So auch *Dauer*, in: Hentschel/König/Dauer, SVR, StVZO § 20, Rn. 1b, für die nationale Typgenehmigung (ABE) und *ders.*, in: Hentschel/König/Dauer, SVR, StVZO § 21, Rn. 10 für die Einzelbetriebserlaubnis.

750 Siehe zu den nationalen oben unter Punkt II.4.

751 Vgl. Erwägungsgrund 2 der Richtlinie 2007/46/EG.

cc) Zuständige Behörde und benannte Technische Dienste

Für die Erteilung von Genehmigungen nach der EG-FGV war das Kraftfahrt-Bundesamt nach § 2 Abs. 1 EG-FGV die zuständige Genehmigungsbehörde. Das im Jahr 1951 gegründete Kraftfahrt-Bundesamt ist die Bundesoberbehörde für den Straßenverkehr (§ 1 Abs. 1 KBAG[752]) und stellte bei Vorliegen der Voraussetzungen die EG-Typgenehmigung aus. Die im Rahmen des Genehmigungsverfahrens vorgesehenen Genehmigungsprüfungen waren allerdings gemäß Art. 41 Abs. 2 Richtlinie 2007/46/EG von benannten Technischen Diensten durchzuführen. Das Kraftfahrt-Bundesamt war in diesem Zusammenhang zuständig für die Anerkennung von Technischen Diensten gemäß § 30 EG-FGV.[753] Als Technische Dienste wurden in Deutschland neben der Bundesanstalt für Straßenwesen beispielsweise Gesellschaften des TÜV und der Dekra anerkannt.[754]

dd) Genehmigungen nach der EG-FGV

Die EG-FGV sah entsprechend der Richtlinie 2007/46/EG für Kraftfahrzeuge mit mindestens vier Rädern und einer bauartbedingten Höchstgeschwindigkeit von mehr als 25 km/h verschiedene Arten von Genehmigungen vor.[755] Die EG-Typgenehmigung war bis zum Inkrafttreten der Verordnung 2018/858 für die Genehmigung von in Serienproduktion gefertigten Fahrzeugen von größter Bedeutung.

(1) EG-Typgenehmigung

Durch die Harmonisierungsbestrebungen wurde die in der StVZO vorgesehene Allgemeine Betriebserlaubnis[756] weitestgehend durch die EG-Typgenehmigung ersetzt.[757] Als „europäische Betriebserlaubnis“[758] entfaltete die EG-Typgenehmigung Wirkung auf dem gesamten Unionsgebiet. Damit war sie für Hersteller von serienmäßig produzierten Kraftfahrzeugen von hoher praktischer Bedeutung, da das Genehmigungsverfahren nur einmal

752 Gesetz über die Errichtung eines Kraftfahrt-Bundesamtes vom 04.08.1951 (BGBl. I, S. 488).
753 Vgl. die amtliche Begründung zu § 2 EG-FGV, VkBl. 2009, 333; siehe weiterführend die amtliche Begründung zu Kapitel 6 der EG-FGV, VkBl. 2009, 339.
754 Vgl. die vom KBA veröffentlichte Übersicht „Benannte Technische Dienste – Prüflabore“ mit Stand 19.02.2019.
755 Siehe dazu auch die Aufzählung bei *Dauer*, in: Hentschel/König/Dauer, SVR, EG-FGV § 1, Rn. 1.
756 Siehe dazu oben unter Punkt II.4.
757 Vgl. *Rebler*, in: Bachmeier/Müller/Rebler, Verkehrsrecht, EG-FGV § 4, Rn. 1.
758 So *Rebler*, in: Bachmeier/Müller/Rebler, Verkehrsrecht, EG-FGV § 4, Rn. 1.

durchlaufen werden musste und im Ergebnis eine Genehmigung erteilt wurde, welche Wirkung in allen Mitgliedstaaten entfaltete.[759] Damit entfiel die Notwendigkeit der Einholung einer (nationalen) Typgenehmigung in jedem Mitgliedstaat und das damit verbundene Absolvieren weiterer nationaler Genehmigungsverfahren.[760]

Die EG-Typgenehmigung durfte in Deutschland nur erteilt werden, wenn die Voraussetzungen des § 4 Abs. 4 EG-FGV erfüllt wurden. Die Erteilung der EG-Typgenehmigung war damit an zwei grundlegende Voraussetzungen gebunden. Zum einen musste ein zur Begutachtung bereitgestelltes Prüffahrzeug[761] den technischen Vorgaben entsprechen. Zum anderen musste gewährleistet sein, dass die serienmäßig hergestellten Fahrzeuge dem begutachteten Prüffahrzeug entsprechen und mit diesem übereinstimmen.

(a) Erfüllung der technischen Vorgaben

Für die Erteilung der EG-Typgenehmigung von Kraftfahrzeugen mit mindestens vier Rädern und einer bauartbedingten Höchstgeschwindigkeit von mehr als 25 km/h verwies § 4 Abs. 4 EG-FGV auf Art. 8 Abs. 2 der Richtlinie 2007/46/EG. Nach § 4 Abs. 4 EG-FGV i. V. m. Art. 8 Abs. 2, 9 Abs. 1 lit. a) Richtlinie 2007/46/EG musste das zur Begutachtung vorgestellte Prüffahrzeug den technischen Anforderungen der in Anhang IV der Richtlinie aufgeführten Rechtsakte entsprechen. Anhang IV hielt mit Teil I einen umfassenden Katalog an Rechtsakten bereit, aus denen sich technische Vorschriften ergaben.[762] In diesem Zusammenhang wird auch von den einzuhaltenden Bauvorschriften gesprochen.[763] Die fortlaufende Nummerierung des vom jeweiligen Rechtsakt betroffenen Genehmigungsgegenstands reichte in der ursprünglichen Fassung der Richtlinie 2007/46/EG von dem in Nr. 1 erfassten „Geräuschpegel" über Nr. 25 „Scheinwerfer" bis hin zu Nr. 58 „Fußgängerschutz".[764] Die Vorgaben des Anhangs IV wurden durch zeitlich nachfolgende europäische Rechtsakte fortlaufend angepasst und überarbeitet. Von

---

759 Vgl. *Rebler*, RAW 2013, 19 (21).

760 So auch *Rebler*, SVR 2010, 361 (365).

761 *Rebler*, SVR 2010, 361 (365), spricht in diesem Zusammenhang von dem „Prototyp" eines Fahrzeugs. Diese Bezeichnung sollte an dieser Stelle vermieden werden, da dieser Begriff in der Richtlinie speziell für Testzwecke konstruierte und gebaute Fahrzeuge verwendet wird, Art. 2 Abs. 4 lit. b) RL 2007/46/EG. Der Begriff des Prototyps sollte daher nur in Zusammenhang mit für Testzwecke konstruierte Erprobungsfahrzeuge verwendet werden.

762 Siehe *Rebler*, SVR 2010, 361 (365).

763 Dagegen ausdrücklich zwischen der Bezeichnung „technische Anforderung" im Rahmen der EG-Typgenehmigung und der Bezeichnung „Bauvorschrift" bei einer nationalen Typgenehmigung unterscheidend *Arzt/Ruth-Schumacher*, RAW 2017, 89 (91).

764 Vgl. Anlage IV Teil I RL 2007/46/EG.

weitreichender Bedeutung waren dabei die Bestimmungen der Verordnung 661/2009[765], welche die allgemeine Sicherheit von Kraftfahrzeugen betraf. Zur Vereinfachung des Prüfverfahrens wurden gemäß Art. 18 der Verordnung 661/2009 einzelne Richtlinien zu technischen Vorschriften aufgehoben und diese im Rahmen der Verordnung 661/2009 zusammengefasst.[766] Im Zuge dessen wurden die entsprechenden Rechtsakte aus dem Katalog des Anhangs IV der Richtlinie 2007/46/EG entfernt und letzterer um den Punkt „Allgemeine Sicherheit" ergänzt.[767] In der zuletzt aktuellen Fassung reichte die Nummerierung des Anhangs IV daher über die eingefügte Nr. 63 „Allgemeine Sicherheit"[768] bis hin zu Nr. 72 „eCall-System"[769]. Anhand dieses auszugsweisen Beispielkatalogs zeigt sich bereits, wie umfassend die technischen Anforderungen an Fahrzeuge durch die technischen Vorgaben innerhalb der Rechtsakte der europäischen Union vorgegeben wurden.

Dass ein vorgestelltes Prüffahrzeug die technischen Vorgaben erfüllt, musste im Rahmen von Prüfungen durch einen benannten Technischen Dienst festgestellt werden. Nach dem Wortlaut des § 4 Abs. 4 EG-FGV waren in diesem Zusammenhang erforderliche Prüfverfahren ordnungsgemäß und mit zufriedenstellendem Ergebnis durchzuführen. Damit stellte die EG-FGV ohne eine ausdrückliche Bezugnahme auf die erforderlichen Prüfungen des Art. 11 der Richtlinie 2007/46/EG ab.[770] Die EG-FGV traf darüber hinaus keine weitergehenden Regelungen und machte keine anderweitigen Vorgaben. Es zeigt sich, dass bereits während der StVG-Novelle 2017 die zu erfüllenden technischen Vorgaben und die dazugehörigen Prüfungen dem nationalen Recht entzogen waren und vollumfassend von supranationalem Recht ausgestaltet wurden.

---

765 Verordnung (EG) Nr. 661/2009 des Europäischen Parlaments und des Rates vom 13.07.2009 über die Typgenehmigung von Kraftfahrzeugen, Kraftfahrzeuganhängern und von Systemen, Bauteilen und selbstständigen technischen Einheiten für diese Fahrzeuge hinsichtlich ihrer allgemeinen Sicherheit (ABl. L 200 vom 31.07.2009, S. 1).

766 Siehe dazu Erwägungsgrund 12 und 33 der Verordnung 661/2009.

767 Vgl. Anhang III der Verordnung 661/2009.

768 Eingefügt durch Verordnung 661/2009, Anhang III „Änderung der Richtlinie 2007/46/EG".

769 Eingefügt durch Verordnung 2015/758, Anlage „Änderungen der Richtlinie 2007/46/EG".

770 Im Ergebnis auch *Rebler*, SVR 2010, 361 (365).

(b) Übereinstimmung mit dem genehmigten Typ

Grundgedanke des Typgenehmigungsverfahrens ist, dass ein vorgestelltes Musterfahrzeug[771] überprüft wird und damit sichergestellt ist, dass dieser Typ den geltenden (und umfassenden) technischen Vorschriften entspricht. Unter den „Typ eines Fahrzeugs“ sind Fahrzeuge einer Fahrzugklasse zu fassen, die sich in technischer Hinsicht nicht wesentlich voneinander unterscheiden.[772] Als zusätzliche Voraussetzung muss gewährleistet sein, dass die entsprechend dem Prüffahrzeug serienmäßig hergestellten Fahrzeuge mit dem überprüften Typ übereinstimmen. Nur so kann im Rahmen des Typgenehmigungsverfahrens gewährleistet werden, dass jedes einzelne produzierte Fahrzeug eines Typs ebenfalls den technischen Vorgaben vollumfänglich entspricht.

Dem jeweiligen Mitgliedstaat obliegt diesbezüglich eine umfassende Kontroll- und Überwachungspflicht. In Deutschland verwies in diesem Zusammenhang § 4 Abs. 4 EG-FGV auf Art. 8 Abs. 1 der Richtlinie 2007/46/EG. Nach Art. 8 Abs. 1 i. V. m. Art. 12 der Richtlinie war der die EG-Typgenehmigung erteilende Mitgliedstaat verpflichtet, die notwendigen Maßnahmen zu ergreifen, um zu überprüfen, ob vom Inhaber der EG-Typgenehmigung – also in der Regel vom jeweiligen Hersteller – geeignete Vorkehrungen getroffen wurden, um die Übereinstimmung zu gewährleisten. Konkrete Vorgaben zu den diesbezüglichen Maßnahmen und Verfahren wurden in Anlage X der Richtlinie aufgestellt. Grundlegende Voraussetzung war die erfolgreiche Durchführung der Anfangsbewertung.[773] Die Genehmigungsbehörde konnte die jeweiligen Vorkehrungen zur Sicherstellung der Produktion auch während der anschließenden laufenden Produktion kontrollieren.[774]

Der Inhaber der jeweiligen EG-Typgenehmigung, also im Regelfall der Hersteller, musste für jedes hergestellte Fahrzeug eine Übereinstimmungsbescheinigung[775] ausstellen (§ 6 EG-FGV). Mit der Übereinstimmungsbescheinigung bestätigte der Hersteller, dass das jeweilige Fahrzeug dem genehmigten Typ entsprach.[776] Die Übereinstimmungsbescheinigung war für

---

771 Den Begriff „Musterfahrzeug“ verwendeten bereits *Arzt/Ruth-Schuhmacher*, NZV 2017, 57 (58), und *von Bodungen*, in: Sassenberg/Faber, Rechtshandbuch Industrie 4.0, § 16, Rn. 10.

772 Siehe dazu die Begriffsbestimmung in Art. 3 Nr. 17 RL 2007/46/EG; vgl. auch *Rebler*, RAW 2013, 19 (23).

773 Siehe dazu Punkt 1. der Anlage X zur RL 2007/46/EG.

774 Siehe dazu Punkt 2. und 3. der Anlage X zur Richtlinie 2007/46/EG.

775 Die Übereinstimmungsbescheinigung wird teilweise auch entsprechend dem in der englischsprachigen Fassung der Richtlinie 2007/46/EG verwendeten Terminus (certificate of conformity) als „CoC“ abgekürzt.

776 Vgl. § 2 Nr. 7 EG-FGV; siehe dazu auch *Rebler*, in: Bachmeier/Müller/Rebler, Verkehrsrecht, EG-FGV § 6, Rn. 1; Art. 2 Nr. 36 der Richtlinie 2007/46/EG definiert die

den einzelnen Neuwagenkäufer von Relevanz, denn die nach § 3 Abs. 1 Satz. 2 FZV nötige Zugehörigkeit zu einem genehmigten Typ ist bei der erstmaligen Zulassung durch Vorlage der Übereinstimmungsbescheinigung nachzuweisen (§ 6 Abs. 3 Satz 1 FZV).

(c) Genehmigungsobjekte

Wie soeben dargestellt, wurde in Deutschland eine EG-Typgenehmigung für Fahrzeuge mit mindestens vier Rädern und einer bauartbedingten Höchstgeschwindigkeit von über 25 km/h nach § 4 EG-FGV in Verbindung mit der Richtlinie 2007/46/EG erteilt. Nach dem gleichen Prinzip wurde auch das Genehmigungsverfahren für Systeme, Bauteile und selbstständige Einheiten durchgeführt und hierfür eine EG-Typgenehmigung ausgestellt (§ 4 Abs. 4 EG-FGV).

(2) Kleinserien-Typgenehmigung

Für Fahrzeuge, die in geringen Stückzahlen produziert wurden, konnte ebenfalls eine europäische Typgenehmigung beantragt werden. Es bestand die Möglichkeit, ein vereinfachtes Verfahren durchzuführen, nach dessen erfolgreichem Abschluss eine EG-Kleinserien-Typgenehmigung erteilt wurde (§ 9 EG-FGV, Art. 22 der Richtlinie 2007/46/EG). Damit das vereinfachte Verfahren im Rahmen der EG-Kleinserien-Typgenehmigung in Frage kam, durften Höchstzahlen für die produzierten Einheiten eines Typs nicht überschritten werden. Die entsprechenden Grenzwerte ergaben sich aus der Tabelle unter Punkt A.1. im Anhang XII der Richtlinie 2007/46/EG und waren für die verschiedenen EU-Fahrzeugklassen unterschiedlich festgelegt worden.

Neben der EG-Kleinserien-Typgenehmigung kam auch die Erteilung einer nationalen Kleinserien-Typgenehmigung in Betracht (§ 11 EG-FGV i. V. m. Art. 23 der Richtlinie 2007/46/EG). Die jeweiligen Höchstzahlen ergaben sich aus der Tabelle unter Punkt A.2. im Anhang XII der Richtlinie 2007/46/EG. Im Gegensatz zur „europäischen" EG-Kleinserien-Typgenehmigung konnte im Genehmigungsverfahren zur nationalen Kleinserien-Typgenehmigung von der Anwendung der technischen Vorschriften der Anlage IV der Richtlinie 2007/46/EG abgesehen werden (Art. 23 Abs. 1 der Richtlinie 2007/46/EG). Dies war in Deutschland der Fall, wenn das Kleinserien-Fahr-

---

Übereinstimmungsbescheinigung als „das in Anhang IX wiedergegebene, vom Hersteller ausgestellte Dokument, mit dem bescheinigt wird, dass ein Fahrzeug aus der Baureihe eines nach dieser Richtlinie genehmigten Typs zum Zeitpunkt seiner Herstellung allen Rechtsakten entspricht".

zeug die jeweiligen Vorgaben der StVZO erfüllt.[777] Die nationale Kleinserien-Typgenehmigung galt dann jedoch nur auf dem Gebiet der Bundesrepublik Deutschland.[778] Die Erteilung einer nationalen sowie „europäischen“ Kleinserien-Typgenehmigung kam allerdings nur für Fahrzeuge der Klassen M, N und O in Frage.

(3) Einzelgenehmigung

Für Einzelfahrzeuge[779] bestand die Möglichkeit, eine Einzelgenehmigung gemäß § 13 EG-FGV i. V. m. Art. 24 der Richtlinie 200//46/EG zu beantragen. Die Einzelgenehmigung war ihrem Zweck nach mit der nationalen Einzelbetriebserlaubnis[780] vergleichbar.[781] Die Erteilung der Einzelgenehmigung nach europäischen Vorgaben gemäß Art. 13 EG-FGV ging der Einzelbetriebserlaubnis des § 21 StVZO allerdings zwingend vor, denn die EG-FGV war lex specialis zu § 21 StVZO.[782] Die Einzelgenehmigung entfaltete nur Wirkung auf dem Gebiet des die Genehmigung erteilenden Mitgliedstaates.[783] In engen Grenzen konnte die Einzelgenehmigung auch für Fahrzeuge, welche in geringen Stückzahlen produziert wurden, erteilt werden. Der Grenzwert wurde von § 13 Abs. 2 EG-FGV festgeschrieben und betrug für Fahrzeuge der Klasse M_1 jährlich 15 Stück.[784]

c) Möglichkeit der Ausnahmegenehmigung

Zum Zeitpunkt der Umsetzung der StVG-Novelle 2017 war eine Genehmigung von hoch- oder vollautomatisierten Fahrfunktionen aufgrund fehlender technischer Vorschriften auf internationaler Ebene nicht möglich.[785] Vor diesem Hintergrund rückte die Ausnahmegenehmigung nach Art. 20 der Rahmenrichtlinie in den Vordergrund.

---

777 Siehe *Rebler*, SVR 2010, 361 (366).
778 Vgl. Art. 23 Abs. 6 der Richtlinie 2007/46/EG; *Rebler*, SVR 2010, 361 (366).
779 So *Dauer*, in: Hentschel/König/Dauer, SVR, EG-FGV § 13, Rn. 13.
780 Siehe zur deutschen Einzelbetriebserlaubnis gemäß § 21 StVZO die Erläuterung oben unter Punkt II.4.
781 Siehe auch die amtliche Begründung zu § 2 EG-FGV, VkBl. 2009, 333.
782 Siehe die amtliche Begründung zur Neufassung des § 21 StVZO, VkBl. 2009, 341; siehe auch *Dauer*, in: Hentschel/König/Dauer, SVR, EG-FGV § 13, Rn. 10; *Rebler*, in: Bachmeier/Müller/Rebler, Verkehrsrecht, EG-FGV § 13, Rn. 10.
783 Siehe Art. 24 Abs. 6 Unterabsatz 1 RL 2007/46/EG.
784 Vgl. *Dauer*, in: Hentschel/König/Dauer, SVR, EG-FGV § 13, Rn. 13.
785 Siehe dazu ausführlich unten unter Punkt IV.4.

aa) Verweis in § 1a Abs. 3 Nr. 2 StVG

Eine Ausnahmegenehmigung war im Rahmen des europäischen Genehmigungsverfahren in Art. 20 der Richtlinie 2007/46/EG für neue Techniken oder Konzepte vorgesehen. Auf diese Ausnahmegenehmigung nimmt auch § 1a Abs. 3 Nr. 2 StVG ausdrücklich Bezug.

In § 8 Abs. 1 EG-FGV wurde auf Art. 20 der Richtlinie 2007/46/EG als „besonderes Verfahren" verwiesen. Bei der Ausnahmegenehmigung handelte es sich nicht um einen eigenen Genehmigungstyp, sondern um eine Vorschrift, die eine Ausnahme von den in der Rahmenrichtlinie und ihrem Anhang IV aufgeführten technischen Vorschriften ermöglichte, sofern eine Technik nicht mit den dortigen Bestimmungen vereinbar war. Eine Ausnahme konnte nach dem Wortlaut des Art. 20 Abs. 1 der Richtlinie 2007/46/EG für einen Typ eines Systems, eines Bauteils oder einer selbstständigen technischen Einheit erteilt werden. Grundsätzlich bestand somit für Hersteller die Möglichkeit, eine separate EG-Typgenehmigung für das System[786], welches die automatisierte Fahrfunktion realisiert, zu erlangen.[787]

bb) Fehlende technische Vorgaben

Es bestand allerdings die Problematik, dass es an technischen Vorgaben gänzlich fehlte. Konkrete Entwürfe von technischen Vorgaben zur Genehmigung von hoch- oder vollautomatisierten Fahrfunktionen wurden zum damaligen Zeitpunkt weder auf internationaler Ebene noch auf europäischer Ebene zirkuliert. Dabei wäre es gerade hilfreich gewesen, wenn sich der Antrag auf eine Ausnahmegenehmigung auf entsprechende Entwürfe hätte stützen können.[788] Vor diesem Hintergrund gestaltete es sich als schwierig, die Sicherheit[789] von hoch- oder vollautomatisierten Fahrfunktionen zu gewährleisten. Es ist zu begrüßen, dass eine Technik, bei der sich bereits die Ausgestaltung der technischen Vorgaben und Prüfverfahren als schwierig gestaltet, nicht im Rahmen einer Ausnahmegenehmigung im öffentlichen Straßenverkehr eingeführt wurde. Es sei dabei klargestellt, dass es sich um den Großserieneinsatz und nicht etwa um Erprobungsfahrzeuge zur Erforschung handelt. Eine zu extensive Politik bei der Erteilung von Ausnahmegenehmigungen hätte bei Versagen eines hoch- oder vollautomatisierten Systems das Vertrauen in die neue Technik schmälern können. Daher wäre

786 Siehe auch *Hammer*, Automatisierte Steuerung, S. 129.

787 So auch *Ruttloff/Freytag*, CB 2017, 333 (336); vgl. auch *von Bodungen*, in: Sassenberg/Faber, Rechtshandbuch Industrie 4.0, § 16, Rn. 15; *Wolfers*, RAW 2017, 2 (7).

788 So *von Bodungen*, in: Sassenberg/Faber, Rechtshandbuch Industrie 4.0, § 16, Rn. 15, mit Hinweis auf *Wolfers*, RAW 2017, 2 (6 f.).

789 Vgl. Art. 20 Abs. 2 lit. c) RL 2007/46/EG.

aufgrund fehlender Vorschriften vor Erteilung einer entsprechenden Ausnahmegenehmigung ein besonders strenger Maßstab an die Zuverlässigkeit und Robustheit des hoch- oder vollautomatisierten Systems anzulegen gewesen.

Zusammenfassend lässt sich festhalten, dass die Beantragung einer Ausnahmegenehmigung im Zeitpunkt der StVG-Novelle 2017 zwar grundsätzlich möglich gewesen wäre, ihre Erteilung aber aufgrund der technischen Komplexität und mangels verbindlicher Vorgaben nicht erfolgen konnte. Der Weg über eine Ausnahmegenehmigung für komplexe Systeme eignet sich nicht für den Serieneinsatz der Technik.[790]

d) Zusammenfassung

Bei Einführung der Regelungen zu Kraftfahrzeugen mit hoch- oder vollautomatisierter Fahrfunktion im Juni 2017 richtete sich die Genehmigung von Kraftfahrzeugen in Deutschland nach dem Regelungsregime der Richtlinie 2007/46/EG und der EG-FGV. Das Verfahren zur Erlangung einer EG-Typgenehmigung betraf die gängigen Kraftfahrzeugarten, wobei die EG-Typgenehmigung für serienmäßig produzierte Kraftfahrzeuge die maßgebliche Genehmigungsart darstellte. Durch den Verweis in § 1a Abs. 3 Nr. 2 StVG sollte für Kraftfahrzeuge mit hoch- oder vollautomatisierter Fahrfunktion im Genehmigungsverfahren die Möglichkeit eröffnet werden, auf die Ausnahmeregelung des Art. 20 der Richtlinie 2007/46/EG zurückzugreifen. Hiervon wurde kein Gebrauch gemacht.

2. Rahmenbedingungen bei Erarbeitung der StVG-Novelle 2021

Auf europäischer Ebene war die Rahmenrichtlinie 2007/46/EG der zentrale Pfeiler für die Harmonisierung der Vorschriften zur Genehmigung und Zulassung von Kraftfahrzeugen. Im Zusammenspiel mit der Richtlinie 2007/46/EG gab die EG-FGV über 14 Jahre hinweg den Rahmen für die Typgenehmigung von Kraftfahrzeugen in Deutschland vor.

a) Verordnung (EU) 2018/858

Dem steten technischen Fortschritt Rechnung tragend[791] wurde die Rahmenrichtlinie 2007/46/EG mit Wirkung zum 1. September 2020 durch die Ver-

790 In diese Richtung auch *Hammer*, Automatisierte Steuerung, S. 129.
791 Vgl. Erwägungsgrund 13 der Verordnung 2018/858.

ordnung 2018/858[792] ersetzt.[793] Seither folgt das Verfahren für die Genehmigung von Kraftfahrzeugen in den Mitgliedstatten der Europäischen Union direkt aus den Bestimmungen der Rahmenverordnung 2018/858, da diese unmittelbare Geltung in den Mitgliedstaaten entfaltet.[794] Damit erfolgte die Erarbeitung der Regelungen für Kraftfahrzeuge mit autonomer Fahrfunktion und die Umsetzung der StVG-Novelle im Jahr 2021 vor dem Hintergrund der aktuellen Rahmenverordnung 2018/858.

aa) Überblick

Trotz der immer komplexeren und schnelleren Entwicklungen in der Automobilbranche soll durch die Ausgestaltung des Typgenehmigungsverfahrens „ein hohes Maß an Sicherheit und Umweltverträglichkeit“[795] gewährleistet werden. Zur Erreichung dieses Ziels[796] wird den Technischen Diensten eine entscheidende Rolle beigemessen.[797] Mit der neuen Rahmenverordnung soll daher sichergestellt werden, dass die benannten Technischen Dienste mit den Entwicklungen in der Automobilindustrie Schritt halten und ihre Aufgaben im Rahmen der Prüfungen von neuen Technologien vollständig erfüllen können.[798] Neuerungen enthält die Verordnung 2018/858 deshalb insbesondere in Bezug auf die Auswahl und Überwachung von Technischen Diensten[799], die Marktüberwachung[800] und die Aufsicht über das Typgeneh-

---

792 Verordnung (EU) 2018/858 des Europäischen Parlaments und des Rates vom 30.05.2018 über die Genehmigung und die Marktüberwachung von Kraftfahrzeugen und Kraftfahrzeuganhängern sowie von Systemen, Bauteilen und selbstständigen technischen Einheiten für diese Fahrzeuge, zur Änderung der Verordnungen (EG) Nr. 715/2007 und (EG) Nr. 595/2009 und zur Aufhebung der Richtlinie 2007/46/EG (ABl. L 151 vom 14.06.2018, S. 1), zuletzt geändert durch Art. 1 Verordnung (EU) 2022/2236 vom 20.06.2022 (ABl. L 296 S. 1, ber. ABl. Nr. L 304 S. 103).

793 Vgl. Art. 91 VO 2018/858; siehe auch *Dauer*, in: Hentschel/König/Dauer, SVR, EG-FGV Vorbemerkung, Rn. 3; *Wiebe/Schucht*, NZV 2022, 209 (210).

794 Vgl. *Dauer*, in: Hentschel/König/Dauer, SVR, EG-FGV Vorbemerkung, Rn. 3; *Wiebe/Schucht*, NZV 2022, 209 (210); *Wagner/Karagkouni*, EuZW 2019, 108 (113); siehe auch *Wagner*, Das neue Mobilitätsrecht, S. 48; im Ergebnis auch *Weise*, Hochautomatisiertes Fahren, S. 25.

795 So Erwägungsgrund 8 der Verordnung 2018/858.

796 Siehe hierzu auch Erwägungsgrund 7 der Verordnung 2018/858, wonach es erklärtes Ziel ist, durch die harmonisierten Vorschriften und Grundsätze unter anderem für „ein hohes Maß an Sicherheit sowie Gesundheits- und Umweltschutz zu sorgen“.

797 Vgl. Erwägungsgrund 11 der Verordnung 2018/858.

798 Vgl. Erwägungsgrund 13 der Verordnung 2018/858.

799 Vgl. Art. 67 bis 81 der Verordnung 2018/858; in der Richtlinie 2007/46/EG erstreckten sich die Vorgaben zu den Technischen Diensten lediglich auf drei Artikel, vgl. Art. 41 bis 43 der Richtlinie 2007/46/EG.

800 Vgl. dazu Art. 8 und 9 der Verordnung 2018/858; siehe auch Erwägungsgrund 10 der Verordnung 2018/858.

migungsverfahren[801].[802] Im Ergebnis soll damit eine umfassende Kontrolle der nationalen Genehmigungsbehörden und der benannten Technischen Dienste sicher gestellt werden. Zudem soll die Stellung der zuständigen Behörden im Typgenehmigungsverfahren gestärkt werden.[803]

Das System der europaweiten Typgenehmigung von Kraftfahrzeugen hat sich allerdings bewährt und wird in ihrer Grundstruktur[804] von der Verordnung 2018/858 beibehalten.[805] Die Regelungsdichte der Rahmenverordnung ist im Vergleich zur Rahmenrichtlinie allerdings höher, was in erster Linie auf ihre Ausgestaltung als Verordnung und die damit verbundene unmittelbare Geltung in den Mitgliedstaaten zurückzuführen ist.[806]

bb) Geltungsbereich und Fahrzeugklassen

Der Geltungsbereich der neuen Rahmenverordnung ergibt sich aus einer Zusammenschau der Art. 2 und Art. 4 sowie der Begriffsbestimmung in Art. 3 Nr. 16 Verordnung 2018/858. Demnach umfasst die Verordnung 2018/858 gemäß Art. 2 Abs. 1 Kraftfahrzeuge der Klassen M oder N, die dazu bestimmt sind, auf öffentlichen Straßen gefahren zu werden. Bei Kraftfahrzeugen handelt es sich nach Art. 3 Nr. 16 mithin um Fahrzeuge mit mindestes vier Rädern und einer bauartbedingten Höchstgeschwindigkeit von mehr als 25 km/h. Die EU-Fahrzeugklassen und deren Beschreibung wurden zuletzt in Anhang II der Richtlinie 2007/46/EG beschrieben.[807]

Mit Inkrafttreten der Verordnung 2018/858 werden die EU-Fahrzeugklassen nunmehr in Art. 4 der Rahmenverordnung verbindlich festgelegt, wobei

801 Vgl. Art. 10 der Verordnung 2018/858; zu der grundlegenden Struktur der Typgenehmigung siehe sogleich unten unter Punkt cc).

802 Siehe hierzu auch die Pressemitteilung des Rates vom 22.05.2018, abrufbar unter https://www.consilium.europa.eu/de/press/press-releases/2018/05/22/new-type-approval-and-market-surveillance-system-for-motor-vehicles-council-concludes-reform-of-the-sector/ (zuletzt abgerufen am 31.08.2023); zu den mit der Verordnung 2018/858 einhergehenden Neuerungen siehe umfassend *Schmidt-Kötters/Geber*, NVwZ 2019, 1809, sowie *Wagner/Karagkouni*, EuZW 2019, 108; einen fundierten Überblick geben auch *Naruisch/Degen/Labza*, RAW 2020, 88.

803 Siehe *Schmidt-Kötters/Geber*, NVwZ 2019, 1809 (1810).

804 Zur Grundstruktur des Typgenehmigungsverfahrens siehe oben unter Punkt B.III.1.a) cc) sowie Punkt B.III.1b)dd).

805 So auch *Naruisch/Degen/Labza*, RAW 2020, 88 (90); *Gaupp*, Type Approval Legislation, S. 77; vgl. *Wagner/Karagkouni*, EuZW 2019, 108 (109).

806 Siehe *Naruisch/Degen/Labza*, RAW 2020, 88 (90), wonach die konkretere und detailliertere Ausgestaltung der Vorschriften in der Rahmenverordnung 2018/858 im Vergleich zur Rahmenrichtlinie daher nicht überraschend sei; siehe auch *Wagner/Karagkouni*, EuZW 2019, 108 (109).

807 Siehe oben unter Punkt III.1.a)bb).

sich die technischen Kriterien für die jeweilige Einstufung aus Anhang I der Rahmenverordnung ergeben.[808] Demnach erfolgt die Unterteilung der Kraftfahrzeuge der Klasse M und N weiterhin nach ihrem Zweck. Kraftfahrzeuge der Klasse M sind in erster Linie „für die Beförderung von Personen und deren Gepäck ausgelegte und gebaute Kraftfahrzeuge".[809] Von besonderer Relevanz für den Individualverkehr bleiben Fahrzeuge der Klasse M_1, also Kraftfahrzeuge zum Personentransport mit höchstens acht Sitzplätzen zusätzlich zum Fahrersitz und ohne Stehplätze[810].

cc) EU-Typgenehmigung

Im Rahmen des Typgenehmigungsverfahrens wird von der Genehmigungsbehörde bescheinigt, dass ein Typ eines Fahrzeugs den einschlägigen Verwaltungsvorschriften und den technischen Vorschriften entspricht.[811] Das hierfür durchzuführende Genehmigungsverfahren ist in Kapitel III sowie Kapitel IV der Rahmenverordnung geregelt. Zentrale Aspekte des Verfahrens sind zum einen die Überprüfung der Einhaltung der technischen Anforderungen gemäß Art. 30 sowie die Übereinstimmung der Produktion mit dem genehmigten Typ nach Art. 31 der Verordnung 2018/858. Die Überprüfung der technischen Vorgaben und die Übereinstimmung der Produktion sind essenzielle Säulen des Genehmigungsverfahrens für serienmäßig produzierte Fahrzeuge und waren bereits das Kernstück für die Erlangung der EG-Typgenehmigung nach der EG-FGV i. V. m. der Richtlinie 2007/46/EG.[812]

(1) Genehmigungsobjekte

Nach der Rahmenverordnung können zunächst Fahrzeuge das Typgenehmigungsverfahren durchlaufen. Daneben können auch Systeme genehmigt werden, wobei Typgenehmigungen für Systeme nur dem Fahrzeughersteller erteilt werden können.[813] Ein System ist nach der Begriffsbestimmung in Art. 3 Nr. 18 Verordnung 2018/858 eine Gesamtheit von Einrichtungen, die gemeinsam eine oder mehrere bestimmte Funktionen in einem Fahrzeug

808 Siehe Art. 4 Abs. 2 Satz 1 Verordnung 2018/858.

809 So Art. 4 Abs. 1 lit. a) VO 2018/858.

810 Vgl. Art. 4 Abs. 1 lit. a) Unterpunkt i) VO 2018/858.

811 Siehe auch die Begriffsbestimmungen in Art. 3 Nr. 1 und Nr. 2 VO 2018/858.

812 Vgl. oben unter Punkt III.1.b)dd)(1).

813 So *Siebert*, EU-Typgenehmigungsverfahren, in: Genehmigungsverfahren für Kraftfahrzeuge, S. 92.

erfüllen. Eine solche Funktion kann beispielsweise die Lenkung in Querrichtung oder das Begrenzen der Geschwindigkeit in Längsrichtung sein.[814]

Von einem System abzugrenzen sind Bauteile, die ein weiteres Genehmigungsobjekt darstellen. Bei einem Bauteil handelt es sich nach Art. 3 Nr. 19 der Rahmenverordnung um eine Einrichtung, die Teil eines Fahrzeugs werden soll und unabhängig von diesem Fahrzeug typgenehmigt werden kann. Bauteile sind regelmäßig Teil eines Systems und können unabhängig von einem Fahrzeug genehmigt werden, soweit die Anforderungen in einem eigenen Rechtsakt festgelegt sind.[815] So kann beispielsweise ein Scheinwerfer als Bauteil nach der Verordnung 2018/858 typgenehmigt werden.

Selbstständige technische Einheiten bilden das letzte Genehmigungsobjekt der Rahmenverordnung. Bei der selbstständigen technischen Einheit handelt es sich nach Art. 3 Nr. 20 der Verordnung 2018/858 um eine Einrichtung, die nur in Verbindung mit einem oder mehreren angegebenen Fahrzeugtypen typgenehmigt werden kann. Während Bauteile also unabhängig vom Fahrzeugtyp genehmigt werden können, kann für eine selbstständige technische Einheit die Typgenehmigung nur in Bezug auf einen bestimmten Fahrzeugtyp erteilt werden.[816] Als Beispiele werden neben dem hinteren Unterfahrschutz[817] oder Austauschschalldämpferanlagen[818] auch das eCall-System[819] im Sinne der Verordnung 2015/758[820] genannt.

(2) Beteiligte im Genehmigungsverfahren

An dem Verfahren der Typgenehmigung sind der Hersteller, Technische Dienste sowie die Genehmigungsbehörde beteiligt.[821] Die Genehmigungsbehörde im Sinne von Art. 3 Nr. 36 der Rahmenverordnung ist in Deutsch-

---

814 Vgl. hierzu *Siebert*, EU-Typgenehmigungsverfahren, in: Genehmigungsverfahren für Kraftfahrzeuge, S. 92.

815 So *Siebert*, EU-Typgenehmigungsverfahren, in: Genehmigungsverfahren für Kraftfahrzeuge, S. 92; siehe auch *Gaupp*, Type Approval Legislation, S. 117.

816 Vgl. *Siebert*, EU-Typgenehmigungsverfahren, in: Genehmigungsverfahren für Kraftfahrzeuge, S. 92.

817 Siehe *Gaupp*, Type Approval Legislation, S. 116; *Siebert*, EU-Typgenehmigungsverfahren, in: Genehmigungsverfahren für Kraftfahrzeuge, S. 92.

818 Siehe *Gaupp*, Type Approval Legislation, S. 116.

819 Vgl. *Gaupp*, Type Approval Legislation, S. 116.

820 Verordnung (EU) 2015/758 des Europäischen Parlaments und des Rates vom 29.04.2015 über Anforderungen für die Typgenehmigung zur Einführung des auf dem 112-Notruf basierenden bordeigenen eCall-Systems in Fahrzeugen und zur Änderung der Richtlinie 2007/46/EG.

821 Vgl. *Siebert*, EU-Typgenehmigungsverfahren, in: Genehmigungsverfahren für Kraftfahrzeuge, S. 86.

land das Kraftfahrt-Bundesamt[822], da dieses gemäß § 2 Abs. 1 Nr. 1 lit. a) KBAG[823] für die Typgenehmigung und Typprüfung von Fahrzeugen und Fahrzeugteilen zuständig ist.

Der Technische Dienst ist gemäß Art. 3 Nr. 38 Verordnung 2018/858 „eine Organisation oder Stelle, die von der Genehmigungsbehörde als Prüflabor für die Durchführung von Prüfungen oder als Konformitätsbewertungsstelle für die Durchführung der Anfangsbewertung und anderer Prüfungen oder Kontrollen benannt wurde". Das KBA ist nach dem Wortlaut von Art. 68 Abs. 1 Verordnung 2018/858 als Genehmigungsbehörde in Deutschland für die Benennung der Technischen Dienste zuständig. Die Zuständigkeit wird in § 2 Abs. 1 Nr. 1 lit. b) KBAG deklaratorisch festgestellt. Die Benennung der Technischen Dienste richtet sich nach Art. 68 der Verordnung 2018/858, dessen Vorgaben durch Anhang III der Verordnung flankiert und konkretisiert werden. Während in Anhang III Anlage 1 der Verordnung 2018/858 die Anforderungen für Technische Dienste durch Verweis auf ISO-Normen[824] konkretisiert werden, wird in Anlage 2 das Verfahren für die Bewertung und Benennung der Technischen Dienste bestimmt.

Die Technischen Dienste unterliegen auch nach ihrer Benennung gemäß Art. 76 Abs. 1 der Verordnung 2018/858 der Überwachung durch die Genehmigungsbehörde. Der Kommission wurden mit Art. 76 Abs. 3 sowie Art. 77 Verordnung 2018/858 Befugnisse im Zusammenhang mit der Überwachung der Technischen Dienste eingeräumt. Sofern Bedenken an der Befähigung eines Technischen Dienstes bestehen, kann die Kommission nach Art. 77 Abs. 1 der Verordnung 2018/858 Untersuchungen einleiten. Als Grundprinzip sieht die Verordnung die Zusammenarbeit der nationalen Genehmigungsbehörde und der Kommission vor. In Bezug auf beschränkende Maßnahmen zu Lasten eines Technischen Dienstes steht der Kommission mit Art. 77 Abs. 4 Unterabsatz 3 der Verordnung 2018/858 eine Durchführungskompetenz zu, die den unmittelbaren Durchgriff auf Ebene der Mitgliedstaaten ermöglicht.[825]

---

822 Siehe auch *Siebert*, EU-Typgenehmigungsverfahren, in: Genehmigungsverfahren für Kraftfahrzeuge, S. 112.

823 Gesetz über die Errichtung eines Kraftfahrt-Bundesamtes vom 04.08.1951 (BGBl. I, S. 488).

824 Bezüglich Tätigkeiten in Zusammenhang mit Typgenehmigungsprüfungen wird zum einen auf EN ISO/IEC 17025:2005 „Allgemeine Anforderungen an die Kompetenz von Prüf- und Kalibrierungslaboratorien" rekurriert, zum anderen wird auf EN ISO/IEC 17020:2012 „Allgemeine Kriterien für den Betrieb verschiedener Typen von Stellen, die Inspektionen durchführen" verwiesen.

825 Vgl. hierzu *Wagner/Karagkouni*, EuZW 2019, 108 (112), die der Kommission diesbezüglich zu Recht „ein Durchgriffsrecht gegenüber den nationalen Behörden" attestieren.

(3) Grundzüge des Verfahrens nach der Rahmenverordnung

Jeder der vorgenannten Beteiligten ist für die Erstellung eines bestimmten Dokuments verantwortlich.[826] Die Durchführungsverordnung 2020/683[827] soll durch die Bereitstellung von Mustern und Formatvorgaben zur Standardisierung der Dokumente im Genehmigungsverfahren in den Mitgliedstaaten beitragen.[828] Der Hersteller stößt das Typgenehmigungsverfahren mit einem entsprechenden Antrag gemäß Art. 23 der Verordnung 2018/858 an und erstellt eine Beschreibungsmappe im Sinne von Art. 24 der Verordnung 2018/858, die er dem Antrag beilegt.

(a) Überprüfung der Einhaltung der technischen Anforderungen

Gemäß den zentralen Punkten des Genehmigungsverfahrens hat der Hersteller nachzuweisen, dass sein Produkt den technischen Anforderungen entspricht. Nach Art. 26 Abs. 2 lit. c) der Verordnung 2018/858 muss der Typ eines Fahrzeugs die geltenden Anforderungen erfüllen.[829] Die Genehmigungsbehörde überprüft gemäß Art. 30 Abs. 1 der Rahmenverordnung die Einhaltung der technischen Anforderungen durch geeignete Prüfungen. Nach Art. 30 Abs. 4 der Rahmenverordnung stellt der Hersteller Prüffahrzeuge zur Verfügung, soweit dies erforderlich ist. Die Durchführung dieser Prüfungen obliegt dem Technischen Dienst, der nach Art. 31 Abs. 2 Verordnung 2018/858 den Prüfbericht[830] erstellt und diesen der Genehmigungsbehörde zuleitet. Dem Technischen Dienst obliegt damit eine äußerst verantwortungsvolle Aufgabe in einem zentralen Bereich des Typgenehmigungsverfahrens, die die strengen Vorgaben an die Benennung der Technischen Dienste rechtfertigt.

---

826 Siehe *Siebert*, EU-Typgenehmigungsverfahren, in: Genehmigungsverfahren für Kraftfahrzeuge, S. 86.

827 Durchführungsverordnung (EU) 2020/683 der Kommission vom 15.04.2020 zur Durchführung der Verordnung (EU) 2018/858 des Europäischen Parlaments und des Rates hinsichtlich der administrativen Anforderungen für die Genehmigung und Marktüberwachung von Kraftfahrzeugen und Kraftfahrzeuganhängern sowie von Systemen, Bauteilen und selbstständigen technischen Einheiten für diese Fahrzeuge (ABl. L 163 vom 26.05.2020, S. 1).

828 Vgl. schon Erwägungsgrund 1 der Verordnung 2020/683.

829 So auch *Schmidt-Kötters/Geber*, NVwZ 2019, 1809 (1810).

830 Siehe zu den Anforderungen an den Prüfbericht die Auflistung bei *Siebert*, EU-Typgenehmigungsverfahren, in: Genehmigungsverfahren für Kraftfahrzeuge, S. 111.

(b) Übereinstimmung der Produktion

Die zweite Säule des Genehmigungsverfahrens stellt die Gewährleistung der Übereinstimmung der Produktion mit dem genehmigten Typ dar. Die Genehmigungsbehörde erteilt die EU-Typgenehmigung gemäß Art. 26 Abs. 2 lit. a) der Verordnung 2018/858 erst, wenn die in Art. 31 genannten Vorkehrungen geprüft wurden und die Übereinstimmung der Produktion somit gewährleistet ist.[831] Die Überprüfung der Übereinstimmung der Produktion wird ebenfalls durch einen Technischen Dienst durchgeführt.

(c) Marktüberwachung und Online-Datenaustausch

Mit der neuen Rahmenverordnung rückt der dem Typgenehmigungsverfahren nachgelagerte Bereich der Marktüberwachung stärker in den Fokus. Der Kommission werden diesbezüglich umfangreiche Befugnisse und Pflichten übertragen.

Nach Art. 9 Abs. 1 der Verordnung 2018/858 führt die Kommission Nachprüfungen bei bereits genehmigten Fahrzeugen und anderen Genehmigungsobjekten durch.[832] Durch Prüfungen und Inspektionen soll sichergestellt werden, dass genehmigte Produkte die durch die Verordnung vorgegebenen Anforderungen einhalten. Die Kommission leitet gemäß Art. 9 Abs. 6 der Verordnung 2018/858 Verfahren nach Art. 53 und Art. 54 der Verordnung 2018/858 ein, sofern Fahrzeuge, Systeme, Bauteile oder selbstständige technische Einheiten nicht den Typgenehmigungsanforderungen entsprechen. Die Kommission kann insbesondere Abhilfemaßnahmen nach Art. 53 Abs. 6 und Art. 54 Abs. 5 der Verordnung 2018/858 ergreifen. Die Kommission hat damit die Kompetenz, die Zulassung bzw. die Inbetriebnahme von Fahrzeugen zu untersagen oder zu beschränken sowie den Rückruf von Fahrzeugen anzuordnen.[833] Es zeigt sich, dass die Einhaltung der Anforderungen sowohl im Typgenehmigungsverfahren als auch nach Erteilung der Genehmigung von hoher Bedeutung ist.

Die Durchführungsverordnung 2020/1812[834] bezieht sich auf die Einrichtung des in Art. 12 und Art. 27 Abs. 3 Verordnung 2018/858 vorgesehenen Online-Datenaustausches zwischen der Kommission, den Mitgliedstaaten

---

831 Zu den insofern einschlägigen ISO-Standards siehe *Gaupp*, Type Approval Legislation, S. 122.

832 Siehe hierzu auch *Wagner/Karagkouni*, EuZW 2019, 108 (112).

833 So *Wagner/Karagkouni*, EuZW 2019, 108 (112).

834 Durchführungsverordnung (EU) 2020/1812 der Kommission vom 01.12.2020 zur Festlegung der Vorschriften für den Online-Datenaustausch und die Meldung von EU-Typgenehmigungen gemäß der Verordnung (EU) 2018/858 des Europäischen Parlaments und des Rates (ABl. L 404 vom 02.12.2020, S. 5).

und den Genehmigungsbehörden. Nach Art. 1 der Durchführungsverordnung 2020/1812 wird als gemeinsames sicheres elektronisches Austauschsystem im Sinne von Art. 12 Abs. 4 in Verbindung mit Art. 27 Abs. 3 Verordnung 2018/858 das „European Type Approval Exchange System" verwendet.

(4) Technische Anforderungen

Wie bereits im Rahmen der Richtlinie 2007/46/EG nehmen die zu überprüfenden technischen Anforderungen eine zentrale Stellung im Genehmigungsverfahren ein und sind damit Dreh- und Angelpunkt für die Genehmigung von Fahrzeugen sowie Systemen, Bauteilen und selbstständigen technischen Einheiten.[835] So müssen Fahrzeuge nach Art. 5 Abs. 1 der Verordnung 2018/858 die technischen Anforderungen der in Anhang II der Verordnung aufgeführten Rechtsakte einhalten. Wie die Rahmenrichtlinie 2007/46/EG enthält die Rahmenverordnung 2018/858 keine spezifischen technischen Vorschriften. Vielmehr wird in der Rahmenverordnung auf Einzelrechtsakte verwiesen, in denen die technischen Vorgaben detailliert und erschöpfend beschrieben sind.[836]

dd) Kleinserienfahrzeuge

Mit Blick auf die Produktionszahlen von Fahrzeugen hält die Rahmenverordnung 2018/858 vereinfachte Vorschriften parat. Ein Kleinserienfahrzeug definiert sich nach Art. 3 Nr. 30 der Verordnung 2018/858 in erster Linie nach der Einhaltung von Höchstgrenzen nach Anhang V der Rahmenverordnung. Als Obergrenze sind jährlich 1.500 Einheiten[837] auf dem Gebiet der Union im Falle der EU-Typgenehmigung für Kleinserienfahrzeuge der Klasse M_1 und jährlich 250 Einheiten[838] im Falle der nationalen Typgenehmigung für Kleinserienfahrzeuge der Klasse M_1 vorgesehen. Die speziellen Vorgaben betreffend Kleinserienfahrzeugen sind in Kapitel VIII der Rahmenverordnung 2018/858 enthalten.[839]

---

835 So im Ergebnis auch *Naruisch/Degen/Labza*, RAW 2020, 88 (89), die unter dem Begriff der „präventive[n] Kontrolle" die Erfüllung der technischen Vorgaben im System des Genehmigungsverfahrens auf den Punkt bringen.

836 Siehe auch *Siebert*, EU-Typgenehmigungsverfahren, in: Genehmigungsverfahren für Kraftfahrzeuge, S. 98

837 Vgl. Teil A.1. in Anhang V der Verordnung 2018/858.

838 Vgl. Teil A.2. in Anhang V der Verordnung 2018/858.

839 Die Beantragung einer nationalen Kleinserien-Typgenehmigung war schon nach § 11 EG-FGV i. V. m. Art. 23 RL 2007/46/EG möglich. Das Abweichen von technischen Vorgaben bei Vorliegen alternativer nationaler Vorgaben nach Art. 23 Abs. 1 der Richtlinie 2007/46/EG war ebenfalls möglich.

b) Begriffliche Einordnung der Genehmigungsarten

Aufgrund der uneinheitlichen Begrifflichkeiten sollen die einzelnen Genehmigungsarten überblicksmäßig gegenübergestellt werden.[840]

FZV	StVZO	VO 2018/858
EG-Typgenehmigung, § 2 Nr. 4 FZV	-	EU-Typgenehmigung, Art. 3 Nr. 2 VO 2018/858
Nationale Typgenehmigung, § 2 Nr. 5 FZV	Allgemeine Betriebserlaubnis (ABE), § 20 StVZO	Nationale Typgenehmigung, Art. 3 Nr. 3 VO 2018/858
Einzelgenehmigung, § 2 Nr. 6 FZV	Einzelbetriebserlaubnis (EBE), § 21 StVZO	Fahrzeug-Einzelgenehmigung, Art. 3 Nr. 6 VO 2018/858

c) Übergang von der Rahmenrichtlinie auf die Rahmenverordnung

Der Übergang von der Richtlinie 2007/46/EG zur Rahmenverordnung 2018/858 hat keine wesentlichen Auswirkungen auf die Genehmigung von Kraftfahrzeugen in Deutschland zur Folge, da das bewährte System der Typgenehmigung beibehalten wird. Gerade der Blick auf die Genehmigungsarten zeigt, dass bei der Genehmigung nach der Verordnung 2018/858 dieselben Grundsätze gelten, wie bereits unter der Rahmenrichtlinie. Im Übrigen gelten gemäß Art. 88 der Verordnung 2018/858 Bezugnahmen auf die Richtlinie 2007/46/EG als Bezugnahmen auf die Verordnung 2018/858. In diesem Zusammenhang gilt die Entsprechungstabelle, welche in Anhang XI der Verordnung 2018/858 abgedruckt ist.[841] Vor dem Hintergrund des Gleichlaufs der Genehmigungsverfahren können Literaturstimmen zu der Rechtslage unter der aufgehobenen Rahmenrichtlinie auch bei der Bewertung unter dem Regelungsregime der neuen Verordnung 2018/858 entsprechend herangezogen werden.

Die Genehmigung von Kraftfahrzeugen in den Mitgliedstaaten der Europäischen Union folgt aktuell direkt aus den Bestimmungen der Verordnung 2018/858, da diese unmittelbare Geltung in den Mitgliedstaaten entfaltet.[842] Vor dem Hintergrund des Übergangs auf die Verordnung 208/858 ist

840 Siehe zu den in der FZV und der EG-FGV verwendeten Begrifflichkeiten auch *Dauer*, in: Hentschel/König/Dauer, SVR, StVZO § 19, Rn. 2.

841 Siehe auch *Dauer*, in: Hentschel/König/Dauer, SVR, EG-FGV Vorbemerkung, Rn. 3.

842 Vgl. *Dauer*, in: Hentschel/König/Dauer, SVR, EG-FGV Vorbemerkung, Rn. 3; *Wiebe/Schucht*, NZV 2022, 209 (210); *Wagner/Karagkouni*, EuZW 2019, 108 (113); siehe auch *Wagner*, Das neue Mobilitätsrecht, S. 48; im Ergebnis auch *Weise*, Hochautomatisiertes Fahren, S. 25.

schließlich auch mit der Aufhebung der EG-FGV, mithin dem nationalen Umsetzungsgesetz der aufgehobenen Rahmenrichtlinie, zu rechnen. Nach dem Bericht zur Verkehrsministerkonferenz im April 2021 wird bereits eine neue EU-FGMV erarbeitet, die die EG-FGV ersetzen soll.[843]

3. Zusammenfassung

Ausgangspunkt für die rechtliche Betrachtung bleibt in Deutschland die Zulassungspflicht nach § 3 i. V. m. § 1 FZV für Kraftfahrzeuge mit einer bauartbedingten Höchstgeschwindigkeit von mehr als 6 km/h. Wie bereits dargestellt, muss das Kraftfahrzeug einem genehmigten Typ entsprechen oder es muss eine Einzelgenehmigung vorliegen (§ 3 Abs. 1 Satz 2 FZV).[844] Das hierfür durchzuführende Genehmigungsverfahren stellt den Kern für die Erlangung der entsprechenden Typ- oder Einzelgenehmigung dar.

Die europarechtliche Grundlage für die Genehmigung von Kraftfahrzeugen bildete zum Zeitpunkt der Umsetzung der StVG-Novelle 2017 noch die Rahmenrichtlinie 2007/46/EG. Die Erarbeitung der StVG-Novelle 2021 erfolgte dagegen bereits unter dem Eindruck der seit dem 1. September 2020 geltenden Rahmenverordnung 2018/858. Aus dem geänderten Regelungsregime ergeben sich indes keine grundlegenden Änderungen für die Genehmigung von Kraftfahrzeugen auf europäischer Ebene. Durch die Verweisung auf supranationales Recht werden die Voraussetzungen für die Erteilung im Rahmen des Genehmigungsverfahrens allerdings nicht im nationalen, sondern durch übergeordnetes Recht festgelegt. Dies ist Folge der steten Harmonisierung des Zulassungs- und Genehmigungsrechts auf europäischer Ebene.

Der Vorteil der EU-Typgenehmigung liegt in ihrem weiten Gültigkeitsbereich. Der Hersteller muss für ein Fahrzeugmodell das Genehmigungsverfahren nur einmal durchlaufen und erhält eine europaweit gültige EU-Typgenehmigung. Vor der umfassenden Harmonisierung musste dagegen noch bei jedem Mitgliedstaat eine nationale Typgenehmigung für dessen Gebiet beantragt werden.[845] Damit zeigt sich der enorme Wert, der mit der Harmonisierung des Genehmigungs- und Zulassungsrechts von Kraftfahrzeugen einhergeht. Durch die Harmonisierung wird zum Abbau von Wirtschafts-

---

843 Siehe Bericht des Bundesministeriums für Verkehr und digitale Infrastruktur zur Verkehrsministerkonferenz am 15./16.04.2021, S. 2, abrufbar unter https://www.verkehrsministerkonferenz.de/VMK/DE/termine/sitzungen/21-04-15-16-vmk-telefonschaltkonferenz/21-04-15-16-bericht-bmvi-6-4.pdf?__blob=publicationFile&v=2 (zuletzt abgerufen am 31.08.2023).

844 Siehe dazu oben unter Punkt II.3.

845 Siehe dazu näher *Rebler*, in: Bachmeier/Müller/Rebler, Verkehrsrecht, EG-FGV § 4, Rn. 1; *ders.*, SVR 2010, 366.

hemmnissen innerhalb der Europäischen Union beigetragen und die Erfüllung der Zulassungsvoraussetzungen von Kraftfahrzeugen effizient ausgestaltet. Auf der anderen Seite wird dem nationalen Gesetzgeber der Zugriff auf die Festlegung von Genehmigungsvoraussetzungen und technischen Vorgaben bei Neufahrzeugen immer mehr aus der Hand genommen. Dies gilt auch in Bezug auf neue Technologien und den rasanten technischen Fortschritt in der Automobilbranche.

IV. Genehmigung von Kraftfahrzeugen mit hoch- oder vollautomatisierter Fahrfunktion

Die dargestellten Grundlagen für die Zulassung von Kraftfahrzeugen und die Grundsätze des vorgelagerten Genehmigungsverfahrens gelten auch für Kraftfahrzeuge mit hoch- oder vollautomatisierter Fahrfunktion im Sinne von § 1a Abs. 2 StVG.[846] Wie dargelegt, besteht in Deutschland nach § 1 Abs. 1 Satz 1 StVG i. V. m. §§ 3, 1 FZV grundsätzlich eine Zulassungspflicht für Kraftfahrzeuge mit einer bauartbedingten Höchstgeschwindigkeit von mehr als 6 km/h.[847] Kraftfahrzeuge mit hoch- oder vollautomatisierter Fahrfunktion sind von der Zulassungspflicht nicht ausgenommen. Im Folgenden sollen die für die Zulassung und Genehmigung von Kraftfahrzeugen mit hoch- oder vollautomatisierter Fahrfunktion anzuwendenden Vorschriften und Regelungen des europäischen und nationalen Rechts identifiziert werden.

1. Anzuwendender Rechtsrahmen

Zunächst ist der Rechtsrahmen abzustecken, der für die Genehmigung von Kraftfahrzeugen mit hoch- oder vollautomatisierter Fahrfunktion anzulegen ist. Allem voran ist die für die Automatisierung im Straßenverkehr relevante Fahrzeugart und -klasse zu bestimmen, denn hiernach richten sich die im Genehmigungsverfahren zu beachtenden Vorgaben und Voraussetzungen. Es stellt sich damit zunächst die Frage, welche Fahrzeugarten im Bereich des hoch- und vollautomatisierten Fahrens besonders relevant sind.

846 Siehe auch *von Bodungen*, in: Sassenberg/Faber, Rechtshandbuch Industrie 4.0, § 16, Rn. 10 ff.; in diese Richtung auch *Dauer*, in: Hentschel/König/Dauer, SVR, StVG § 1, Rn. 34; vgl. bereits vor der StVG-Novelle 2017 *Berndt*, SVR 2017, 121 (122).
847 Siehe dazu oben unter Punkt B.II.3.

a) Relevante Fahrzeugart und Fahrzeugklasse

Die Relevanz von zweirädrigen Fahrzeugen im Sinne der Verordnung 168/2013, wie beispielsweise Motorroller oder Motorräder, ist derzeit als gering anzusehen. Eine durch das Fahrzeug übernommene gleichzeitige Längs- und Querführung ist aufgrund der Bauart von Zweirädern im Vergleich zu Personenkraftwagen ungleich komplexer, da hierbei die Gewichtsverlagerung des Fahrers zur sicheren Spurführung benötigt wird. Zudem sind die notwendigen Systeme[848] auf einem zweirädrigen Gefährt aufgrund des eingeschränkten Bauraums schwieriger zu installieren. Daher scheidet diese Fahrzeugart im Rahmen der Automatisierung des Straßenverkehrs derzeit aus.[849]

Auch land- und forstwirtschaftliche Zugmaschinen im Sinne der Verordnung 167/2013 dürften zunächst von keiner großen Relevanz für die Automatisierung im Straßenverkehr sein. Es ist nicht von der Hand zu weisen, dass die Automatisierung von landwirtschaftlichen Kraftfahrzeugen zur Optimierung des Feldertrages bereits weit vorangeschritten ist. Diese Automatisierungsfunktionen betreffen allerdings den Einsatz auf Äckern und Feldern, also auf privaten Flächen, hingegen nicht die Verwendung im öffentlichen Straßenverkehr. Damit scheiden land- und forstwirtschaftliche Zugmaschinen für die vorzunehmende Betrachtung aus, da sowohl die vorliegende Arbeit als auch die Bemühungen im Regulierungsrecht den Einsatz von automatisierten Fahrsystemen im öffentlichen Straßenverkehr zum Gegenstand haben.

Von besonders hoher Relevanz sind dagegen Kraftfahrzeuge mit mindestens vier Rädern und einer bauartbedingten Höchstgeschwindigkeit von mehr als 25 km/h. Im Rahmen dieser Fahrzeugart ist zwischen den verschiedenen EU-Fahrzeugklassen zu unterscheiden.[850] Grundsätzlich kommen Kraftfahrzeuge zur Personenbeförderung, also Personenkraftwagen der Klasse M_1 und Busse der Klasse M_2 bzw. M_3 in Frage. Daneben können auch Kraftfahrzeuge zum Gütertransport, das heißt Liefer- und Lastkraftwagen der Klasse N, in Betracht kommen. Insbesondere bei Reisebussen[851] und

848 Siehe zu den technischen Grundlagen ausführlich oben in Teil 1 in Kapitel B.

849 Die Betonung liegt auf „derzeit“. So stellte BMW Motorrad im Jahr 2018 einen Prototyp auf Basis einer BMW R 1200 GS vor, welcher selbstständig auf einem Testgelände ohne einen Fahrer beschleunigen, anhalten und Kurven fahren konnte. Vgl. Pressemeldung vom 12.09.2018, abrufbar unter https://www.press.bmwgroup.com/deutschland/article/detail/T0284901DE/bmw-motorrad-praesentiert-autonom-fahrende-bmw-r-1200-gs-ausblick-auf-sicherheit-und-technische (zuletzt abgerufen am 31.08.2023).

850 Siehe dazu oben unter Punkt III.2.a)bb).

851 Busse mit einer zulässigen Gesamtmasse bis zu 5 Tonnen unterfallen der Klasse M_2. Busse mit einer zulässigen Gesamtmasse von mehr als 5 Tonnen sind der Klasse M_3 zuzuordnen, siehe Art. 4 Abs. 1 lit. a) VO 2018/858.

beim Schwerverkehr[852] bieten sich voll- oder hochautomatisierte Systeme zur Entlastung des Fahrers, beispielsweise auf langen Autobahnfahrten, an. Die höchste Relevanz für den Einsatz von hoch- oder vollautomatisierten Fahrzeugen im Straßenverkehr ist indes Personenkraftwagen der Klasse M_1 beizumessen, denn diese eignen sich besonders gut zur Einführung hoch- oder vollautomatisierter Fahrfunktionen. Dies ist vor allem auf den Umstand zurückzuführen, dass sie wegen ihrer geringeren Größe und Ausmaße leichter durch den Verkehrsraum zu steuern sind und aufgrund ihres niedrigeren Gewichts agiler in Gefahrensituationen und daher schneller abzubremsen sind als Busse oder Lastkraftwagen[853]. Zudem spielen bei diesen Fahrzeugen Höhenbeschränkungen, beispielsweise die maximale Durchfahrtshöhe bei Unterführungen, keine Rolle. Unter dem Gesichtspunkt, dass bisweilen Fahrzeuge der Klasse M_1 in der Großserie in hohen Stückzahlen produziert und abgesetzt werden können, erscheint die Wahrscheinlichkeit hoch, dass auch verhältnismäßig viele Fahrzeuge mit hoch- oder vollautomatisierter Fahrfunktion angeboten und verkauft werden können. Unter diesem wirtschaftlichen Aspekt liegt die Vermutung nahe, dass Hersteller entsprechende Automatisierungsfunktionen zunächst in dieser Fahrzeugklasse anbieten werden. Im Fokus der Betrachtung sollen daher Fahrzeuge der Klasse M_1 stehen, also Kraftfahrzeuge mit mindestens vier Rädern, höchstens acht Sitzplätzen und einer bauartbedingten Höchstgeschwindigkeit von über 25 km/h.

b) Anwendungsbereich der Verordnung 2018/858

Für Kraftfahrzeuge der Klasse M_1 ist der Anwendungsbereich der Rahmenverordnung gemäß Art. 2 Abs. 1 der Verordnung 2018/858 grundsätzlich eröffnet. In engen Grenzen besteht aber weiterhin eine Konkurrenz zwischen Genehmigungen nach der Rahmenverordnung und nationalen Genehmigungen im Sinne der StVZO. So ist für bestimmte Fahrzeuge das europäische Genehmigungsverfahren zwingend vorgeschrieben, während bei anderen Fahrzeugen eine europäische Genehmigung lediglich fakultativ ist. Im Detail muss daher zwischen Serienfahrzeugen, Fahrzeugen mit spezieller Zweckbestimmung und Erprobungsfahrzeugen unterschieden werden, um den Geltungsbereich der anzuwendenden Regelungen abschließend zu bestimmen.

---

852 Lastkraftwagen mit einer zulässigen Gesamtmasse von mehr als 3,5 Tonnen bis zu 12 Tonnen gehören zur Klasse N_2. Lastkraftwagen mit einer zulässigen Gesamtmasse von mehr als 12 Tonnen unterfallen der Klasse N_3, siehe Anhang II (A.2.) der Richtlinie 2007/46/EG.

853 So weist auch MüKoStVR/*Bender*, Band 1, StVO § 5, Rn. 34, darauf hin, dass Fahrzeuge über 7,5 t besonders schwerfällig und in Gefahrensituationen wenig agil sind.

aa) Serienfahrzeuge

Serienfahrzeuge der Klasse M_1 mit hoch- oder vollautomatisierter Fahrfunktion unterfallen seit Aufhebung der Richtlinie 2007/45/EG zwingend dem Anwendungsbereich der Verordnung 2018/858. Der weite Anwendungsbereich der Verordnung 2018/858 gilt dabei nicht nur für die EU-Typgenehmigung, sondern umfasst auch die Erteilung einer Fahrzeug-Einzelgenehmigung im Sinne von Art. 44 und Art. 45 der Verordnung 2018/858. Die für die Zulassung erforderlichen Genehmigungen und das vorgelagerte Genehmigungsverfahren für hoch- oder vollautomatisierte Kraftfahrzeuge richten sich damit in Deutschland ausschließlich nach der Verordnung 2018/858[854] und nicht nach denjenigen der StVZO[855].

bb) Fahrzeuge mit spezieller Zweckbestimmung

Abweichend zu beurteilen ist der Anwendungsbereich hinsichtlich Fahrzeugen mit spezieller Zweckbestimmung im Sinne von Art. 2 Abs. 3 Verordnung 2018/858. Dabei handelt es sich beispielsweise um Fahrzeuge, die für den Einsatz auf Baustellen, in Steinbrüchen, in Häfen oder auf Flughäfen konstruiert sind. [856] Im Ergebnis besteht für Hersteller eine Wahlmöglichkeit, da die Durchführung des europäischen Genehmigungsverfahrens für die dort aufgeführten Fahrzeuge mit spezieller Zweckbestimmung nicht verbindlich vorgeschrieben ist und damit für die Genehmigung des entsprechenden Fahrzeugs der Anwendungsbereich der StVZO weiterhin eröffnet bleibt.[857] In der vorliegenden Betrachtung sollen Kraftfahrzeuge der Klasse M_1 im Fokus stehen, die für den Einsatz im öffentlichen Straßenverkehr bestimmt sind. Kraftfahrzeuge, deren spezieller Einsatzzweck überwiegend außerhalb des öffentlichen Straßenverkehrs liegt, sind dagegen nicht Gegenstand dieser Untersuchung.[858]

cc) Erprobungsfahrzeuge

Erprobungsfahrzeuge, mit denen hoch- oder vollautomatisierte Fahrfunktionen im öffentlichen Straßenverkehr getestet werden, sind in Deutschland

---

854 Siehe dazu oben unter Punkt III.2.a).

855 Siehe dazu oben unter Punkt II.4.

856 Bei Umsetzung der StVG-Novelle 2017 fand sich die entsprechende Regelung in § 3 Abs. 3 Satz 1 Nr. 1 EG-FGV; dazu *Hammer*, Automatisierte Steuerung, S. 113.

857 Im Ergebnis auch *Hammer*, Automatisierte Steuerung, S. 113, allerdings noch zur RL 2007/47/EG und § 3 Abs. 3 EG-FGV.

858 Zu möglichen Anwendungsfällen automatisierter Systeme, welche in den Anwendungsbereich der Genehmigungen der StVZO fallen können, siehe weiterführend *Hammer*, Automatisierte Steuerung, S. 113 ff.

nicht dem europarechtlichen Genehmigungsregime unterworfen. Dies war bereits bei Umsetzung der StVG-Novelle 2017, mithin vor Inkrafttreten der Verordnung 2018/858, der Fall. Nach Art. 2 Abs. 4 lit. b) der Richtline 2007/46/EG war eine Einzelgenehmigung für Prototypen[859] fakultativ möglich und damit nicht zwingend dem Anwendungsbereich des europäischen Genehmigungsverfahrens unterstellt. Nach § 3 Abs. 2 Nr. 4 EG-FGV wurde vom deutschen Gesetzgeber klargesellt, dass die Vorschriften der Richtline 2007/46/EG nicht für die Genehmigung von Prototypen gelten sollten.[860] Die Genehmigung von Erprobungsfahrzeugen richtete sich daher nach nationalem Recht und fand ihre Grundlage in der StVZO.[861] Nach der StVZO kann eine Erprobungsgenehmigung für Kraftfahrzeuge als Ausnahmegenehmigung auf Grundlage von § 70 Abs. 1 Nr. 1 und Nr. 2 StVZO von der auf Landesebene zuständigen Behörde erteilt werden. Kraftfahrzeughersteller, die Inhaber einer Betriebserlaubnis von Typen sind, können zudem bereits genehmigte Kraftfahrzeuge mit neuartiger Technik ausrüsten und somit Erprobungsfahrzeuge für Testfahrten im Straßenverkehr herstellen. Nach § 19 Abs. 6 StVZO bleibt die Betriebserlaubnis für derartig modifizierte Fahrzeuge weiter bestehen.[862] Das modifizierte Fahrzeug musste lediglich der Zulassungsbehörde als Erprobungsfahrzeug gemeldet werden[863] und als solches in der Zulassungsbescheinigung Teil 1 bezeichnet sein[864]. Der Einsatz von speziell geschulten Testfahrern im Rahmen von Erprobungsfahrten mit Kraftfahrzeugen mit automatisierten Fahrfunktionen war vom Gesetzgeber nicht zwingend vorgeschrieben.[865]

An der dargestellten Grundkonzeption für die Erprobung von Kraftfahrzeugen hat sich mit Inkrafttreten der Verordnung 2018/858 nichts geändert. So bleibt es nach Art. 2 Abs. 4 lit. b) Verordnung 2018/858 bei der lediglich fakultativen Einzelgenehmigung für Prototypen nach dem europäischen Genehmigungsverfahren. In Deutschland sind Erprobungsfahrzeuge weiterhin den Vorgaben der StVZO und damit allein dem nationalen Genehmigungsregime unterstellt. Mit Einführung des § 1i StVG im Rahmen der

859 In der Verordnung 2018/858, der Richtlinie 200/46/EG und der EG-FGV wird der Begriff „Prototyp" verwendet. Dieser entspricht dem in der StVZO verwendeten Begriff „Erprobungsfahrzeug", siehe auch amtliche Begründung zu § 3 EG-FGV, VkBl. 2009, 334; siehe auch MüKoStVR/*Zunner*, Band 1, EG-FGV § 3, Rn. 2.

860 Siehe dazu auch amtliche Begründung zu § 3 EG-FGV, VkBl. 2009, 334.

861 So auch *Rebler*, in: Bachmeier/Müller/Rebler, Verkehrsrecht, EG-FGV § 3, Rn. 2.

862 Vgl. auch *Rebler*, in: Bachmeier/Müller/Rebler, Verkehrsrecht, StVZO § 19, Rn. 57; MüKoStVR/*Meyer/Zunner*, Band 1, StVZO § 19, Rn. 73.

863 So MüKoStVR/*Meyer/Zunner*, Band 1, StVZO § 19, Rn. 73; a.A. *Rebler*, in: Bachmeier/Müller/Rebler, Verkehrsrecht, StVZO § 19, Rn. 57.

864 Vgl. MüKoStVR/*Meyer/Zunner*, Band 1, StVZO § 19, Rn. 73; *Rebler*, in: Bachmeier/Müller/Rebler, Verkehrsrecht, StVZO § 19, Rn. 57.

865 Siehe auch *Rebler*, in: Bachmeier/Müller/Rebler, Verkehrsrecht, StVZO § 19, Rn. 57.

StVG-Novelle 2021 wurde die gesetzgeberische Entscheidung für eine nationale Ausgestaltung der Genehmigung von Erprobungsfahrzeugen gerade mit Blick auf in Entwicklung befindliche automatisierte Fahrfunktionen gefestigt. Erprobungsgenehmigungen für Kraftfahrzeuge, die zur Erprobung von Entwicklungsstufen für die Entwicklung automatisierter oder autonomer Fahrfunktionen dienen, sind nach § 1i Abs. 1 Nr. 1 StVG nunmehr durch das KBA zu erteilen. Mit der bundeseinheitlichen Regelung in § 1i StVG soll Rechtssicherheit für die Hersteller und deren Beauftragte hergestellt[866] und die Genehmigung von Erprobungsfahrzeugen mit automatisierten Fahrfunktionen beim KBA gebündelt werden. Die Erprobungsgenehmigung ist gemäß § 1i Abs. 2 Satz 1 StVG vom Halter zu beantragen, wobei sich die Voraussetzungen für die Erteilung einer Erprobungsgenehmigung aus § 16 AFGBV ergeben. Die Erprobung von automatisierten Fahrfunktionen ist gemäß § 1i Abs. 1 Nr. 4 lit. a) StVG verpflichtend durch einen im Hinblick auf die technischen Entwicklungen für den Kraftfahrzeugverkehr zuverlässigen Fahrzeugführer durchzuführen. Die Sicherstellung dieser sicherheitsrelevanten Vorgabe ist gemäß § 16 Abs. 3 Nr. 4 lit. c) aa) AFGBV auch Voraussetzung für die Erteilung der Erprobungsgenehmigung.

§ 1i StVG ist als Spezialregelung zu § 19 Abs. 6 i. V. m. § 70 Abs. 1 Nr. 1 und Nr. 2 StVZO einzuordnen.[867] Die sechsmonatige Übergangsfrist des § 1i Abs. 4 StVG ist abgelaufen. Im Ergebnis richtet sich die Genehmigung von Erprobungsfahrzeugen mit hoch- oder vollautomatisierter Fahrfunktion damit allein nach § 1i StVG i. V. m. § 16 AFGBV, also allein nach nationalem Recht.

dd) Zwischenergebnis

Die Regelungen der Verordnung 2018/858 gelten zwingend für Serienfahrzeuge und lediglich fakultativ für Fahrzeuge mit spezieller Zweckbestimmung. Erprobungsfahrzeuge fallen nach der deutschen Konzeption dagegen ausschließlich in den Anwendungsbereich von § 1i StVG. Vorliegend wird der Einsatz von Kraftfahrzeugen mit hoch- oder vollautomatisierter Fahrfunktion durch jedermann auf öffentlichen Straßen untersucht, womit der Fokus auf die Zulassung und Genehmigung von Serienfahrzeugen zu legen ist. Im Ergebnis kann daher festgehalten werden, dass sich die Erteilung der nach §§ 1 Abs. 1 Satz 1 StVG, 3 Abs. 1 Satz 1 FZV notwendigen Genehmi-

866 Vgl. Begründung, BT-Drs. 19/27439, S. 29.

867 So *König*, in: Hentschel/König/Dauer, SVR, StVG § 1i, Rn. 3; siehe auch *Steege*, SVR 2021, 128 (135), mit Einordnung von § 1i StVG als lex specialis; vgl. auch die Erwägungen zu § 1i StVG bei *Wagner*, SVR 2021, 287 (288).

gung für ein Kraftfahrzeug mit hoch- oder vollautomatisierter Fahrfunktion nach der Verordnung 2018/858 bestimmt.

c) Relevante Genehmigungsart

Im Rahmen der Verordnung 2018/858 bestehen grundsätzlich drei verschiedene Arten der Genehmigung.[868] Daher ist zu klären, welche Genehmigungsart für Kraftfahrzeuge mit hoch- oder vollautomatisierter Fahrfunktion für den Einsatz und die Etablierung im öffentlichen Straßenverkehr geeignet ist.

Nachdem Personenkraftwagen mit voll- oder hochautomatisierter Fahrfunktion in Großserie produziert und nicht lediglich als Einzelfahrzeug hergestellt werden sollen, ist die Erlangung einer Einzelgenehmigung im Sinne von Art. 44 und Art. 45 der Verordnung 2018/858 für Fahrzeughersteller von keiner großen Relevanz. Die Erlangung einer EU-Typgenehmigung für Kleinserienfahrzeuge nach Art. 41 Verordnung 2018/858 ist ebenfalls von untergeordneter Bedeutung, denn diese Genehmigungsart kann nur für Fahrzeuge erteilt werden, die in geringen jährlichen Stückzahlen produziert werden. Für Fahrzeuge der Klasse M_1 ist die entsprechende jährliche Höchstzahl in der Union bei 1500 Einheiten festgesetzt.[869] Daher ist diese Genehmigungsart ebenso wie die Einzelgenehmigung aufgrund der anzustrebenden Großserienfertigung von Kraftahrzeugen mit hoch- oder vollautomatisierter Fahrfunktion nicht sachgerecht. Die nationale Typgenehmigung für Kleinserienfahrzeuge nach Art. 42 der Verordnung 2018/858 kommt ebenfalls nicht in Frage, da diese Genehmigung der Grenze von 250 Fahrzeugen[870] unterworfen ist und gemäß Art. 43 Abs. 1 Verordnung 2018/858 zunächst nur Gültigkeit auf dem Hoheitsgebiet des erteilenden Mitgliedstaates hat. Für die Zulassung von Kraftfahrzeugen mit hoch- oder vollautomatisierten Fahrfunktion ist daher die Erteilung einer EU-Typgenehmigung anzustreben. Die EU-Typgenehmigung unterliegt keinen Beschränkungen in Hinblick auf Stückzahlen. Außerdem muss das Genehmigungsverfahren nur einmal durchlaufen werden, und es wird im Ergebnis eine Genehmigung erteilt, welche Wirkung in allen Mitgliedstaaten der Union entfaltet.[871]

---

868 Siehe dazu die Darstellung oben unter Punkt III.2.a).

869 Vgl. Teil A.1. in Anhang V der Verordnung 2018/858; vor Inkrafttreten der Verordnung 2018/858 belief sich die höchstzulässige Stückzahl auf 1000 Fahrzeuge, § 9 Abs. 1 EG-FGV i. V. m. Teil A.1. in Anhang XII der Richtlinie 2007/46/EG; dazu auch *Rebler*, in: Bachmeier/Müller/Rebler, Verkehrsrecht, EG-FGV § 9, Rn. 3.

870 Vgl. Teil A.2. in Anhang V der Verordnung 2018/858; vor Inkrafttreten der Verordnung 2018/858 belief sich die höchstzulässige Stückzahl gemäß Teil A.1. in Anhang XII der Richtlinie 2007/46/EG auf 75 Fahrzeuge.

871 Siehe zu den Grundzügen des Genehmigungsverfahrens oben unter Punkt III.2.a)cc).

d) Getrennte Genehmigung von Fahrzeug und System

Im Rahmen des Genehmigungsverfahrens muss ein zur Begutachtung vorgestelltes Prüffahrzeug den technischen Vorgaben entsprechen und es muss die Übereinstimmung der Produktion mit dem genehmigten Typ gewährleistet sein.[872] Diese Grundlagen gelten gleichermaßen für Systeme, Bauteile und selbstständige technische Einheiten, für welche – bei Erfüllung der technischen Anforderungen – ebenfalls eine EU-Typgenehmigung erteilt werden kann.[873] Hersteller von automatisierten Fahrzeugen stehen damit vor der Entscheidung, ob sie das automatisierte Fahrzeug als Ganzes oder das Fahrzeug und das automatisierte System jeweils separat genehmigen lassen.[874]

Die Beantragung einer Typgenehmigung für das Gesamtfahrzeug oder für ein System stehen zueinander nicht in einem Ausschließlichkeitsverhältnis, denn Fahrzeughersteller sind nicht gezwungen, Systeme isoliert genehmigen zu lassen.[875] Es obliegt vielmehr der Entscheidung des jeweiligen Fahrzeugherstellers[876], ob er das Genehmigungsverfahren für das Gesamtfahrzeug mit hoch- oder vollautomatisierter Fahrfunktion beschreiten oder die hoch- oder vollautomatisierte Fahrfunktion als System isoliert prüfen und genehmigen lassen möchte .[877] Im Hinblick auf die technischen Anforderungen an die hoch- oder vollautomatisierten Fahrfunktion bestehen insofern keine Unterschiede, da sowohl Fahrzeuge als auch Systeme gemäß Art. 5 Abs. 1 Verordnung 2018/858 gleichermaßen die technischen Anforderungen der in Anhang II in Bezug genommenen Rechtsakte erfüllen müssen. Es gibt also nicht etwa einen abweichenden Anforderungskatalog für Systeme.[878]

---

872 Zu den Grundzügen des Typgenehmigungsverfahrens siehe bereits oben unter Punkt B.III.2.a)cc)(3).

873 Siehe dazu oben unter Punkt III.2.a)cc)(1).

874 Diese Frage wurde von *Ruttloff/Freytag*, CB 2017, 333 (335) aufgeworfen, wobei die dortigen Erwägungen auch unter dem aktuellen Regelungsregime der seit 2020 geltenden VO 2018/858 entsprechend gelten; die Möglichkeit einer isolierten Genehmigung des Systems wurde zuletzt auch von *Weise*, Hochautomatisiertes Fahren, S. 30 bis 33 beleuchtet.

875 A.A. wohl *Weise*, Hochautomatisiertes Fahren, S. 29, die das *System* als Genehmigungsgegenstand identifiziert und sodann feststellt: „Damit scheiden *Fahrzeuge* als Genehmigungsgegenstand aus."

876 Siehe auch *Siebert*, EU-Typgenehmigungsverfahren, in: Genehmigungsverfahren für Kraftfahrzeuge, S. 92, der darauf hinweist, dass Typgenehmigungen für Systeme nur dem Fahrzeughersteller erteilt werden können.

877 Zur isolierten Genehmigung eines Systems siehe mit anschaulichem Beispiel, *Weise*, Hochautomatisiertes Fahren, S. 32, wonach laut einer Auskunft des BMVI dem Hersteller Mercedes-Benz für dessen „Staupilot" (Anm.: entspricht Level 3 Automatisierung) eine „isolierte Systemtypgenehmigung" erteilt worden sei.

878 So auch *Weise*, Hochautomatisiertes Fahren, S. 30 und 33.

Nach Art. 29 Abs. 1 Verordnung 2018/858 wird lediglich klargestellt, dass die technischen Anforderungen in Anhang II der für das System *einschlägigen* Rechtsakte zu erfüllen sind. Nach der gesetzlichen Konzeption ist eine getrennte Genehmigung von Fahrzeug und automatisierter Fahrfunktion mithin möglich, aber nicht zwingend vorgeschrieben.

e) Ergebnis

In Großserie produzierte Kraftfahrzeuge mit hoch- oder vollautomatisierter Fahrfunktion der Klasse M_1 unterfallen in Deutschland dem Anwendungsbereich der Verordnung 2018/858, wobei die Beantragung einer EU-Typgenehmigung gegenüber einer Einzelgenehmigung vorzugswürdig erscheint. Im Rahmen des europarechtlich ausgestalteten Typgenehmigungsverfahrens sind technische Anforderungen zu erfüllen, die sich aus den in Anhang II der Verordnung 2018/858 aufgeführten Rechtsakte ergeben.

2. Kein Einfluss der StVG-Novelle 2017 auf die Genehmigung von Kraftfahrzeugen mit hoch- oder vollautomatisierter Fahrfunktion

Die Genehmigung und die Zulassung von hoch- oder vollautomatisierten Kraftfahrzeugen sind von besonders hoher Relevanz für den Großserieneinsatz.[879] Hiervon scheint auch der nationale Gesetzgeber überzeugt zu sein, wenn er im Rahmen von § 1a Abs. 3 StVG deklaratorisch[880] darauf hinweist, dass Kraftfahrzeuge mit hoch- oder vollautomatisierter Fahrfunktion eine Zulassung gemäß § 1 Abs. 1 StVG benötigen. § 1a Abs. 3 StVG verweist in diesem Zusammenhang auch auf die in § 1a Abs. 2 Satz 1 StVG aufgenommene Definition[881] der hoch- oder vollautomatisierten Fahrfunktion. Durch § 1a Abs. 3 StVG könnte damit der regulatorische Brückenschlag zwischen der auf nationaler Ebene eingeführten Definition und dem supranational determinierten Zulassungsrecht erfolgt sein.

Mit Blick auf die bereits dargestellten Grundsätze des Zulassungs- und Genehmigungsverfahrens stellt sich allerdings die Frage, ob die im deutschen Recht aufgestellten Anforderungen an eine hoch- oder vollautomatisierte Fahrfunktion im Sinne des § 1a Abs. 2 StVG im Genehmigungsverfahren oder bei der Zulassung von automatisierten Fahrzeugen zu beachten sind.

---

879 Siehe dazu oben die einleitende Darstellung in Kapitel B.

880 Die Notwendigkeit einer Zulassung von hoch- oder vollautomatisierten Kraftfahrzeugen ergibt sich bereits aus den zulassungsrechtlichen Regelungen, siehe dazu oben unter Punkt B.II.3.

881 Diese Definition stellt ihrerseits einen Kernpunkt der StVG-Novelle dar, siehe dazu oben in Teil 2 unter Punkt A.II.1.

Konkret geht es damit um die grundsätzliche Frage, ob die StVG-Novelle 2017 Auswirkungen auf das Zulassungs- und Genehmigungsverfahren hat.

a) Meinungsstand

Bereits in Bezug auf den Regierungsentwurf zur Änderung des StVG[882] stellten *von Bodungen/Hoffmann* fest, dass die im Rahmen von § 1a StVG einzuführenden Neuregelungen keine Relevanz für die Zulassung von automatisierten Fahrzeugen besitzen.[883] So beziehe sich § 1a Abs. 1 StVG-E lediglich auf die Erlaubnis der zweckentsprechenden Benutzung der automatisierten Fahrfunktion. Durch den Verweis in § 1a IV StVG-E[884] auf § 1 Abs. 1 StVG werde die Zulassung durch die zuständige Behörde zudem bereits vorausgesetzt. Der Gesetzesentwurf fuße damit auf anderen nationalen und internationalen Bestimmungen, ohne weitere zulassungsrelevante Regelungen aufzustellen.[885] Auch hinsichtlich des StVG-Änderungsgesetzes bekräftigt *von Bodungen* seine Ansicht, wonach mit den Neuregelungen keine zulassungsrechtlichen Anforderungen normiert worden seien.[886] Dieses Ergebnis unterstreicht *von Bodungen*, indem er feststellt, dass die Zulassung von automatisierten Fahrzeugen lediglich dem bereits vorhandenen rechtlichen Rahmen unterstellt wird.[887] Diese Rechtsansicht spiegelt sich auch bei *Berndt* wider, der feststellt, dass § 1a Abs. 1 StVGE eine Verhaltensregelung darstellt, aber gerade keine Auswirkung auf die Zulassung des hoch- oder vollautomatisierten Fahrzeugs haben kann.[888] Besonders deutlich ist *Dauer*, der sich darauf festlegt, dass die Zulassung eines Kraftfahrzeugs mit hoch- oder vollautomatisierter Fahrfunktion insbesondere nicht davon abhängt, ob die Vorgaben in § 1a Abs. 2 Satz 1 StVG eingehalten werden.[889] Die Vor-

882 *von Bodungen/Hoffmann*, InTeR 2017, 85 (85, Fn. 1), beziehen sich auf den in BR-Drs. 69/17 abgedruckten Gesetzesentwurf, der inhaltlich allerdings dem in BT-Drs. 18/11300 wiedergegebenen Gesetzeswortlaut des Regierungsentwurfs entspricht.
883 Vgl. *von Bodungen/Hoffmann*, InTeR 2017, 85 (90).
884 § 1a Abs. 4 des Gesetzesentwurfs entspricht im Wesentlichen dem aktuellen § 1a Abs. 3 StVG.
885 So im Ergebnis *von Bodungen/Hoffmann*, InTeR 2017, 85 (90).
886 Vgl. *von Bodungen*, in: Sassenberg/Faber, Rechtshandbuch Industrie 4.0, § 16, Rn. 19.
887 Siehe *von Bodungen*, in: Sassenberg/Faber, Rechtshandbuch Industrie 4.0, § 16, Rn. 20.
888 Siehe *Berndt*, SVR 2017, 121 (122), unter Bezugnahme auf den in BR-Drs. 69/17 abgedruckten Gesetzesentwurf. Dieser entspricht inhaltlich dem in BT-Drs. 18/11300 wiedergegebenen Gesetzeswortlaut des Regierungsentwurfs.
889 Siehe *Dauer*, in: Hentschel/König/Dauer, SVR, StVG § 1, Rn. 34.

gaben beträfen vielmehr den Betrieb des Fahrzeugs[890], also die Zulässigkeit der Verwendung der hoch- oder vollautomatisierten Fahrfunktion.[891]

Die Gegenauffassung wird von *Wolfers* vertreten[892], der der Ansicht ist, dass sich der Fahrer „darauf verlassen können [muss], dass nur solche Fahrzeuge überhaupt zum Verkehr zugelassen werden, für die bereits im Zulassungsverfahren die Erklärung abgegeben und der Nachweis erbracht wurde, dass die Anforderungen an die automatisierte Fahrfunktion nach § 1a Abs. 2 StVG erfüllt sind“[893]. Es sei nicht ausgeschlossen, dass bei der Zulassung eines automatisierten Fahrzeugs die Anforderungen des § 1a Abs. 2 StVG berücksichtigt werden.[894] Letztere seien Teil einer „neuen Regulierungsarchitektur“[895], wobei dies auch in § 1a Abs. 3 StVG angelegt sei.[896] In die gleiche Richtung gehen die Erwägungen von *Ensthaler/Gollrad*, wenn sie feststellen, dass die technischen Vorgaben in § 1a Abs. 2 Satz 1 StVG „im Rahmen der Genehmigungsverfahren als Grundlage dienen“.[897] Eine mögliche „zulassungsrechtliche Wirkung“[898] von § 1a Abs. 2 Satz 1 StVG untersucht auch *Weise* ausführlich und kommt zu dem Ergebnis, dass diese nationale Regelung eine zulassungsrechtliche Wirkung entfalte.[899]

b) Bewertung

Zunächst ist *Wolfers* im Grundsatz zuzustimmen, dass Fahrzeuge hinsichtlich ihrer automatisierten Fahrfunktion einer Prüfung unterzogen werden müssen.[900] Der bei den entsprechenden Prüfungen im Rahmen des Genehmigungsverfahrens anzulegende Maßstab kann indes nicht aus § 1a Abs. 2 Satz 1 StVG hergeleitet werden. Insbesondere wird im für automatisierte Kraftfahrzeuge relevanten[901] Genehmigungsverfahren weder der Nachweis zu führen sein, dass das hoch- oder vollautomatisierte System die Anforderungen der Definition des § 1a Abs. 2 Satz 1 StVG erfüllt[902], noch dass die

---

890 Vgl. *Dauer*, in: Hentschel/König/Dauer, SVR, StVG § 1, Rn. 34.
891 Zur Zulässigkeit der Verwendung einer hoch- oder vollautomatisierten Fahrfunktion siehe bereits ausführlich die Darstellung oben unter Punkt A. I.
892 Vgl. *Wolfers*, RAW 2017, 86 (87); *ders.*, RAW 2018, 94 (97, 102).
893 Siehe *Wolfers*, RAW 2017, 86 (87).
894 So *Wolfers*, RAW 2017, 86 (87).
895 So *Wolfers*, RAW 2017, 86 (87).
896 Siehe *Wolfers*, RAW 2017, 86 (87).
897 Siehe *Ensthaler/Gollrad*, Rechtsgrundlagen automatisiertes Fahren, S. 67.
898 So *Weise*, Hochautomatisiertes Fahren, S. 44.
899 Siehe *Weise*, Hochautomatisiertes Fahren, S. 52.
900 Vgl. *Wolfers*, RAW 2017, 86 (87); *Wolfers*, RAW 2018, 94 (97).
901 Siehe dazu oben unter Punkt 1.e).
902 Entgegen *Wolfers*, RAW 2017, 86 (87).

Einhaltung der Vorgaben nach § 1a Abs. 1, 2 Satz 1 Nr. 1 bis 6 StVG in dem Typgenehmigungs- und Zulassungsverfahren sichergestellt ist[903].

aa) Harmonisierung und Maßgeblichkeit supranationalen Rechts

Für die Unerheblichkeit der Vorgaben des § 1a Abs. 2 StVG streiten schon die Grundprinzipien des Genehmigungsverfahrens: Das Genehmigungsverfahren folgt europarechtlichen und internationalen Bestimmungen und ist schon seit Jahren nicht mehr nationalen Vorgaben unterworfen.[904] Die relevante EU-Typgenehmigung für ein Fahrzeug der Klasse M_1 entfaltet auf dem gesamten Gebiet der Europäischen Union Wirkung. Wegen des verfolgten Zwecks der Stärkung des Binnenmarktes ist es daher notwendig, das Typgenehmigungsverfahren an harmonisierten Vorschriften auszurichten und den Prüfungen einheitliche technische Vorschriften zugrunde zu legen. Die Beachtung von rein nationalem Recht in Bezug auf die Ausgestaltung und Leistungsfähigkeit einzelner Systeme ist im Genehmigungsverfahren daher weder vorgesehen noch angezeigt. Hieran ändert auch der Hinweis nichts, dass die Rechtsgrundlage für die Erteilung der Typgenehmigung im nationalen Recht zu suchen war[905]. Vor dem Hintergrund des Genehmigungsverfahrens unter der Richtlinie 2007/46/EG ist *Wolfers* im Grundsatz zuzustimmen, dass sich die Rechtsgrundlage für die Erteilung der EG-Typgenehmigung aus dem nationalen Recht der Mitgliedstaaten ergab, wobei sie in Deutschland in § 4 EG-FGV verortet gewesen ist[906]. Das Kraftfahrt-Bundesamt erteilte die EG-Typgenehmigung allerdings nur, wenn die Voraussetzungen des § 4 Abs. 4 EG-FGV eingehalten wurden. Durch die Verweisung in § 4 Abs. 4 EG-FGV auf die Vorschriften der Rahmenrichtlinie waren der Prüfungsrahmen und insbesondere die technischen Vorgaben abschließend festgelegt. Nationale Vorgaben waren hierbei nicht zu beachten – dies gilt auch für hoch- oder vollautomatisierte Fahrfunktionen. Aus dem Übergang von der Richtlinie 2007/46/EG auf die Verordnung 2018/858 ergibt sich nichts anderes. Der für die EU-Typgenehmigung relevante Prüfungsrahmen sowie die Verweise auf technische Vorgaben folgen ausschließlich aus der Rahmenverordnung. Nationale Vorschriften bleiben im Genehmigungsverfahren der EU-Typgenehmigung außen vor.

Die Irrrelevanz der Vorgaben in § 1a Abs. 2 Satz 1 StVG für das unionsweite Typgenehmigungsverfahren verdeutlicht zudem der Umstand, dass neben Deutschland auch andere Mitgliedstaaten eine Typgenehmigung erteilen können. Die in einem anderen Mitgliedstaat erteilte EU-Typgenehmigung

903 Entgegen *Wolfers*, RAW 2018, 94 (102).
904 Zur Harmonisierung auf europäischer Ebene siehe oben unter Punkt III.
905 Vgl. *Wolfers*, RAW 2017, 86 (87) zur EG-Typgenehmigung.
906 Siehe dazu oben unter Punkt III.1.b).

beansprucht auch ohne Einhaltung der nur in Deutschland gültigen Definition des § 1a Abs. 2 StVG auf dem gesamten Gebiet der Europäischen Union – und damit auch in Deutschland – Gültigkeit.[907] Die Nichtanerkennung einer EU-Typgenehmigung durch Mitgliedstaaten aufgrund von nationalen Bestimmungen ist nicht vorgesehen und würde gerade dem Zweck der durch den europäischen Gesetzgeber intendierten Harmonisierung des Typgenehmigungsverfahrens zuwiderlaufen. Im Falle der Nichtanerkennung würde gegen den Anwendungsvorrang des Unionsrechts verstoßen werden.

Im Ergebnis ist es daher abzulehnen, bei der Zulassung eines hoch- oder vollautomatisierten Fahrzeugs zusätzlich die Erfüllung der Anforderungen des § 1a Abs. 2 StVG zu fordern.[908] Die Novelle hat keinen Einfluss auf die Genehmigung von Kraftfahrzeugen mit hoch- oder vollautomatisierter Fahrfunktion und kann damit im Ergebnis auch keine Rolle bei der Zulassung von derartigen Fahrzeugen spielen. Die Zulassung eines Kraftfahrzeugs richtet sich in Deutschland nach § 3 FZV.[909] Schon dem Wortlaut der Norm („wird auf Antrag erteilt") lässt sich entnehmen, dass der Zulassungsbehörde lediglich ein intendiertes Ermessen zusteht. Bei Vorliegen der Voraussetzungen ist die Zulassungsbehörde verpflichtet, die Zulassung für das Kraftfahrzeug zu erteilen. Sie kann sich über eine gültige EU-Typgenehmigung insbesondere nicht mit der Begründung hinwegsetzen, die Vorgaben des § 1a Abs. 2 StVG seien im Rahmen des Typgenehmigungsverfahrens nicht beachtet worden.[910]

Letztlich ist § 1a Abs. 2 StVG nur insoweit Teil einer „neuen Regulierungsarchitektur"[911], als es um die Zulässigkeit der Benutzung von hoch- oder vollautomatisierten Kraftfahrzeugen auf öffentlichen Straßen in Deutschland geht.[912] Der regulatorische Rahmen des Zulassungs- und Genehmigungsrechts bleibt indes von der StVG-Novelle zum automatisierten Fahren gänzlich unberührt, so dass es sich insofern nicht um eine neue Regulierungsarchitektur handelt, sondern vielmehr das bisherige System des Genehmigungs- und Zulassungsverfahrens uneingeschränkt für hoch- oder vollautomatisierte Kraftfahrzeuge fort gilt.

---

907 In diese Richtung auch die Gegenäußerung der Bundesregierung zur Stellungnahme des Bundesrates, BT-Drs. 18/11534, S. 14.

908 Entgegen *Wolfers*, RAW 2017, 86 (87).

909 Siehe zum Zulassungsverfahren ausführlich oben unter Punkt II.3.

910 In diese Richtung auch die Gegenäußerung der Bundesregierung zur Stellungnahme des Bundesrates, BT-Drs. 18/11534, S. 14.

911 *Wolfers*, RAW 2017, 86 (87).

912 Siehe dazu ausführlich oben unter Punkt A. I.

bb) Wortlaut des § 1a Abs. 3 StVG

Wie im Folgenden näher ausgeführt wird, findet die vorliegend vertretene Auffassung ihre Stütze auch im Wortlaut des § 1a Abs. 3 StVG. Aus diesem lässt sich schließen, dass der Gesetzgeber davon ausgeht, dass die Vorgaben der Definition des § 1a Abs. 2 StVG weder im Genehmigungsverfahren noch bei der Zulassung von hoch- oder vollautomatisierten Kraftfahrzeugen zu beachten sind.

Der Gesetzgeber hat in § 1a Abs. 3 StVG drei Voraussetzungen für die Anwendbarkeit der Zulässigkeitsbestimmung des § 1a Abs. 1 StVG festgelegt, die kumulativ („und“) vorliegen müssen. Zunächst benötigt das jeweilige Kraftfahrzeug nach § 1a Abs. 3 Var. 1 StVG eine Zulassung. Außerdem muss die hoch- oder vollautomatisierte Fahrfunktion gemäß § 1a Abs. 3 Var. 3 StVG in internationalen Vorschriften beschrieben sein. Unter den internationalen Vorschriften sind Regelungen der Europäischen Union oder UN-Regelungen zu verstehen[913], womit sich der Gesetzgeber auf die im Genehmigungsverfahren zu beachtenden technischen Vorschriften bezieht. Darüber hinaus bestimmt § 1a Abs. 3 Var. 2 StVG, dass ein Kraftfahrzeug mit hoch- oder vollautomatisierter Fahrfunktion den Vorgaben in § 1a Abs. 2 StVG entsprechen muss. Diese zusätzliche Voraussetzung wäre nicht notwendig, wenn die Vorgaben des § 1a Abs. 2 StVG bereits im Rahmen der Genehmigung (§ 1a Abs. 3 Var. 3 StVG) oder der Zulassung (§ 1a Abs. 3 Var. 1 StVG) zu überprüfen wären. Das zusätzliche Erfordernis des § 1a Abs. 3 Var. 2 StVG ist notwendig, da die Vorgaben der nationalen Definition bzw. deren Anforderungen gerade nicht im Rahmen des Zulassungs- und Genehmigungsverfahrens zu überprüfen sind. Demnach spricht auch der Wortlaut des § 1a Abs. 3 StVG dafür, dass die StVG-Novelle keine Auswirkungen auf die Genehmigung oder Zulassung von hoch- oder vollautomatisierten Kraftfahrzeugen hat.

cc) Auswertung der Gesetzesmaterialien

Für die hier vertretene Ansicht spricht zudem die Auswertung der Gesetzesmaterialien. Im Gesetzgebungsverfahren bat der Bundesrat zu erwägen, die Zulassung der hoch- oder vollautomatisierten Systeme von der Einhaltung der Vorgaben des § 1a Abs. 2 StVG abhängig zu machen.[914] Die Bundesregierung lehnte den Vorschlag ausdrücklich ab und begründete dies mit den Grundlagen des europäischen Typgenehmigungsverfahrens und dem Ziel

913 Vgl. Begründung, BT-Drs. 18/11300, S. 13.
914 Siehe Stellungnahme des Bundesrates, BT-Drs. 18/11534, S. 3.

des Gesetzesentwurfs.[915] Der Kernpunkt des Gesetzentwurfs betreffe die Nutzung von hoch- oder vollautomatisierten Fahrfunktionen und den dabei zu beachtenden Verhaltenspflichten in Deutschland. Dagegen sei die Prüfung der automatisierten Fahrfunktion im Typgenehmigungsverfahren nach internationalen Vorgaben durchzuführen.[916] Aus den Gesetzesmaterialien ergibt sich damit eindeutig, dass der Gesetzgeber die Einhaltung der Definitionsvorgaben in § 1a Abs. 2 Satz 1 StVG nicht im Rahmen des Zulassungs- und Genehmigungsverfahrens verortet. Es handelt sich vielmehr um rein nationale Bestimmungen zur Zulässigkeit der Nutzung von hoch- oder vollautomatisierten Fahrfunktionen. Dieses Ergebnis ist auch der Auffassung von *Ensthaler/Gollrad* entgegenzuhalten, die allein auf die Stellungnahme des Bundesrates abstellen[917] und die Gegenäußerung der Bundesregierung in diesem Zusammenhang nicht in ihre Erwägungen einstellen.

c) Ergebnis

Die Definitionsvorgaben des § 1a Abs. 2 Satz 1 StVG sind bei der Genehmigung und der Zulassung von hoch- oder vollautomatisierten Kraftfahrzeugen nicht zu beachten.[918] Konkrete Vorgaben für die Genehmigung und Zulassung von automatisierten Systemen lassen sich auch § 1a Abs. 3 StVG nicht entnehmen. Die Vorgaben sind vielmehr in Zusammenhang mit der Zulässigkeit der Benutzung der hoch- oder vollautomatisierten Fahrfunktion in Deutschland zu verstehen. Während damit die Ansicht von *Wolfers* überwiegend abzulehnen ist, kann den Ausführungen von *von Bodungen* und von *von Bodungen/Hoffmann* uneingeschränkt gefolgt werden. Die Novelle wirkt sich auf die verhaltensrechtlichen Anforderungen im Rahmen der Benutzung der hoch- oder vollautomatisierten Fahrfunktion aus.[919] Auf das supranational determinierte Zulassungs- und Genehmigungsrecht kann sie dagegen keinen Einfluss nehmen.

915 Siehe die Gegenäußerung der Bundesregierung zur Stellungnahme des Bundesrates, BT-Drs. 18/11534, S. 14.

916 Vgl. die Gegenäußerung der Bundesregierung zur Stellungnahme des Bundesrates, BT-Drs. 18/11534, S. 14.

917 Vgl. *Ensthaler/Gollrad*, Rechtsgrundlagen automatisiertes Fahren, S. 67, mit Verweis auf „Bundesrat, BT-Drucks. 18/11534, 3 f." in Fußnote 345.

918 Zu diesem Gesamtergebnis kommt schließlich auch *Weise*, Hochautomatisiertes Fahren, S. 58, allerdings mit der Begründung einer unzulässigen Wiederholung der VO 2018/858.

919 So auch *von Bodungen*, in: Sassenberg/Faber, Rechtshandbuch Industrie 4.0, § 16, Rn. 19.

3. Das Völkerrecht als Quelle der Regulierung und Harmonisierung im Straßenverkehr

Im Rahmen des Genehmigungsverfahrens sind eine Vielzahl von technischen Vorgaben einzuhalten, um die Sicherheit des jeweiligen Fahrzeugs zu gewährleisten. Diese Vorgaben und Bauvorschriften ergeben sich aus europäischen Rechtsakten[920] und in immer stärkerem Maße aus internationalen Regelungen, da das europarechtlich ausgestaltete Genehmigungsverfahren im Rahmen der maßgeblichen technischen Vorschriften auf internationale Vorschriften verweist. Aus dieser Abhängigkeit von internationalen Rechtsakten und Regelungen können sich in der Praxis problematische Konstellationen ergeben. Während die Technik bereits hoch- bzw. vollautomatisierte Fahrfunktionen ermöglichte, waren die entsprechenden technischen Vorschriften für das Genehmigungsverfahren noch nicht an die neue Generation von Fahrzeugen und deren hoch- und vollautomatisierte Systeme angepasst.[921]

Bei der Genehmigung von Kraftfahrzeugen mit hoch- oder vollautomatisierter Fahrfunktion gewinnt die völkerrechtliche Dimension des regulierten Straßenverkehrsrechts zunehmend an Bedeutung, denn die relevanten internationalen technischen Vorschriften finden ihre Grundlage in völkerrechtlichen Verträgen. Nach Erläuterung der völkerrechtlichen Grundlagen[922] werden daher die für die Automatisierung im Straßenverkehr maßgeblichen völkerrechtlichen Vertragswerke dargestellt[923]. Außerdem ist auf die Rolle der Wirtschaftskommission der Vereinten Nationen näher einzugehen[924], da in deren Ausschüssen die technischen Vorschriften erarbeitet werden, die für die Automatisierung im Straßenverkehr maßgeblich sind.

a) Völkerrechtliche Grundlagen

Im Gegensatz zu den bereits vorgestellten Normen auf nationaler und europäischer Ebene fehlt es dem Völkerrecht grundsätzlich an einem normgebenden Rechtskörper und somit an einer damit vergleichbaren Gesetzesstruktur.[925] Eine wichtige Quelle des Völkerrechts sind daher völkerrechtliche

---

920 Siehe dazu bereits oben unter Punkt B.III.2.a).
921 Siehe etwa auch den Bericht über die Ergebnisse der Evaluation der Regelungen zum automatisierten Fahren, BT-Drs. 19/28800, S. 3.
922 Siehe sogleich unter Punkt a).
923 Siehe dazu unter Punkt b).
924 Siehe dazu unter Punkt c).
925 Vgl. *Stein/von Buttlar/Kotzur*, Völkerrecht, Rn. 23; in diese Richtung auch *Doehring*, Völkerrecht, Rn. 270.

Verträge[926], welche ihrerseits Völkerrechtsregeln hervorbringen können[927]. Einzelheiten zum völkerrechtlichen Vertragsrecht werden in der Wiener Vertragsrechtskonvention[928] verbindlich geregelt.[929] Die Wiener Vertragsrechtskonvention enthält unter anderem auch Vorgaben zum Abschluss von völkerrechtlichen Verträgen und deren Auslegung.[930]

Grundvoraussetzung für das Zustandekommen eines völkerrechtlichen Vertrages ist jedoch das Vorhandensein von übereinstimmenden Willenserklärungen, die mit Rechtsbindungswillen von den kontrahierenden Staaten abgegeben werden müssen.[931] In der Praxis haben sich mit dem einfachen und dem zusammengesetzten Verfahren im Wesentlichen zwei Vertragsschlussverfahren herausgebildet.[932] Letzteres zeichnet sich dadurch aus, dass zum einen – sofern dies die jeweilige nationale Verfassung vorsieht – ein rein innerstaatliches Zustimmungsverfahren unter Beteiligung des Parlaments durchgeführt wird, und zum anderen, dass am Ende des Verfahrens die Ratifikation steht.[933] In Deutschland sieht das Grundgesetz die Durchführung eines Zustimmungsverfahrens vor, sofern ein völkerrechtlicher Vertrag die politischen Beziehungen des Bundes regelt oder sich auf Gegenstände der Bundesgesetzgebung bezieht (Art. 59 Abs. 2 Satz 1 GG). Aufgrund der in der deutschen Verfassung vorgesehenen parlamentarischen Beteiligung ist in Deutschland für die von Art. 59 Abs. 2 Satz 1 GG berührten Bereiche

---

926 Vgl. *Herdegen*, Völkerrecht, § 14, Rn. 1; *Stein/von Buttlar/Kotzur*, Völkerrecht, Rn. 26; *Kempen/Hillgruber/Grabenwarter*, Völkerrecht, 3. Kapitel, Rn. 7; *Heintschel von Heinegg*, in: Ipsen, Völkerrecht, 4. Kapitel, Rn. 4; *Graf Vitzthum*, in: ders./Proelß, Völkerrecht, Erster Abschnitt, Rn. 113.

927 Vgl. *Kempen/Hillgruber/Grabenwarter*, Völkerrecht, 3. Kapitel, Rn. 9; *Herdegen*, Völkerrecht, § 14, Rn. 1; *Heintschel von Heinegg*, in: Ipsen, Völkerrecht, 4. Kapitel, § 12, Rn. 7; *Herdegen*, Völkerrecht, § 15, Rn. 7; noch mit Ausführungen zur Unterscheidung von gegenseitigen und rechtsetzenden Verträgen siehe *Doehring*, Völkerrecht, Rn. 329 ff.

928 Wiener Übereinkommen über das Recht der Verträge vom 23.5.1969 (im Folgenden „WVK"); BGBl. II 1985, S. 926 (Zustimmungsgesetz).

929 Vgl. *Stein/von Buttlar/Kotzur*, Völkerrecht, Rn. 34;

930 Vgl. auch *Stein/von Buttlar/Kotzur*, Völkerrecht, Rn. 34.

931 Ausführlich hierzu *Graf Vitzthum*, in: ders./Proelß, Völkerrecht, Erster Abschnitt, Rn. 115; *Kempen/Hillgruber/Grabenwarter*, Völkerrecht, 3. Kapitel, Rn. 8; siehe auch *Heintschel von Heinegg*, in: Ipsen, Völkerrecht, 4. Kapitel, § 12, Rn. 3; *Doehring*, Völkerrecht, Rn. 334.

932 Siehe weiterführend *Kempen/Hillgruber/Grabenwarter*, Völkerrecht, 3. Kapitel, Rn. 12 ff.; *Heintschel von Heinegg*, in: Ipsen, Völkerrecht, 4. Kapitel, § 13, Rn. 8 ff.; *Stein/von Buttlar/Kotzur*, Völkerrecht, Rn. 52; *Graf Vitzthum*, in: ders./Proelß, Völkerrecht, Erster Abschnitt, Rn. 117.

933 Vgl. *Heintschel von Heinegg*, in: Ipsen, Völkerrecht, 4. Kapitel, § 13, Rn. 17 f.; *Kempen/Hillgruber/Grabenwarter*, Völkerrecht, 3. Kapitel, Rn. 16 f.; *Herdegen*, Völkerrecht, § 15, Rn. 10.

damit ein Zustimmungsgesetz notwendig.[934] Erst mit der Ratifikation bzw. den ihr nach Art. 14 Abs. 2 WVK gleichgestellten Akten der Annahme oder Genehmigung[935] wird der völkerrechtliche Vertrag für den jeweiligen Staat bindend.[936]

Beide Vertragsschlussverfahren werden von denselben Grundsätzen getragen. Dies ist zum einen der Grundsatz der Vertragsfreiheit und zum anderen der Grundsatz der Vertragsbindung.[937] Die Vertragsfreiheit kommt schon bei der Aufnahme von Vertragsverhandlungen zur Entfaltung, denn Staaten können Verträge beliebigen Inhalts abschließen und frei darüber entscheiden, mit welchen Vertragspartnern sie kontrahieren.[938] Der Grundsatz der Vertragsbindung betrifft dagegen erst das Ende des Vertragsabschlussverfahrens, denn die Vertragsparteien sind verpflichtet, den völkerrechtlichen Vertrag nach seinem Inkrafttreten nach Treu und Glauben zu erfüllen.[939] Diese Maxime hat auch in Art. 26 der WVK Niederschlag gefunden, der die Bindungswirkung von völkerrechtlichen Verträgen festschreibt.

Es liegt auf der Hand, dass völkerrechtliche Verträge besonders gut geeignet sind, um verbindliche Regelungen über Landes- und insbesondere europäische Außengrenzen hinweg zu treffen. Die Vertragsfreiheit erlaubt es den Staaten, den Vertragsgegenstand und die Regelungsmaterie frei zu bestimmen, wobei der Vertragsinhalt kaum Beschränkungen[940] unterworfen ist und die Anzahl der zeichnenden Staaten nicht begrenzt ist. Zudem sind die Vertragsparteien nach Abschluss des Verfahrens im Gegensatz zu bloßen politischen Absichtserklärungen[941] an die vereinbarten Regelungen des Vertrages gebunden, was den ausgehandelten Vertragsbestimmungen die nötige Verbindlichkeit zukommen lässt. Gerade der Straßenverkehr weist eine besonders hohe länderübergreifende Relevanz auf. Sowohl der Güterverkehr als Rückgrat der Wirtschaft als auch die privat oder dienstlich veranlasste

934 Vgl. *Herdegen*, Völkerrecht, § 15, Rn. 11.

935 Siehe hierzu *Heintschel von Heinegg*, in: Ipsen, Völkerrecht, 4. Kapitel, § 13, Rn. 18.

936 Vgl. *Kempen/Hillgruber/Grabenwarter*, Völkerrecht, 3. Kapitel, Rn. 17.

937 Siehe *Stein/von Buttlar/Kotzur*, Völkerrecht, Rn. 38 ff.; so auch *Hammer*, Automatisierte Steuerung, S. 27.

938 Vgl. *Stein/von Buttlar/Kotzur*, Völkerrecht, Rn. 39; *Doehring*, Völkerrecht, Rn. 333.

939 Siehe dazu *Stein/von Buttlar/Kotzur*, Völkerrecht, Rn. 46 ff.; *Herdegen*, Völkerrecht, § 15, Rn. 16.

940 Siehe weiterführend zu Beschränkungen und zum zwingenden Völkerrecht (jus cogens) *Stein/von Buttlar/Kotzur*, Völkerrecht, Rn. 40 ff.; *Heintschel von Heinegg*, in: Ipsen, Völkerrecht, 4. Kapitel, § 18, Rn. 36 ff.; mit Hinweis auf die Nichtigkeit des Vertrages bei Verstoß gegen zwingendes Völkerrecht *Graf Vitzthum*, in: ders./Proelß, Völkerrecht, Erster Abschnitt, Rn. 126; *Herdegen*, Völkerrecht, § 16, Rn. 25 f.; *Doehring*, Völkerrecht, Rn. 300.

941 Siehe hierzu *Heintschel von Heinegg*, in: Ipsen, Völkerrecht, 4. Kapitel, § 13, Rn. 8 ff.; *Stein/von Buttlar/Kotzur*, Völkerrecht, Rn. 31; *Herdegen*, Völkerrecht, § 15, Rn. 2.

PKW-Fahrt überschreiten oftmals Ländergrenzen. Der Verkehr macht an Ländergrenzen keinen Halt. Darüber hinaus stellen Handel und Vertrieb von Kraftfahrzeugen selbst einen besonders hohen Wirtschaftsfaktor dar und sollen daher länderübergreifend funktionieren. Daher ist es nicht verwunderlich, dass der Grundstein für international harmonisierte Regelungen rund um den Straßenverkehr durch völkerrechtliche Verträge gelegt wurde.

b) Überblick über die relevanten völkerrechtlichen Vertragswerke

Durch die Harmonisierung von grundlegenden Verhaltensregeln und technischen Vorschriften auf internationaler Ebene soll der Verkehr über Außengrenzen hinweg sicher möglich sein und der Handel erleichtert werden.[942] Grundlage für diese internationale Harmonisierung bilden zwei völkerrechtliche Verträge, deren Beratungen bereits über 50 bzw. 60 Jahre zurückliegen. Trotz dieses Umstandes besitzen diese Verträge hohe Relevanz für Kraftfahrzeuge mit hoch- oder vollautomatisierter Fahrfunktion und deren Genehmigung.

aa) Wiener Übereinkommen über den Straßenverkehr

Mit dem Wiener Übereinkommen über den Straßenverkehr[943] aus dem Jahr 1968 wurden einheitliche Verhaltensregeln für den Straßenverkehr auf internationaler Ebene aufgestellt.[944] Das Wiener Übereinkommen bildet damit die Grundlage für die Vereinheitlichung des Straßenverkehrs über Ländergrenzen hinweg. Der Vertragstext wird stetig angepasst, wobei aktuelle Änderungen als Reaktion auf den technischen Fortschritt und in unmittelbarem Zusammenhang mit der Einführung von Kraftfahrzeugen mit hoch- oder vollautomatisierter Fahrfunktion zu sehen sind.

---

942 Siehe auch *von Ungern-Sternberg*, in: Oppermann/Stender-Vorwachs, Autonomes Fahren, Kap. 3.9, Rn. 4.

943 Übereinkommen über den Straßenverkehr vom 08.11.1968; BGBl. 1977 II, S. 809, 811 (Zustimmungsgesetz); BGBl. 1979 II, S. 903 (Bekanntmachung über das Inkrafttreten); VkBl. 1977, 583; der ursprüngliche Vertragstext ist auch bei *Mindorf*, Internationaler Straßenverkehr, S. 290 ff. wiedergegeben; verbindlich ist nur der Wortlaut in englischer, französischer und russischer Sprache.

944 Vgl. *Sündermann*, SVR 2006, 48 (49); siehe auch *Will*, NZV 2020, 163 (164), der das Wiener Übereinkommen über den Straßenverkehr als „Magna Charta des völkerrechtlichen Straßenverkehrsrechts" bezeichnet.

(1) Ausgangsdokument

Die Urfassung des Wiener Übereinkommens wurde auf der Weltkonferenz der Vereinten Nationen im Jahr 1968 beraten.[945] Der Zweck des Übereinkommens kommt bereits in dessen Präambel zum Ausdruck, wonach der internationale Straßenverkehr erleichtert und die Sicherheit auf den Straßen durch die Annahme einheitlicher Verkehrsregeln erhöht werden soll. Der Vertragstext geht zurück auf den Entwurf der Wirtschaftskommission für Europa der Vereinten Nationen[946] und wurde unter Mitwirkung anderer regionaler Wirtschaftskommissionen der Vereinten Nationen diskutiert.[947]

Das Wiener Übereinkommen stellt in Kapitel II Verkehrsregeln auf und trifft Vorgaben zum Verhaltensrecht. Neben allgemeinen Rücksichtnahmepflichten in Art. 7 WÜ wurden spezielle Sorgfaltspflichten, wie beispielsweise in Art. 13 WÜ zu angepasster Geschwindigkeit[948] und ausreichendem Abstand[949], vereinbart. Zudem wurde das sogenannte Beherrschungsgebot des Art. 8 Abs. 5 WÜ festgeschrieben, wonach der Fahrzeugführer sein Kraftfahrzeug jederzeit beherrschen muss. Dieses Beherrschungsgebot bringt zugleich Art. 13 Abs. 1 Satz 1 WÜ zum Ausdruck. Neben verhaltensrechtlichen Vorgaben wurden technische Anforderungen an Fahrzeuge durch Art. 39 i. V. m. Anhang 5 WÜ festgelegt.[950] Mangels direkter Wirkung[951] des Wiener Übereinkommens in den Vertragsstaaten verpflichten sich die Parteien gemäß Art. 3 Abs. 1 lit. a) Satz 1 WÜ, die erforderlichen Schritte einzuleiten, damit die in Kapitel II des Wiener Übereinkommens aufgestellten Verkehrsregeln auf nationaler Ebene eingehalten werden. Hierbei steht es den Vertragsparteien frei, auch Regelungen aufzunehmen, die über die vereinbarten Standards des Wiener Übereinkommens hinausgehen, solange diese nicht mit dem Wiener Übereinkommen unvereinbar sind (Art. 3 Abs. 1 lit. a) Satz 2 ii) WÜ). Die Verpflichtung des Art. 3 Abs. 1 lit. a) Satz 1 WÜ führte in Deutschland dazu, dass die in dem Wiener Übereinkommen festgelegten

945 Siehe *Mindorf*, Internationaler Straßenverkehr, S. 285; zum historischen Hintergrund des Wiener Übereinkommens siehe *Hammer*, Automatisierte Steuerung, S. 32 f.; *Bewersdorf*, Zulassung und Haftung bei Fahrerassistenzsystemen, S. 41 bis 43.

946 Zur Einordnung der Wirtschaftskommission für Europa der Vereinten Nationen siehe ausführlich sogleich unten unter Punkt c).

947 Vgl. *Mindorf*, Internationaler Straßenverkehr, S. 285.

948 Art. 13 Abs. 1 Satz 2 WÜ.

949 Art. 13 Abs. 5 WÜ.

950 Siehe auch *Mindorf*, Internationaler Straßenverkehr, S. 286.

951 Vgl. *Lutz*, NJW 2015, 119 (122); *ders.*, NZV 2014, 67 (67); zwischen direkter und indirekter Bindung differenzierend *Hammer*, Automatisierte Steuerung, S. 34 f.; siehe auch *von Bodungen/Hoffmann*, InTeR 2017, 85 (90); *Will*, NZV 2020, 163 (164), mit Verweis auf die entsprechende Maßgabe in Art. 1 Abs. 2 des Zustimmungsgesetzes (BGBl. 1977 II, S. 809).

Verhaltensregeln die Neufassung der StVO im Jahr 1970[952] maßgeblich mitbestimmten.[953]

Neben den verhaltensrechtlichen Bestimmungen sollen zudem die in Anhang 5 des Wiener Übereinkommens festgehaltenen technischen Vorgaben im nationalen Straßenverkehrsrecht – mithin bei der Zulassung – zu beachten sein (Art. 3 Abs. 1 lit. b) WÜ). Im Ergebnis wird die Angleichung der jeweils nationalen Verkehrs- und Zulassungsregeln an gemeinsame Standards angestrebt.[954] Damit geht spiegelbildlich die Verpflichtung einher, keine den Vorgaben des Wiener Übereinkommens zuwiderlaufenden nationalen Regelungen auf den durch das Wiener Übereinkommen berührten Gebieten zu erlassen.[955]

(2) Überarbeitung des Vertragstextes als Reaktion auf den technischen Fortschritt

Die Regelungen des Wiener Übereinkommens wurden in Bezug auf den Einsatz von hoch- und vollautomatisierten Fahrzeugen kritisch diskutiert.[956] Im Fokus stand der im Rahmen des Wiener Übereinkommens vorgesehene Grundsatz, wonach der Fahrzeugführer sein Fahrzeug ständig beherrschen muss. Dieses in Art. 8 Abs. 5 und Art. 13 Abs. 1 WÜ zum Ausdruck kommende Beherrschungsgebot wurde insoweit als Hindernis für den Einsatz und die Genehmigung von hoch- oder vollautomatisierten Systemen identifiziert, als der Fahrer bei der Benutzung der automatisierten Fahrfunktion aus der Überwachungsverantwortung entlassen wird.[957]

Eine teilweise andere Ansicht vertritt in diesem Zusammenhang *Lohmann*, die neben dem Beherrschungsgebot *zusätzlich* das Führererfordernis des Art. 8 Abs. 1 WÜ als Hindernis für hoch- oder vollautomatisierte Fahrzeuge nennt.[958] Dieser Ansicht kann jedoch nicht gefolgt werden. Kraftfahrzeuge

952 Straßenverkehrs-Ordnung vom 16.11.1970, BGBl. I, S. 1565; siehe dazu auch die amtliche Begründung zur Straßenverkehrsordnung, VkBl. 1970, 797.

953 Siehe *Mindorf*, Internationaler Straßenverkehr, S. 298.

954 Siehe *von Ungern-Sternberg*, in: Oppermann/Stender-Vorwachs, Autonomes Fahren, Kap. 3.9, Rn. 6.

955 Vgl. auch *Frenz/Casimir-van den Broeck*, NZV 2009, 529 (530).

956 Siehe ausführlich hierzu *Hammer*, Automatisierte Steuerung, S. 37 bis 92; *Lohmann*, Automatisierte Fahrzeuge, S. 71 bis 93; zu nicht übersteuerbaren Fahrassistenzsystemen *Bewersdorf*, Zulassung und Haftung bei Fahrerassistenzsystemen, S. 41 bis 58.

957 Siehe das Ergebnis bei *Hammer*, Automatisierte Steuerung, S. 79; siehe *Lutz*, PHi 2016, 2 (5 f.); *ders.*, NJW 2015, 119 (122); siehe *von Ungern-Sternberg*, in: Oppermann/Stender-Vorwachs, Autonomes Fahren, Kap. 3.9, Rn. 21; *Cacilo/Schmidt/Wittlinger et al.*, Fraunhofer Studie Hochautomatisiertes Fahren, S. 113; *Arzt/Ruth-Schumacher*, NZV 2017, 57 (61); *Tergan*, Automatisiertes Fahren, S. 42.

958 Siehe *Lohmann*, Automatisierte Fahrzeuge, S. 83 ff.

mit hoch- und vollautomatisierten Fahrfunktionen im Sinne der BASt-Stufe 3 und 4 bzw. des SAE-Level 3 und 4 (mit Fahrer) sehen weiterhin die Anwesenheit eines Fahrers vor, der sich der automatisierten Funktion bedienen kann. Eine Entbehrlichkeit des physisch anwesenden Fahrers ist auf diesen Automatisierungsstufen nicht vorgesehen. Das Erfordernis des Art. 8 Abs. 1 WÜ, wonach jedes in Bewegung befindliche Fahrzeug einen Fahrzeugführer aufweisen muss, ist damit in Bezug auf Fahrzeuge nach SAE-Level 4 (fahrerlos) und SAE-Level 5 relevant[959], steht indes hoch- oder vollautomatisierten Fahrzeugen nicht entgegen.[960]

Unter dem Eindruck des technischen Fortschrittes wurde die Aktualisierung des Wiener Übereinkommens im März 2014 von der Wirtschaftskommission für Europa der Vereinten Nationen beraten. Nach den erfolgreichen Reformbestrebungen wurde zwar am im Wiener Übereinkommen angelegten Beherrschungsgebot festgehalten, allerdings kam es zu einer Anpassung von Art. 8 WÜ, um die Vereinbarkeit von fortgeschrittenen Fahrzeugsystemen mit dem Wiener Übereinkommen zu gewährleisten.[961] Zentraler Punkt der Aktualisierung ist der im März 2016 in das Wiener Übereinkommen eingefügte Art. 8 Abs. 5bis WÜ.[962] Systeme, die die Fahrzeugführung beeinflussen, werden seither unter zwei alternativ nebeneinander bestehenden Voraussetzungen als mit dem Beherrschungsgrundsatz konform fingiert.[963] Zunächst gelten Fahrsysteme als konform, die den technischen Vorgaben in internationalen Rechtsvorschriften entsprechen (Art. 8 Abs. 5bis S. 1 WÜ). Sofern Fahrsysteme zwar die Fahrzeugführung beeinflussen, aber nicht den technischen Vorgaben der internationalen Rechtsvorschriften entsprechen, gelten sie als konform, sofern sie vom Fahrzeugführer übersteuerbar sind (Art. 8 Abs. 5bis S. 2 WÜ). Flankierend wurde Art. 39 Abs. 1 WÜ um einen Satz 3 erweitert, wodurch Systeme, die den Anforderungen des Art. 8 Abs. 5bis WÜ genügen, auch in zulassungsrechtlicher Hinsicht ermöglicht werden.

Durch die Aktualisierung wurde im Ergebnis die Zulässigkeit von hoch- oder vollautomatisierten Fahrsystemen nach dem Wiener Übereinkommen an die Vorgaben von internationalen Vorschriften geknüpft und damit ein Gleichlauf mit diesen hergestellt. Anknüpfungspunkt für die Aktualisierung des Wiener Übereinkommens sind somit internationale Vorschriften.

---

959 In diese Richtung auch *von Ungern-Sternberg*, in: Oppermann/Stender-Vorwachs, Autonomes Fahren, Kap. 3.9, Rn. 28; zur aktuellen Überarbeitung des WÜ vor diesem Hintergrund siehe ausführlich unten unter Punkt V.5.

960 Im Ergebnis auch *Tergan*, Automatisiertes Fahren, S. 42.

961 Siehe dazu den „Report of the sixty-eighth session of the Working Party on Road Traffic Safety“, ECE/TRANS/WP.1/145, S. 11; Deutschland hat der Änderung zugestimmt, siehe BGBl. II 2016, S. 1306.

962 Vgl. dazu Arzt/Ruth-Schumacher, NZV 2017, 57 (61).

963 Siehe *von Bodungen/Hoffmann*, InTeR 2017, 85 (86 f.).

Die Rechtsgrundlage für die von den neuen Regelungen im Wiener Übereinkommen in Bezug gesetzten internationalen Rechtsvorschriften bildet in erster Linie das Fahrzeugteileübereinkommen aus dem Jahr 1958.

bb) Fahrzeugteileübereinkommen

Während das Wiener Übereinkommen insbesondere verhaltensrechtliche Grundsätze und grundlegende Bestimmungen für die Zulassung normiert, adressiert das Fahrzeugteileübereinkommen die Erstellung von konkreten technischen Vorgaben für Bauteile. Diese Vorgaben beinhalten Bau- und Prüfvorschriften, die für die Genehmigung von Kraftfahrzeugen in der Europäischen Union von besonderer Relevanz sind. Das Fahrzeugteileübereinkommen bezieht sich damit auf die technische Seite der Genehmigung und bildet die Grundlagen für den Erlass der sogenannten UN-Regelungen.

(1) Zielsetzung

Ziel des in Genf geschlossenen Fahrzeugteileübereinkommens vom 20. März 1958[964] ist es, Handelshemmnisse auf internationaler Ebene durch international harmonisierte technische Vorschriften abzubauen.[965] Deutschland ist Vertragspartei[966] dieses völkerrechtlichen Vertragswerkes und hat dem Fahrzeugteilübereinkommen im Juni 1965 zugestimmt[967].

(2) Revisionen

Mit der sogenannten „Revision 2“ bzw. „Revision 3“ ist das Fahrzeugteileübereinkommen zwei wesentlichen Überarbeitungen unterworfen worden. Die zweite Revision des Fahrzeugteileübereinkommens wurde im Jahr 1995 erarbeitet, wobei die in diesem Zusammenhang entstandene Fassung oftmals als „geändertes Übereinkommen“ bezeichnet wird. Deutschland ist diesem geänderten Fahrzeugteileübereinkommen mit Zustimmungsgesetz vom 20. Mai 1997 beigetreten[968], die Europäische Gemeinschaft mit Beschluss des Rates 97/836/EG vom 27. November 1997. Die nach der dritten Revision aktuelle Fassung des Übereinkommens wurde im März 2016 durch die Wirt-

---

964 Übereinkommen über die Annahme einheitlicher Bedingungen für die Genehmigung der Ausrüstungsgegenstände und Teile von Kraftfahrzeugen (Motorfahrzeugen) und über die gegenseitige Anerkennung der Genehmigung vom 20.03.1958.

965 Vgl. *Sündermann*, SVR 2006, 48 (49).

966 Siehe *Rebler*, in: Bachmeier/Müller/Rebler, Verkehrsrecht, StVZO § 21a, Rn. 3; *Arzt/Ruth-Schumacher*, NZV 2017, 57 (60).

967 BGBl. II 1965, 857; VkBl. 1965, 387.

968 BGBl. II 1997, 998.

schaftskommission der Vereinten Nationen vorgestellt[969] und ist am 14. September 2017 in Kraft getreten[970]. Der Entwurf für das deutsche Zustimmungsgesetz[971] wurde Ende 2018 vorbereitet. Der Ausschuss für Verkehr und digitale Infrastruktur hat die Annahme des Gesetzentwurfs in unveränderter Fassung empfohlen.[972] Das Zustimmungsgesetz[973] ist in Deutschland schließlich im April 2019 in Kraft getreten.

(3) Technische Vorschriften

Das Fahrzeugteileübereinkommen selbst enthält keine technischen Vorschriften. Es legt vielmehr die Grundlage für den Erlass von technischen Vorgaben und stellt hierfür die Rahmenbedingungen auf.[974] Erklärtes Ziel des Übereinkommens ist es, einheitliche Mindestanforderungen für Radfahrzeuge festzulegen.[975] Diese Anforderungen werden durch den Erlass von technischen Vorschriften vorgegeben. Das Übereinkommen stellt daher die Grundlage für den Erlass von UN-Regelungen dar.[976]

Mit den im Rahmen der aktuellen Revision 3 erfolgten Änderungen bleiben die Grundlagen für den Erlass der technischen Vorschriften unangetastet. Kernbestimmung ist nach wie vor diejenige des Art. 1 Abs. 1 FTÜ, wonach mittels eines Verwaltungsausschusses[977] technische Regelungen festgesetzt werden. Die so erarbeiteten technischen Vorschriften werden den Vertragsparteien zugeleitet, wobei die Regelung gemäß Art. 1 Abs. 2 FTÜ als angenommen gilt, wenn nicht innerhalb von sechs Monaten nach der Übermittlung mehr als ein Fünftel der Vertragsstaaten Einwände gegen die Regelung

---

969 Siehe dazu „Proposal for Revision 3 of the 1958 Agreement" ECE/TRANS/WP.29/2016/2.

970 Siehe E/ECE/TRANS/505/Rev.3, S. 1; BT-Drs. 19/6548, S. 2; dazu auch *Tergan*, Automatisiertes Fahren, S. 45.

971 BT-Drs. 19/6548.

972 Siehe BT-Drs. 19/7650, S. 5.

973 Gesetz zur Revision 3 des Übereinkommens vom 20.03.1958 über die Annahme einheitlicher technischer Vorschriften für Radfahrzeuge, Ausrüstungsgegenstände und Teile, die in Radfahrzeuge(n) eingebaut und/oder verwendet werden können, und die Bedingungen für die gegenseitige Anerkennung von Genehmigungen, die nach diesen Vorschriften erteilt wurden vom 31.03.2019 (BGBl. I S. 220).

974 Siehe hierzu ausführlich *Sündermann*, SVR 2006, 48 (50 f.); vgl. auch *Arzt/Ruth-Schumacher*, NZV 2017, 57 (60).

975 Vgl. die Präambel des (geänderten) Fahrzeugteileübereinkommens, abgedruckt in Anhang I des Beschlusses des Rates 97/836/EG, ABl. L 346 vom 17.12.1997, S. 82.

976 Vgl. MüKoStVR/*Meyer*, Band 1, StVZO § 21a, Rn. 5; *Dauer*, in: Hentschel/König/Dauer, SVR, StVZO § 21a, Rn. 2; *Cacilo/Schmidt/Wittlinger et al.*, Fraunhofer Studie Hochautomatisiertes Fahren, S. 114.

977 Bei diesem Verwaltungsausschuss handelt es sich um die Wirtschaftskommission für Europa der Vereinten Nationen.

erhebt.[978] Durch die Revision 3 wird das Ziel einer möglichst umfassenden Vereinheitlichung von technischen Vorschriften konsequent weiterverfolgt.[979] Dabei soll der Rang des Fahrzeugteileübereinkommens als wichtigste Grundlage für internationale Vorschriften weiter gefestigt werden.[980] Als Besonderheit im Rahmen des aktuellen Fahrzeugteileübereinkommens sind dabei die Bestrebungen zur Einführung einer internationalen Gesamtfahrzeug-Typgenehmigung[981] zu sehen.[982] Damit wurde der Weg für eine Typgenehmigung auf internationaler Ebene bereitet.

Der Zweck des Fahrzeugteileübereinkommens besteht auch nach dessen Überarbeitung darin, die Festlegung von harmonisierten technischen Vorschriften auf internationaler Ebene zu ermöglichen. Es sind gerade dies die technischen Vorschriften, die im Rahmen des europäischen Genehmigungsverfahrens zu beachten sind. Erarbeitet werden diese UN-Regelungen im Rahmen der Wirtschaftskommission für Europa der Vereinten Nationen.

c) Wirtschaftskommission für Europa der Vereinten Nationen

Sowohl bei der Abfassung der beiden dargestellten völkerrechtlichen Verträge als auch bei der Erarbeitung von technischen Vorschriften nimmt die Wirtschaftskommission für Europa der Vereinten Nationen[983] seit jeher eine zentrale Stellung ein. Die UNECE ist der Motor für die Harmonisierung und Regulierung des Straßenverkehrs auf internationaler Ebene.

aa) Einordnung der UNECE innerhalb der Vereinten Nationen

Die UNECE ist Teil der Vereinten Nationen[984] und ist daher in deren Organisationsstruktur einzuordnen. Bei den Vereinten Nationen handelt es sich

---

978 Die Sperrminorität von mehr als einem Fünftel wurde mit der Revision 3 eingefügt. Zuvor lag die Sperrminorität bei mehr als einem Drittel der Vertragsparteien.

979 Siehe hierzu die Präambel und die Zusammenfassung der Ziele der Revision des Fahrzeugteileübereinkommens im Rahmen des Gesetzesentwurfs zum Zustimmungsgesetz, BT-Drs. 19/6548, S. 9.

980 Vgl. dazu auch Zusammenfassung der Ziele der Revision des Fahrzeugteileübereinkommens im Rahmen des Gesetzesentwurfs zum Zustimmungsgesetz, BT-Drs. 19/6548, S. 9.

981 „International Whole Vehicle Type Approval“ (IWVTA).

982 Dazu *Tergan*, Automatisiertes Fahren, S. 77 ff.; siehe dazu auch die Präambel der Revision 3 des Fahrzeugteileübereinkommens.

983 „United Nations Economic Commission for Europe“ (UNECE); im Folgenden auch „UNECE“.

984 Im Englischen „United Nations“ (UN); zum historischen Hintergrund der Vereinten Nationen siehe den Abriss bei *Kempen/Hillgruber/Grabenwarter*, Völkerrecht, 5. Kapitel, Rn. 22; zur „UN-Familie“ *Schmahl*, in: Graf Vitzthum/Proelß, Völkerrecht, Vier-

aufgrund der ihr übertragenen Aufgaben um die wichtigste der Internationalen Organisationen[985].[986] Die Zielsetzung der Vereinten Nationen ist in Art. 1 UN-Charta festgeschrieben.[987] Oberstes Ziel ist gemäß Art. 1 Nr. 1 UN-Charta die Wahrung des Weltfriedens und der internationalen Sicherheit[988], wobei nach Art. 1 Nr. 2 UN-Charta die freundschaftlichen Beziehungen zwischen den Völkern zu festigen sind.[989] Daneben ist auch die Förderung der internationalen Zusammenarbeit zur Lösung von – unter anderem – wirtschaftlichen Problemen ein erklärtes Ziel (Art. 1 Nr. 3 UN-Charta).

Die Vereinten Nationen sind in Haupt- und Nebenorganen organisiert[990], wobei die Hauptorgane in Art. 7 Abs. 1 UN-Charta aufgezählt werden. Die Aufgaben der internationalen Zusammenarbeit für den vorliegend relevanten Bereich Wirtschaft sind innerhalb der Vereinten Nationen in erster Linie dem Wirtschafts- und Sozialrat[991] übertragen.[992] Kapitel IX der UN-Charta[993] ist Fragen der internationalen Zusammenarbeit auf wirtschaftlichem Gebiet gewidmet, wobei in Art. 55 UN-Charta diesbezügliche Ziele formuliert werden. So fördern die Vereinten Nationen die – auch mit Blick auf hoch- oder vollautomatisierte Fahrzeuge interessierenden – Voraussetzungen für wirtschaftlichen Fortschritt[994] und die Lösung von Problemen wirtschaft-

---

ter Abschnitt, Rn. 225 ff.; die aktuell 193 Mitgliedstaaten der Vereinten Nationen sind bei *Herdegen*, Völkerrecht, § 40, Rn. 7, mit den jeweiligen Beitrittsdaten aufgelistet.

985 Die Grundlagen zu den Internationalen Organisationen stellt *Epping*, in: Ipsen, Völkerrecht, 3. Kapitel, § 8, Rn. 1 bis 92 umfassend dar; eine ausführliche Darstellung des geschichtlichen Hintergrunds der Internationalen Organisationen findet sich bei *Schmahl*, in: Graf Vitzthum/Proelß, Völkerrecht, Vierter Abschnitt, Rn. 1 ff.; zu weiteren Internationalen Organisationen siehe weiterführend die Darstellung bei *Stein/von Buttlar/Kotzur*, Völkerrecht, Rn. 426 bis 482.

986 So *Stein/von Buttlar/Kotzur*, Völkerrecht, Rn. 389; von einer „hervorgehobenen Stellung“ spricht deshalb auch *Epping*, in: Ipsen, Völkerrecht, 3. Kapitel, § 8, Rn. 93.

987 Einen kurzen Überblick über den Zweck der Vereinten Nationen gibt *Stein/von Buttlar/Kotzur*, Völkerrecht, Rn. 393 ff.; siehe dazu auch *Epping*, in: Ipsen, Völkerrecht, 3. Kapitel, § 8, Rn. 102 ff.

988 Zum „Mechanismus der Friedenssicherung“ siehe *Doehring*, Völkerrecht, Rn. 455 bis 467.

989 Auch der Schutz der Menschenrechte ist als ein vorrangiges Ziel der Vereinten Nationen zu sehen, vgl. *Epping*, in: Ipsen, Völkerrecht, 3. Kapitel, § 8, Rn. 106; *Kempen/Hillgruber/Grabenwarter*, Völkerrecht, 5. Kapitel, Rn. 26.

990 Anschaulich hierzu das Organigramm bei *Epping*, in: Ipsen, Völkerrecht, 3. Kapitel, § 8, Rn. 129.

991 Im Englischen „Economic and Social Council“ (ECOSOC); zum Wirtschafts- und Sozialrat siehe näher *Epping*, in: Ipsen, Völkerrecht, 3. Kapitel, § 8, Rn. 162 ff.

992 Vgl. *Epping*, in: Ipsen, Völkerrecht, 3. Kapitel, § 8, Rn. 105; dazu auch *Herdegen*, Völkerrecht, § 40, Rn. 24 ff.; zu den weiteren Organen der Vereinten Nationen siehe weiterführend *Kempen/Hillgruber/Grabenwarter*, Völkerrecht, 5. Kapitel, Rn. 27 bis 39.

993 Von Kapitel IX werden Art. 55 bis 60 UN-Charta umfasst.

994 Art. 55 lit. a) UN-Charta.

licher Art[995]. Nach Art. 68 UN-Charta setzt der Wirtschafts- und Sozialrat zur Wahrnehmung seiner Aufgaben Unterorgane in Form von Kommissionen ein.[996] Bereits im Jahr 1947 wurde die UNECE als regionale Kommission des Wirtschafts- und Sozialrates gegründet.[997] Sie ist unter anderem zuständig für die Wirtschaftsbereiche Transport- und Verkehrsrecht.[998]

bb) Aufbau und relevante Gremien der UNECE

Aufgrund der umfassenden Betätigungsfelder im Bereich der Wirtschaft unterteilt sich die UNECE in einzelne Gremien. Eine grobe Aufteilung folgt hierbei nach den durch die UNECE bearbeiteten Sektoren, wie beispielsweise Fragen der nachhaltigen Energiegewinnung, der wirtschaftlichen Zusammenarbeit oder des Transportwesens. In Bezug auf automatisierte Fahrzeuge ist der Ausschuss für Transport[999] von besonderer Bedeutung.[1000]

(1) Ausschuss für Transport

Der Ausschuss für Transport bietet ein Forum für spezialisierte Arbeitsgruppen und fördert den arbeitsgruppenübergreifenden Austausch unter anderem mit einer jährlichen Konferenz. Der sicheren Einführung von automatisierten Fahrzeugen wurde im Ausschuss für Transport zuletzt eine besonders hohe Relevanz zuerkannt. So war das Thema der Automatisierung im Straßenverkehr auf der 81. Jahreskonferenz im Februar 2019 fester Bestandteil der Tagung.[1001]

(2) Arbeitsgruppen

Zur Entwicklung von neuen Vorschriften bzw. der Weiterentwicklung bereits bestehender technischer Vorschriften werden unter dem Dach des Aus-

995 Art. 55 lit. b) UN-Charta.

996 Siehe auch *Herdegen*, Völkerrecht, § 40, Rn. 27; *Epping*, in: Ipsen, Völkerrecht, 3. Kapitel, § 8, Rn. 163; *Stein/von Buttlar/Kotzur*, Völkerrecht, Rn. 422.

997 Vgl. *von Ungern-Sternberg*, in: Oppermann/Stender-Vorwachs, Autonomes Fahren, Kap. 3.9, Rn. 5; siehe auch http://www.unece.org/trans/about_us.html (zuletzt abgerufen am 31.08.2023).

998 Siehe *Rebler*, in: Bachmeier/Müller/Rebler, Verkehrsrecht, StVZO § 21a, Rn. 3.

999 Im Englischen „Inland Transport Committee" (ITC).

1000 So auch *von Ungern-Sternberg*, in: Oppermann/Stender-Vorwachs, Autonomes Fahren, Kap. 3.9, Rn. 5; eine Übersicht der einzelnen Ausschüsse der UNECE findet sich unter https://www.unece.org/fileadmin/DAM/oes/nutshell/2015/AR_2014_-_Intergovernmental_Structure_2015.JPG (zuletzt abgerufen am 31.08.2023).

1001 Vgl. „Provisional agenda for the eighty-first session", ECE/TRANS/287/Add.1.

schusses für Transport informelle Arbeitsgruppen[1002] gebildet. Diese befassen sich dabei auch mit Testverfahren zur Prüfung von Bauteilen und der Einhaltung der technischen Vorschriften.[1003] Die für die Entwicklung der technischen Anforderungen und die Änderung der UN-Regelungen zuständige Arbeitsgruppe ist das „World Forum for the Harmonization of Vehicle Regulations“ (WP.29).[1004] Innerhalb dieser für die Harmonisierung der Fahrzeugvorschriften zuständigen Arbeitsgruppe arbeiten Experten in insgesamt sechs spezialisierten Unterarbeitsgruppen.

Hinsichtlich der Fahrzeugautomatisierung ist die „Working Party on Automated/Autonomous and Connected Vehicles“ (GRVA) von besonderer Bedeutung. Die GRVA ging aus der sogenannten „Working Party on Braking and Running Gear“ (GRRF) hervor und hat diese im Juni 2018 ersetzt.[1005] Die Wichtigkeit und Dringlichkeit der Aktualisierung der technischen Vorschriften in Bezug auf das hoch- und vollautomatisierte Fahren spiegelt sich in dieser Umgestaltung der betreffenden Arbeitsgruppen wider, wonach sich die GRRF aufgelöst hat und in der auf die Fahrzeugautomatisierung spezialisierte GRVA aufgegangen ist.

Die GRVA untergliedert sich in weitere Arbeitsgruppen, die den Fokus auf einzelne Aspekte des automatisierten Fahrens richten. Hierbei sind zwei Arbeitsgruppen hervorzuheben, die sich zum einen mit automatisierten Lenkfunktionen und zum anderen mit dem Testen von automatisierten Fahrzeugen auseinandersetzen. Mit den Herausforderungen von automatisierten Lenkfunktionen beschäftigt sich die „Working Party on Automatically Commanded Steering Function“ (ACSF). Der Begriff „ACSF“ umschreibt automatisierte Lenkfunktionen.[1006] Die zweite für Automatisierungsfragen wichtige Untergruppe der GRVA ist die „UN Task Force on Automated Vehicle Testing“ (AutoVeh), die Antworten auf die Frage sucht, wie die Sicherheit und Verlässlichkeit von automatisierten Fahrsystemen unter reproduzierbaren Bedingungen getestet werden kann.[1007]

1002 „Working Party“ (WP).

1003 Vgl. *Seeck/Gail/Lorenz et al.*, in: Pischinger/Seiffert, Handbuch Kraftfahrzeugtechnik, Kapitel 2.1.2.4, S. 20.

1004 Siehe auch *von Bodungen*, in: Sassenberg/Faber, Rechtshandbuch Industrie 4.0, § 16, Rn. 12; *von Ungern-Sternberg*, in: Oppermann/Stender-Vorwachs, Autonomes Fahren, Kap. 3.9, Rn. 5.

1005 Daher beziehen sich Abhandlungen bis zu diesem Zeitpunkt auf die GRRF und gehen nicht auf die GRVA ein; vgl. nur *von Bodungen/Hoffmann*, InTeR 2017, 85 (87); *Arzt/Ruth-Schumacher*, NZV 2017, 57 (60).

1006 So auch die Umschreibung von „ACSF“ bei *von Bodungen/Hoffmann*, InTeR 2017, 85 (87).

1007 Vgl. hierzu das Dokument „Automated Vehicle Testing Task-Force Terms of Reference“, Document No. ITS/AD-15-04a-Rev1 vom 21.06.2018.

cc) Zusammenfassung

Die Arbeitsgruppen der Wirtschaftskommission für Europa der Vereinten Nationen gliedern sich in zunehmend spezialisierte Gruppen, um passgenaue technische Vorschriften auf internationaler Ebene zu erarbeiten. Die Dringlichkeit von verbindlichen Vorgaben und Testverfahren zur Überprüfung von hoch- oder vollautomatisierten Fahrzeugen zeigt sich insbesondere an der Einsetzung und Gründung von auf die Automatisierung von Kraftfahrzeugen spezialisierten Arbeitsgruppen, wie der GRVA und der AutoVeh.

4. UN-Regelungen als maßgebliche technische Vorschriften

Die von den Arbeitsgruppen der UNECE auf Grundlage des Fahrzeugteileübereinkommens erarbeiteten Regelungen enthalten in erster Linie Vorschriften über die Bauweise, den Leistungsumfang und die Prüfanforderungen von Bauteilen. Diese technischen Vorgaben beziehen sich jeweils auf einzelne Systeme oder Baugruppen von Kraftfahrzeugen und sind fortlaufend nummeriert. So ergeben sich beispielsweise aus der UN-Regelung Nr. 8 technische Vorgaben zu Kraftfahrzeugscheinwerfern und aus der UN-Regelung Nr. 93 Vorschriften zur Genehmigung und zum Anbau von Vorrichtungen zum Unterfahrschutz bei Lastkraftwagen der Klasse N_2 und N_3. Die meisten UN-Regelungen[1008] betreffen die Betriebssicherheit von Kraftfahrzeugen und kollisions- bzw. sicherheitsrelevante Bauteile. Daneben bestehen auch UN-Regelungen mit Fokus auf Umweltschutz und Geräuschemissionen, wie UN-Regelung Nr. 63 und Nr. 101.

a) Bezugnahme auf UN-Regelungen im europäischen Genehmigungsverfahren

Die UN-Regelungen sind maßgebliche internationale Vorschriften, auf die im europäischen Genehmigungsverfahren referenziert wird. Nach Art. 5 Abs. 1 Verordnung 2018/858 muss das zur Begutachtung vorgestellte Prüffahrzeug den technischen Anforderungen der in Anhang II der Verordnung aufgeführten Rechtsakte entsprechen.[1009] Der Anhang II ist dabei in zwei Teile gegliedert. Während Teil I einen umfassenden Katalog an europäischen Rechtsakten bereithält, aus denen sich die technischen Anforderungen an das Fahrzeug ergeben, werden in Teil II internationale Regelungen

---

1008 Eine regelmäßig aktualisierte Übersicht über die im Amtsblatt der Europäischen Union veröffentlichten UN-Regelungen findet sich unter https://ec.europa.eu/docsroom/documents/53076 (zuletzt abgerufen am 31.08.2023).

1009 Eine entsprechende Regelung ergab sich vor Inkrafttreten der Verordnung 2018/858 in Deutschland aus § 4 Abs. 4 EG-FGV i. V. m. Art. 8 Abs. 2, Art. 9 Abs. 1 lit. a) RL 2007/46/EG für die Erteilung einer EG-Typgenehmigung.

in Bezug genommen. Hierbei ist auf die UN-Regelungen und damit auf die maßgeblichen technischen Vorschriften abzustellen.

Für die Genehmigung von Kraftfahrzeugen mit hoch- oder vollautomatisierter Fahrfunktion sind diese internationalen Regelungen von entscheidender Bedeutung, wobei drei UN-Regelungen im Mittelpunkt stehen. Da hoch- oder vollautomatisierte Fahrfunktionen sowohl die Längs- als auch die Querführung des Fahrzeugs beeinflussen und selbstständig ausführen, stehen die technischen Anforderungen an Lenkanlagen und Bremsen von automatisierten Kraftfahrzeugen im Vordergrund. Im Fokus steht damit die UN-Regelung Nr. 79 über Lenkanlagen[1010] und die UN-Regelung Nr. 13H hinsichtlich der Bremsen[1011].

b) UN-Regelung Nr. 13H

Eine hoch- oder vollautomatisierte Fahrfunktion muss neben der Querführung zugleich selbstständig die Längsführung ausführen können. Die Verzögerung des Fahrzeugs wird durch das Abbremsen der einzelnen Räder verwirklicht. Die technischen Vorschriften hinsichtlich der Bremsen werden für Kraftfahrzuge der Klasse M_1 in der UN-Regelung Nr. 13H[1012] festgelegt.[1013]

Die Anforderungen der UN-Regelung Nr. 13H werden übereinstimmend nicht als Hindernis für die Genehmigung von hoch- oder vollautomatisierten Fahrfunktionen in Bezug auf die Längsführung eingestuft.[1014] Unter Ziffer 2.20. der UN-Regelung Nr. 13H wird die sogenannte „automatisch gesteuerte Bremsung“[1015] definiert, wonach das Fahrzeug aufgrund von bordeigenen Informationen auch ohne Eingriff des Fahrers die Bremsen betätigen kann. Damit steht die UN-Regelung Nr. 13H einer automatisierten Längsführung im Rahmen einer hoch- oder vollautomatisierten Fahrfunktion nicht entgegen. Eine Genehmigung von hoch- oder vollautomatisierten Fahrfunktionen allein auf Grundlage der UN-Regelung Nr. 13H ist allerdings nicht möglich, da diese lediglich die Längsführung betrifft und keine Anknüpfungspunkte für die zeitgleiche Querführung bereithält.[1016]

1010 UN Regulation No. 79, Uniform provisions concerning the approval of vehicles with regard to steering equipment.

1011 UN Regulation No. 13-H, Uniform provisions concerning the approval of passenger cars with regard to braking.

1012 E/ECE/TRANS/505/Rev.2/Add.12H/Rev.4; siehe auch die (nicht rechtsverbindliche) Veröffentlichung im Amtsblatt der Europäischen Union, ABl. L 335 vom 22.12.2015.

1013 Siehe Punkt 1.1. der UN-Regelung Nr. 13H.

1014 Siehe dazu *Hammer*, Automatisierte Steuerung, S. 109 ff.; *Lohmann*, Automatisierte Fahrzeuge, S. 107 und 109; *Tergan*, Automatisiertes Fahren, S. 55 und 57.

1015 „Automatically commanded braking“.

1016 In diese Richtung auch *Hammer*, Automatisierte Steuerung, S. 111.

c) UN-Regelung Nr. 79

Die für die Genehmigung von Lenkanlagen anzuwendende UN-Regelung Nr. 79 wurde als Hemmnis für die Genehmigung von hoch- oder vollautomatisierten Fahrfunktionen und damit für deren Einsatz angesehen.[1017] Diese Problematik wurde bereits im Jahr 2015 erkannt, wobei auf die Notwendigkeit einer Überarbeitung der UN-Regelung Nr. 79 hingewiesen wurde.[1018] Vor dem Hintergrund der sich weiterentwickelten Technik, die eine zunehmende Automatisierung von Kraftfahrzeugen ermöglicht, wurde die UN-Regelung Nr. 79 von der WP.29 überarbeitet. Allein durch die Aktualisierung wurden hoch- oder vollautomatisierte Fahrfunktionen jedoch nicht genehmigungsfähig.[1019]

Die jeweils aktuelle Version der einzelnen UN-Regelungen ist dem fortlaufend aktualisierten Statusdokument „ECE/TRANS/WP.29/343“ zu entnehmen.[1020] Die Genehmigung von Lenkanlagen richtet sich demnach nach der UN-Regelung Nr. 79 in der derzeit aktuellen Fassung der Revision 5 Änderungsserie 3[1021].[1022] Von besonderer Relevanz für die Genehmigung von hoch- oder vollautomatisierten Fahrfunktionen ist die im Rahmen der UN-Regelung Nr. 79 beschriebene „Fahrerassistenz-Lenkanlage“.

aa) Fahrerassistenz-Lenkanlage

Die Fahrerassistenz-Lenkanlage wird unter Ziffer 2.3.4. der UN-Regelung Nr. 79 definiert. Es handelt sich hierbei um eine Vorrichtung, die den Fah-

---

1017 Vgl. *Lohmann*, Automatisierte Fahrzeuge, S. 106 f.; *Hammer*, Automatisierte Steuerung, S. 107; *Hartmann*, PHi 2016, 114 (115); Lutz, PHi 2016, 2 (2 f.); *Lange*, NZV 2017, 345 (348).

1018 Siehe *Lutz*, NJW 2015, 119 (124); *ders.*, in: Hilgendorf/Hötitzsch/Lutz, Rechtliche Aspekte automatisierter Fahrzeuge, S. 47; *Cacilo/Schmidt/Wittlinger et al.*, Fraunhofer Studie Hochautomatisiertes Fahren, S. 115; vgl. *Jourdan/Matschi*, NZV 2015, 26 (26 f).

1019 Im Ergebnis auch *von Bodungen*, in: Sassenberg/Faber, Rechtshandbuch Industrie 4.0, § 16, Rn. 14; siehe auch *Schubert*, RAW 2019, 18 (18); a. A. *Tergan*, Automatisiertes Fahren, S. 54 und 57.

1020 Siehe den Hinweis in ABl. L 318 vom 14.12.2018, S. 1; *Tergan*, Automatisiertes Fahren, S. 46; das Dokument ECE/TRANS/WP.29/343/Rev.31/Add.2/Rev.1 vom 19.06.2023 gibt den derzeit aktuellen Stand wieder.

1021 Vgl. das Statusdokument, welches aktuell die Referenz „Add.78/Rev.5/Amend.3“ ausweist.

1022 E/ECE/TRANS/505/Rev.1/Add.78/Rev.5/Amend.3; siehe auch die (nicht rechtsverbindliche) Veröffentlichung im Amtsblatt der Europäischen Union, ABl. L 318 vom 14.12.2018, S. 1, die allerdings nicht den aktuellen Stand widerspiegelt.

rer unterstützt, wobei die Steuerungsverantwortung[1023] bei diesem verbleibt. Eine Fahrerassistenz-Lenkanlage kann verschiedene Funktionen umfassen. Neben der „Notlenkfunktion“ und der „korrigierenden Lenkfunktion“ ist die sogenannte „Automatische Lenkfunktion“ eine mögliche Ausprägung der Fahrerassistenz-Lenkanlage. Im Zuge der Überarbeitung der UN-Regelung Nr. 79 wurde der Leistungsumfang der automatischen Lenkfunktion detaillierter ausgestaltet und in sechs Kategorien unterteilt, welche auch – dem englischen Terminus folgend – als „ACSF-Kategorien“[1024] bezeichnet werden. Diese reichen aufsteigend von der Kategorie A über B1 und B2 bis zu der Kategorie E, wobei die jeweils nächste Kategorie mit einem komplexeren Funktionsumfang verbunden ist. Besondere Vorschriften und Prüfverfahren wurden allerdings bisher ausschließlich für die Kategorien A, B1 und C verbindlich festgelegt. Für Funktionen der ACSF-Kategorien B2, D und E fehlt es dagegen an speziellen Bau- und Prüfvorschriften im Rahmen der UN-Regelung Nr. 79.[1025]

(1) Automatische Lenkfunktionen der Kategorien A, B1 und C

Automatische Lenkfunktionen der Kategorie A betreffen in erster Linie selbstständige Einparksysteme im niedrigen Geschwindigkeitsbereich[1026] und haben damit keine Relevanz für hoch- oder vollautomatisierte Fahrfunktionen, zumal die automatisierte Lenkfunktion der Kategorie A nur bis 12 km/h benutzt werden kann.[1027] Insbesondere diese Geschwindigkeitsbeschränkung, die in der Bauvorschrift unter Ziffer 5.1.6.1. der UN-Regelung Nr. 79 a. F. für automatische Lenkfunktionen allgemein[1028] enthalten war, stand dem Einsatz hoch- oder vollautomatisierter Fahrzeuge entgegen.[1029] Seit der Neufassung der UN-Regelung Nr. 79 und der damit verbundenen Einführung der ACSF-Kategorien gilt diese obere Geschwindigkeitsgrenze ausschließlich für automatische Lenkfunktionen der Kategorie A.

1023 „the driver remains at all times in primary control of the vehicle“; in der im Amtsblatt der Europäischen Union veröffentlichten deutschen Fassung wird dies auch mit „Hauptverantwortung für das Führen des Fahrzeugs“ übersetzt.

1024 „ACSF“ steht für „Automatically Commanded Steering Function“, siehe bereits oben in Bezug auf die gleichnamige Arbeitsgruppe der UNECE, die auf diesem Spezialgebiet tätig ist.

1025 Vgl. die besonderen Vorschriften unter Punkt 3. der UN-Regelung 79 und die Prüfverfahren in Anhang 8 der UN-Regelung 79, welche keine Vorgaben für automatische Lenkfunktionen der Kategorie B1, D und E bereithalten.

1026 Eine beispielhafte Ausprägung ist der sogenannten „Park Assist“, bei der das Fahrzeug selbstständig in eine Parklücke lenkt; siehe auch *Lutz*, DAR 2021, 182 (182).

1027 Vgl. die Bauvorschrift unter Punkt 5.6.1.1.1. der UN-Regelung Nr. 79.

1028 In der alten Fassung der UN-Regelung 79 wurde die „automatische Lenkfunktion“ nicht in einzelne Kategorien unterteilt, siehe bereits oben unter Punkt c)aa).

1029 Siehe Lutz, PHi 2016, 2 (3).

Die automatische Lenkfunktion der Kategorie B1 umfasst Systeme, die den Fahrer beim Einhalten der Fahrspur durch Lenkbewegungen unterstützen.[1030] Eine obere Geschwindigkeitsgrenze wird im Rahmen der Bauvorschrift unter Ziffer 5.6.2. der UN-Regelung Nr. 79 nicht vorgegeben.[1031] Allerdings sind Systeme der Kategorie B1 verpflichtend mit einer sogenannten „Hands-off-Erkennung“ auszustatten[1032], um sicherzustellen, dass der Fahrer seiner Steuerungsverantwortung nachkommt und das Lenkrad festhält. Bei automatischen Lenkfunktionen der Kategorie B1 handelt es sich beispielsweise um einen sogenannten „Spurhalte-Assistenten“[1033], also um eine Funktion, die bereits weit verbreitet ist, aber keine hoch- oder vollautomatisierte Fahrfunktion darstellt.

Auch automatisierte Lenkfunktionen der Kategorie C bleiben ohne Relevanz für die Genehmigung von hoch- oder vollautomatisierten Fahrzeugen. Funktionen dieser Kategorie ermöglichen auf Anweisung des Fahrers die selbstständige Durchführung eines einzelnen Fahrmanövers, wie beispielsweise eines Spurwechsels von der rechten auf die linke Spur auf einer Autobahn.[1034] Das einzelne Fahrmanöver wird durch Betätigung des Fahrtrichtungsanzeigers initiiert, wobei die Funktion nach Durchführung des Spurwechsels beendet ist.[1035] Die automatisierte Lenkfunktion der Kategorie C baut auf der automatisierten Lenkfunktion der Kategorie B1 auf und muss deren Vorgaben entsprechen.[1036] Damit sind auch Kategorie-C-Funktionen zwingend mit einer Hands-off-Erkennung auszurüsten. Es liegt damit eine Funktionserweiterung der Kategorie B1 vor, womit allerdings gerade keine dauerhafte Übernahme der Längs- und Querführung im Sinne einer hoch- oder vollautomatisierten Fahrfunktion verbunden ist.

Abschließend kann festgehalten werden, dass die im Rahmen der UN-Regelung Nr. 79 näher spezifizierten automatischen Lenkfunktionen der Kategorien A, B1 und C keine Relevanz für die Genehmigung von hoch- oder vollautomatisierten Fahrfunktionen besitzen.

1030 Vgl. die Begriffsbestimmung unter Punkt 2.3.4.1.2. der UN-Regelung 79.

1031 So weist auch die Tabelle unter Punkt 5.6.2.1.3. der UN-Regelung 79 im Rahmen der besonderen Vorschriften für Kategorie-B1-Lenkfunktionen einen Geschwindigkeitsbereich größer 130 km/h aus.

1032 Siehe die Bauvorschrift unter Punkt 5.6.2.2.5. der UN-Regelung 79.

1033 Diese Funktion unterstützt bei der Einhaltung der Fahrspur und kann in gewissen Grenzen das ungewollte Überfahren von Fahrbahnmarkierungen (Verlassen der Fahrspur) durch selbstständig initiierte Lenkeingriffe verhindern.

1034 Vgl. die Begriffsbestimmung unter Punkt 2.3.4.1.4. und die Bauvorschrift unter Punkt 5.6.4.2.3. der UN-Regelung 79.

1035 Vgl. die Begriffsbestimmung unter Punkt 2.4.16. der UN-Regelung 79.

1036 Siehe die Bauvorschrift unter Punkt 5.6.4.1.1. der UN-Regelung 79.

(2) Automatische Lenkfunktionen der Kategorien B2, D und E

Automatische Lenkfunktionen der Kategorien B2, D und E können lediglich anhand ihrer Begriffsbestimmung dargestellt werden, da spezielle Bau- oder Prüfvorschriften in der UN-Regelung Nr. 79 bisher nicht enthalten sind.[1037]

Funktionen der ACSF-Kategorie B2 ermöglichen es, das Fahrzeug nach Aktivierung über einen längeren Zeitraum in der Spur zu halten.[1038] Ein Spurwechsel kann jedoch durch das System nicht initiiert oder ausgeführt werden. Die Kategorie D umfasst einen ähnlichen Funktionsumfang wie die ACSF-Kategorie C, wobei das System dem Fahrer die Möglichkeit eines Spurwechsels anzeigen kann.[1039] Das Manöver wird allerdings erst durchgeführt, wenn der Fahrer dies bestätigt. Besondere Relevanz für das hoch- oder vollautomatisierte Fahren dürfte die automatische Lenkfunktion der Kategorie E besitzen. Diese umfasst die kontinuierliche Prüfung, ob ein Fahrmanöver, wie beispielsweise ein Spurwechsel, möglich ist, und führt diesen selbstständig und ohne weitere Bestätigung durch den Fahrer aus. Es ist anzunehmen, dass Fahrzeuge dieser Kategorie selbstständig die Spur halten können, wie dies bereits bei Kategorie-B2-Funktionen angelegt ist. Der diesbezügliche Funktionsumfang der Kategorien B2 und E ist nicht ersichtlich, da spezielle Bauvorschriften nicht bestehen. Allein aufgrund der Begriffsbeschreibung scheint die Leistungsfähigkeit des Systems der Kategorie E in Bezug auf die durchzuführende Querführung gerade diejenige zu sein, die eine hoch- oder vollautomatisierte Fahrfunktion besitzen muss. Die genaue Ausgestaltung der Kategorien B2, D und E ist mangels spezieller Bauvorschriften noch nicht ersichtlich. Wie dargestellt, werden keine weiteren Vorgaben zur Bauweise oder Prüfung der ACSF-Kategorien B2, D und E gegeben.

bb) Keine Grundlage für Genehmigung von hoch- oder vollautomatisierten Fahrfunktionen

Automatisierte Fahrfunktionen der Kategorie A, B1 und C sind in der UN-Regelung Nr. 79 durch spezielle Bau- und Prüfvorschriften beschrieben. Die Fahrfunktionen dieser Kategorien entsprechen allerdings nicht den Leistungsanforderungen, die an die Querführung einer hoch- oder vollautomatisierten Fahrfunktion zu stellen sind.[1040] Die weiterentwickelten automatisierten Fahrfunktionen der Kategorien B2, D und E sind zwar begrifflich

1037 Siehe auch *Wolfers/Schlenkhoff*, RAW 2022, 24 (26); *Lutz*, DAR 2021, 182 (183).
1038 Vgl. die Begriffsbestimmung unter Punkt 2.3.4.1.3. der UN-Regelung 79.
1039 Vgl. die Begriffsbestimmung unter Punkt 2.3.4.1.5. der UN-Regelung 79.
1040 Siehe dazu oben unter Punkt 4.c)aa)(1).

in die Regelung aufgenommen worden, es fehlt aber gänzlich an einer Umschreibung diesbezüglicher Bau- oder Prüfvorschriften.[1041]

(1) Gegenauffassung

Trotz dieses Umstandes vertrat *Tergan* bereits im Jahr 2018 die Auffassung, dass hoch- oder vollautomatisierte Fahrfunktionen allein aufgrund der UN-Regelung Nr. 79 genehmigungsfähig seien.[1042] Der Autor stellt im Rahmen seiner Begründung im Wesentlichen auf die allgemeine Maßgabe unter Ziffer 5.1.6. der UN-Regelung Nr. 79 ab.[1043] *Tergan* folgert daraus, dass eine Fahrassistenz-Lenkanlage schon allein dann genehmigungsfähig sei, wenn die Hauptlenkanlage nicht beeinflusst wird und die Funktion jederzeit übersteuerbar ist.[1044] Es seien damit „durch die Änderung 03 der UN/ECE R 79 Revision 2 jegliche Hindernisse zur Zulässigkeit“[1045] in Bezug auf automatisierte Fahrfunktionen beseitigt worden. *Tergan* kommt damit – ohne weitere Begründung – zu dem Ergebnis, dass die UN-Regelung Nr. 79 in Bezug auf die Zulassung von hoch- oder vollautomatisierten Fahrfunktionen keine Hürden aufstelle.[1046]

(2) Kritische Bewertung

Dieser Ansicht muss entschieden entgegengetreten werden. Die Herleitung des Ergebnisses bei *Tergan* leidet unter der fehlenden Differenzierung der einzelnen ACSF-Kategorien und einer grundlegenden Verkennung des Anwendungsbereiches der UN-Regelung Nr. 79.

Zunächst versäumt *Tergan* zwischen den einzelnen Kategorien der automatischen Lenkfunktion zu unterscheiden. Während er auf diese Unterteilung zwar hinweist[1047] und sie sehr übersichtlich anhand einer Tabelle[1048] aufzeigt, unterlässt er es, die Kategorien unter die Anforderungen einer hoch- oder vollautomatisierten Fahrfunktion zu subsumieren. Dies führt dazu, dass *Tergan* die Genehmigung einer „Fahrerassistenz-Lenkanlage“ untersuchen möchte, ohne zu erkennen, dass es sich hierbei um den Oberbegriff für verschiedene Kategorien von automatischen Lenkfunktionen handelt. Jede dieser Funktionen unterfällt eigenen speziellen Bau- und Prüfvorschriften, also

1041 Siehe dazu oben unter Punkt 4.c)aa)(2).
1042 Vgl. *Tergan*, Automatisiertes Fahren, S. 47 ff.
1043 *Tergan*, Automatisiertes Fahren, S. 54.
1044 Siehe *Tergan*, Automatisiertes Fahren, S. 54.
1045 So *Tergan*, Automatisiertes Fahren, S. 54.
1046 Vgl. *Tergan*, Automatisiertes Fahren, S. 57.
1047 Siehe *Tergan*, Automatisiertes Fahren, S. 50.
1048 „Tabelle 1“ bei *Tergan*, Automatisiertes Fahren, S. 51.

technischen Vorschriften, die bei der Genehmigung der jeweiligen Fahrfunktion zu beachten sind. Die UN-Regelung Nr. 79 enthält dabei lediglich für die Kategorien A, B1 und C verbindliche technische Vorgaben. Es wurden also die technisch einfacheren Systeme detailliert beschrieben und Prüfvorgaben unterworfen, wohingegen es an Vorgaben für die Genehmigung von ACSF-Funktionen höherer Stufen fehlt. In diesem Zusammenhang ist es nicht vertretbar, aufgrund des Fehlens spezieller Regelungen zu den höheren und komplexeren automatisierten Lenkfunktionen der Kategorien B2, D und E auf die allgemeinen Bestimmungen einer Fahrerassistenz-Lenkanlage zu rekurrieren und hieraus im Ergebnis die Genehmigungsfähigkeit von hoch- oder vollautomatisierten Fahrfunktionen herzuleiten.[1049] Dies ist grob systemwidrig, da einfachere Systeme an strengere technische Vorgaben gebunden wären als komplexere Systeme mit einem größeren Leistungsumfang. Diesbezüglich ist zudem darauf hinzuweisen, dass *Tergan* sich nicht mit dem Anwendungsbereich der UN-Regelung Nr. 79 in seiner Begründung auseinandergesetzt hat. So wird bereits unter Ziffer 1.2.3. der UN-Regelung Nr. 79 ausdrücklich festgelegt, dass die UN-Regelung Nr. 79 nicht auf automatische Lenkfunktionen der Kategorie B2, D oder E anzuwenden ist, solange keine besonderen Bestimmungen für diese Kategorien in die Regelung eingeführt worden sind.[1050]

Zuletzt folgt aus der Definition der „Fahrerassistenz-Lenkanlage“, welche den Oberbegriff für die einzelnen automatisierten Fahrfunktionen bildet, dass die Steuerungsverantwortung gemäß der Begriffsbestimmung unter Ziffer 2.3.4 der UN-Regelung Nr. 79 beim Fahrer verbleibt und dieser lediglich unterstützt wird. Bei einer hoch- oder vollautomatisierten Fahrfunktion der Stufe 3 oder 4 wird die Steuerung jedoch vollständig vom Fahrzeug übernommen und der Fahrer in dieser Zeit aus der Steuerungsverantwortung entlassen.[1051] Allein bei der sogenannten „autonomen Lenkanlage“ unter Ziffer 2.3.3. der UN-Regelung Nr. 79 muss der Fahrer nicht notwendigerweise die Steuerungsverantwortung beibehalten. Die „Autonome Lenkanlage“ kann den Fahrer damit zwar aus der Hauptverantwortung entlassen, sie muss nach der Begriffsbestimmung aber einer durch von außen kommenden Signalen vorgegebenen Fahrspur folgen. Es handelt sich dabei um eine mit einer Schienenführung vergleichbaren Spurvorgabe durch Elemente, die beispielsweise im Straßengrund installiert sind.[1052] Damit erfasst diese Form der vom Fahrzeug ausgeführten Lenkung nicht hoch- oder vollautomatisier-

1049 Vgl. *Tergan*, Automatisiertes Fahren, S. 54 und 57.

1050 Hierauf weist auch *von Bodungen*, in: Sassenberg/Faber, Rechtshandbuch Industrie 4.0, 1. Auflage 2017, Teil 4 B., Rn. 14, hin; siehe auch *Schubert*, RAW 2019, 18 (18).

1051 In diese Richtung auch *Hammer*, Automatisierte Steuerung, S. 107, zur UN-Regelung Nr. 79 a. F.

1052 Vgl. die Einleitung der UN-Regelung Nr. 79.

te Fahrfunktionen, die unabhängig von einer vorgegebenen Fahrspur die Fahraufgabe übernehmen können. Im Übrigen scheitert eine Genehmigung von autonomen Lenkanlagen ebenfalls daran, dass der Anwendungsbereich für eine Genehmigung nach der UN-Regelung Nr. 79 nicht eröffnet ist.[1053]

(3) Ergebnis

Auf Grundlage der UN-Regelung Nr. 79 sind lediglich einfache automatische Lenkfunktionen der Kategorie A, B1 und C genehmigungsfähig. Diese Lenkfunktionen haben allerdings keine Relevanz für hoch- oder vollautomatisierte Fahrsysteme. Daneben sind die „korrigierende Lenkfunktion"[1054] und die „Notlenkfunktion"[1055] genehmigungsfähig, da für sie der Anwendungsbereich der UN-Regelung Nr. 79 eröffnet ist, spezielle Bauvorschriften vorhanden und konkrete Prüfanforderungen definiert sind. Hoch- oder vollautomatisierte Fahrsysteme, die den Fahrer aus der Überwachungspflicht und damit der Steuerungs- oder Hauptverantwortung entlassen sollen, sind allein auf Basis der UN-Regelung Nr. 79 dagegen nicht genehmigungs- und zulassungsfähig.[1056] Es fehlt insbesondere an konkreten technischen Vorgaben zur Bauweise und an speziellen Prüfverfahren für die für hoch- oder vollautomatisierte Fahrfunktionen notwendigen automatisierten Lenkfunktionen.

d) UN-Regelung Nr. 157

Mit der Erarbeitung der UN-Regelung Nr. 157[1057] wurde eine spezielle Regelung für automatisierte Fahrfunktionen geschaffen, die als Grundlage für die Genehmigung von hoch- oder vollautomatisierten Fahrfunktionen dienen kann.[1058] Die UN-Regelung Nr. 157 stellt Regelungen für das Automated Lane Keeping System (ALKS), also für automatische Spurhalteassistenzsysteme, auf und enthält einheitliche Vorschriften für dessen Geneh-

1053 Siehe ausdrücklich unter Punkt 1.2.2. der UN-Regelung Nr. 79.

1054 Siehe dazu die Begriffsbestimmung unter Punkt 2.3.4.2. der UN-Regelung 79.

1055 Der Begriff der Notlenkfunktion ist unter Punkt 2.3.4.3. der UN-Regelung 79 beschrieben.

1056 Im Ergebnis auch *Lutz*, DAR 2021, 182 (183).

1057 UN Regulation No. 157, Uniform provisions concerning the approval of vehicles with regard to Automated Lane Keeping Systems.

1058 Siehe auch *Lutz*, DAR 2021, 182 (183); *Malzhacker*, in: Chibanguza/Kuß/Steege, Künstliche Intelligenz, § 3, Kapitel J, Rn. 13; *Weise*, Hochautomatisiertes Fahren, S. 86, mit Unterscheidung zwischen ALKS und „sonstigen hochautomatisierten Fahrfunktionen"; BT-Drs. 19/28800, S. 5; bereits während der Erarbeitung der UN-Regelung: *Will*, NZV 2020, 163 (167); *Wagner*, Das neue Mobilitätsrecht, S. 45.

migung.[1059] Zunächst soll der regulatorische Hintergrund der Regelung und deren Entwicklung nachvollzogen werden, bevor der sich fortentwickelnde Anwendungsbereich der UN-Regelung Nr. 157 abgesteckt wird.

aa) Notwendigkeit einer speziellen UN-Regelung

Mit Blick auf die Entwicklung der UN-Regelung Nr. 79 zu Lenkanlagen und der damit erfolgten Einführung der ACSF-Kategorie E schien der regulatorische Ansatz verfolgt worden zu sein, die Grundlagen für die Genehmigung von Automatisierungsfunktionen der SAE-Stufen 3 und 4 (mit Fahrer) im Rahmen der UN-Regelung Nr. 79 zu verorten. Im Ergebnis wurde indes die eigenständige UN-Regelung Nr. 157 entworfen.

Es war notwendig, die technischen Anforderungen und Prüfverfahren im Rahmen der speziellen UN-Regelung Nr. 157 festzulegen. Hierfür spricht schon der Umstand, dass ein Fahrsystem der SAE-Stufen 3 und 4 (mit Fahrer) mehr als die Summe einer automatischen Lenkfunktion im Sinne der UN-Regelung Nr. 79 und einer automatisch gesteuerten Bremsanlage im Sinne der UN-Regelung 13-H ist. Es ist vielmehr ein komplexes und gänzlich neues Fahrsystem, welches den Bereich der bloßen Assistenz verlässt, indem es die Fahraufgabe vollständig übernimmt und den Fahrer aus seiner Steuerungsverantwortung entlassen kann. Hierfür bedarf es einer eigenständigen Regelung, die die technischen Vorschriften und spezifischen Prüfvorgaben für diese weit entwickelten Fahrsysteme bereithält, um einen sicheren Rahmen für die Überprüfung von automatisierten Funktionen der SAE-Stufen 3 und 4 (ohne Fahrer) zu schaffen. Die Entwicklung einer speziellen UN-Regelung entspricht auch der Vorgehensweise der WP.29 im Bereich von komplexen Steuerungssystemen. So wurde beispielsweise auch für den Notbremsassistenten[1060] eine eigene UN-Regelung geschaffen. Die Erarbeitung einer speziellen UN-Regelung für automatisierte Fahrfunktionen der SAE-Stufen 3 und 4 (mit Fahrer) war vor dem Hintergrund der fehlenden Genehmigungsmöglichkeit notwendig.

bb) Entwicklung der UN-Regelung Nr. 157

Im Rahmen der 177. Tagung der WP.29 wurde im März 2019 ein Rahmendokument für automatisierte Fahrzeuge entworfen, der als Leitfaden für die weitere Entwicklung der Genehmigungsvoraussetzungen dienen sollte.[1061] In Tabelle 1 des Dokuments wurden unter anderem die Ziele formuliert, be-

---

1059 Vgl. die Einleitung zur UN-Regelung Nr. 157.

1060 Siehe UN Regulation No. 131, Advanced Emergency Braking Systems (AEBS).

1061 Vgl. Informal document WP.29-177-19: „Framework document on automated/autonomous vehicles".

reits bis März 2020 die Grundlagen für die funktionalen Anforderungen und Testverfahren in Bezug auf Automatisierungssysteme der SAE-Stufen 3 und 4 im Rahmen einer neuen UN-Regelung zu entwerfen.[1062] Die UN-Regelung ist schließlich am 22. Januar 2021 in Kraft getreten[1063] und wurde in der Folgezeit mehrmals überarbeitet.[1064]

Die umfassendste Überarbeitung der UN-Regelung Nr. 157 wurde auf der 187. Tagung der WP.29 im Juni 2022 beschlossen und ist im Januar 2023 in Kraft getreten.[1065] Diese aktuelle Revision 1 enthält im Vergleich zu den vorangegangenen Versionen wesentliche Änderungen, die sich auch auf den Anwendungsbereich der UN-Regelung Nr. 157 auswirken.[1066] Auf der 189. Tagung im März 2023 wurden dagegen nur einige wenige redaktionelle Anpassungen ohne inhaltliche Änderungen der UN-Regelung Nr. 157 beschlossen.[1067]

cc) Erfasste Fahrzeugklassen

Der Anwendungsbereich der UN-Regelung Nr. 157 ergibt sich aus Ziffer 1.1. Ursprünglich erfasste die UN-Regelung Nr. 157 ausschließlich Fahrzeuge der Klasse M_1 im Sinne der Consolidated Resolution on the Construction of Vehicles (R. E.3)[1068].[1069] Es handelt sich also um für die Beförderung von Personen ausgelegte Kraftfahrzeuge mit höchstens acht Sitzplätzen zusätzlich zum Fahrersitz und decken sich damit mit der EU-Fahrzeugklasse M_1 nach Art. 4 Abs. 1 lit. a) Verordnung 2018/858. In der aktuellen Fassung wurde der Anwendungsbereich für ALKS deutlich erweitert. Nach Ziffer 1.1. sind nun Fahrzeuge der Kategorie M und N_1, mithin Personenkraftwagen und Busse[1070] sowie leichte Nutzfahrzeuge[1071], von der UN-Regelung Nr. 157 erfasst.[1072]

1062 Vgl. Table 1 Informal document WP.29-177-19, S. 4; siehe auch *Will*, NZV 2020, 163 (167), der insoweit von einem „sehr ambitionierte[n] Plan" spricht.

1063 Siehe E/ECE/TRANS/505/Rev.3/Add.156.

1064 Eine Übersicht mit Verweis auf die einzelnen Dokumente der UNECE enthält das Statusdokument ECE/TRANS/WP.29/343/Rev.31/Add.2/Rev.1.

1065 Siehe ECE/TRANS/WP.29/2022/59/Rev.1.

1066 Dazu sogleich unter Punkt cc).

1067 Vgl. ECE/TRANS/WP.29/2023/17, mit marginalen Änderungen zu Ziffer 2.27., 8.2.1., 8.2.2. sowie 8.2.3.

1068 Aktueller Dokumentenstand ist die Revision 7: ECE/TRANS/WP.29/78/Rev.7.

1069 Vgl. ECE/TRANS/WP.29/2020/81, S. 4.

1070 Vgl. ECE/TRANS/WP.29/78/Rev.7, Ziffer 2.2.

1071 Vgl. ECE/TRANS/WP.29/78/Rev.7, Ziffer 2.3.1.

1072 Siehe ECE/TRANS/WP.29/2022/59/Rev.1, S. 4.

dd) Definition der ALKS

Das ALKS wird einleitend unter Ziffer 2.1. der UN-Regelung Nr. 157 beschrieben:

> *„„Automated Lane Keeping System (ALKS)" is a system which is* ***activated by the driver*** *and which* ***keeps the vehicle within its lane*** *for travelling* ***speed*** *of 130 km/h or less by controlling the* ***lateral and longitudinal movements*** *of the vehicle* ***for extended periods without*** *the need for further* ***driver input****."*[1073]

Kernpunkt der Definition ist zunächst die Feststellung, dass das System vom Fahrer aktiviert werden muss und nicht etwa selbstständig die Fahrzeugsteuerung übernimmt. Nach der Aktivierung ist das ALKS in der Lage, das Fahrzeug bis zu einer oberen Geschwindigkeitsgrenze über einen längeren Zeitraum selbstständig in seiner Fahrspur zu halten, indem es sowohl die Längs- als auch die Querbewegungen ausführt. Die Fähigkeit des Systems, das Fahrzeug in der Spur zu halten ist in Ziffer 5.2.1. UN-Regelung Nr. 157 als elementarer Bestandteil der Ausführung der Fahraufgabe (DDT) beschrieben.

ee) Anwendungsbereich und Funktionalität der ALKS

Der weitere Anwendungsbereich der ALSK lässt sich den umfangreichen Vorschriften sowie der Einleitung der UN-Regelung Nr. 157 entnehmen. Von besonderer Relevanz ist hierbei zum einen für welchen Straßentyp und bis zu welcher oberen Geschwindigkeitsgrenze das ALKS grundsätzlich genehmigt werden kann. Mit Blick auf die Erfüllung der Fahraufgabe ist zudem die Fähigkeit zum selbstständigen Spurwechsel durch das automatisierte System von großer Bedeutung.

(1) Straßentyp

Schon in der Einleitung der UN-Regelung Nr. 157 wird klargestellt, dass die automatisierte Funktion in Form der ALKS nur auf Straßen aktivierbar sein darf,

> *„[...] deren Nutzung durch* ***Fußgänger und Radfahrer verboten*** *ist und die so konzipiert sind, dass die Fahrbahnen für die entgegengesetzten Richtungen* ***baulich voneinander getrennt*** *sind, sodass der Gegenverkehr die Fahrspur des Fahrzeugs nicht kreuzen kann.".*[1074]

1073 ECE/TRANS/WP.29/2022/59/Rev.1, S. 4.

1074 Siehe die (nicht verbindliche) Übersetzung der Erstfassung der UN-Regelung Nr. 157 (ABl. L 92 vom 09.03.2007, S. 76), Hervorhebungen nur hier; für den verbindlichen

Als Einsatzgebiet kommen mithin in Deutschland lediglich Bundesautobahnen und Kraftfahrstraßen in Frage, die durch eine Mittelleitplanke baulich voneinander getrennte Fahrstreifen für den entgegenkommenden Verkehr besitzen. Dieses Einsatzkriterium wird im Rahmen der Ziffer 6.2.3. lit. (g) der UN-Regelung Nr. 157 auch als technische Vorgabe für eine Aktivierung des ALKS verankert:

> „*The system shall become* ***active only*** *upon a deliberate action by the driver* ***and if all the following conditions are met****:*
>
> *[...]*
>
> *(g) The vehicle is on roads where* ***pedestrians and cyclists*** *are* ***prohibited*** *and which, by design, are equipped with a* ***physical separation*** *that divides the traffic moving in opposite directions.*“[1075]

Nach der technischen Vorgabe der Ziffer 6.2.3. ist das ALKS so zu konstruieren, dass eine Aktivierung nur möglich ist, wenn alle Voraussetzungen für einen sicheren Betrieb im Rahmen der Leistungsfähigkeit des Systems gegeben sind. Nach Ziffer 6.2.3. lit. (g) darf das System insbesondere nur dann aktivierbar sein, wenn sich das Fahrzeug auf dem Straßentyp befindet, für den das System konzipiert ist. Diese Anforderung ist mithin strenger als die Vorgabe des § 1a Abs. 2 Satz 1 Nr. 6 StVG, wonach das System lediglich auf eine zuwiderlaufende Verwendung der Fahrfunktion – worunter auch die Aktivierung auf einem „falschen“ Straßentyp zählt – hinweisen muss. Hieran zeigt sich beispielhaft die erläuterte Differenzierung zwischen dem Genehmigungsverfahren einerseits und der national vorgegebenen Zulässigkeit anderseits. Wie dargelegt, kann an die gesetzliche Definition des § 1a Abs. 2 Satz 1 StVG auf Ebene der Zulässigkeit nicht die Regelungstiefe wie an die technische Vorschrift der UN-Regelung Nr. 157 gelegt werden. Insbesondere ist es möglich, an die im Genehmigungsverfahren zu beachtenden Vorschriften strengere und umfassendere Anforderungen an die automatisierte Fahrfunktion zu knüpfen als im Rahmen der jeweiligen nationalen Bestimmungen zur Zulässigkeit der Verwendung der Fahrfunktion. Dies spricht für die oben vertretene Auffassung, wonach § 1a Abs. 2 Satz 1 StVG eben keine Relevanz für die Zulassung oder Genehmigung von hoch- oder vollautomatisierten Fahrzeugen in Deutschland beanspruchen kann.[1076]

---

englischen Wortlaut der aktuellen Fassung, siehe ECE/TRANS/WP.29/2022/59/Rev.1, S. 3.

1075 Siehe ECE/TRANS/WP.29/2022/59/Rev.1, S. 20.

1076 Siehe dazu oben unter Punkt 2.

(2) Obere Geschwindigkeitsgrenze 60 km/h

Zunächst war der Einsatzbereich der ALKS-Systeme im Sinne der UN-Regelung Nr. 157 auf eine Obergrenze von 60 km/h begrenzt. Diese Einschränkung ergab sich bereits aus der Einleitung zur UN-Regelung Nr. 157:

> *„In der* ***Originalfassung*** *dieser Regelung wird die Fahrgeschwindigkeit* ***zunächst auf 60 km/h*** *bei Personenkraftwagen (Fahrzeuge der Klasse M1)* ***begrenzt****.“*[1077]

Im Rahmen der Einleitung der ursprünglichen Version der UN-Regelung wurde mit dem ausdrücklichen Verweis auf „die Originalfassung“ bereits aufgezeigt, dass die obere Geschwindigkeitsgrenze von 60 km/h für ALKS nur vorübergehenden Charakter haben sollte. Die Beschränkung auf die obere Geschwindigkeitsgrenze von 60 km/h wurde in der Originalfassung zudem im Rahmen der Begriffsbestimmung des „ALKS“ in Ziffer 2.1. der UN-Regelung festgehalten. Die dazu korrelierende technische Vorgabe war in Ziffer 5.2.3.2. verortet, wonach das System nur „bis zu einer Höchstgeschwindigkeit von 60 km/h betrieben werden“ durfte.[1078]

(3) Obere Geschwindigkeitsgrenze 130 km/h

Eine wesentliche Erweiterung des Anwendungsbereichs erfolgte mit der aktuellen Änderung der UN-Regelung, die im Januar 2023 in Kraft getreten ist.[1079] Der Funktionsbereich der ALKS wurde erheblich erweitert, indem die obere Geschwindigkeitsgrenze von 60 km/h auf aktuell 130 km/h angehoben wurde. Hierzu wird zunächst die Begriffsbestimmung in Ziffer 2.1. angepasst und die Geschwindigkeit von 60 km/h auf 130 km/h geändert.[1080] Die entscheidende Anpassung erfolgt schließlich im Rahmen der technischen Vorgabe gemäß Ziffer 5.2.3.1.:

> *„[...] The* ***maximum speed*** *up to which the system is permitted to operate is* ***130 km/h****.*

1077 Siehe die (nicht verbindliche) Übersetzung der Erstfassung der UN-Regelung Nr. 157 (ABl. L 92 vom 09.03.2007, S. 76), Hervorhebungen nur hier; für den verbindlichen englischen Wortlaut der Originalfassung, siehe ECE/TRANS/WP.29/2020/81, S. 3.

1078 Siehe die (nicht verbindliche) Übersetzung der Erstfassung der UN-Regelung Nr. 157 (ABl. L 92 vom 09.03.2007, S. 80; für den verbindlichen englischen Wortlaut der Originalfassung, siehe ECE/TRANS/WP.29/2020/81, S. 9.

1079 Siehe ECE/TRANS/WP.29/2022/59/Rev.1.

1080 Vgl. ECE/TRANS/WP.29/2022/59/Rev.1, S. 4; im Rahmen der Einleitung zur UN-Regelung Nr. 157 bleibt es dagegen bei dem Verweis, dass die Originalfassung eine Geschwindigkeitsgrenze von 60 km/h vorsah, siehe ECE/TRANS/WP.29/2022/59/Rev.1, S. 3.

> *A specified maximum speed **of more than 60 km/h** shall be permitted **only if** the ALKS is capable of performing an **MRM lane change** according to paragraph 5.2.6.* "[1081]

Aus der Vorgabe wird deutlich, dass mit der Erhöhung der Geschwindigkeit weitere technische Vorgaben verbunden werden. Insbesondere muss das ALKS technisch in der Lage sein, einen „MRM lane change" durchzuführen. Der „MRM lane change" ist in Ziffer 2.30. UN-Regelung Nr. 157 definiert und ist Teil der ebenfalls neu eingeführten Funktionalität des Lane Change Procedure (LCP), das unter Ziffer 5.2.6. als Teil der Dynamic Driving Task[1082] näher erläutert ist.

(4) Lane Change Procedure

Die zentrale Neuerung im Rahmen der aktuellen Überarbeitung der UN-Regelung Nr. 157[1083] ist die technische Beschreibung des systemseitig initiierten und durchgeführten Spurwechsels im Rahmen der aktiven ALKS. Die technische Grundfunktion des LCP wird in Ziffer 2.25 UN-Regelung Nr. 157 näher erläutert:

> „*A „**Lane Change Procedure (LCP)**" **starts** when the direction **indicator lamps** are **activated** and **ends** when the direction indicator lamps are **deactivated by the system**. It comprises the following **operations in the given order**:*
>
> *(a) **Activation** of the direction **indicator** lamps;*
>
> *(b) **Temporary suspension** of the **mandatory lane keeping** functionality of the ALKS;*
>
> *(c) Lateral movement of the vehicle towards the **lane boundary**;*
>
> *(d) **Lane Change Manoeuvre**;*
>
> *(e) **Resumption** of the **mandatory lane keeping** function of the ALKS;*
>
> *(f) **Deactivation** of direction **indicator** lamps.* "[1084]

Das Lane Change Manoeuvre (LCM), wie in Ziffer 2.25 lit. (d) als zentraler Teil der LCP integriert, wird in Ziffer 2.26 beschrieben. Das LCM legt lediglich den Start- und Endpunkt des Manövers fest und beschreibt den jeweiligen Vorgang. Demnach beginnt das LCM-Fahrmanöver, sobald die Außenseite des Vorderreifens die Markierung der Fahrbahn überschritten hat, auf die gewechselt werden soll.[1085] Das Manöver ist abgeschlossen, wenn

1081 ECE/TRANS/WP.29/2022/59/Rev.1, S. 10; Hervorhebungen nur hier.
1082 Siehe Ziffer 5.2. UN-Regelung Nr. 157.
1083 ECE/TRANS/WP.29/2022/59/Rev.1.
1084 ECE/TRANS/WP.29/2022/59/Rev.1, S. 6; Hervorhebungen nur hier.
1085 Vgl. Ziffer 2.26 lit. (a) ECE/TRANS/WP.29/2022/59/Rev.1.

die Hinterräder die Fahrbahnmarkierung komplett überfahren haben.[1086] Die Entwicklung hin zum LCP ist deshalb so bemerkenswert, da es die originäre Aufgabe des ALKS ist, ein Verlassen der Fahrspur zu vermeiden – worauf schon die Bezeichnung „Lang Keeping System“ – mithin „Spurhaltesystem“ – hindeutet.[1087] Mit der aktuellen Funktionalität des automatisierten Spurwechsels in Verbindung mit der Anhebung der Geschwindigkeitsgrenze wird die Grundlage für die Genehmigung von besonders weit entwickelten Fahrfunktionen geschaffen.

(5) MRM lane change

Die Fähigkeit des Systems, einen sicheren Spurwechsel durchführen zu können, ist auch in Zusammenhang mit der Anhebung der Geschwindigkeitsgrenze zu sehen. So wird in Ziffer 5.2.3.1. der UN-Regelung Nr. 157 festgelegt, dass Systeme mit einem Funktionsbereich von über 60 km/h nur zulässig sind, wenn es einen „MRM lane change“ unter den weiteren Voraussetzungen unter Ziffer 5.2.6. durchführen kann. Der „MRM lane change“ ist in Ziffer 2.30. UN-Regelung Nr. 157 definiert:

> *„**MRM lane change**“ is a **lane change procedure** performed by the ALKS **during a minimum risk manoeuvre**.“*

Das Manöver setzt sich damit zum einen aus dem Minimum Risk Manoeuvre (MRM) im Sinne von Ziffer 2.7. sowie zum anderen aus dem oben erläuterten LCP im Sinne von Ziffer 2.25. UN-Regelung 157 zusammen. Aus den Bestimmungen zum MRM lane change ergibt sich, dass es sich hierbei nicht etwa um ein Notfallausweichmanöver handelt, um eine bevorstehende Kollision zu vermeiden.[1088] Der Schwerpunkt liegt vielmehr auf dem Überführen in den risikominimalen Zustand, wenn der Nutzer einer ALKS-Funktion der Übernahmeaufforderung nicht nachkommt. Bei Geschwindigkeiten von über 60 km/h wird deutlich, dass die Fähigkeit des Systems zu einem MRM lane change von großer Bedeutung für die Verkehrssicherheit ist und zentrale Voraussetzung für Systeme mit einem Anwendungsbereich von bis zu 130 km/h sein muss. Dazu folgendes Beispiel zur Veranschaulichung:

Ein automatisiertes Fahrzeug nach BASt-Stufe 4 bzw. SAE-Level 4 (mit Fahrer) befindet sich im automatisierten Fahrmodus auf der linken Spur einer dreispurigen Autobahn und überholt mit einer Geschwindigkeit von 130 km/h Fahrzeuge auf der mittleren und der rechten Spur. Das System erkennt die Notwendigkeit der Fahrzeugsteuerung durch den Fahrer und fordert die-

1086 Vgl. Ziffer 2.26 lit. (b) ECE/TRANS/WP.29/2022/59/Rev.1.
1087 Siehe Ziffer 5.2.1. ECE/TRANS/WP.29/2022/59/Rev.1.
1088 Das entsprechende Manöver wird vielmehr als „Evasive Lane Crossing“ unter Ziffer 2.32. UN-Regelung 157 definiert.

sen daher zur Übernahme der Fahrzeugsteuerung auf. Der Fahrer reagiert allerdings nicht auf die Übernahmeaufforderung. Als Konsequenz muss das System in den risikominimalen Zustand überführen, wobei lediglich das Abbremsen bis zum Stillstand auf der linken Spur zusammen mit dem Einschalten der Warnblinkanlage aufgrund der erheblichen Gefahr eines Auffahrunfalls kein Minimum Risk Manoeuvre darstellt.[1089] Vielmehr muss das Fahrzeug selbstständig auf den Standstreifen zum Stehen kommen und dazu auf die mittlere und sodann auf die rechte Fahrspur wechseln. Durch die Vorgaben zum MRM lane change[1090] ist sichergestellt, dass auch ein automatisiertes Fahrzeug im fließenden Verkehr über 60 km/h sicher in den risikominimalen Zustand überführen kann.

ff) Genehmigungsfähige Systeme

Während aufgrund der zunächst bestehenden Geschwindigkeitsbegrenzung auf 60 km/h sowie der fehlenden Spurwechselfähigkeit in Deutschland lediglich automatisierte Fahrfunktionen für Stausituationen möglich waren, bietet die aktuelle Version der UN-Regelung Nr. 157 die Grundlage für sehr weit entwickelte Fahrfunktionen, wie den oben beschriebenen Autobahnpiloten[1091]. Die auf Grundlage der aktuellen UN-Regelung Nr. 157 genehmigungsfähigen Systeme entsprechen Kraftfahrzeuge auf BASt-Stufe 4 bzw. SAE-Level 4 (mit Fahrer). Damit ist mit der Aktualisierung ein großer Schritt für die Genehmigung von sehr weit entwickelten Fahrfunktionen gemacht worden. Die dargestellte Ergänzung der UN-Regelung Nr. 157 geht dabei auf zwei Vorlagen durch die Bundesrepublik Deutschland in der UN-ECE zurück.[1092]

e) Zusammenfassung

Für die Genehmigung von hoch- oder vollautomatisierten Fahrfunktionen existierte zum Zeitpunkt der StVG-Novelle 2017 keine spezielle UN-Regelung. Eine Genehmigung von Kraftfahrzeugen mit hoch- oder vollautomatisierter Fahrfunktion auf Grundlage der UN-Regelung Nr. 13H und Nr. 79 war nicht möglich. Erst mit der Einführung der UN-Regelung Nr. 157 wurden die technischen Vorschriften und Prüfvorgaben erarbeitet, auf deren Ba-

1089 Vgl. etwa die Anforderung in Ziffer 5.1.5. sowie in Ziffer 5.5.1. UN-Regelung Nr. 157 zum MRM.

1090 Vgl. etwa auch weitere Vorgaben unter Ziffer 5.2.6.5.2 UN-Regelung Nr. 157.

1091 Siehe oben in Teil 2 unter Punkt A. I. 4. e).

1092 Vgl. Bericht über die Ergebnisse der Evaluation der Regelungen zum automatisierten Fahren, BT-Drs. 19/28800, S. 5 und S. 16.

sis Kraftfahrzeuge mit hoch- oder vollautomatisierter Fahrfunktion für den Serieneinsatz genehmigt werden können.

5. Verordnung 2019/2144 zur allgemeinen Sicherheit

Wie dargestellt, wurde durch die UN-Regelung Nr. 157 die Grundlage für die Genehmigung von Kraftfahrzeugen mit hoch- oder vollautomatisierter Fahrfunktion geschaffen. Im europäisch harmonisierten Genehmigungsverfahren richtet sich die Typgenehmigung nach der Verordnung 2018/858, die in ihrem Anhang II Teil I auf die Verordnung 2019/2144 zur allgemeinen Sicherheit[1093] Bezug nimmt. Die Verordnung 2019/2144 erklärt in Art. 4 Abs. 2 Typgenehmigungen nach UN-Regelungen als gleichwertig mit der EU-Typgenehmigung und nimmt in Anhang I unter anderem die UN-Regelung Nr. 157 in Bezug. Damit finden die Vorgaben und technischen Anforderungen der UN-Regelung Nr. 157 Anwendung im EU-Typgenehmigungsverfahren.[1094]

Im Rahmen des Genehmigungsverfahrens entsprechender Systeme sind zusätzlich die Anforderungen der Verordnung 2019/2144 zur allgemeinen Sicherheit zu beachten, da diese unter anderem Bestimmungen für automatisierte Fahrzeuge enthält.[1095]

a) Anwendungsbereich

Nach Art. 1 lit. a) der Verordnung 2019/2144 werden Anforderungen für die Typgenehmigung von Fahrzeugen hinsichtlich ihrer allgemeinen Merkmale und Sicherheit festgelegt. Umfasst sind nach Art. 2 der Verordnung unter anderem Fahrzeuge der Klassen M und N, mithin Fahrzeuge, die für die

---

1093 Verordnung (EU) 2019/2144 des europäischen Parlaments und des Rates vom 27.11.2019 über die Typgenehmigung von Kraftfahrzeugen und Kraftfahrzeuganhängern sowie von Systemen, Bauteilen und selbstständigen technischen Einheiten für diese Fahrzeuge im Hinblick auf ihre allgemeine Sicherheit und den Schutz der Fahrzeuginsassen und von ungeschützten Verkehrsteilnehmern, zur Änderung der Verordnung (EU) 2018/858 des Europäischen Parlaments und des Rates und zur Aufhebung der Verordnungen (EG) Nr. 78/2009, (EG) Nr. 79/2009 und (EG) Nr. 661/2009 des Europäischen Parlaments und des Rates sowie der Verordnungen (EG) Nr. 631/2009, (EU) Nr. 406/2010, (EU) Nr. 672/2010, (EU) Nr. 1003/2010, (EU) Nr. 1005/2010, (EU) Nr. 1008/2010, (EU) Nr. 1009/2010, (EU) Nr. 19/2011, (EU) Nr. 109/2011, (EU) Nr. 458/2011, (EU) Nr. 65/2012, (EU) Nr. 130/2012, (EU) Nr. 347/2012, (EU) Nr. 351/2012, (EU) Nr. 1230/2012 und (EU) 2015/166 der Kommission (ABl. L 325 vom 16.12.2019, S. 1).

1094 Im Ergebnis auch *Weise*, Hochautomatisiertes Fahren, S. 4.

1095 Vgl. auch *Siebert*, EU-Typgenehmigungsverfahren, in: Genehmigungsverfahren für Kraftfahrzeuge, S. 102.

Genehmigung von hoch- oder vollautomatisierten Fahrfunktionen in Frage kommen.

b) Besondere Anforderungen für automatisierte Fahrzeuge

Neben generellen Anforderungen in Art. 4 werden in Art. 11 Abs. 1 der Verordnung 2019/2144 besondere Anforderungen an automatisierte Fahrzeuge aufgestellt. Ein automatisiertes Fahrzeug wird in Art. 3 Abs. 21 der Verordnung 2019/2144 definiert:

> *„‚Automatisiertes Fahrzeug' bezeichnet ein Kraftfahrzeug, das so konstruiert und gebaut ist, dass es sich über **bestimmte Zeiträume** hinweg **autonom ohne kontinuierliche Überwachung** durch einen Fahrer fortbewegen kann, bei dem allerdings nach wie vor ein **Eingreifen des Fahrers erwartet** wird oder **erforderlich** ist."* [1096]

Unter die Begriffsbestimmung des automatisierten Fahrzeugs im Sinne der Verordnung 2019/2144 lassen sich Kraftfahrzeuge subsumieren, die mit einer hoch- oder vollautomatisierten Fahrfunktion ausgestattet sind.[1097] Demnach sind die Anforderungen für die in Art. 11 Abs. 1 Verordnung 2019/2144 genannten Bereiche bei der Genehmigung von Kraftfahrzeugen mit hoch- oder vollautomatisierter Fahrfunktion zu beachten[1098], soweit in Durchführungsrechtsakten gemäß Art. 11 Abs. 2 Verordnung 2019/2144 technische Spezifikationen festgelegt werden. Derzeit wurden von der Kommission zwei Durchführungsverordnungen[1099] sowie vier delegierte Verordnungen[1100] mit Bezug zur Verordnung 2019/2144 erlassen. Keine dieser Rechtsakte enthält allerdings spezielle technische Anforderungen im Sinne von Art. 11 Abs. 1 Verordnung 2019/2144 für automatisierte Fahrzeuge.

c) Einordung der Verordnung 2019/2144

Die Verordnung 2019/2144 ist für die Genehmigung von Kraftfahrzeugen mit hoch- oder vollautomatisierter Fahrfunktion von Bedeutung, soweit allgemeine Anforderungen aufgestellt werden. Spezielle technische Anforderungen an automatisierte Fahrzeuge im Sinne von Art. 11 Verordnung 2019/2144 wurden bisher noch nicht erlassen. Anders als die UN-Regelung

---

1096 Art. 3 Abs. 21 VO 2019/2144; Hervorhebungen nur hier.

1097 In diese Richtung auch *Weise*, Hochautomatisiertes Fahren, S. 38.

1098 Siehe zu Anforderungen der VO 2019/2144 mit besonderem Augenmerk auf Sicherheitsanforderungen, *Weise*, Hochautomatisiertes Fahren, S. 38 ff.

1099 Durchführungsverordnung 2021/535 sowie Durchführungsverordnung 2021/646.

1100 Delegierte Verordnung 2021/1243; delegierte Verordnung 2021/1341; delegierte Verordnung 2021/1958; delegierte Verordnung 2022/545.

Nr. 157 wird also nicht eine Genehmigung auf Grundlage der Vorschrift ermöglicht, sondern es werden ergänzende Vorschriften festgelegt.

6. Zusammenfassung

Neben der europäischen Harmonisierung des Zulassungs- und Genehmigungsrechts legt insbesondere das Völkerrecht die Grundlage für die Harmonisierung von technischen Vorschriften und Regeln für den Straßenverkehr. Das Wiener Übereinkommen stellt in erster Linie Verhaltensregeln und grundlegende Vorschriften für Zulassungsbestimmungen auf. Das Fahrzeugteileübereinkommen adressiert dagegen die Festlegung von technischen Vorschriften und einheitlichen Sicherheitsstandards.

Es ist bemerkenswert, dass völkerrechtliche Verträge, die bereits vor mehreren Jahrzehnten begründet wurden, Einfluss auf die aktuelle Rechtsetzung in Bezug auf die Automatisierung im Straßenverkehr nehmen. Eine zentrale Stellung nimmt dabei die UNECE ein, deren spezialisierte Arbeitsgruppen technische Vorschriften an den steten Fortschritt in der Fahrzeugentwicklung anpassen. Besonderes Augenmerk ist in diesem Zusammenhang auf die aktuelle Anpassung der UN-Regelung Nr. 157 zu richten, die mit entsprechenden technischen Anforderungen und Prüfvorschriften die Grundlage für die Genehmigung von weit entwickelten Fahrfunktionen darstellt.

V. Genehmigung von Kraftfahrzeugen mit autonomer Fahrfunktion

Bei der Genehmigung von Kraftfahrzeugen mit autonomer Fahrfunktion tritt das nationale Genehmigungsrecht stärker in den Vordergrund. Besonders hohe Relevanz kommt hierbei der auf Grundlage der Verordnungsermächtigung des § 1j StVG erlassenen AFGBV zu. Dies gilt sowohl für das Verfahren zur Erteilung einer Betriebserlaubnis für das Kraftfahrzeug als auch für die Genehmigung des vom Halter festzulegenden Betriebsbereichs. Durch aktuelle Entwicklungen gewinnt allerdings das europäische Genehmigungsrecht immer mehr an Bedeutung für die Genehmigung von Kraftfahrzeugen, die in bestimmten Bereichen fahrerlos verkehren sollen.

1. Systematik

Die Zulassungsplicht für Kraftfahrzeuge mit einer bauartbedingten Höchstgeschwindigkeit von mehr als 6 km/h nach § 1 Abs. 1 Satz 1 StVG i. V. m. §§ 3, 1 FZV[1101] erfasst auch Kraftfahrzeuge mit autonomer Fahrfunktion.

1101 Siehe dazu oben unter Punkt B.II.3.

Dies wird in § 1e Abs. 1 Satz 1 Nr. 4 StVG klargestellt, indem die Zulassung zum Straßenverkehr als Voraussetzung für den zulässigen Betrieb ausdrücklich aufgenommen wird.[1102] § 11 Abs. 1 AFGBV bestimmt zudem, dass die FZV für die Zulassung von Kraftfahrzeugen mit autonomer Fahrfunktion Anwendung findet. Vor der Zulassung ist ein zweistufiges Verfahren zu durchlaufen:[1103]

- Zunächst muss für das Kraftfahrzeug eine Betriebserlaubnis erteilt werden.[1104]
- Im nächsten Schritt ist der vom Halter festgelegte Betriebsbereich zu genehmigen.[1105]

a) Betriebserlaubnis

Nach § 11 Abs. 1 AFGBV i. V.m § 3 Abs. 1 Satz 2 FZV ist Voraussetzung für die Zulassung eines Kraftfahrzeugs mit autonomer Fahrfunktion eine Betriebserlaubnis nach § 4 AFGBV. Der Begriff der Betriebserlaubnis entspricht dabei der im Rahmen der StVZO verwendeten Begrifflichkeit und weist damit in das nationale Genehmigungsrecht. Bei der Betriebserlaubnis handelt es sich um den in § 19 StVZO verwendeten Oberbegriff für die Genehmigungen nach der StVZO.[1106] Der Oberbegriff der Betriebserlaubnis umfasst dabei sowohl die Allgemeine Betriebserlaubnis nach § 20 StVZO (ABE) als auch die Einzelbetriebserlaubnis im Sinne von § 21 StVZO (EBE). Die generelle Möglichkeit der Erteilung einer ABE im Zusammenhang mit Kraftfahrzeugen mit autonomer Fahrfunktion ergibt sich zudem aus § 2 Abs. 2 AFGBV, der auf Regelungen des § 20 StVZO verweist. Daher kommt es auf eine Wortlautauslegung des Begriffs der Betriebserlaubnis bei § 11 Abs. 2 Satz 1 Nr. 1 AFGBV nicht an, da ABE und EBE gleichermaßen als Betriebserlaubnis die Voraussetzung nach § 11 Abs. 2 Satz 1 Nr. 1 AFGBV i. V.m § 3 Abs. 1 Satz 2 FZV erfüllen.[1107] Es ist davon auszugehen, dass der national geprägte Begriff der Betriebserlaubnis gewählt wurde, da im Zeitpunkt der StVG-Novelle 2021 sowie bei Erlass der AFGBV ausschließlich eine nationale Betriebserlaubnis für die Genehmigung von Kraftfahrzeugen

---

1102 Zu den Zulässigkeitsvoraussetzungen für den Betrieb von Kraftfahrzeugen mit autonomer Fahrfunktion in festgelegten Betriebsbereichen siehe oben unter Punkt A.II.2.

1103 Siehe auch *Wagner*, InTer 2021, 132 (136); *Polly/Zeiler*, ZfPC 2022, 56 (57).

1104 Dazu sogleich unten unter Punkt a).

1105 Dazu unten unter Punkt b).

1106 Zu den nationalen Genehmigungen nach der StVZO, mithin der ABE und der EBE, siehe oben unter Punkt B.II.4.

1107 Siehe dazu etwa vor Erlass der AFGBV die berechtigten Erwägungen zu § 1e Abs. 4 StVG bei *Gatzke*, NZV 2022, 62 (65).

in Betracht gekommen ist.[1108] Erst mit der aktuell voranschreitenden Rechtsetzung auf europäischer Ebene kommt auch eine EU-Typgenehmigung für Kleinserienfahrzeuge als Genehmigung – sprich Betriebserlaubnis – im Sinne von § 11 Abs. 2 Satz 1 Nr. 1 AFGBV i. V.m § 3 Abs. 1 Satz 2 FZV in Frage.[1109]

Das Vorhandensein einer Betriebserlaubnis in Form der Typ- oder Einzelgenehmigung ist nach § 3 Abs. 1 Satz 2 FZV auch bei nicht automatisierten Kraftfahrzeugen eine wesentliche Voraussetzung für die Zulassung zum Straßenverkehr durch die Zulassungsbehörde. Die Besonderheit bei Kraftfahrzeugen mit autonomer Fahrfunktion im Sinne von §§ 1d, 1e StVG besteht dagegen darin, dass deren fahrerlose Betrieb gemäß § 1e Abs. 1 Satz 1 Nr. 3 StVG auf den festgelegten Betriebsbereich zwingend beschränkt ist.[1110]

b) Genehmigung des festgelegten Betriebsbereichs

Vor dem Hintergrund des fahrerlosen Betriebs ist nach der Betriebserlaubnis auf „der nächsten Verfahrensstufe"[1111] die Genehmigung des festgelegten Betriebsbereichs zu beantragen.[1112] Damit geht eine gewisse Verbindung zwischen dem Fahrzeug einerseits und dem festgelegten Betriebsbereich andererseits einher, der im Rahmen der Zulassung nicht getrennt werden kann. Daher ist diese Beschränkung auch nach § 11 Abs. 3 Satz 2 AFGBV in der Zulassungsbescheinigung Teil I, also im Fahrzeugschein, einzutragen. Im Ergebnis ist die Genehmigung des festgelegten Betriebsbereichs sowohl für den zulässigen fahrerlosen Betrieb[1113] als auch für die Zulassung nach § 11 Abs. 2 Satz 1 Nr. 2 AFGBV von entscheidender Bedeutung.[1114]

c) Zulassung

Gemäß § 11 Abs. 2 Satz 1 Nr. 3 AFGBV setzt die Zulassung eines Kraftfahrzeugs mit autonomer Fahrfunktion neben der Betriebserlaubnis für das

---

1108 Zur nationalen Betriebserlaubnis auf Grundlage der AFGBV siehe ausführlich unten unter Punkt 2.

1109 Zur EU-Typgenehmigung ausführlich unten unter Punkt 3.

1110 Zur Zulässigkeit des Betriebs von Kraftfahrzeugen mit autonomer Fahrfunktion siehe ausführlich oben unter Punkt A.II.

1111 So die deutliche Differenzierung nach Betriebserlaubnis und der Genehmigung des festgelegten Betriebsbereichs durch das BMDV als Verordnungsgeber, siehe Begründung, BR-Drs. 86/22, S. 94.

1112 Differenzierend auch *Wagner*, InTer 2021, 132 (136), die auf ein „dreistufiges Genehmigungsverfahren" hinweist.

1113 Zur Zulässigkeit siehe oben unter Punkt A.II.2.c).

1114 Zur Genehmigung des festgelegten Betriebsbereichs siehe ausführlich unten unter Punkt 4.

Fahrzeug und der Genehmigung des festgelegten Betriebsbereichs auch das Bestehen einer entsprechenden Kraftfahrzeug-Haftpflichtversicherung nach dem Pflichtversicherungsgesetz voraus. Nach dem neu eingefügten § 1 Satz 2 PflichtVG ist für Kraftfahrzeuge mit autonomer Fahrfunktion zusätzlich eine Haftpflichtversicherung für die Person der Technischen Aufsicht abzuschließen und aufrechtzuerhalten. Vor dem Hintergrund der besonderen Voraussetzungen für die Zulassung von Kraftfahrzeugen mit autonomer Fahrfunktion wurde mit § 3 Abs. 1a FZV ein Verweis auf die insoweit vorrangigen Bestimmungen der AFGBV eingefügt.[1115]

2. Nationale Betriebserlaubnis auf Grundlage der AFGBV

Nach § 4 Abs. 1 AFGBV erteilt das KBA die Betriebserlaubnis für Kraftfahrzeuge mit autonomer Fahrfunktion, wenn die in Nr. 1 bis 4 genannten Voraussetzungen erfüllt sind. Die Erteilung der Betriebserlaubnis hängt nach § 4 Abs. 1 Nr. 3 AFGBV insbesondere davon ab, dass die technischen Anforderungen nach Anlage 1 der AFGBV eingehalten werden. Die Überprüfung durch das KBA muss insofern mit dem Ergebnis abgeschlossen werden, dass das Fahrzeug den in Anlage 1 bestimmten Voraussetzungen entspricht.[1116] Das Verfahren zur Erteilung der Betriebserlaubnis wird auf Antrag des Herstellers eingeleitet.[1117]

a) Antrag des Herstellers

Nach § 3 Abs. 1 AFGBV hat der Hersteller die Betriebserlaubnis beim KBA zu beantragen und dem Antrag die in § 3 Abs. 2 Nr. 2 AFGBV genannten Unterlagen beizulegen. Daneben muss der Hersteller nach § 3 Abs. 2 Nr. 1 lit. a) AFGBV die Erklärung abgeben, dass das Kraftfahrzeug mit autonomer Fahrfunktion die funktionalen Anforderungen nach Anlage 1 sowie die Voraussetzungen nach § 3 Abs. 8 AFGBV erfüllt. Die Einhaltung der technischen Anforderungen bildet den Kern des Genehmigungsverfahrens und wird vom KBA gemäß § 3 Abs. 4 Nr. 1 AFGBV geprüft. Das KBA, als die „zentrale Behörde“[1118] in dem Genehmigungsverfahren, kann im Rahmen der durchzuführenden Prüfungen gemäß § 3 Abs. 7 AFGBV auch Sachverständige, einen Technischen Dienst oder eine andere Stelle beauftragen. Im Zentrum des Verfahrens steht damit die Überprüfung der Erfüllung der technischen Anforderungen der AFGBV.

1115 Siehe dazu *König*, in: Hentschel/König/Dauer, SVR, StVG § 1e, Rn. 2.
1116 So Begründung, BR-Drs. 86/22, S. 94.
1117 Siehe Begründung, BR-Drs. 86/22, S. 92.
1118 So Begründung, BR-Drs. 86/22, S. 92.

b) Technische Anforderungen der AFGBV

Ausgangspunkt für die technische Ausrüstung stellt der Anforderungskatalog des § 1e Abs. 2 StVG dar, der in erster Linie die Voraussetzung für den zulässigen Betrieb des Kraftfahrzeugs mit autonomer Fahrfunktion aufstellt.[1119] Die Erfüllung der Anforderungen des § 1e Abs. 2 StVG ist aber auch die Voraussetzung für die Erteilung der Betriebserlaubnis des Kraftfahrzeugs mit autonomer Fahrfunktion.[1120] Durch die Bestimmungen der AFGBV erfolgt eine Konkretisierung der in § 1e Abs. 2 StVG genannten Anforderungen, wobei insbesondere auch technische Voraussetzungen im Rahmen der Anlage 1 der AFGBV ergänzt werden. Im Folgenden werden daher die Vorschriften der AFGBV dargestellt, die verhaltensrechtliche Bezüge aufweisen und damit für den sicheren Einsatz von autonomen Fahrfunktionen von besonderer Relevanz sind.

aa) Funktionale Anforderungen

In Teil 1 der Anlage 1 AFGBV werden funktionale Anforderungen an Kraftfahrzeuge mit autonomer Fahrfunktion beschrieben, deren Erfüllung nach § 4 Abs. 1 Nr. 3 AFGBV für die Erteilung einer Betriebserlaubnis erforderlich sind. Die Regelung solcher technischer Anforderungen im Rahmen der AFGBV ist von der Verordnungsermächtigung gemäß § 1j Abs. 1 Nr. 1 lit. a) StVG ausdrücklich gedeckt.

(1) Erfüllung der Fahraufgabe

Im Zentrum der Anforderungen an Kraftfahrzeuge mit autonomer Fahrfunktion steht die Erfüllung der dynamischen Fahraufgabe im Sinne von Ziffer 1 der Anlage 1 AFGBV:

> *„Das Kraftfahrzeug muss in der Lage sein, durch* ***geeignete Wahl von Fahrpfad*** *und Geschwindigkeit* ***selbstständig und stetig anpassend*** *die* ***Fahraufgabe*** *in dem genehmigten festgelegten Betriebsbereich* ***in allen Situationen sicher zu erfüllen****. Dies beinhaltet die* ***Ausrichtung des Fahrverlaufs*** *am veränderlichen Umfeld des Kraftfahrzeugs mit autonomer Fahrfunktion und die* ***Sicherstellung*** *der* ***Übereinstimmung mit gesetzlichen Vorgaben****.* ***Der Sicherheit aller Verkehrsteilnehmenden, aller unbeteiligten Dritten und aller Fahrzeuginsassen muss die höchste Priorität bei der Erfüllung der Fahraufgabe eingeräumt werden****. Auf* ***unerwartete Ereignisse****, auch wenn diese plötzlich auftreten, muss das*

1119 Siehe dazu oben unter Punkt A.II.2.
1120 Siehe Begründung, BT-Drs. 19/27439, S. 21.

Kraftfahrzeug mit autonomer Fahrfunktion angemessen reagieren. […]“[1121]

Einleitend stellt der Verordnungsgeber klar, dass das Kraftfahrzeug mit autonomer Fahrfunktion im festgelegten Betriebsbereich die Fahraufgabe in allen Situationen sicher erfüllen muss. Auch die Wahl des geeigneten Fahrpfades sowie die Ausrichtung des Fahrtverlaufs müssen in allen Situationen gelingen. Durch die Bestimmung in Ziffer 1 Anlage 1 AFGBV wird also die Anforderung des § 1e Abs. 2 Nr. 1 StVG[1122] in Bezug auf die Fahrzeugführung konkretisiert. Es zeigt sich dabei insbesondere, dass an die Leistungsfähigkeit des Kraftfahrzeugs mit autonomer Fahrfunktion bei der Ausführung der Fahraufgabe ein strenger Maßstab angelegt wird. Eine Einbindung der Technischen Aufsicht in Ausnahmefällen ist mit der funktionalen Anforderung, die Fahraufgabe „in allen Situationen sicher“ auszuführen, grundsätzlich nicht vereinbar.

(2) Fahrzeugsteuerung und besondere Situationen

Der strenge Maßstab an die Ausführung der dynamischen Fahraufgabe tritt im Rahmen der funktionalen Anforderungen durch die detaillierten Vorgaben in Ziffer 1.1 sowie Ziffer 1.3 der Anlage 1 der AFGBV besonders deutlich hervor.

Zunächst muss durch das Kraftfahrzeug mit autonomer Fahrfunktion gemäß Ziffer 1.2 lit. a) Anlage 1 AFGBV jederzeit ein angemessener Sicherheitsabstand zu anderen Verkehrsteilnehmern im Sinne von § 4 StVO eingehalten werden. Zudem sind vom Fahrzeug Fahrstreifenwechsel durch andere Verkehrsteilnehmer gemäß Ziffer 1.2 lit. b) Anlage 1 AFGBV zu erkennen und bei der Geschwindigkeit entsprechend zu berücksichtigen. Ebenso werden Situationen, in denen ein eigener Fahrstreifenwechsel durch das Kraftfahrzeug mit autonomer Fahrfunktion notwendig ist, erkannt und das entsprechende Manöver sicher ausgeführt.

Strenge Maßstäbe werden überdies an die Interaktion mit Einsatzfahrzeugen nach Ziffer 1.2 lit. d) Anlage 1 AFGBV angelegt. Danach wird ausdrücklich bestimmt, dass Einsatzfahrzeuge vom System erkannt und geeignete Fahrmanöver sicher durchgeführt werden müssen. Nach dieser Vorgabe muss

---

1121 Anlage 1 Nr. 1 Verordnung zur Genehmigung und zum Betrieb von Kraftfahrzeugen mit autonomer Fahrfunktion in festgelegten Betriebsbereichen (Autonome-Fahrzeuge-Genehmigungs-und-Betriebs-Verordnung – AFGBV) vom 24.06.2022 (BGBl. I S. 986), zuletzt geändert durch Art. 10 Verordnung zum Neuerlass der Fahrzeug-Zulassungsverordnung und zur Änderung weiterer Vorschriften vom 20.07.2023 (BGBl. I Nr. 199); Hervorhebungen nur hier.

1122 Siehe dazu oben in Teil 2 unter Punkt A.III.1.b)aa).

das Fahrsystem also Situationen unter Beteiligung von Einsatzfahrzeugen, wie von Polizei oder Rettungsdiensten, vollumfänglich selbst beherrschen. Es wäre demnach nicht ausreichend, wenn das System ein sich mit blauem Blinklicht und Einsatzhorn näherndes Einsatzfahrzeug erkennt, aber auf Eingaben der Technischen Aufsicht zurückgreifen müsste, um beispielsweise gemäß § 38 Abs. 1 Satz 2 StVO sofort freie Bahn für das Einsatzfahrzeug zu schaffen. Weiterhin haben die beschriebenen Anforderungen an das Erkennen und Reagieren auf Einsatzfahrzeuge zur Folge, dass ein Kraftfahrzeug im fahrerlosen Betrieb einem Einsatzfahrzeug mit blauem Blinklicht und Einsatzhorn im Kreuzungsbereich Vorfahrt gewährt, obwohl es selbst – beispielweise aufgrund Grünlicht – Vorrang hätte.

(3) Zeichen und Weisungen von Polizeibeamten

Nach Ziffer 1.3 lit. c) Anlage 1 AFGBV sind nicht nur Verkehrs-, Gefahr und Vorschriftzeichen nach §§ 39, 40, 41 StVO vom Fahrzeug zu erkennen und im Geschwindigkeits- und Fahrtverlauf zu berücksichtigen, sondern ausdrücklich auch Zeichen und Weisungen von Polizeibeamten gemäß § 36 StVO. Dies hat zur Folge, dass das Kraftfahrzeug mit autonomer Fahrfunktion beispielsweise eine durch Polizeibeamte geregelte Kreuzung erkennt und entsprechend der Handzeichen der Beamten nach § 36 Abs. 2 StVO selbstständig befährt. Zudem muss das Fahrzeug in der Lage sein, Zeichen zum Anhalten, wie beispielsweise eine am Einsatzfahrzeug befindliche Signaleinrichtung oder aber auch das Zeigen der Winkerkelle gemäß § 36 Abs. 5 StVO richtig zu erfassen und dementsprechend an geeigneter Stelle anzuhalten. Durch den ausdrücklichen Verweis auf § 36 StVO in Ziffer 1.3 lit. c) Anlage 1 AFGBV bleibt insofern kein Raum für eine weniger leistungsfähige Funktionalität in Bezug auf das Erkennen und Interpretieren von Handzeichen und Signalen.

(4) Kollisionsvermeidung

Als zentraler Aspekt der dynamischen Fahraufgabe wird das System der Unfallvermeidung in § 1e Abs. 2 Nr. 2 StVG definiert. Konkretisierende Bestimmungen dazu enthält § 3 Abs. 8 AFGBV, in dem „Vorgaben zur Kollisionsvermeidung entsprechend § 1e Absatz 2 Nummer 2 StVG“[1123] aufgestellt werden.[1124] Als zentrales Element der dynamischen Fahraufgabe wird daher auch die generelle Kollisionsvermeidung nach Ziffer 1.1. der Anlage 1 AFGBV formuliert. Demnach müssen Kollisionen mit anderen Verkehrsteilnehmenden und unbeteiligten Dritten vermieden werden, sofern

1123 Siehe Begründung, BR-Drs. 86/22, S. 93.
1124 Dazu *Steege*, SVR 2022, 161 (163).

dies durch Notbremseingriffe (Nr. 1) oder nicht gefährdende Ausweichmanöver (Nr. 2) möglich ist.

bb) Test- und Validierungsmethoden

Für die Prüfung der Erfüllung der in Anlage 1 Teil 1 beschriebenen technischen Anforderungen werden in Teil 2 der Anlage 1 AFGBV Test- und Validierungsmethoden beschrieben. Die Festlegung von Anforderungen an die Prüfung und Validierung des Kraftfahrzeugs ist dabei von der Verordnungsermächtigung gemäß § 1j Abs. 1 Nr. 1 lit. b) StVG ausdrücklich umfasst.

(1) Nachweis im Rahmen einer Testphase

Die Test- und Validierungsmethoden sind in Teil 2 der Anlage 1 AFGBV verortet. Allerdings findet sich bereits in Teil 1 vor Ziffer 1.1 Anlage 1 AFGBV einleitend der Hinweis, dass die Erfüllung der funktionalen Anforderungen in einer Testphase ohne Fahrgäste im festgelegten Betriebsbereich nachgewiesen werden kann. In diesem Zusammenhang wird nicht ausdrücklich vorgeschrieben, dass während einer solchen Testphase ein Sicherheitsfahrer im Fahrzeug anwesend oder eine Technische Aufsicht vor Ort sein muss. Eine entsprechende Testphase sollte vom KBA allerdings nur dann zugelassen werden, wenn dabei der sichere Betrieb des Kraftfahrzeugs im festgelegten Betriebsbereich gewährleistet ist. Alternativ wäre an eine für die Testphase zu beantragende Erprobungsgenehmigung nach § 1i StVG i. V. m. § 16 AFGBV zu denken, wonach bei der Erprobung von autonomen Fahrfunktionen eine Überwachung durch eine vor Ort anwesende Technische Aufsicht obligatorisch vorgeschrieben ist.

(2) Bezugnahme auf UN-Regelungen

Im Rahmen der Validierung der Anforderungen in Anlage 1 der AFGBV werden teilweise Bestehenskriterien aus UN-Regelungen herangezogen. Eine spezielle UN-Regelung für die Validierung und Genehmigung von Kraftfahrzeugen nach SAE-Level 4 (fahrerlos) wurde allerdings noch nicht auf Ebene der UNECE erarbeitet. Daher kann im Rahmen der AFGBV nur punktuell auf Kriterien bereits bestehender UN-Regelungen abgestellt werden.

Gerade für Prüfungen in Zusammenhang mit der Ausführung der Fahraufgabe werden Bezüge zu bestehenden UN-Regelungen hergestellt. So wird in Ziffer 10.2.1 Anlage 1 AFGBV im Rahmen der Anforderungen an die oben erläuterte Kollisionsvermeidung gemäß Ziffer 1.1 auf die Bestehenskriterien aus der UN-Regelung Nr. 152 zum Notbremsassistenzsystem

(AEBS)[1125] angeknüpft. Dazu wird zunächst auf die im Amtsblatt verkündete UN-Regelung verwiesen, wobei für die Anwendung bestimmter Vorgaben der UN-Regelung Nr. 152 Änderungen vorgegeben werden. Es erfolgt also insbesondere keine dynamische Verweisung auf die jeweils aktuelle Version der UN-Regelung, sondern es wird konkret auf eine im Amtsblatt verkündete UN-Regelung Bezug genommen. Damit kann sichergestellt werden, dass sich die Bestehenskriterien im Rahmen der AFGBV insoweit nicht ohne eine entsprechende Entscheidung des deutschen Verordnungsgebers ändern.

Nach Ziffer 10.2.6 Anlage 1 AFGBV sind für Spurwechselmanöver die Bestehenskriterien der UN-Regelung Nr. 79[1126] heranzuziehen. Auch für das Einbiegen und Kreuzen wird auf konkrete Anforderungen der UN-Regelung Nr. 79 verwiesen, die somit als Bestandteil der Prüfung und Validierung von Kraftfahrzeugen mit autonomen Fahrfunktionen im Rahmen des nationalen Verfahrens zur Erteilung der Betriebserlaubnis implementiert werden.

Die konkrete Durchführung der Tests an Kraftfahrzeugen mit autonomer Fahrfunktion beschreibt Ziffer 11 Anlage 1 AFGBV. In diesem Zusammenhang wird klargestellt, dass Tests grundsätzlich auch mit entsprechenden Attrappen auf Teststrecken oder auch im Rahmen von geeigneten Simulationen durchgeführt werden können. Damit steht dem KBA im Ergebnis die gesamte Bandbreite von Testmöglichkeiten zur Verfügung – von einer Testphase[1127] im festgelegten Betriebsbereich unter realen Bedingungen über Fahrversuche auf Teststrecken bis hin zu computerbasierten Simulationen.

(3) Einbindung des Herstellers

Wie bereits erläutert, werden dem Hersteller im Zuge der StVG-Novelle 2021 besondere Pflichten im Zusammenhang mit dem Betrieb von Kraftfahrzeugen mit autonomer Fahrfunktion auferlegt. Im Rahmen der Bestimmungen der AFGBV wird der Hersteller auch im Genehmigungsverfahren weiter eingebunden. So hat der Hersteller nach § 12 Abs. 1 Nr. 6 AFGBV einen Katalog für Testszenarien zu erstellen und gemäß § 3 Abs. 2 Nr. 2 lit. e) AFGBV dem Antrag auf Erteilung der Betriebserlaubnis beizulegen. Auf Basis dieses Katalogs wählt das KBA gemäß Ziffer 10.2 Testszenarien für die Prüfung aus. Daran zeigt sich, dass der Hersteller umfassend in die Bewertung des Kraftfahrzeugs mit autonomer Fahrfunktion eingebunden wird.

1125 UN Regulation No. 152, Uniform provisions concerning the approval of motor vehicles with regard to the Advanced Emergency Braking System (AEBS) for M1 and N1 vehicles.

1126 Zur Relevanz der UN-Regelung 79 bei der Genehmigung von Kraftfahrzeugen mit hoch- oder vollautomatisierter Fahrfunktion siehe bereits oben unter Punkt IV.4.c).

1127 Hierzu oben unter Punkt (1).

c) Herstellererklärung

Der Hersteller wird im Rahmen der Genehmigung von Kraftfahrzeugen mit autonomer Fahrfunktion zudem mit der Herstellererklärung in die Pflicht genommen. Bereits nach § 1f Abs. 3 Nr. 4 StVG hat der Hersteller verbindlich zu erklären, dass das Kraftfahrzeug die Voraussetzungen des § 1e Abs. 2 StVG erfüllt.[1128] Vor dem Hintergrund der Konkretisierung der technischen Anforderungen durch die der AFGBV und deren Anhang 1 wird der Hersteller nach § 3 Abs. 2 Nr. 1 AFGBV im Rahmen der Antragstellung verpflichtet, die Gesetzmäßigkeit des Fahrzeugs zu garantieren. Diese Herstellererklärung zur AFGBV erscheint auf den ersten Blick unnötig, da die Einhaltung der konkreten technischen Anforderungen als Kern des Genehmigungsverfahrens vom KBA gemäß § 3 Abs. 4 Nr. 1 AFGBV geprüft wird. Der Verordnungsgeber begründet die Notwendigkeit der Herstellererklärung damit, dass verbindliche UN-Regelungen für autonome Fahrzeuge bei der UNECE erst erarbeitet werden und diese daher nicht umfassend abgeprüft werden können.[1129] Um Verzögerungen zu vermeiden, soll daher „für eine Übergangszeit die Herstellererklärung genügen“.[1130]

Der Hersteller wird damit in die Verantwortung genommen, dass die funktionalen Anforderungen nach § 3 Abs. 8 AFGBV sowie nach Anlage 1 AFGBV erfüllt sind, auch wenn dies durch das KBA nicht nachprüfbar ist. In diesem Zusammenhang ist darauf hinzuweisen, dass dem Hersteller auch im Rahmen der StVZO besonderes Vertrauen bei der Entwicklung von Fahrzeugen entgegengebracht wird. Dies zeigt sich beispielweise an der Regelung des § 16 Abs. 6 StVZO, wonach die Betriebserlaubnis eines Kraftfahrzeugs wirksam bleibt, wenn ein Fahrzeughersteller daran Veränderungen zu Erprobungszwecken vornimmt.[1131]

d) Auffangtatbestand

Nach § 4 Abs. 1 Nr. 4 AFGBV wird die Betriebserlaubnis nur erteilt, wenn „durch den Betrieb des Kraftfahrzeugs mit autonomer Fahrfunktion weder die Sicherheit und Leichtigkeit des Straßenverkehrs beeinträchtigt noch Leib und Leben von Personen gefährdet werden“. Mit dieser Bestimmung wird dem KBA die Möglichkeit eingeräumt, die Erteilung der Betriebserlaubnis zu versagen, obwohl die technischen Anforderungen im Sinne von § 4 Abs. 1 Nr. 3 AFGBV eingehalten werden. Es handelt sich hierbei um einen Auffangtatbestand, da aufgrund der weit gefassten Tatbestandsmerkmale in § 4

1128 Siehe dazu bereits oben unter Punkt A.II.3.d)bb).
1129 Siehe Begründung, BR-Drs. 86/22, S. 92.
1130 So Begründung, BR-Drs. 86/22, S. 92.
1131 Zur Erprobungsgenehmigung nach der StVZO siehe oben unter Punkt IV.1.b)cc).

Abs. 1 Nr. 3 AFGBV Sicherheitsrisiken aufgrund von etwaigen Lücken im Anforderungs- und Prüfungskatalog der AFGBV begegnet werden können. Vor dem Hintergrund der berührten Rechtsgüter von Gesundheit und Leben einerseits und der vom Verordnungsgeber bereits identifizierten Lücken auf Ebene der Regulierung von autonomen Fahrsystemen[1132] andererseits ist es dringend angezeigt, dass das KBA den Auffangtatbestand sorgfältig anwendet und bei Feststellung einer entsprechend erhöhten Gefahr für die Rechtsgüter die Betriebserlaubnis bereits im Vorfeld nicht erteilt. Eine Handhabe besteht aber auch nach Erteilung der Betriebserlaubnis, da nach § 6 Abs. 1 Nr. 5 AFGBV bei einer Beeinträchtigung des Straßenverkehrs oder einer nicht auszuschließenden Gefährdung von Leib oder Leben eine bereits erteilte Betriebserlaubnis durch das KBA zu widerrufen ist.

e) Zusammenfassung

Im Ergebnis zeigt sich, dass der auf Ebene der Zulässigkeit in § 1e Abs. 2 StVG beschriebene Leistungsumfang von Kraftfahrzeugen mit autonomer Fahrfunktion für das Genehmigungsverfahren durch die AFGBV anhand von detaillierten technischen Anforderungen konkretisiert wird. Schon der Anforderungskatalog nach § 1e Abs. 2 StVG wurde als „äußert anspruchsvolles Pflichtenprogramm“[1133] und als „gewaltig“ oder auch „enorm“[1134] eingestuft. Mit der AFGBV werden nunmehr noch umfassendere Anforderungen für das Prüfverfahren festgeschrieben.[1135] Besondere Bedeutung kommt im Genehmigungsverfahren insofern den Bestimmungen der Anlage 1 AFGBV zu.[1136] Ein umfassender und anspruchsvoller, mithin „strenger“, Kriterienkatalog ist vor dem Hintergrund des gänzlich fahrerlosen Betriebs in festgelegten Betriebsbereichen und den gefährdeten Rechtsgütern grundsätzlich zu begrüßen. Allerdings wird sich erst noch zeigen müssen, ob und vor allem wann den national aufgestellten Kriterien vollumfänglich entsprochen werden kann.

1132 Siehe dazu oben im Rahmen der Herstellererklärung unter Punkt c).

1133 So *von Bodungen/Gatzke*, RDi 2022, 354 (Rn. 19).

1134 Siehe *Hilgendorf*, JZ 2021, 444 (447, 449).

1135 Vgl. auch *Steege*, SVR 2022, 161 (167), der die Anforderungen als „weiterhin hoch“ ansieht, diesen Umstand aber in Kontext zu der Wahrung der berührten Grundrechte setzt.

1136 Siehe Begründung, BR-Drs. 86/22, S. 109, wonach die Anforderungen dem aktuellen Stand der Technik entsprechen und auf dem damit verbundenen aktuellen Kenntnisstand basieren.

3. EU-Typgenehmigung für Kleinserienfahrzeuge

Aufgrund voranschreitender Regulierungsbemühungen auf europäischer Ebene in Bezug auf fahrerlose Kraftfahrzeuge nach SAE-Level 4 tritt in Deutschland neben die bisher ausschließlich dem nationalen Recht unterworfenen Vorgaben ein europäisches Genehmigungsregime. Vor diesem Hintergrund können Hersteller anstatt der nationalen Betriebserlaubnis grundsätzlich auch eine entsprechende EU-Typgenehmigung für Kleinserienfahrzeuge beim KBA beantragen.

a) Entwicklung und Systematik

Die Vorschriften für fahrerlose Kraftfahrzeuge in bestimmten Bereichen sind auf europäischer Ebene aus mehreren Rechtsakten zu entnehmen, wobei deren Entwicklung mehrere Jahre in Anspruch nahm.

aa) Verordnung 2019/2144

Den Ausgangspunkt bildet die Verordnung 2019/2144 zur allgemeinen Sicherheit, die in Art. 3 Nr. 22 das vollautomatisierte Fahrzeug definiert:

> *„**Vollautomatisiertes Fahrzeug**" bezeichnet ein Kraftfahrzeug, das so konstruiert und gebaut ist, dass es sich **autonom ohne Überwachung** durch einen Fahrer fortbewegen kann.*"[1137]

In Art. 11 Abs. 1 der Verordnung 2019/2144 werden sodann besondere Anforderungen an automatisierte[1138] und vollautomatisierte Fahrzeuge bestimmt. In diesem Zusammenhang werden indes keine konkreten technischen Vorgaben für die Genehmigung von vollautomatisierten Fahrzeugen beschrieben.[1139] Allerdings erhält die Kommission nach Art. 11 Abs. 2 der Verordnung 2019/2144 die Befugnis, im Wege der Durchführungsverordnung technische Spezifikationen für vollautomatisierte Fahrzeuge zu erlassen.[1140]

1137 Art. 3 Nr. 22 VO 2019/2144; Hervorhebungen nur hier.

1138 Siehe dazu die Ausführungen oben unter Punkt IV.5.

1139 Siehe *von Bodungen/Gatzke*, RDi 2022, 354 (Rn. 24).

1140 Siehe auch *von Bodungen/Gatzke*, RDi 2022, 354 (Rn. 24), die Parallelen zum nationalen Vorgehen ziehen, soweit in Deutschland ebenfalls mit der AFGBV erst im Verordnungswege technische Detailfragen adressiert werden.

bb) Durchführungsverordnung 2022/1426

Gestützt auf Art. 11 Abs. 2 der Verordnung 2019/2144 erließ die Kommission die Durchführungsverordnung 2022/1426 vom 5. August 2022 (ADS-Verordnung)[1141], die technische Vorgaben im Zusammenhang mit der Genehmigung von vollautomatisierten Fahrzeugen aufstellt. Im Zentrum der ADS-Verordnung steht dabei die Begriffsbestimmung des automatisierten Fahrsystems (ADS) gemäß Art. 2 Nr. 1:

> *„1. „**Automatisiertes Fahrsystem**“ (Automated Driving System, ADS) bezeichnet die **Hardware und Software**, die in ihrer Kombination in der Lage sind, die **gesamte DDT dauerhaft** in einer **bestimmten zulässigen** Betriebsdomäne (Operational Design Domain, **ODD**) durchzuführen.*“[1142]

Bei dem ADS handelt es sich um die Hardware und Software, mithin die technische Ausrüstung, die die Ausführung der dynamischen Fahraufgabe ermöglicht. Die ADS-Verordnung beinhaltet in Anhang II zudem einen umfassenden Katalog von Leistungsanforderungen, der nach Art. 3 Abs. 2 der Verordnung 2022/1426 für die Typgenehmigung des ADS[1143] für vollautomatisierte Fahrzeuge anzuwenden ist.

cc) Delegierte Verordnung 2022/2236

Schließlich erfolgte mit der delegierten Verordnung 2022/2236[1144] auf europäischer Ebene ein weiterer Schritt im Zusammenhang mit der Genehmigung von vollautomatisierten Kraftfahrzeugen. Durch die delegierte Verordnung wurde unter anderem der Anhang II der Verordnung 2018/858

1141 Durchführungsverordnung (EU) 2022/1426 der Kommission vom 05.08.2022 mit detaillierten Regelungen zur Durchführung der Verordnung (EU) 2019/2144 des Europäischen Parlaments und des Rates im Hinblick auf die einheitlichen Verfahren und technischen Spezifikationen für die Typgenehmigung des automatisierten Fahrsystems (ADS) vollautomatisierter Fahrzeuge (ABl. L 221 vom 26.08.2022, S. 1); im Folgenden „ADS-Verordnung“.

1142 Art. 2 Nr. 1 VO 2022/1426; Hervorhebungen nur hier.

1143 Vor diesem Hintergrund verwenden *von Bodungen/Gatzke*, RDi 2022, 354 (Rn. 25) in Bezug auf den Entwurf der Durchführungsverordnung 2022/1426 bereits die Bezeichnung „ADS-Verordnung“.

1144 Delegierte Verordnung (EU) 2022/2236 der Kommission vom 20.06.2022 zur Änderung der Anhänge I, II, IV und V der Verordnung (EU) 2018/858 des Europäischen Parlaments und des Rates in Bezug auf die technischen Anforderungen an in unbegrenzter Serie hergestellte Fahrzeuge, an in kleiner Serie hergestellte Fahrzeuge, an in kleiner Serie hergestellte vollautomatisierte Fahrzeuge und an Fahrzeuge mit besonderer Zweckbestimmung sowie in Bezug auf die Softwareaktualisierung (ABl. L 296 vom 16.11.2022, S. 1).

geändert. Hierzu wird in Erwägungsgrund 3 der delegierten Verordnung 2022/2236 festgehalten:

> *„Die Tabelle in* ***Anhang II Teil I Anlage 1*** *der Verordnung (EU)* ***2018/858*** *enthält die Liste der Rechtsakte für die EU-Typgenehmigung von in* ***kleiner Serie hergestellten Fahrzeugen nach Artikel 41*** *der genannten Verordnung. Es ist notwendig, die* ***technischen Anforderungen*** *für die* ***EU-Typgenehmigung solcher Fahrzeuge*** *in Bezug auf die in* ***der Verordnung (EU) 2019/2144*** *und in den gemäß der genannten Verordnung erlassenen delegierten Rechtsakten und Durchführungsrechtsakten* ***vorgesehenen Systeme*** *festzulegen. Ferner müssen die Anforderungen festgelegt werden, die für die* ***EU-Gesamtfahrzeug-Typgenehmigung*** *von in kleiner Serie hergestellten vollautomatisierten Fahrzeugen gelten sollten, um eine* ***schrittweise, aber rasche Einführung der Technologie*** *in Übereinstimmung mit den in der Verordnung (EU) 2019/2144 festgelegten Anwendungsfristen zu ermöglichen. In der* ***nächsten Stufe*** *wird die Kommission* ***bis Juli 2024*** *die Arbeiten zur Weiterentwicklung und Annahme der erforderlichen Anforderungen für die* ***EU-Gesamtfahrzeug-Typgenehmigung von vollautomatischen Fahrzeugen****, die in* ***unbegrenzter Serie*** *hergestellt werden, fortsetzen.*“[1145]

Aus dem Erwägungsgrund 3 zeigt sich, dass die Änderung des Anhang II der Verordnung 2018/858 zunächst einen Zwischenschritt darstellt und daher nur die EU-Typgenehmigung von Kleinserienfahrzeugen erfasst. Erst auf der nächsten Stufe sollen Anforderungen für Großserienfahrzeuge erarbeitet werden.

Die in Anhang II Teil 1 Anlage 1 der Verordnung 2018/858 neu eingefügte Tabelle 2 bezieht sich auf die EU-Typgenehmigung nach Art. 41 der Verordnung 2018/858 von vollautomatisierten Fahrzeugen im Sinne von Art. 3 Nr. 22 der Verordnung 2019/2144. Neben dem Verweis auf die Verordnung 2019/2144 wird in der Tabelle 2 auf Durchführungsverordnung 2022/1426 bezüglich der Genehmigung des ADS Bezug genommen.

b) Regelungen der ADS-Verordnung

Mit Blick auf die konkreten Regelungen in der ADS-Verordnung zeigen sich Gemeinsamkeiten, aber auch Unterschiede zur deutschen AFGBV. Eine Besonderheit stellt insoweit die im Rahmen der ADS-Verordnung vorgenommene Unterscheidung nach Use Cases, also nach konkreten Anwendungsfällen, dar.

1145 Erwägungsgrund 3 delegierte Verordnung 2022/2236 (ABl. L 296 vom 16.11.2022, S. 2); Hervorhebungen nur hier.

aa) Differenzierung nach Use Cases

Im Rahmen von Art. 1 der ADS-Verordnung wird bei der Festlegung des Anwendungsbereichs zunächst zwischen drei verschiedenen Use Cases differenziert:

- Vollautomatisierte Fahrzeuge innerhalb eines festgelegten Gebiets.
- „Hub-to-hub", also vollautomatisierte Fahrzeuge auf einer festgelegten Strecke mit festen Anfangs- und Endpunkten.
- „Automatisiertes Parken", mithin Fahrzeuge mit dualem Fahrmodus für Parkanwendungen in vordefinierten Parkeinrichtungen.

Hier zeigt sich bereits ein Unterschied zur nationalen AFGBV, in der eine solche Differenzierung nicht enthalten ist. Die AFGBV konzentriert sich vielmehr auf Kraftfahrzeuge mit autonomer Fahrfunktion, die eher dem Anwendungsfall in Art. 1 Abs. 1 lit. a) ADS-Verordnung, mithin dem vollautomatisierten Fahrzeug im festgelegten Gebiet, entsprechen.

Die ADS-Verordnung legt zudem einen stärkeren Fokus auf die trennscharfe Unterscheidung im Hinblick auf Fahrzeuge mit dualem Fahrmodus im Sinne der Begriffsbestimmung nach Art. 2 Nr. 34 ADS-Verordnung.[1146] Im Rahmen der technischen Anforderungen in Anlage 1 zur AFGBV wird der Begriff insoweit nicht verwendet. Die AFGBV stellt dagegen negativ ab auf Fahrzeuge mit autonomer Fahrfunktion *ohne konventionelle Vorrichtung zur Ausübung der Fahraufgabe*, wenn sich eine Regelung gerade nicht auf ein Fahrzeug mit dualem Fahrmodus bezieht.[1147]

bb) Bezugnahme auf UN-Regelungen

Die an das ADS gestellten technischen Leistungsanforderungen ergeben sich aus Anhang II der ADS-Verordnung. Im Rahmen der Bestimmungen werden wie bei der Regelungstechnik der AFGBV Bezüge zu Vorgaben von UN-Regelungen hergestellt. In diesem Zusammenhang zeigt sich aber deutlich, dass die ADS-Verordnung – im Gegensatz zu der insofern sehr national ausgelegten AFGBV – zudem die Begrifflichkeiten von wichtigen UN-Regelungen adaptiert hat. So werden etwa die Begrifflichkeiten der UN-Regelung Nr. 157, wie das „minimal risk manoeuvre, MRM"[1148] oder die DDT

1146 Art. 2 Nr. 34 ADS-Verordnung lautet: „‚Fahrzeuge mit dualem Fahrmodus' bezeichnet vollautomatisierte Fahrzeuge, für die ein Fahrersitz entworfen und gebaut wurde: a) um vom Fahrer im ‚manuellen Fahrmodus' gefahren zu werden, und b) um vom ADS ohne Überwachung durch einen Fahrer im ‚vollautomatisierten Fahrmodus' gefahren zu werden. […]"

1147 Vgl. etwa die Bestimmungen in Ziffer 2, 5.1 sowie 5.2 Anlage 1 AFGBV.

1148 Siehe zur UN-Regelung Nr. 157 und dem MRM bereits ausführlich oben unter Punkt IV.4.d).

und die OEDR übernommen. Derartige international geprägte Begrifflichkeiten[1149] beinhaltet die AFGBV aufgrund ihrer rein nationalen Ausrichtung nicht. Im Ergebnis geht allerdings mit der Wahl der Begrifflichkeiten in der ADS-Verordnung ein stärkerer Gleichlauf mit den UN-Regelungen einher, wodurch die Bezugnahme auf entsprechende Anforderungen und Spezifikationen einfacher gelingt.

cc) Bediener für den Ferneingriff

Zentrale Institution im Rahmen des Einsatzes von Kraftfahrzeugen ist in Deutschland die mit der StVG-Novelle eingeführte Technische Aufsicht im Sinne von § 1d Abs. 3 StVG.[1150] Die Technische Aufsicht ist für einen zulässigen Betrieb im öffentlichen Straßenverkehr in Deutschland zwingend erforderlich, wie die Einbindung in den Betrieb unter § 1e Abs. 2 StVG anschaulich verdeutlicht. Dementsprechend werden an die Technische Aufsicht hohe Anforderungen nach § 14 AFGBV sowie nach § 1f Abs. 3 StVG gestellt.

Die ADS-Verordnung entbehrt dagegen einer zwingend vorgeschriebenen Instanz außerhalb des Fahrzeugs. Mit dem „Bediener für den Ferneingriff" nach Art. 2 Nr. 25 kennt die ADS-Verordnung zwar eine ähnliche Einrichtung – diese ist allerdings nicht verpflichtend vorgeschrieben, wie bereits ein Blick auf die Begriffsbestimmung zeigt:

> *„25. „**Bediener für den Ferneingriff**" bezeichnet, **sofern für das ADS-Sicherheitskonzept zutreffend**, eine/mehrere Person/en, die sich **außerhalb des vollautomatisierten Fahrzeugs** befindet/en und die **Aufgaben des Bedieners** im Fahrzeug **aus der Ferne** wahrnehmen kann/können, wenn dies gefahrlos möglich ist.*
>
> *Der Bediener für den Ferneingriff **darf das vollautomatisierte Fahrzeug nicht fahren** und das ADS muss weiterhin die Dynamische Fahraufgabe (DDT) wahrnehmen."*[1151]

Ein Bediener für den Ferneingriff ist im Rahmen der ADS-Verordnung also nicht zwingend vorgesehen, da die Bestimmung nur Anwendung findet, sofern dieser überhaupt vorgesehen ist. So ist im Beschreibungsbogen (Anhang I) unter Ziffer 17.10.4. anzugeben, ob ein Bediener für den Ferneingriff benötigt wird. Soweit innerhalb der ADS-Verordnung auf den Bediener für den Ferneingriff Bezug genommen wird, ist dies überwiegend mit dem

1149 Siehe dazu etwa die Darstellung der Klassifizierung der SAE International, oben in Teil 2 unter Punkt B.I.2.

1150 Zur Technischen Aufsicht siehe ausführlich oben in Teil 2 unter Punkt A.III.2.b).

1151 Art. 2 Nr. 25 Durchführungsverordnung 2022/1426 (ABl. L 221 vom 26.08.2022, S. 5); Hervorhebungen nur hier.

Klammerzusatz „(falls zutreffend)“ verbunden.[1152] Eine der Technischen Aufsicht entsprechende Institution ist damit im Ergebnis im Rahmen der ADS-Verordnung nicht vorgesehen.

c) Gleichstellung mit nationaler Betriebserlaubnis

Nach § 4 Abs. 3 AFGBV steht eine EU-Typgenehmigung für Kleinserienfahrzeuge der nationalen Betriebserlaubnis gleich, wenn ein gleichwertiger Bewertungs- und Prüfmaßstab wie im nationalen Recht, also entsprechende Vorschriften des StVG sowie der AFGBV, angelegt wurde. Dies im Einzelfall festzustellen, wird umfangreiche Prüfungen bedingen.

Soweit aber die Genehmigung auf Grundlage der ADS-Verordnung keine Technische Aufsicht vorsieht, wird ein zulässiger Betrieb in Deutschaland von vornherein nicht möglich sein. Im Ergebnis würde trotz des Vorliegens einer gültigen EU-Typgenehmigung für Kleinserienfahrzeug der Betrieb in Deutschland vereitelt werden. In diesem Zusammenhang ist aber zu beachten, dass nach Erwägungsgrund 7 den Mitgliedsaaten Freiheiten bei der Regulierung eingeräumt werden:

> *„(7) Vorbehaltlich der Bestimmungen der Verordnung (EU) 2018/858 und anderer einschlägiger EU-Rechtsvorschriften* ***berührt diese Verordnung nicht das Recht der Mitgliedstaaten****, das* ***Inverkehrbringen*** *und* ***die Sicherheit des Betriebs vollautomatisierter Fahrzeuge im Straßenverkehr*** *und die Sicherheit des Betriebs dieser Fahrzeuge im Rahmen lokaler Transportdienste* ***zu regeln****. Die Mitgliedstaaten sind nicht verpflichtet, Flächen, Strecken oder Parkplätze im Rahmen dieser Verordnung vorab festzulegen.“*[1153]

Die Mitgliedstaaten können also das Inverkehrbringen und die Sicherheit des Betriebs von vollautomatisierten Fahrzeugen selbst regeln. Die Bundesrepublik Deutschland ist vor diesem Hintergrund also weiterhin nicht gehindert, an den Betrieb abweichende oder auch strengere Voraussetzungen zu knüpfen als auf europäischer Ebene im Rahmen der ADS-Verordnung.

4. Genehmigung des festgelegten Betriebsbereichs

Während die Betriebserlaubnis durch den Hersteller des Kraftfahrzeugs mit autonomer Fahrfunktion beantragt wird und dieser das entsprechende Genehmigungsverfahren begleitet, ist die Erlangung der Genehmigung des festgelegten Betriebsbereichs Sache des Halters.

1152 Siehe etwa Anhang II Ziffer 2.1.5., 3.1.5., 4.1.2.3., 11.4. ADS-Verordnung.

1153 Erwägungsgrund 7 Durchführungsverordnung 2022/1426 (ABl. L 221 vom 26.08. 2022, S. 2); Hervorhebungen nur hier.

a) Systematische Einordnung

Wie bereits dargelegt, handelt es sich bei der Genehmigung des festgelegten Betriebs um eine zweite Verfahrensstufe, die auf dem abgeschlossenen Verfahren zur Erlangung der Betriebserlaubnis aufbaut. Dies wird durch die Bestimmung des § 8 Abs. 2 Nr. 1 AFGBV klargestellt, da die nationale Betriebserlaubnis oder eine gleichwertige ausländische Betriebserlaubnis dem Antrag auf Genehmigung eines festgelegten Betriebsbereichs beizulegen ist.

b) Antrag durch den Halter

Zunächst ist der Betriebsbereich durch den Halter des Kraftfahrzeugs mit autonomer Fahrfunktion gemäß § 7 Abs. 2 Satz 1 AFGBV festzulegen. Dieser Betriebsbereich bedarf der Genehmigung durch die zuständige Behörde, wie in § 7 Abs. 2 Satz 2 AFGBV klargestellt wird.

Das Verfahren wird mit dem Antrag des Halters nach § 8 AFGBV eingeleitet. Der Antrag muss die in § 8 Abs. 1 und Abs. 2 AFGBV näher bestimmten Nachweise, Erklärungen und Dokumente enthalten.[1154] Zentraler Aspekt ist die nach § 8 Abs. 1 Nr. 1 AFGBV vorzulegende Beschreibung, die sich in vier Punkte unterteilen lässt:

- Darstellung des als Betriebsbereich festgelegten Streckennetzes,
- Darstellung eines kartographisch umgrenzten Bereichs,
- eine konkrete Beschreibung des Betriebszwecks sowie
- die mit dem Betriebszweck verbundenen Betriebsbedingungen.

Es zeigt sich, dass sich die zuständige Behörde anhand der vorzulegenden Dokumente ein genaues Bild von der Örtlichkeit sowie dem mit dem Betrieb des fahrerlosen Fahrzeugs verfolgten Zweck machen kann. Vor diesem Hintergrund soll die Genehmigung des festgelegten Betriebsbereichs auch von der nach Bundes- bzw. dem jeweiligen Landesrecht zuständigen Behörde „vor Ort" erfolgen und nicht etwa durch das KBA als zentrale Bundesbehörde mit Sitz in Flensburg.[1155]

c) Voraussetzungen für Genehmigungserteilung

Die Voraussetzungen für die Erteilung der Genehmigung des festgelegten Betriebsbereichs werden in § 9 AFGBV festgelegt. Zunächst muss nach § 9 Abs. 1 Nr. 1 AFGBV eine nationale Betriebserlaubnis[1156] oder eine gleich-

1154 Siehe hierzu *Steege*, SVR 2022, 161 (164).
1155 Siehe auch Begründung, BR-Drs. 86/22, S. 97.
1156 Dazu oben unter Punkt 2.

wertige ausländische Betriebserlaubnis[1157] für das Kraftfahrzeug mit autonomer Fahrfunktion vorliegen.

Zentraler Prüfungspunkt[1158] ist nach § 9 Abs. 1 Nr. 2 AFGBV die Geeignetheit des Betriebsbereichs für den Betrieb des Kraftfahrzeugs mit autonomer Fahrfunktion – mithin die Geeignetheit für den Einsatz eines fahrerlosen Kraftfahrzeugs. Ein Betriebsbereich ist nach § 9 Abs. 2 Satz 1 AFGBV insbesondere geeignet, wenn die zuständige Behörde unter Zugrundelegung der Angaben in der Betriebserlaubnis feststellt, dass

- das Fahrzeug die Fahraufgabe in dem vom Halter festgelegten Betriebsbereich selbstständig bewältigen kann (Nr. 1) und
- die Straßeninfrastruktur entlang der beschriebenen Streckenführung den Anforderungen nach der Betriebserlaubnis entspricht (Nr. 2).

Zudem muss die zuständige Behörde nach § 9 Abs. 2 Satz 1 Nr. 3 AFGBV zu dem Ergebnis kommen, dass durch den fahrerlosen Betrieb des Fahrzeugs weder die Sicherheit und Leichtigkeit des Verkehrs beeinträchtigt noch Personen über das mit dem „ortsüblichen Straßenverkehr" verbundene allgemeine Risiko hinaus gefährdet werden. Mit § 9 Abs. 2 Satz 1 Nr. 4 AFGBV wurde ein Auffangtatbestand eingefügt, wonach auch sonstige öffentliche Belange der Genehmigung nicht entgegenstehen dürfen.

Aus dem Prüfungsumfang folgt also eine hohe Verantwortung für die zuständige Behörde bei der Genehmigung des festgelegten Betriebsbereichs. Gerade mit Blick auf die notwendige Prüfung unter Zugrundelegung der Angaben in der Betriebserlaubnis nach § 9 Abs. 2 Satz 1 Nr. 1 und Nr. 2 AFGBV wird außerhalb des Kraftfahrzeug-Genehmigungsverfahrens zur Erlangung der Betriebserlaubnis immenser technischer Sachverstand benötigt. Daher wird mit § 9 Abs. 3 Satz 1 AFGBV klargestellt, dass die zuständige Behörde Sachverständige, einen technischen Dienst oder eine andere geeignete Stelle im Rahmen der Prüfung beauftragen kann.

5. Vereinbarkeit mit dem Wiener Übereinkommen

Wie bereits dargelegt, hat das Völkerrecht große Relevanz bei der Regulierung von Kraftfahrzeugen.[1159] Bei der Einführung von Regelungen zu automatisierten Fahrfunktionen, die den Fahrer aus seiner Überwachungsverantwortung entlassen, wurde das Wiener Übereinkommen über den Straßenverkehr mit Blick auf das in Art. 8 Abs. 5 und Art. 13 Abs. 1 WÜ zum Ausdruck kommende Beherrschungsgebot als Hindernis für den Ein-

1157 Dazu oben unter Punkt 3.

1158 In diese Richtung auch *Steege*, SVR 2022, 161 (164), mit Hinweis auf die praktische Relevanz.

1159 Siehe dazu oben unter Punkt IV.3.

satz hoch- oder vollautomatisierter Fahrfunktionen identifiziert. Durch die ergänzenden Regelungen in Art. 8 Abs. 5bis WÜ sowie Art. 39 Abs. 1 Satz 3 WÜ wurde die Problematik des Beherrschungsgebots gelöst und die Genehmigung von automatisierten Kraftfahrzeugen, bei denen sich der im Fahrzeug physisch anwesende Fahrer vom Fahrgeschehen abwenden darf, ermöglicht.[1160]

a) Fahrzeugführererfordernis

Bei Kraftfahrzeugen mit autonomer Fahrfunktion ist allerdings ein gänzlich fahrerloser Einsatz in festgelegten Betriebsbereichen vorgesehen. Vor diesem Hintergrund ist Art. 8 Abs. 1 WÜ in den Fokus zu nehmen, wonach jedes in Bewegung befindliche Fahrzeug einen Führer haben muss.[1161] Nach Art. 1 lit. v) WÜ ist der Führer die Person, die das Fahrzeug lenkt. Das Fahrzeugführererfordernis wurde daher als Hindernis für die Zulässigkeit und Genehmigungsfähigkeit von Kraftfahrzeugen mit autonomer Fahrfunktion eingeordnet.[1162]

b) Überarbeitung des Vertragstextes

Das Erfordernis einer Anpassung des Wiener Übereinkommens wurde auch auf Ebene der UNECE erkannt und eine entsprechende Anpassung des Wiener Übereinkommens diskutiert.[1163] Der Problematik des Fahrzeugführererfordernisses wurde schließlich mit einem neu eingeführten Art. 34bis WÜ sowie zwei flankierenden neuen Begriffsbestimmungen in Art. 1 WÜ begegnet.[1164] Zentraler Punkt der Anpassung ist die Ergänzung des Wiener Über-

1160 Siehe hierzu ausführlich oben unter Punkt IV.3.b)aa).

1161 Siehe *von Ungern-Sternberg*, in: Oppermann/Stender-Vorwachs, Autonomes Fahren, Kap. 3.9, Rn. 28; *von Bodungen/Gatzke*, RDi 2022, 354 (Rn. 27); *von Bodungen/Mühlon*, ZdiW 2022, 5 (8); *Lutz*, DAR 2021, 182 (183).

1162 Siehe *von Bodungen/Gatzke*, RDi 2022, 354 (Rn. 27); *von Bodungen/Mühlon*, ZdiW 2022, 5 (8); *von Ungern-Sternberg*, in: Oppermann/Stender-Vorwachs, Autonomes Fahren, Kap. 3.9, Rn. 28; ausführlich dazu *Gatzke*, NZV 2021, 402 (406), die nach einer Wortlautauslegung sowie systematischen Erwägungen zu dem Ergebnis kommt, dass das Fahrzeugführerfordernis insbesondere nicht durch die in Deutschland vorgesehene Technische Aufsicht erfüllt wird; a. A. *Lutz*, DAR 2021, 182 (184), der im Rahmen einer dynamischen Auslegung von einem gewandelten Fahrzeugführerbegriff ausgeht und daher keinen Handlungsbedarf in Bezug auf das Fahrzeugführererfordernis annimmt.

1163 Siehe weiterführend die Darstellung bei *von Ungern-Sternberg*, in: Oppermann/Stender-Vorwachs, Autonomes Fahren, Kap. 3.9, Rn. 29 f., zu eingebrachten Änderungsvorschlägen im März sowie Juli 2015, die indes nicht umgesetzt wurden.

1164 Vgl. ECE/TRANS/WP.1/173/Add.1, S. 2.

einkommens um den neuen Art. 34bis WÜ, der spezielle Bestimmungen zum automatisierten Fahren[1165] enthält:

> *„**Automated driving***
>
> *The **requirement** that every moving **vehicle** or combination of vehicles shall **have a driver is deemed to be satisfied** while the vehicle is **using an automated driving system** which **complies** with:*
>
> *(a) **domestic technical regulations, and** any **applicable international legal instrument**, concerning wheeled vehicles, equipment and parts which can be fitted and/or be used on wheeled vehicles, **and***
>
> *(b) **domestic legislation** governing **operation**.*
>
> *The effect of this Article is **limited** to the **territory of the Contracting Party** where the relevant **domestic technical regulations** and **legislation governing operation** apply.*"[1166]

Die Voraussetzung eines anwesenden Fahrzeugführers im Sinne von Art. 8 Abs. 1 WÜ gilt nach der Neuregelung des Art. 34bis WÜ als erfüllt[1167], wenn das Fahrzeug ein automatisiertes Fahrsystem[1168] verwendet, das zwei Voraussetzungen kumulativ entspricht:

- Zunächst muss das automatisierte Fahrsystem nach Art. 34bis lit. a) WÜ sowohl den innerstaatlichen Bau- und Konstruktionsvorschriften als auch den anwendbaren internationalen Rechtsinstrumenten entsprechen. Bei den innerstaatlichen Bau- und Konstruktionsvorschriften handelt es sich in Deutschland um die technischen Anforderungen der AFGBV, die auf Kraftfahrzeuge mit autonomer Fahrfunktion anzuwenden sind.[1169] Mit dem Verweis auf die geltenden internationalen Rechtsinstrumente[1170] für Radfahrzeuge sind in erster Linie die UN-Regelungen gemeint.[1171]
- Als weitere Voraussetzung muss das automatisierte Fahrsystem gemäß Art. 34bis lit. b) WÜ den innerstaatlichen Rechtsvorschriften über den Be-

---

1165 „Automated driving".

1166 Siehe ECE/TRANS/WP.1/173/Add.1, S. 2; Hervorhebungen nur hier.

1167 Es handelt sich bei der Regelung insofern um eine Fiktion; ebenfalls mit Einordnung als Fiktion *von Bodungen/Gatzke*, RDi 2022, 354 (Rn. 29); a. A. *Lutz*, DAR 2021, 182 (184): „unwiderlegliche Vermutung" mit nur klarstellender Wirkung.

1168 „Automated driving system"; siehe hierzu die neu eingefügte Definition in Art. 1 lit. ab) WÜ in Verbindung mit der Definition der „Dynamic control" in Art. 1 lit. ab) WÜ.

1169 Siehe *von Bodungen/Gatzke*, RDi 2022, 354 (Rn. 31); *von Bodungen/Mühlon*, ZdiW 2022, 5 (8).

1170 „any applicable international legal instrument".

1171 Siehe *von Bodungen/Gatzke*, RDi 2022, 354 (Rn. 32), unter Bezugnahme auf die amtliche Anmerkung zu dem entsprechenden Verweis im Rahmen von Art. 8 Abs. 5bis WÜ.

trieb[1172] entsprechen. Diese Vorschriften beziehen sich auf das nationale Verhaltensrecht im Straßenverkehr und damit in Deutschland in erster Linie auf die Bestimmungen der StVO.[1173]

Die Reichweite der Regelung des Art. 34bis WÜ ist allerdings in Folge der Bezugnahme auf die nationalen Bauvorschriften sowie auf das innerstaatliche Verhaltensrecht auf das Staatsgebiet des Landes beschränkt, dessen technische Bau- und Betriebsvorschriften[1174] Geltung beanspruchen.[1175]

6. Zusammenfassung

Die Genehmigung von Kraftfahrzeugen mit autonomer Fahrfunktion richtet sich in Deutschland in erster Linie nach nationalen Vorschriften. Vor dem Hintergrund der weit vorangeschrittenen europarechtlichen Harmonisierung im Bereich der Genehmigung von Kraftfahrzeugen ist hierin eine bemerkenswerte Entwicklung zu sehen. So kommt den nationalen Genehmigungen, also insbesondere der ABE und der EBE, eine neue Relevanz zu, nachdem ihr Anwendungsbereich bei der Genehmigung von neu produzierten Kraftfahrzeugen im Laufe der letzten Jahrzehnte stark eingeschränkt worden war.[1176] Ob es aber tatsächlich zu einer „Renaissance" der nationalen Betriebserlaubnis kommt, wird sich allerdings erst zeigen. Mit der ADS-Verordnung hat der europäische Gesetzgeber die technischen Grundlagen für die Genehmigung des Fahrsystems von vollautomatisierten Fahrzeugen[1177] geschaffen.

Weiterhin sind internationale Vorschriften von Bedeutung. Zwar gibt es keine speziellen Vorschriften auf internationaler Ebene, nach denen Kraftfahrzeuge mit autonomer Fahrfunktion bewertet werden können. Allerdings erfolgen sowohl in Anlage 1 zur AFGBV als auch im Rahmen der ADS-Verordnung Bezugnahmen auf Bestehenskriterien bereits gültiger UN-Regelungen. Die Bedeutung des internationalen Rechts zeigt sich – wie bereits bei der Entwicklung des Rechtsrahmens für Kraftfahrzeuge mit hoch- oder vollautomatisierter Fahrfunktion – am Wiener Übereinkommen über den

1172 „domestic legislation governing operation".

1173 Siehe *von Bodungen/Gatzke*, RDi 2022, 354 (Rn. 33), die ebenfalls die StVO „als staatliches Verhaltensrecht" von Art. 34bis lit. a) WÜ umfasst sehen.

1174 „domestic technical regulations and legislation governing operation".

1175 Vgl. *von Bodungen/Mühlon*, ZdiW 2022, 5 (8); im Ergebnis auch *Lutz*, DAR 2021, 182 (184).

1176 So blieb schon unter der Rahmenrichtlinie 2007/46/EG für die Erteilung einer ABE in Deutschland nur Raum, soweit Fahrzeuge nicht dem weiten Anwendungsbereich der EG-FGV unterfielen und eine EG-Typgenehmigung zu beantragen war; vgl. insofern MüKoStVR/*Meyer/Zunner*, Band 1, StVZO § 20, Rn. 4.

1177 Im Sinne von Art. 3 Nr. 22 der Verordnung 2019/2144 zur allgemeinen Sicherheit.

Straßenverkehr, das für die Genehmigung und den Einsatz fahrerloser Fahrzeuge in den Vertragsstaaten angepasst wurde.

C. Ergebnis

Es zeigt sich, dass die Bestimmung der Zulässigkeit der Nutzung sowie die entsprechenden Rechte und Verhaltenspflichten sowohl in Bezug auf automatisierte als auch bezüglich autonomen Kraftfahrzeugen ausschließlich dem nationalen Gesetzgeber obliegt.

Mit Blick auf das durchzuführende Genehmigungsverfahren ergibt sich ein differenzierteres Ergebnis. So unterfällt die Genehmigung von Kraftfahrzeugen mit hoch- oder vollautomatisierter Fahrfunktion dem europäischen Typgenehmigungsverfahren, in dem die UN-Regelung Nr. 157 als spezielle Vorschrift die Grundlage für die technischen Anforderungen und Prüfungen darstellt. In Bezug auf die Genehmigung von Kraftfahrzeugen mit autonomer Fahrfunktion ist in Deutschland dagegen ein Fokus auf nationale Bestimmungen und technische Vorgaben festzustellen.

Teil 4: Die Verflechtung von Verhaltens- und Zulassungsrecht als Herausforderung der Regulierung

Im Straßenverkehrsrecht ist seit jeher zwischen dem Verhaltensrecht auf der einen und dem Zulassungsrecht auf der anderen Seite zu differenzieren.[1178] Allerdings wird mit der voranschreitenden Automatisierung im Straßenverkehr eine zunehmende Verflechtung von Zulassungs- und Verhaltensrecht einhergehen müssen.[1179] Das bisher vom Fahrzeugführer als Normadressat der Verkehrsregeln zu beachtende Verhaltensrecht wird bei hoch- oder vollautomatisierten Fahrfunktionen und erst recht bei einem fahrerlosen Betrieb faktisch zu dem vom Fahrzeug einzuhaltenden Verhaltensrecht.[1180] Damit werden tradierte Regelvorstellungen aufgebrochen, denen mit einer austarierten Vorschriftssystematik sowohl auf internationaler als auch auf nationaler Ebene begegnet werden muss. Nur damit ist ein sicherer Einsatz von Kraftfahrzeugen mit automatisierter Fahrfunktion auf öffentlichen Straßen gewährleistet.

A. Problemstellung

Die grundsätzliche Trennung von Verhaltens- und Zulassungsrecht ist mit zunehmender Automatisierung im Straßenverkehr in Frage zu stellen. Automatisierungsfunktionen im Sinne der BASt-Stufen 3 und 4 bzw. der SAE-Level 3 und 4 (mit Fahrer) zeichnen sich nach den entsprechenden technischen Klassifizierungen dadurch aus, dass eine ständige Überwachung der vom System ausgeführten Längs- und Querführung durch den Fahrer nicht mehr notwendig ist.[1181] Diese besondere Systemausprägung fand schließlich auch Eingang in die StVG-Novelle zum automatisierten Fahren, wonach sich der Fahrer gemäß § 1b Abs. 1 StVG bei Nutzung einer hoch- oder vollautomatisierten Fahrfunktion vom Verkehrsgeschehen abwenden darf.[1182] Eine der-

1178 So bereits auch *Ruttloff/Freytag*, CB 2017, 333 (334), die insoweit von einer „traditionell[en]" Unterscheidung sprechen.

1179 *von Bodungen/Gatzke*, RDi 2022, 354 (Rn. 37), sprechen zusammenfassend von einem „Schmelztiegel von Zulassungs- und Verhaltensrecht"; *Ruttloff/Freytag*, CB 2017, 333 (337), verwenden das Bild der „Verklammerung von Zulassungs- und Verhaltensrecht".

1180 In diese Richtung auch *Ellinghaus/Döveling*, in: Ebers/Heinze/Krügel/Steinrötter, Rechtshandbuch KI, § 23, Rn. 6.

1181 Siehe zur Klassifizierung der BASt oben in Teil 2 unter Punkt A. I.; Entsprechendes gilt für den SAE Standard J3016, siehe oben Teil 2 unter Punkt B. I. 2.

1182 Siehe dazu oben unter Teil 3 unter Punkt A. I. 4.

artige Abwendungsbefugnis vom Straßengeschehen ist indes nur vertretbar, wenn das Fahrzeug im Rahmen der automatisierten Fahrfunktion den Straßenverkehrsregeln entsprechen kann. Dies gilt erst recht bei Kraftfahrzeugen mit autonomer Fahrfunktion, die im festgelegten Betriebsbereich gänzlich fahrerlos verkehren. Die Einhaltung der Straßenverkehrsregeln durch das Fahrzeug ist im Genehmigungsverfahren sicherzustellen[1183], wobei allerdings fraglich ist, inwieweit verhaltensrechtliche Vorschriften in die dabei zugrunde zu legenden technischen Vorschriften einfließen können.

In diesem Zusammenhang ist zu beachten, dass das einzuhaltende Verhaltensrecht dem nationalen Recht folgt und damit länderspezifisch ausgeprägt ist. Das jeweils länderspezifische Verhaltensrecht kann im supranational ausgestalteten Genehmigungsverfahren allerdings nicht als Maßstab zugrunde gelegt werden, da die Typgenehmigung über die Grenzen der einzelnen Mitgliedstaaten hinaus Geltung beansprucht und wesentliche technische Vorschriften auf internationaler Ebene erarbeitet werden.[1184] Spiegelbildlich stellt sich auf nationaler Ebene die Frage, wie die Einhaltung des länderspezifischen Verhaltensrechts bei automatisierten Fahrfunktionen sichergestellt werden kann.

B. Lösung durch verhaltensrechtliche Anforderungen im Rahmen der technischen Vorschriften

Um diesem Problem zu begegnen, müssen verhaltensrechtliche Anforderungen im Genehmigungsverfahren implementiert werden. Hierbei sind zwei Problemkreise auseinander zu halten. Zunächst ist die grundsätzliche Frage zu klären, ob verhaltensrechtliche Vorschriften im Rahmen des Genehmigungsverfahrens beachtet werden können. Anschließend stellt sich die Frage, wie national ausgestaltete Straßenverkehrsregeln im Rahmen der internationalen technischen Vorschriften umgesetzt und deren Einhaltung im Genehmigungsverfahren geprüft werden können.

I. Entwicklung der Diskussion

Allem voran stellt sich die Frage, ob die Befolgung des Verhaltensrechts durch das automatisierte Fahrzeug im Rahmen des Genehmigungsverfahrens als Teil des Zulassungsrechts überhaupt überprüfbar ist. Problematisch

---

1183 In diese Richtung bereits *Cacilo/Schmidt/Wittlinger et al.*, Fraunhofer Studie Hochautomatisiertes Fahren, S. 125.

1184 Siehe dazu oben Teil 3.

ist hierbei insbesondere, dass der Normadressat der Straßenverkehrsregeln grundsätzlich der Mensch und gerade nicht das Kraftfahrzeug ist.

1. Trennungs- und Einheitstheorie

Die ersten Ansätze der Diskussion um das Verhältnis zwischen Verhaltens- und Zulassungsrecht drehten sich um das im Wiener Übereinkommen angelegte Beherrschungsgebot. Hierbei stand die grundsätzliche Abwendungsbefugnis des Fahrers bei Nutzung von automatisierten Systemen[1185] im Fokus der rechtlichen Auseinandersetzung, die schließlich in der Einführung des Art. 8 Abs. 5bis WÜ gemündet ist.[1186] Bei der insoweit im Zentrum stehenden Frage, ob das verhaltensrechtliche Beherrschungsgebot Auswirkungen auf das Zulassungsrecht haben könne, bildeten sich im Wesentlichen zwei Theorien heraus, die im Folgenden dargestellt werden.

a) Trennungstheorie

Die Frage nach dem Verhältnis von Verhaltens- und Zulassungsrecht wurde mit Blick auf Art. 8 und Art. 13 WÜ bereits im Jahr 2003 von *Bewersdorf* aufgeworfen[1187] und in Bezug auf „Fahrerassistenzsysteme"[1188] umfassend untersucht.[1189] Die Autorin kam zu dem Ergebnis, dass das im Wiener Übereinkommen angelegte Beherrschungsgebot der Art. 8 und 13 WÜ keine Auswirkungen auf die Zulassung von Fahrerassistenzsystemen haben könne.[1190] Hierfür führte sie systematische Erwägungen an, wonach im Rahmen des Wiener Übereinkommens deutlich zwischen Verhaltenspflichten in Kapitel II und zulassungsrechtlichen Bestimmungen in Kapitel III unterschieden werde.[1191] Die von *Bewersdorf* vertretene Ansicht wird als Trennungstheorie[1192] bezeichnet, da nach ihr strikt zwischen Verhaltens- und Zulassungsrecht unterschieden wird.

1185 Also um Fahrsysteme im Sinne der BASt-Stufen 3 und 4 bzw. SAE-Level 3 und 4 (mit Fahrer).

1186 Siehe dazu bereits oben in Teil 3 unter Punkt B.IV.3.b)aa).

1187 *Bewersdorf*, NZV 2003, 266 (269).

1188 Die Fahrerassistenzsysteme wurden in übersteuerbare und nicht-übersteuerbare Systeme eingeteilt, siehe *Bewersdorf*, Zulassung und Haftung bei Fahrerassistenzsystemen, S. 34 bis 40.

1189 Vgl. *Bewersdorf*, Zulassung und Haftung bei Fahrerassistenzsystemen, S. 52 bis 58; *dies.*, NZV 2003, 266 (269 ff.).

1190 Vgl. *Bewersdorf*, Zulassung und Haftung bei Fahrerassistenzsystemen, S. 54.

1191 Vgl. *Bewersdorf*, Zulassung und Haftung bei Fahrerassistenzsystemen, S. 53.

1192 Die Bezeichnung geht – soweit ersichtlich – zurück auf *Lutz*, NZV 2014, 67 (68); siehe auch *Lutz*, in: Hilgendorf/Hötitzsch/Lutz, Rechtliche Aspekte automatisierter Fahrzeuge, S. 35.

b) Einheitstheorie

Die herrschende Meinung folgt dagegen der sogenannten Einheitstheorie, wonach die verhaltensrechtlichen Anforderungen des Art. 8 Abs. 5 und Art. 13 WÜ auch im Rahmen der Konstruktion und Zulassung von Kraftfahrzeugen mit weiterentwickelten Steuerungssystemen zu beachten sind.[1193] Begründet wird dies hauptsächlich mit teleologischen Erwägungen, denn die Konstruktion des Fahrzeugs müsse es dem Fahrer ermöglichen, den an ihn gerichteten Verhaltenspflichten nachzukommen.[1194] Dies gelte gerade für die Beherrschbarkeit des Fahrzeugs durch den Fahrer, wobei ein Zusammenhang zwischen der technischen Konstruktion des Fahrzeugs und dessen Beherrschbarkeit nicht von der Hand zu weisen sei.[1195] Eine strikte Trennung von Verhaltens- und Konstruktionsvorschriften würde dagegen dazu führen, dass Fahrzeuge zum Straßenverkehr zugelassen werden könnten, bei denen der Fahrer seinen Verhaltenspflichten nicht nachkommen könnte.[1196] Dieses Ergebnis wird als widersprüchlich empfunden, da trotz möglicher Zulassung des Kraftfahrzeugs dessen Benutzung aufgrund des entgegenstehenden Verhaltensrechts nicht zulässig wäre.[1197] Daher sei das Wiener Übereinkommen systematisch als Einheit aufzufassen, wobei sich eine strikte Trennung zwischen Verhaltens- und Zulassungsrecht verbiete.[1198]

c) Bewertung

Die durch *Bewersdorf* aufgeworfene Frage nach dem grundsätzlichen Verhältnis von Verhaltens- und Zulassungsrecht hat den Blick für die besondere Relevanz der internationalen Vorgaben im Bereich der voranschreitenden technischen Entwicklung im Straßenverkehr geschärft. Es wurde in Bezug

---

1193 Siehe dazu *von Ungern-Sternberg*, in: Oppermann/Stender-Vorwachs, Autonomes Fahren, Kap. 3.9, Rn. 14; *Wolfers*, RAW 2017, 2 (9); *von Bodungen/Hoffmann*, InTeR 2017, 85 (86); *Lutz*, NZV 2014, 67 (68); *ders.*, in: Hilgendorf/Hötitzsch/Lutz, Rechtliche Aspekte automatisierter Fahrzeuge, S. 35 f.; *Arzt/Ruth-Schumacher*, NZV 2017, 57 (61); *Cacilo/Schmidt/Wittlinger et al.*, Fraunhofer Studie Hochautomatisiertes Fahren, S. 333; *Tergan*, Automatisiertes Fahren, S. 38 f.; *Lohmann*, Automatisierte Fahrzeuge, S. 74; *Frenz/Casimir-van den Broeck*, NZV 2009, 529 (530); *Albrecht*, DAR 2005, 186 (196), in Bezug auf ein nicht übersteuerbares System zur Geschwindigkeitsbeeinflussung.

1194 Siehe *Hammer*, Automatisierte Steuerung, S. 67, der insofern von einer „Wechselwirkung" zwischen der Technik und Verhaltensregelungen spricht; in diese Richtung auch *von Ungern-Sternberg*, in: Oppermann/Stender-Vorwachs, Autonomes Fahren, Kap. 3.9, Rn. 14.

1195 Vgl. *Frenz/Casimir-van den Broeck*, NZV 2009, 529 (530).

1196 So *Albrecht*, DAR 2005, 186 (196).

1197 Siehe *Lutz*, NZV 2014, 67 (68) m. w. N.

1198 Vgl. *Frenz/Casimir-van den Broeck*, NZV 2009, 529 (530).

auf die fortschreitende Unterstützung des Fahrers durch Fahrzeugsysteme übereinstimmend festgestellt, dass das jeweils nationale Verhaltensrecht der Vertragsparteien des Wiener Übereinkommens nicht in Widerspruch zum Beherrschungsgebot des Wiener Übereinkommens stehen dürfen. Entgegen der von *Bewersdorf* vertretenen Trennungstheorie wurde von der herrschenden Meinung fundiert dargelegt, dass die entsprechenden verhaltensrechtlichen Vorschriften, die die Beherrschung des Fahrzeugs durch den Fahrer verlangen, im Rahmen der Konstruktion und Zulassung von Fahrzeugsystemen zu beachten sind, sofern deren technische Ausgestaltung Einfluss auf die Steuerung und damit das vom Fahrer zu beachtende Verhaltensrecht hat.

Die Diskussion wurde dabei allerdings mit Fokus auf das in Art. 8 und Art. 13 WÜ festgeschriebene Beherrschungsgebot geführt. Mit der Überarbeitung des Wiener Übereinkommens im März 2016 wurde die Problematik um die Vereinbarkeit von automatisierten Systemen, die den Fahrer aus der Überwachungsverantwortung entlassen, mit dem Beherrschungsgebot der Art. 8 und Art. 13 WÜ – auf Ebene des Wiener Übereinkommens – gelöst.[1199] Mit der Überarbeitung des Wiener Übereinkommens im März 2016 wurde der im Rahmen der Einheitstheorie herausgearbeiteten Verbindung von Zulassungs- und Verhaltensrecht Rechnung getragen, indem die Konformität eines auf die Fahrzeugsteuerung Einfluss nehmenden Systems an die internationalen technischen Vorschriften geknüpft wurde. Mit Blick auf Art. 8 Abs. 5bis WÜ erfolgte bereits der Brückenschlag zwischen dem Wiener Übereinkommen und den insoweit zu beachtenden UN-Regelungen in Bezug auf das Beherrschungsgebot. Hiermit wurde der richtige Weg beschritten, da der Einheitstheorie der Vorrang vor der Trennungstheorie einzuräumen ist. Die im Rahmen des Genehmigungsverfahrens zu überprüfende Konstruktion des Fahrzeugs kann nicht losgelöst vom geltenden Verhaltensrecht beurteilt werden, sobald ein Fahrzeugsystem die Fahraufgabe vollständig übernimmt.

2. Verlagerung der Diskussion auf die technischen Vorschriften

Für automatisierte Fahrsysteme, die den Fahrer aus der Überwachungsverantwortung entlassen sollen, werden neben der Vereinbarkeit mit dem Beherrschungsgebot aber auch die Einhaltung konkreter Verhaltensplichten im Straßenverkehr relevant. Im Gegensatz zur Diskussion um das generelle Beherrschungsgebot des Wiener Übereinkommens[1200] steht damit die Einhaltung des relevanten Verhaltensrechts durch das automatisierte Fahrzeug

1199 Siehe hierzu näher *Lutz*, PHi 2016, 2 (6 f.); vgl. auch *von Bodungen/Hoffmann*, SVR 2016, 93 (93 ff.), die allerdings nur mit Hilfe einer teleologischen Reduktion zu einer Entlassung des Fahrers aus den Verhaltenspflichten kommen.

1200 Siehe dazu auch oben in Teil 3 unter Punkt B.IV.3.b)aa).

im Zentrum der Untersuchung.[1201] Dies muss im Genehmigungsverfahren durch die Vorgaben der technischen Vorschriften sichergestellt werden. Der Schwerpunkt der Diskussion um das Verhältnis von Verhaltens- und Zulassungsrecht verlagert sich daher vom Beherrschungsgebot des Wiener Übereinkommens hin zu den technischen Vorschriften der relevanten UN-Regelungen.[1202]

Eine Entlassung des Fahrers aus der Überwachungspflicht ist nur vertretbar, wenn das Kraftfahrzeug die Verkehrsregeln befolgen kann und ein entsprechender Funktions- und Leistungsumfang des Systems in Prüfungen bestätigt wird.[1203] In der Literatur wurde mit Blick auf die Einführung von Kraftfahrzeugen mit hoch- oder vollautomatisierten Fahrfunktionen damit zu Recht darauf hingewiesen, dass eine „Verklammerung"[1204] von Verhaltens- und Zulassungsrecht und entsprechende „Verschränkungen"[1205] einhergehen. Die an den Fahrzeugführer gerichteten Verkehrsvorschriften sind – sofern sinnvoll übertragbar – analog auf Fahrfunktionen der SAE-Automatisierungsstufen 3 und 4 anzuwenden und deren Einhaltung durch das System zulassungsrechtlich zu gewährleisten.[1206] Die Grenze zwischen Verhaltens- und Zulassungsrecht werde im Ergebnis immer weiter verschwimmen.[1207]

3. Nationales Verhaltensrecht ohne genehmigungsrechtliche Relevanz

Der deutsche Gesetzgeber hat mit der Entsprechungsklausel in § 1a Abs. 2 Satz 1 Nr. 2 StVG bereits verdeutlicht, dass hoch- oder vollautomatisierte Fahrfunktionen den an die Fahrzeugführung gerichteten Verkehrsvorschriften entsprechen müssen. Diese Neuregelung hat aber gerade keinen Einfluss auf die Genehmigung oder Zulassung von Kraftfahrzeugen, sondern entfaltet ausschließlich Wirkung für die zulässige Benutzung der Fahrfunktion auf nationaler Ebene.[1208] Die Einhaltung der Straßenverkehrsregeln durch das System muss daher vielmehr im Rahmen der technischen Vorschriften festgeschrieben werden und im harmonisierten Genehmigungsverfah-

1201 Vgl. auch *von Bodungen/Hoffmann*, SVR 2016, 41 (44), die in diesem Zusammenhang von einer „Doppelwirkung der Verhaltenspflichten" sprechen.

1202 So auch *Cacilo/Schmidt/Wittlinger et al.*, Fraunhofer Studie Hochautomatisiertes Fahren, S. 123, zur – aus damaliger Warte im Jahr 2015 – noch „künftigen" Rechtslage.

1203 Siehe *von Bodungen/Hoffmann*, SVR 2016, 41 (44, 47).

1204 So *Ruttloff/Freytag*, CB 2017, 333 (337).

1205 So *Wolfers*, RAW 2017, 2 (9).

1206 Vgl. *von Bodungen/Hoffmann*, SVR 2016, 93 (95).

1207 So *Josipovic*, InTeR 2019, 179 (183).

1208 Siehe dazu ausführlich oben in Teil 3 unter Punkt B.IV.2.

ren überprüft werden können. Andernfalls ist eine Entlassung des Fahrers aus der Überwachungspflicht bei Benutzung des entsprechenden Systems nicht vertretbar, da die Leistungsfähigkeit der die Steuerung ausführenden Fahrfunktion im Genehmigungsverfahren nicht überprüft würde. Die Überprüfung der Einhaltung der Verhaltensvorschriften durch das automatisierte Kraftfahrzeug im Rahmen des Genehmigungsverfahrens bedarf daher einer konkreten Ausgestaltung im Rahmen der dem Genehmigungsverfahren zugrunde zu legenden technischen Vorschriften. Damit muss die Einhaltung auf Ebene der technischen Vorschriften sichergestellt und durch Prüfungen validiert werden.

II. Verhaltensrechtliche Anforderungen in der UN-Regelung Nr. 157

Mit der UN-Regelung Nr. 157 wurde eine spezielle Vorschrift für die Prüfung und Genehmigung von ALKS, also einer automatisierten Fahrfunktion bei deren Aktivierung der Nutzer aus der Überwachungsverantwortung entlassen werden kann, entwickelt.[1209] In der technischen Vorschrift werden verhaltensrechtliche Anforderungen implementiert[1210] und entsprechende Prüfanforderungen[1211] definiert. Zur Einordung der Abwendungsbefugnis des Nutzers einer entsprechenden Fahrfunktion ist in Bezug auf nationales und supranationales Recht eine differenzierte Betrachtung notwendig.[1212]

1. Verhaltensrecht im Rahmen der UN-Regelung Nr. 157

Der Notwendigkeit der Implementierung von verhaltensrechtlichen Anforderungen in die technischen Vorschriften bei automatisierten Fahrsystemen der SAE-Stufen 3 und 4 (mit Fahrer) wurde bei der Entwicklung der UN-Regelung Nr. 157 Rechnung getragen.[1213] Fraglich bleibt in diesem Zusammenhang allerdings der Detailgrad der verhaltensrechtlichen Anforderungen im Rahmen der technischen Vorschrift.

1209 Siehe dazu oben in Teil 3 unter Punkt B.IV.4.d).

1210 Siehe hierzu sogleich unter Punkt 1.

1211 Hierzu unter Punkt 2.

1212 Hierzu unter Punkt 3.

1213 Siehe dazu *Will*, NZV 2020,163 (169), unter Bezugnahme auf die Dokumentation der GRVA „Informal Document GRVA-06-02-Rev.4“.

a) Allgemeine Anforderungen

In Ziffer 5 der UN-Regelunge Nr. 157 sind Vorgaben für die Systemsicherheit verortet, wobei sich in Ziffer 5.1. allgemeine Anforderungen mit verhaltensrechtlicher Relevanz befinden. So wird in Ziffer 5.1.1. die Vermeidung von Zusammenstößen als allgemeine Anforderung definiert:

> *„The activated system shall perform the DDT shall manage all situations including failures, and* ***shall be free of unreasonable risks*** *for the* ***vehicle occupants*** *or* ***any other road users****.*
>
> *The activated system shall* ***not cause any collisions*** *that are reasonably* ***foreseeable and preventable****. If a collision can be safely avoided without causing another one,* ***it shall be avoided****."*[1214]

Es handelt sich hierbei um eine sehr allgemein gehaltene Anforderung, wobei sich die Risiko- und Unfallvermeidung in Deutschland aus der Grundregel des § 1 StVO ergibt.[1215] Im Rahmen der Weiterentwicklung der UN-Regelung Nr. 157[1216] wurden im Vergleich zur Originalfassung zwei weitere Ziffern unter die Vorgabe der Risiko- und Unfallvermeidung eingefügt. Kommt es doch zu einem Unfallereignis, bestimmt die neu eingefügte Ziffer 5.1.1.1. der UN-Regelung Nr. 157 das Verhalten des Fahrzeugs nach dem Unfall:

> *„The ALKS* ***shall respond*** *whilst active* ***to any collision*** *which* ***requires a response*** *according to* ***national traffic rules*** *(e. g. bringing the vehicle to standstill) and which could be expected to be recognised by a* ***competent and careful human driver****. In the case of such a collision and without prejudice to paragraph 5.4.4.1.1., a transition demand shall be given, unless one is already being given."*[1217]

Zunächst ist es für den Anwendungsbereich der Ziffer 5.1.1.1. irrelevant, ob der Zusammenstoß eigen- oder fremdverschuldet ist. Eine Besonderheit ist darin zu sehen, dass die Neuregelung ausdrücklich auf das nationale Straßenverkehrsrecht[1218] verweist. Allerdings wird nicht an eine konkrete Rechtsfolge des nationalen Rechts angeknüpft, sondern an die Tatbestandsseite in dem Sinne, dass auf einen Zusammenstoß reagiert werden muss, wenn dies im nationalen Straßenverkehrsrecht vorgesehen ist. Lediglich als Beispiel wird dann das Anhalten nach dem Unfallereignis angeführt. In Deutschland

---

1214 ECE/TRANS/WP.29/2022/59/Rev. 1, S. 8; Hervorhebungen nur hier.

1215 Zu den Vorgaben des § 1 StVO vor dem Hintergrund der Zulässigkeit von Kraftfahrzeugen mit hoch- oder vollautomatisierter Fahrfunktion, siehe ausführlich oben in Teil 3 unter Punkt A. I.2.

1216 Siehe zur Entwicklung oben in Teil 3 unter Punkt B.IV.4.d)bb).

1217 ECE/TRANS/WP.29/2022/59/Rev. 1, S. 8; Hervorhebungen nur hier.

1218 „national traffic rules".

würde sich die entsprechende Verpflichtung zum unverzüglichen Anhalten nach einem Verkehrsunfall aus § 34 Abs. 1 Nr. 1 StVO ergeben.

Ein komplexes Anforderungsprofil an die Ausgestaltung des Systems wurde dagegen in Ziffer 5.1.1.2. eingefügt:

> „*The system shall* ***demonstrate anticipatory behaviour in interaction with other road user(s)****, in order to ensure stable, low-dynamic, longitudinal behaviour and* ***risk minimising*** *behaviour when* ***critical situations could become imminent****, e. g. with pedestrians or cutting-in vehicles.*“[1219]

Das Fahrsystem muss nach der Vorschrift ein vorausschauendes Verhalten in Bezug auf andere Verkehrsteilnehmer[1220] an den Tag legen. Dies soll insbesondere dazu führen, dass Risiken in gefahrgeneigten Situationen minimiert werden, beispielsweise bei einem auf die eigene Fahrspur einscherenden Fahrzeug. Nach deutschem Verständnis handelt es sich bei dieser unscharf definierten Anforderung wohl am ehesten um eine Ausprägung des allgemeinen Vorsicht- und Rücksichtnahmegebots[1221] im Sinne von § 1 Abs. 1 StVO, das im Straßenverkehr zu ständiger Vorsicht und Rücksichtnahme verpflichtet.

Es zeigt sich, dass im Zuge der Weiterentwicklung der UN-Regelung Nr. 157 das allgemeine Gebot der Kollisionsvermeidung durch weitere verhaltensrechtlich geprägte Bestimmungen näher ausgestaltet wurde. Diese neuen Bestimmungen sind dabei allerdings unscharf definiert und geben eher ein grobes Anforderungsprofil wider, das vom Fahrsystem zu erfüllen ist.

b) Bezugnahme auf das nationale Straßenverkehrsrecht

Bereits in der Originalfassung der UN-Regelung Nr. 157 wird in Ziffer 5.1.2. festgelegt, dass das automatisierte System den im Einsatzland geltenden Straßenverkehrsvorschriften entsprechen kann:

> „*The activated system shall* ***comply*** *with* ***traffic rules relating to the DDT*** *in the* ***country of operation****.*“[1222]

Mit der Anforderung in Ziffer 5.1.2. wird generalklauselartig auf das jeweilige Straßenverkehrsrecht des Landes verwiesen, in dem das Fahrzeug in Betrieb ist.[1223] Durch die Bezugnahme auf die DDT wird in der UN-Rege-

1219 ECE/TRANS/WP.29/2022/59/Rev.1, S. 8; Hervorhebungen nur hier.
1220 „anticipatory behaviour in interaction with other road user(s)“.
1221 *König*, in: Hentschel/König/Dauer, SVR, StVO § 1, Rn. 6.
1222 ECE/TRANS/WP.29/2020/81, S. 7; Hervorhebungen nur hier.
1223 Siehe dazu *Will*, NZV 2020,163 (171); zu der Originalfassung von Ziffer 5.1.2. und zum „Umfang der einzuhaltenden Straßenverkehrsvorschriften“, siehe ausführlich *Weise*, Hochautomatisiertes Fahren, S. 73–79.

lung konkret auf die die Fahrzeugsteuerung betreffenden Verkehrsregeln[1224] des jeweiligen Landes abgestellt. Ziffer 5.1.2. wurde ebenfalls weiterentwickelt und um eine Konkretisierung ergänzt:

> „*The activated system shall comply with traffic rules relating to the DDT in the country of operation,* ***including responding to emergency/enforcement vehicles****.* "

Auf nationaler Ebene wurde im Rahmen der Zulässigkeit umfassend diskutiert, was genau unter die „an die Fahrzeugführung gerichteten Verkehrsvorschriften" im Sinne der Entsprechungsklausel des § 1a Abs. 2 Satz 1 Nr. 2 StVG zu verstehen ist.[1225] Gerade das Erkennen von Signalen von Einsatzfahrzeugen, also Blaulicht und Einsatzhorn, durch das automatisierte Fahrzeug ist ein viel diskutierter Anwendungsfall.[1226] Auf Ebene der im Genehmigungsverfahren zu beachtenden technischen Vorschrift wird mit der Ergänzung von Ziffer 5.1.2. klar gestellt, dass das System Einsatzfahrzeuge erkennen und auch entsprechend reagieren muss. Ob das Fahrzeug darüber hinaus auch Zeichen und Weisungen von Polizeibeamten, beispielsweise das Anhaltesignal per Winkerkelle, erkennen muss, wird insoweit nicht geregelt. Diesbezüglich bleiben also im Rahmen der Zulässigkeit für Hersteller gewisse Spielräume bei der Erstellung der Systembeschreibung.[1227]

c) Bezugnahme auf die „common practise"

Neu eingefügt wurde zudem Ziffer 5.2.1.2.1. UN-Regelung Nr. 157, die die Bildung einer Rettungsgasse zum Gegenstand hat:

> „*The ALKS shall only leave its current lane of travel to form an* ***access corridor for emergency and enforcement vehicles*** *where this is* ***required*** *according to* ***national traffic rules*** *or* ***common practise by other road users****.* "[1228]

Im Rahmen der ergänzenden Bestimmung wird zunächst wieder auf die jeweils national geltenden Verkehrsregeln verwiesen. Mit Blick auf die übrigen Vorschriften der UN-Regelung Nr. 157 ergibt sich allerdings die Besonderheit, dass alternativ auf die übliche Praxis[1229] Bezug genommen wird. Die Anknüpfung an die übliche Verhaltensweise in einem Land ist allerdings beschränkt auf den Fall der Bildung einer Rettungsgasse. Im Rahmen der

1224 „traffic rules relating to the DDT".
1225 Siehe hierzu ausführlich oben in Teil 3 unter Punkt A. I.2.c).
1226 Siehe hierzu ausführlich oben in Teil 3 unter Punkt A. I.2.d)ee).
1227 Siehe dazu das hier vertretene Ergebnis oben in Teil 3 unter Punkt A. I.2.d)ee).
1228 ECE/TRANS/WP.29/2022/59/Rev.1, S. 9; Hervorhebungen nur hier.
1229 „or common practise".

oben dargestellten Generalklausel sind also vom Fahrzeug nicht etwa alle üblichen Verhaltensweisen im jeweiligen Land abzubilden.

d) Hauptverantwortung für die Fahrzeugsteuerung

Um die Leistungsfähigkeit eines Automatisierungssystems der SAE-Stufe 3 oder 4 (mit Fahrer) zu erreichen, muss das System so ausgestaltet sein, dass der Fahrer aus der Hauptverantwortung für die Steuerung entlassen werden kann. Sofern dieser Aspekt im Rahmen des Genehmigungsverfahrens mangels Regelung in der technischen Vorschrift nicht berücksichtigt ist, wäre eine Entlassung aus der Überwachungsverantwortung nicht vertretbar, da es an einer Überprüfung der entsprechenden Leistungsfähigkeit der Funktion fehlt.

Die UN-Regelung Nr. 157 wurde gerade zur Genehmigung von automatisierten Fahrsystemen entwickelt, die den Fahrer aus der Überwachungspflicht entlassen können.[1230] Das Merkmal der Hauptverantwortung für die Fahrzeugführung stellt insofern einen wichtigen Aspekt im Rahmen dieser UN-Regelung dar, wie schon in der Einleitung klargestellt wird:

> *„**ALKS controls** the **lateral and longitudinal movement** of the vehicle for extended periods **without further driver command**. ALKS is a system whereby the **activated system is in primary control** of the vehicle.*“[1231]

Bereits in der Einleitung zur UN-Regelung Nr. 157 wird die Verlagerung der Hauptverantwortung für die Fahrzeugführung („primary control of the vehicle“) auf das System als wesentlicher Aspekt identifiziert. Im Gegensatz zum ALKS verbleibt beispielsweise bei einer „Fahrerassistenz-Lenkanlage“ nach der UN-Regelung Nr. 79 die Hauptverantwortung[1232] für die Fahrzeugführung beim Fahrer. Dies wird sowohl in der Einleitung zur UN-Regelung Nr. 79 als auch in deren Ziffer 2.3.4. hervorgehoben.[1233]

1230 Zur Genehmigung von hoch- oder vollautomatisierten Fahrfunktionen auf Grundlage der UN-Regelung Nr. 157 siehe bereits ausführlich oben in Teil 3 unter Punkt B.IV.

1231 ECE/TRANS/WP.29/2022/59/Rev.1, S. 3; Hervorhebungen nur hier.

1232 In der englischen Fassung „responsibility for the primary control“ oder „[to] be in primary control“.

1233 Siehe dazu bereits oben in Teil 3 unter Punkt B.IV.4.c); auf die Verantwortungsverteilung wurde (zu der alten Fassung der UN-Regelung Nr. 79) auch von *Lutz*, in: Hilgendorf/Hötitzsch/Lutz, Rechtliche Aspekte automatisierter Fahrzeuge, S. 47, hingewiesen. In der von *Lutz* untersuchten Fassung war noch keine Unterteilung der automatischen Lenkfunktion in verschiedene Kategorien vorgesehen.

2. Überprüfung im Genehmigungsverfahren

Kraftfahrzeugen wohnt ein hohes Gefährdungspotential inne. Mit dem Zulassungsverfahren wird daher der Zweck verfolgt, die Sicherheit des jeweiligen Fahrzeugs sicherzustellen.[1234] Um dieses Ziel zu erreichen, muss auf zulassungsrechtlicher Ebene sichergestellt werden, dass das jeweilige Fahrsystem den Verkehrsregeln, mithin den verhaltensrechtlichen Vorschriften, entsprechen kann, sobald der Fahrer aus der Überwachungsverantwortung entlassen wird.

a) Entwicklung innerhalb der UNECE

In dem Dokument „Proposal for the Future Certification of Automated/Autonomous Driving Systems“ vom November 2018 befasste sich die „Task Force on Automated Vehicle Testing“[1235] mit der Problematik der zu entwickelnden Prüfvorschriften für automatisierte Fahrfunktionen der Stufen 3 und 4.[1236] Die Experten der spezialisierten Arbeitsgruppe stellen fest, dass die Prüfung von automatisierten Fahrfunktionen der Stufen 3 und 4 auf drei Säulen zu stellen ist:[1237]

- Audit and Assessment
- Physical Certification Tests
- Real-World Test Drive

Die Basis für die Prüfung von automatisierten Fahrfunktionen werden Simulationen als Teil der Säule „Audit and Assessment“ bilden. Standard-Situationen können im Rahmen von Prüfungen auf Teststrecken abgeprüft werden (Physical Certification Tests).[1238] Derartige Prüfungen auf Teststrecken werden bereits bei der Überprüfung von Notbremsassistenten durchgeführt, indem kritische Situationen, wie kreuzende Fußgänger oder Fahrradfahrer, mit entsprechend beweglichen Hindernissen nachgestellt werden.

In Bezug auf die Überprüfung der automatisierten Fahrfunktionen der Stufen 3 und 4 kommt dem sogenannten „Real-World-Test Drive“[1239] im Genehmigungsverfahren eine besondere Bedeutung zu. Hierbei wird im Rahmen einer Prüfungsfahrt das Fahrverhalten im öffentlichen Straßenverkehr

---

1234 Siehe *Rebler*, in: Bachmeier/Müller/Rebler, Verkehrsrecht, FZV § 3, Rn. 1; *Wolfers*, RAW 2017, 86 (87); vgl. *Wolfers*, RAW 2018, 2 (5); *Heinrich/Rebler*, in: Bachmeier/Müller/Rebler, Verkehrsrecht, FZV § 1, Rn. 1.

1235 Siehe dazu oben in Teil 3 unter Punkt B.IV.3.c).

1236 ECE/TRANS/WP.29/GRVA/2019/13.

1237 Vgl. ECE/TRANS/WP.29/GRVA/2019/13, S. 6 und 8.

1238 „Track test“ bzw. „Physical Certification“, vgl. ECE/TRANS/WP.29/GRVA/2019/13, S. 5 f.

1239 Siehe dazu ECE/TRANS/WP.29/GRVA/2019/13, S. 6 und 8.

überprüft. Dadurch wird sichergestellt, dass das Fahrsystem nicht auf die jeweils noch zu entwickelnden Prüfungen auf Teststrecken oder Simulationen optimiert wurde, und dass das System unter realen Bedingungen eine mit einem Menschen mit fortgeschrittener Fahrpraxis vergleichbare Fahrleistung erbringt.[1240] Diese Fahrprüfung wird in dem Mitgliedstaat durchzuführen sein, in dem die Genehmigung beantragt wird und der Technische Dienst seinen Sitz hat. Ein hoch- oder vollautomatisiertes Kraftfahrzeug muss also gewissermaßen wie ein Mensch eine „praktische Fahrprüfung" erfolgreich absolvieren.

b) Prüfverfahren im Rahmen der UN-Regelung Nr. 157

In Bezug auf das ALKS wurden im Rahmen der UN-Regelung Nr. 157 spezifische Prüfvorschriften entwickelt und in den Anhängen 4 bis 6[1241] niedergelegt. Das dargestellte 3-Säulen-Prinzip der UNECE findet sich dort wieder:

- Annex 4: Special requirements
- Annex 5: Track testing of ALKS vehicles
- Annex 6: Public Road Testing of ALKS

Neben Prüfungen auf einer Teststrecke sind auch umfassende Prüffahrten im öffentlichen Straßenverkehr vorgesehen. Die Einhaltung des Verhaltensrechts durch das automatisierte Fahrsystem im Sinne des ALKS ist im Rahmen geeigneter Prüfungen nachzuweisen. Es muss dabei sichergestellt werden, dass das automatisierte System die Fahraufgabe selbstständig ausführen kann und eine Überwachung des Fahrers nicht notwendig ist. Daher sind im Straßenverkehr verschiedene Szenarien und Fahrsituationen zu überprüfen und nicht lediglich eine bestimmte Situation, wie beispielsweise eine Notbremsung aufgrund eines Hindernisses im Rahmen der Überprüfung der Notbremsfunktion.[1242]

Es liegt auf der Hand, dass für die Genehmigung von automatisierten Fahrfunktionen der SAE-Stufen 3 und 4 (mit Fahrer) eine besondere Form von Testverfahren benötigt wird. Hierbei können Parallelen zur vom Menschen abzulegenden Fahrprüfung gezogen werden. Der menschliche Fahrer weist zunächst in einer theoretischen Prüfung nach, dass er die Verkehrsregeln kennt. Danach belegt er im Rahmen einer praktischen Fahrprüfung, dass er in unterschiedlichen Fahrsituationen die Verhaltensvorschriften der Ver-

1240 Vgl. ECE/TRANS/WP.29/GRVA/2019/13, S. 8.

1241 Vgl. ECE/TRANS/WP.29/2022/59/Rev. 1; in der Originalfassung waren die Prüfvorschriften noch in Anhang 4 sowie in Anhang 5 niedergelegt.

1242 Siehe dazu etwa die verschiedenen Prüfsituationen für ein Notbremsassistenzsystem unter Punkt 6 der UN-Regelung Nr. 130.

kehrsordnung beherrscht und das theoretische Wissen anzuwenden vermag. Für das Fahrzeug muss eine entsprechende Prüfung im Rahmen des Genehmigungsverfahrens durchgeführt werden, bei der nachgewiesen werden kann, dass das automatisierte Fahrsystem den Verkehrsregeln unter Realbedingungen entsprechen kann. Dieser Vergleich von Fahrzeugzulassung und Zulassung von Personen zum Straßenverkehr ist in Deutschland nicht fremd: Bis zum Jahr 1998 regelte die StVZO neben der Zulassung von Fahrzeugen auch die Zulassung von Personen zum Straßenverkehr gleichermaßen.[1243] Die Zulassungsvoraussetzungen richten sich für Personen mittlerweile nach der Fahrerlaubnisverordnung und für Kraftfahrzeuge nach der FZV.

Sowohl die Zulassung von Personen zum Straßenverkehr als auch die Zulassung von Kraftfahrzeugen kann im Ergebnis nur unter bestimmten Voraussetzungen erfolgen. Da das automatisierte Fahrzeug den Verkehrsregeln ohne Überwachung entsprechen muss, ist dies durch besondere Prüfungen sicherzustellen. Diesem Anforderungsprofil begegnet die WP.29 im Rahmen der UN-Regelung Nr. 157 durch die Implementierung des 3-Säulen-Prinzips. Dem jeweiligen Technischen Dienst ist mit den entsprechenden Prüfbestimmungen der UN-Regelung Nr. 157 ein umfassendes Testinstrumentarium an die Hand gegeben, um die Sicherheit und insbesondere die Einhaltung der Verkehrsvorschriften durch das ALKS zu prüfen.

c) Herstellererklärung zur Einhaltung der Verkehrsvorschriften

In der internationalen technischen Vorschrift kann nicht auf die Verkehrsregeln eines konkreten Landes abgestellt werden, da die technischen Vorschriften der UN-Regelungen eine internationale Gültigkeit beanspruchen. Damit kann nicht auf das jeweils nationale Verhaltensrecht – in Deutschland in der StVO kodifiziert – verwiesen werden. Das länderspezifische Verhaltensrecht folgt zwar den Grundsätzen des Wiener Übereinkommens über den Straßenverkehr und ist damit in den Vertragsstaaten grundsätzlich ähnlich ausgestaltet, erfährt aber auf nationaler Ebene jeweils eine besondere Prägung. Wie gezeigt, wird in der UN-Regelung Nr. 157 teilweise an das im jeweiligen Land geltende Verkehrsrecht angeknüpft.[1244] Problematisch ist dabei, dass im Rahmen des europäischen Typgenehmigungsverfahrens nur in einem Mitgliedstaat das Genehmigungsverfahren zu durchlaufen ist, die Typgenehmigung indes in allen Mitgliedstaaten gültig ist.[1245] Der Technische Dienst wird bei seinen Prüfungen das nationale Straßenverkehrsrecht des Mitgliedstaates zu Grunde legen, in dem die Genehmigung beantragt

1243 Vgl. *Heinrich/Rebler*, in: Bachmeier/Müller/Rebler, Verkehrsrecht, FZV Vorbemerkungen, Rn. 1.
1244 Siehe dazu oben unter Punkt 1.b).
1245 Zum Typgenehmigungsverfahren siehe oben in Teil 3 unter Punkt B.III.

wurde. Das konkrete Verkehrsrecht der übrigen Mitgliedstaaten kann dagegen nicht einbezogen werden. Es entsteht damit eine Lücke, der mit der Anlage zu Anhang 1[1246] UN-Regelung Nr. 157 begegnet wird. Bei der Anlage handelt es sich um ein Beiblatt zum Typgenehmigungsbogen. In diesem Beiblatt kann der Fahrzeughersteller konkrete Angaben zu einzelnen Vertragsstaaten machen:

> *„**Contracting Parties** where the **vehicle manufacturer** has **declared** that the ALKS **had been assessed** to comply with **local traffic rules**: [...]"*[1247]

In der Anlage sind die Vertragsstaaten des FTÜ aufgelistet, so dass der Hersteller zu jedem Land einzeln angeben kann, ob das im Genehmigungsverfahren gegenständliche ALKS mit den jeweiligen Straßenverkehrsvorschriften vereinbar ist, mithin das jeweils nationale Verhaltensrecht im Straßenverkehr einhält. Zudem ist eine Spalte vorgesehen, in denen der Hersteller „Anmerkungen zu etwaigen Einschränkungen" bei jedem Land hinterlegen kann. Das heißt, dass der Hersteller das jeweils nationale Straßenverkehrsrecht in den Ländern erfassen und prüfen muss, in denen er das ALKS in seinen Fahrzeugen anbieten möchte. Vor dem Hintergrund der verhaltensrechtlichen Vorgaben im Rahmen der UN-Regelung Nr. 157[1248] und den dargestellten Prüfverfahren ist sichergestellt, dass bei Einsatz eines ALKS die Verkehrsregeln vom Fahrzeug grundsätzlich eingehalten werden. Vor diesem Hintergrund ist es vertretbar, die Einhaltung von spezifisch ausgestaltetem nationalen Verhaltensrecht im Rahmen der Herstellererklärung abzudecken.

Mit der Implementierung von Verhaltensvorschriften in den technischen Vorschriften und der Entwicklung von entsprechenden Prüfverfahren wird der zulassungsrechtlichen Seite der Verflechtung von Zulassungs- und Verhaltensrecht Rechnung getragen. Erfüllen die Systeme die Voraussetzungen im Genehmigungsverfahren, so können sie in den Mitgliedstaaten grundsätzlich zum Straßenverkehr zugelassen werden.

3. Abwendungsbefugnis

Auf Grundlage der UN-Regelung Nr. 157 kann für ein automatisiertes Fahrsystem im Sinne eines ALKS sichergestellt werden, dass es für das definierte Einsatzgebiet die entsprechenden Straßenverkehrsvorschriften einhält, wobei eine ständige Überwachung des Fahrers nicht notwendig ist. Aller-

---

1246 „Annex 1", siehe ECE/TRANS/WP.29/2022/59/Rev.1, S. 37.

1247 ECE/TRANS/WP.29/2022/59/Rev.1, S. 37; Hervorhebungen nur hier. Der im Amtsblatt verkündetet Text lautet: „Vertragsstaaten, in denen das ALKS den Angaben des Fahrzeugherstellers zufolge für mit den örtlichen Straßenverkehrsvorschriften vereinbar befunden wurde: […]."

1248 Siehe dazu oben unter Punkt 1.

dings schlägt die genehmigungsrechtliche Prüfung auf Basis der UN-Regelung Nr. 157 nicht auf das nationale Verhaltensrecht durch. Das bedeutet insbesondere, dass sich der Fahrer, der eine automatisierte Fahrfunktion in Form des ALKS in einem Mitgliedstaat benutzt, nicht per se vom Fahrgeschehen abwenden darf.

Auf Basis einer Typgenehmigung, welche die automatisierte Fahrfunktion umfasst, kann ein Kraftfahrzeug mit entsprechender automatisierter Fahrfunktion in jedem Mitgliedstaat zugelassen werden.[1249] Mit der Zulassung ist grundsätzlich auch die Erlaubnis der Benutzung der im Fahrzeug verbauten Systeme verbunden. Die Zulassungsfähigkeit des Fahrzeugs ist allerdings strikt von der Frage der Zulässigkeit der konkreten Verwendung der Fahrfunktion zu trennen.[1250] Das Zulassungsrecht kann insofern die Zulässigkeitsvorschriften nicht überlagern – auch wenn die Sicherheit der automatisierten Fahrfunktion festgestellt wurde und dabei die Entlassung des Fahrers aus der Überwachungsaufgabe berücksichtigt wird. Mit anderen Worten: Durch die Zulassung wird das „ob“, aber nicht das „wie“ der Verwendung einer automatisierten Fahrfunktion abschließend geregelt.

a) Entscheidung über Abwendungsbefugnis verbleibt bei nationalem Gesetzgeber

Eine verhaltensrechtliche Erlaubnis, sich vom Verkehrsgeschehen abzuwenden, muss vielmehr durch die nationale Rechtsordnung des jeweiligen Mitgliedstaates erfolgen. Besteht eine derartige Regelung nicht, darf die automatisierte Fahrfunktion im Sinne des ALKS zwar verwendet werden, die automatisierte Steuerung muss aber vom Fahrer weiterhin überwacht werden.

Die Entscheidung über die Abwendungsbefugnis bei Nutzung von automatisierten Fahrfunktionen der Stufen 3 und 4 verbleibt damit beim jeweils nationalen Gesetzgeber. Hierfür sprechen auch weitere Erwägungen. Zum einen ist es eine gesellschaftspolitische Frage, ob einem technischen System in gewissen Anwendungsbereichen die komplette Steuerungsverantwortung ohne menschliche Überwachung übergeben werden soll. Zum anderen muss auf nationaler Ebene untersucht werden können, ob beispielsweise das Haftungsrecht des jeweiligen Mitgliedstaates für den Einsatz von Kraftfahrzeugen mit automatisierten Fahrfunktionen der SAE-Stufen 3 und 4 (mit

---

1249 Zum Zulassungs- und Genehmigungsverfahren siehe ausführlich oben in Teil 3 unter Punkt B.III.

1250 Hierzu bereits oben die Einleitung zu Teil 4.

Fahrer) einen ausreichenden Opferschutz bietet oder ob Anpassungen notwendig erscheinen.[1251]

Entscheidet sich der nationale Gesetzgeber für die Implementierung einer Abwendungsbefugnis, so muss sichergestellt werden, dass das spezifische nationale Verhaltensrecht durch das Fahrzeug beachtet wird.[1252] Da die nationale Zulassungsbehörde an die erteilte Typgenehmigung eines anderen Mitgliedstaates gebunden ist, ist nicht gewährleistet, dass die Einhaltung der länderspezifischen Straßenverkehrsregeln im Einsatzland im Genehmigungsverfahren zugrunde gelegt und – beispielsweise im Rahmen des Public Road Testing[1253] – im Detail geprüft wurden. Für diesen Fall bleibt es in erster Linie bei der Herstellererklärung im Rahmen des Anhangs von Anlage 1 der UN-Regelung Nr. 157.

b) Vermeidung einer Rechtszersplitterung

Im Ergebnis verbleibt bei den einzelnen Mitgliedstaaten im Rahmen der Zulässigkeit und der Ausgestaltung des konkreten Verhaltensrechts ein eigener Regelungsraum. Damit es nicht zu einer Zersplitterung der Anforderungen auf nationaler Ebene in den Mitgliedstaaten kommt[1254], ist es von besonderer Relevanz, dass sich die jeweiligen nationalen Vorgaben eng an den internationalen Bestimmungen, also vornehmlich den UN-Regelungen, orientieren.

Zwar ist durch die Harmonisierung des Zulassungs- und Genehmigungsrechts auf europäischer Ebene eine Rechtszersplitterung in diesem Bereich nicht zu befürchten. Es droht allerdings eine Zersplitterung auf Ebene der nationalen Verhaltensrechtsvorschriften, sofern jeder Mitgliedstaat eigene Zulässigkeitsregeln aufstellt. Problematisch können Definitionsvorgaben sein, die von den technischen Vorgaben der neu entwickelten UN-Regelungen Nr. 157 abweichen. Denn dann müsste der Hersteller die jeweiligen nationalen Vorgaben neben den international verbindlichen technischen Vorschriften bei der Konstruktion beachten, damit die automatisierte Fahrfunktion im jeweiligen Mitgliedstaat entsprechend eingesetzt werden darf. Daher ist es erstrebenswert, dass sich die nationalen Regelungen grundsätzlich an der UN-Regelung Nr. 157 orientieren.

1251 In Deutschland wurde das Haftungsrecht unangetastet gelassen, siehe dazu oben in Teil 3 unter Punkt A. I.4.

1252 In diese Richtung auch *Cacilo/Schmidt/Wittlinger et al.*, Fraunhofer Studie Hochautomatisiertes Fahren, S. 128.

1253 Zu den Prüfverfahren siehe oben unter Punkt 2.b).

1254 Siehe etwa die oben in Teil 2 unter Punkt B.II. dargestellten Regelungen in den einzelnen US-Bundesstaaten.

c) Lösung in Deutschland für hoch- oder vollautomatisiertes Fahren

In Deutschland wurde mit der Einführung von § 1b StVG der Weg für eine Entlassung des Fahrers aus der Überwachungsverantwortung bei Nutzung von hoch- oder vollautomatisierten Kraftfahrzeugen beschritten. Nach der gesetzlichen Konzeption des § 1b Abs. 1 StVG wird der Fahrer bei Nutzung einer hoch- oder vollautomatisierten Fahrfunktion im Sinne von § 1a StVG durch die Abwendungsbefugnis von der Überwachung der Einhaltung der Straßenverkehrsregeln durch das Fahrzeug entbunden. Die Regelungen der §§ 1a, 1b StVG betreffen dabei allein die Zulässigkeit der Nutzung der hoch- oder vollautomatisierten Fahrfunktion und nicht deren Zulassung oder Genehmigung in Deutschland.[1255] Damit wird in Deutschland der verhaltensrechtlichen Seite der Verflechtung von Zulassungs- und Verhaltensrecht Rechnung getragen.

aa) Verknüpfung mit nationalen Verkehrsregeln

Mit der Einführung von § 1a Abs. 2 Satz 1 Nr. 2 StVG hat der Gesetzgeber auf Ebene der Zulässigkeit sichergestellt, dass das hoch- oder vollautomatisierte Fahrzeug das grundsätzlich an den Fahrzeugführer gerichtete Verhaltensrecht der StVO einhält. Nur bei Vorliegen dieser Voraussetzung wird der Fahrer nach § 1b Abs. 1 HS 1 StVG zulässigerweise aus der Fahrverantwortung auf deutschen Straßen entlassen. Mit der Zulässigkeitsvoraussetzung des § 1a Abs. 2 Satz 1 Nr. 2 StVG stellt der deutsche Gesetzgeber insgesamt sicher, dass typgenehmigte Fahrfunktionen der Stufen 3 und 4 auch den anwendbaren[1256] nationalen Regelungen der StVO entsprechen. Die Einhaltung der Vorschriften in § 1a Abs. 2 Satz 1 StVG hat der Hersteller gemäß § 1a Abs. 2 Satz 2 StVG verbindlich zu erklären, da nationale Vorgaben im Genehmigungsverfahren nicht überprüft werden können.[1257]

bb) Verknüpfung mit internationalen Vorschriften

Wie gezeigt, kann das nationale Verhaltensrecht aber nicht losgelöst von den internationalen UN-Regelungen betrachtet werden, da durch diese die Sicherheit der Fahrfunktion im Rahmen des Genehmigungsverfahrens sichergestellt wird. Eine hoch- oder vollautomatisierte Fahrfunktion im Sinne von § 1a Abs. 2 StVG muss daher auch die Vorgaben in der entsprechenden UN-Regelung – für ALKS also der UN-Regelung Nr. 157 – erfüllen. In die-

1255 Siehe dazu ausführlich oben in Teil 3 unter Punkt B.IV.2.

1256 Siehe zum Umfang der Verkehrsregeln, die im Rahmen der Zulässigkeit des Betriebs zu beachten sind, oben in Teil 3 unter Punkt A.I.2.c).

1257 Siehe dazu oben in Teil 3 unter Punkt B.IV.2.

sen Zusammenhang ist die Verweisung in § 1a Abs. 3 Nr. 1 StVG auf die internationalen Vorschriften einzuordnen, wobei sich deren Bedeutung im Regelungsgefüge deutlich zeigt:

Durch die Bestimmung in § 1a Abs. 3 Nr. 1 StVG wird sichergestellt, dass die hoch- oder vollautomatisierte Fahrfunktion einer UN-Regelung entspricht. So wird trotz der nationalen Ausgestaltung des Verhaltensrechts in § 1b StVG und der Verknüpfung mit den Straßenverkehrsregeln der StVO sichergestellt, dass die hoch- oder vollautomatisierte Fahrfunktion ein entsprechend ausgestaltetes Genehmigungsverfahren durchlaufen hat und deren Sicherheit durch spezielle Prüfungen gewährleistet ist.[1258] In diesem Zusammenhang ist darauf hinzuweisen, dass der deutsche Gesetzgeber mit der Klassifizierung des „Runden Tischs" bei der Gestaltung der gesetzlichen Regelung in §§ 1a, 1b StVG eine andere Klassifizierung zugrunde gelegt hat als die WP.29 bei Entwicklung der UN-Regelung Nr. 157, deren Begrifflichkeiten auf den SAE Standard hindeuten. Aufgrund der Internationalität der Genehmigung und Zulassung wird die international ausgerichtete SAE-Klassifizierung aus dem US-amerikanischen Raum vermehrt zu beachten sein. Hierfür spricht auch die regelmäßige Aktualisierung der Klassifizierung. Der überstaatliche Zusammenhang sollte bei der Genehmigung, Zulassung und Zulässigkeit von hoch- und vollautomatisierten Fahrzeugen damit nicht außer Acht gelassen werden.

Mit der Definition hat der deutsche Gesetzgeber im Ergebnis die Mindestanforderungen von automatisierten Systemen festgelegt, mit denen ein Abwenden vom Verkehrsgeschehen vertretbar erscheint und damit erlaubt sein soll. Dies stellt er mit § 1a Abs. 3 StVG klar, wonach Abs. 1 nur anwendbar sein soll, sofern das System sowohl den Voraussetzungen des Abs. 2 Satz 1 StVG als auch den UN-Regelungen entspricht.

d) Zusammenfassung

Da die UN-Regelung Nr. 157 auf internationaler Ebene entworfen wurde und auch internationale Geltung beansprucht, können ihr nicht konkrete nationale Verkehrsregeln der Vertragsstaaten – wie beispielsweise diejenigen der deutschen StVO – zugrunde gelegt werden. Es kann insoweit lediglich pauschal auf das jeweils nationale Verkehrsrecht im Einsatzland verwiesen werden.[1259] Allerdings wird diese Konzeption von der Herstellererklärung flankiert, in der verbindlich erklärt wird, für welche konkreten Länder der Hersteller die Einhaltung des dort geltenden konkreten Verkehrsrechts ge-

1258 Zu den in der UN-Regelung Nr. 157 festgelegten Prüfverfahren siehe oben unter Punkt 2.b).

1259 Siehe dazu oben unter Punkt 1.b).

prüft hat.[1260] Die Beachtung der jeweils länderspezifischen Verkehrsregeln kann durch eine entsprechende Ausgestaltung des nationalen Rechts auf Ebene der Zulässigkeit sichergestellt werden. Dies ist in Deutschland durch die Regelung in § 1a Abs. 2 Satz 1 Nr. 2 StVG erfolgt.

Daneben stellt sich im Rahmen des nationalen Verhaltensrechts die Frage nach der grundsätzlichen Abwendungsbefugnis. Die Entscheidung, ob sich der Fahrer bei Nutzung einer automatisierten Fahrfunktion vom Fahrgeschehen abwenden darf, bleibt der Gesetzgebung in den einzelnen Mitgliedstaaten überlassen. Hieraus ergeben sich keine Hemmnisse für die Einführung von automatisierten Systemen, da ihre Nutzung nach erfolgreicher Typgenehmigung grundsätzlich zulässig ist und benutzt werden kann. Sie müssen vom Fahrer allerdings ständig überwacht und nötigenfalls übersteuert werden, falls es im jeweils nationalen Recht des Mitgliedstaates an einer Regelung wie in § 1b Abs. 1 StVG fehlt.

III. Kraftfahrzeuge mit autonomer Fahrfunktion

Wie gezeigt, richten sich die Zulassung und die Genehmigung von Kraftfahrzeugen mit autonomer Fahrfunktion nach der Konzeption der StVG-Novelle 2021 in erster Linie nach den nationalen Bestimmungen der §§ 1e ff. StVG sowie den technischen Anforderungen der AFGBV.[1261] Soweit also eine Betriebserlaubnis nach § 4 Abs. 1 AFGBV erteilt wird, ist gewährleistet, dass die nationalen Anforderungen und insbesondere die Einhaltung des nationalen Verhaltensrechts durch das KBA geprüft wurde. Vor diesem Hintergrund besteht in Deutschland gerade nicht die oben dargestellte Problematik, die sich bei der Regulierung von Kraftfahrzeugen mit hoch- oder vollautomatisierter Fahrfunktion ergeben.

C. Ergebnis

Vor dem Hintergrund der Automatisierung im Straßenverkehr ist eine zunehmende Verflechtung von Zulassungs- und Verhaltensrecht unabdingbar. Durch die Implementierung von verhaltensrechtlichen Anforderungen im Rahmen der UN-Regelung Nr. 157 und der Entwicklung von entsprechenden Prüfverfahren wird der *zulassungsrechtlichen* Seite dieser Verflechtung von Zulassungs- und Verhaltensrecht entsprochen. In Deutschland wird durch den Regelungskomplex der §§ 1a, 1b StVG der *verhaltensrechtlichen* Seite der Verflechtung auf nationaler Ebene begegnet.

1260 Siehe hierzu oben unter Punkt 2.c).

1261 Siehe dazu oben in Teil 3 unter Punkt V.2. sowie V.3.c).

So wurde in Deutschland bereits mit der StVG-Novelle 2017 die Entscheidung für eine generelle Abwendungsbefugnis getroffen. Mit der Einführung von § 1a Abs. 2 Satz 1 Nr. 2 StVG wird dabei dem Umstand Rechnung getragen, dass die jeweils nationalen Verhaltens- und Verkehrsregeln im europäischen Genehmigungsverfahren auf Grundlage von internationalen technischen Vorschriften nicht der Prüfung zugrunde gelegt werden können. Mit § 1a Abs. 3 StVG wird schließlich sichergestellt, dass sich die Abwendungsbefugnis des § 1b Abs. 1 StVG nur auf Systeme beziehen kann, die ein entsprechendes Genehmigungsverfahren durchlaufen haben und deren Sicherheit auf Grundlage der UN-Regelung Nr. 157 auch in Hinblick auf die im Straßenverkehr grundsätzlich einzuhaltenden Verkehrsregeln gewährleistet ist.

Aus dem Zusammenspiel von europäisch harmonisiertem sowie international determiniertem Zulassungs- und Genehmigungsrecht einerseits und dem nationalen Verhaltensrecht andererseits ergibt sich ein Rechtsrahmen, der einen sicheren Einsatz von hoch- oder vollautomatisierten Fahrfunktionen in Deutschland gewährleistet. Dies gilt insbesondere für die nächste Entwicklungsstufe in Hinblick auf ALKS mit einer oberen Geschwindigkeitsgrenze von bis zu 130 km/h sowie automatisierter Spurwechselfähigkeit.[1262]

1262 Zu dieser weit entwickelten automatisierten Fahrfunktion siehe oben in Teil 3 unter Punkt B.IV.4.d)ee).

Teil 5: Zusammenführung der Ergebnisse

Die Arbeit kommt zu dem Ergebnis, dass die StVG-Novelle 2017 in erster Linie verhaltensrechtliche Vorgaben für die Verwendung von hoch- oder vollautomatisierten Fahrzeugen macht, ihr jedoch keine zulassungs- oder genehmigungsrechtliche Relevanz zukommt. Die StVG-Novelle 2021 zum autonomen Fahren hat im Zusammenspiel mit der AFGBV den Regelungsschwerpunkt dagegen auf die Genehmigung und Zulassung von Kraftfahrzeugen mit autonomer Fahrfunktion in festgelegten Betriebsbereichen gelegt.

Mit voranschreitender Automatisierung muss das straßenverkehrsrechtliche Verhaltensrecht vom Menschen hin zur Maschine übergehen. Die damit einhergehende Verflechtung von Zulassungs- und Verhaltensrecht ist einerseits die Lösung für die Entlassung des Fahrers aus der Fahrverantwortung, da hiermit die Einhaltung des Verhaltensrechts durch das Fahrzeug im Rahmen des Genehmigungsverfahrens überprüft werden kann. Andererseits ergeben sich Risiken daraus, dass das Verhaltensrecht national ausgestaltet ist und gerade mit Blick auf im Genehmigungsverfahren durchzuführende Prüffahrten im „echten" Straßenverkehr nicht vollumfassend für alle Mitgliedstaaten geprüft werden kann. Die Untersuchung der UN-Regelung Nr. 157 hat gezeigt, dass diese Lücke erkannt wurde und mit einer entsprechenden Herstellererklärung im Genehmigungsverfahren geschlossen werden kann. Allerdings sind in erster Linie die nationalen Gesetzgeber in der EU gefordert, einen ausgewogenen Rechtsrahmen für ihr Staatsgebiet zu entwickeln, damit es nicht zu einer Rechtszersplitterung auf nationaler Ebene kommt.

In Deutschland wurde ein solcher ausgewogener Rechtsrahmen für hoch- oder vollautomatisierte Fahrfunktionen geschaffen: So wurden im Rahmen der Definition gemäß § 1a Abs. 2 StVG Mindestanforderungen an die technische Ausrüstung gestellt, die nicht über die technischen Anforderungen der UN-Regelung Nr. 157 hinausgehen und somit einen zulässigen Einsatz von hoch- oder vollautomatisierten Fahrfunktionen im Sinne eines ALKS in Deutschland sicherstellen. Der Kritik, dass die Anforderungen in § 1a Abs. 2 StVG nicht ausreichend konkret ausgestaltet seien, kann daher vor diesem Hintergrund nicht zugestimmt werden. An die gesetzliche Definition können gerade nicht dieselben Maßstäbe angelegt werden wie an eine technische Beschreibung. Die technischen Anforderungen werden im Genehmigungsverfahren überprüft und müssen folglich nicht auf nationaler Ebene im Rahmen der Zulässigkeit der Nutzung der Fahrfunktion wiederholt werden.

Die in diesem Zusammenhang teilweise geforderte Anpassung der Bezeichnung an die entsprechende Nomenklatur einer Klassifizierung wie der SAE oder der BASt ist abzulehnen. Von der technischen Klassifizierung kann nicht auf den Tatbestand des Gesetzes geschlossen werden. Im Übrigen unterliegen die Klassifizierungen fortlaufenden Änderungen, wodurch die Übernahme der dortigen Bezeichnung nicht zielführend ist. Allerdings ist die weitere Entwicklung der Begriffsbestimmung auf europäischer Ebene zu beobachten. Mit der ADS-Verordnung wurden die Begriffe „automatisiertes Fahrzeug“ sowie „vollautomatisiertes Fahrzeug“ definiert. Vor dem Hintergrund der deutschen Begrifflichkeiten in den §§ 1a ff. StVG sollte eine Änderung erwogen werden. Somit würden sich §§ 1a, 1b StVG auf „automatisierte Kraftfahrzeuge“ und §§ 1e ff. StVG auf „vollautomatisierte Kraftfahrzeuge“ beziehen.

Die Untersuchung der einzelnen Regulierungsbereiche zeigt, dass die Verflechtung von nationalem, europäischem und internationalem Recht in Deutschland derzeit Kraftfahrzeuge mit hoch- oder vollautomatisierter Fahrfunktion vollumfänglich erfasst. Die – noch junge – Regulierung von Kraftfahrzeugen mit autonomer Fahrfunktion ist dagegen stark im nationalen Recht verwurzelt, wobei mit Inkrafttreten der ADS-Verordnung bereits erste Schritte in Richtung eines europäischen Rechtsrahmens vollzogen worden sind.

Literaturverzeichnis

Albrecht, Frank, Die rechtlichen Rahmenbedingungen bei der Implementierung von Fahrassistenzsystemen zur Geschwindigkeitsbeeinflussung, in: DAR 2005, 186–198.

Armbrüster, Christian, Automatisiertes Fahren – Paradigmenwechsel im Straßenverkehrsrecht?, in: ZRP 2017, 83–86.

Arzt, Clemens/Ruth-Schumacher, Simone, Überführen hoch- oder vollautomatisierter Fahrzeuge in den „risikominimalen Zustand". Anforderungen aus Produkthaftungs- und Zulassungsrecht, in: RAW 2017, 89–98.

Arzt, Clemens/Ruth-Schumacher, Simone, Zulassungsrechtliche Rahmenbedingungen der Fahrzeugautomatisierung, in: NZV 2017, 57–62.

Bachmeier, Werner/Müller, Dieter/Rebler, Adolf, Verkehrsrecht, 3. Auflage, Köln 2017 (zitiert: *Bearbeiter*, in: Bachmeier/Müller/Rebler, Verkehrsrecht).

Balke, Rüdiger, Automatisiertes Fahren. Begriffsbestimmungen und haftungsrechtliche Fragestellungen im Zusammenhang mit dem automatisierten Fahren, in: SVR 2018, 5–8.

Bartels, Arne, Dokumentteil 2 (Projekt 1): Grundlagen, technische Ausgestaltung und Anforderungen. Systembeschreibung automatischer Fahrfunktionen, in: *Gasser, Tom M./Arzt, Clemens/Ayoubi, Mihiar et al.*, Rechtsfolgen zunehmender Fahrzeugautomatisierung. Gemeinsamer Schlussbericht der Projektgruppe, Berichte der Bundesanstalt für Straßenwesen – Heft F 83, Bundesanstalt für Straßenwesen (Hrsg.), S. 27–44, Bremerhaven 2012 (zitiert: *Bartels*, in: Gasser et al., Rechtsfolgen zunehmender Fahrzeugautomatisierung).

Beck, Florian, Teil 9.2 Autonomes Fahren, in: *Leupold, Andreas/Wiebe, Andreas/Glossner, Silke* (Hrsg.), IT-Recht. Recht, Wirtschaft und Technik der digitalen Transformation, S. 968–990, 4. Auflage, München 2021 (zitiert: *Beck*, in: Leupold/Wiebe/Glossner, IT-Recht, Teil 9.2 Autonomes Fahren).

Bengler, Klaus/Dietmayer, Klaus/Eckstein, Lutz et al., Kapitel 8: Fahrassistenzsysteme und Automatisiertes Fahren, in: *Pischinger, Stefan/Seiffert, Ulrich* (Hrsg.): Vieweg Handbuch Kraftfahrzeugtechnik, S. 1011–1072, 9. Auflage, Wiesbaden 2021 (zitiert: *Bengler/Dietmayer/Eckstein et al.*, in: Pischinger/Seiffert, Handbuch Kraftfahrzeugtechnik).

Berndt, Stephan, Der Gesetzentwurf zur Änderung des Straßenverkehrsgesetzes – ein Überblick. Das automatisierte Fahren auf dem Vormarsch – oder doch nur ein Schnellschuss?, in: SVR 2017, 121–127.

Berndt, Stephan, Der Nutzer eines hochautomatisierten Fahrzeugs – ein Pilotprojekt?, in: NZV 2022, 462–467.

Bernick, E. Lee; Wiggins, Charles W., The Governor's Executive Order: An Unknown Power, in: State & Local Government Review 1984, 3–10.

Berz, Ulrich/Dedy, Eva/Granich, Claudia, Haftungsfragen bei dem Einsatz von Telematiksystemen im Straßenverkehr, in: DAR 2000, 545–554.

Bewersdorf, Cornelia, Zulassung und Haftung bei Fahrerassistenzsystemen im Straßenverkehr. Zur Verantwortlichkeit von Staat, Fahrer, Halter und Hersteller für die Sicherheit des Straßenverkehrs, Berlin 2005 (zitiert: *Bewersdorf*, Zulassung und Haftung bei Fahrerassistenzsystemen).

Bewersdorf, Cornelia, Zur Vereinbarkeit von nicht-übersteuerbaren Fahrerassistenzsystemen mit dem Wiener Übereinkommen über den Straßenverkehr vom 8. November 1968, in: NZV 2003, 266–271.

Bodungen, Benjamin von, § 16 Automatisiertes Fahren (Automotive), in: *Sassenberg, Thomas/Faber, Tobias* (Hrsg.), Rechtshandbuch Industrie 4.0 und Internet of Things, S. 537–562, 2. Auflage, München 2020 (zitiert: *von Bodungen*, in: Sassenberg/Faber, Rechtshandbuch Industrie 4.0, § 16).

Bodungen, Benjamin von, B. Automatisiertes Fahren (Automotive), in: *Sassenberg, Thomas/Faber, Tobias* (Hrsg.), Rechtshandbuch Industrie 4.0 und Internet of Things, S. 361–384, München 2017 (zitiert: *von Bodungen*, in: Sassenberg/Faber, Rechtshandbuch Industrie 4.0, 1. Auflage 2017, Teil 4 B.).

Bodungen, Benjamin von, Zivilrechtliche Haftung beim Einsatz künstlicher Intelligenz im autonomen Straßenverkehr von morgen. Geltendes Recht und Reformbestrebungen auf EU-Ebene, in: SVR 2022, 1–6.

Bodungen, Benjamin von/Gatzke, Sophie, Legislative Meilensteine auf dem Weg zum autonomen Fahren. Überblick über die jüngsten Entwicklungen im deutschen, europäischen und internationalen Recht, in: RDi 2022, 354–362.

Bodungen, Benjamin von/Hoffmann, Martin, Autonomes Fahren – Haftungsverschiebung entlang der Supply Chain? (1. Teil), in: NZV 2016, 449–454.

Bodungen, Benjamin von/Hoffmann, Martin, Das Wiener Übereinkommen über den Straßenverkehr und die Fahrzeugautomatisierung (Teil 1), in: SVR 2016, 41–47.

Bodungen, Benjamin von/Hoffmann, Martin, Das Wiener Übereinkommen über den Straßenverkehr und die Fahrzeugautomatisierung (Teil 2), in: SVR 2016, 93–97.

Bodungen, Benjamin von/Hoffmann, Martin, Hoch- und vollautomatisiertes Fahren ante portas – Auswirkungen des 8. StVG-Änderungsgesetzes auf die Herstellerhaftung, in: NZV 2018, 97–102.

Bodungen, Benjamin von/Hoffmann, Martin, Zur straßenverkehrsrechtlichen (Un-)Zulässigkeit automatisierter Fahrzeuge, in: InTeR 2017, 85–92.

Bodungen, Benjamin von/Mühlon, Simon, Roboter im Regelbetrieb – Überblick über das Gesetz zum autonomen Fahren, in: ZdiW 2022, 5–11.

Borges, Georg, Haftung für selbstfahrende Autos. Warum eine Kausalhaftung für selbstfahrende Autos gesetzlich geregelt werden sollte, in: CR 2016, 272–280.

Brugger, Winfried, Einführung in das öffentliche Recht der USA, 2. Auflage, München 2001 (zitiert: *Brugger*, Einführung in das öffentliche Recht der USA).

Buck-Heeb, Petra/Dieckmann, Andreas, Die Fahrerhaftung nach § 18 I StVG bei (teil-)automatisiertem Fahren, in: NZV 2019, 113–119.

Buck-Heeb, Petra/Dieckmann, Andreas, Zivilrechtliche Haftung von Halter und Fahrer bei Einsatz (teil-)automatisierter Fahrfunktionen, in: *Oppermann, Bernd/Stender-Vorwachs, Jutta* (Hrsg.), Autonomes Fahren. Rechtsprobleme, Rechtsfolgen, technische Grundlagen, 2. Auflage, München 2020, S. 141–176 (zitiert: *Buck-Heeb/Dieckmann* in: Oppermann/Stender-Vorwachs, Autonomes Fahren, Kap. 3.1.1).

Burmann, Michael/Heß, Rainer/Hühnermann, Katrin/Jahnke, Jürgen, Straßenverkehrsrecht, 27. Auflage, München 2022 (zitiert: BHHJ/*Bearbeiter*).

Cacilo, Andrej/Schmidt, Sarah/Wittlinger, Philipp et al., Hochautomatisiertes Fahren auf Autobahnen – Industriepolitische Schlussfolgerungen. Studie im Auftrag des Bundesministeriums für Wirtschaft und Energie, November 2015, abrufbar unter: https://www.bmwk.de/Redaktion/DE/Downloads/H/hochautomatisiertes-fahren-auf-autobahnen.html (zuletzt abgerufen am 31.08.2023; zitiert: *Cacilo/Schmidt/Wittlinger et al.*, Fraunhofer Studie Hochautomatisiertes Fahren).

Currie, David P., Die Verfassung der Vereinigten Staaten von Amerika, Frankfurt am Main 1988 (zitiert: *Currie*, Die Verfassung der Vereinigten Staaten von Amerika).

Doderer, Hannes/Hartwig, Matthias, Rechtsfragen des hochautomatisierten Fahrens – ein Überblick (Teil 1), in: IR 2016, 32–35.

Doehring, Karl, Völkerrecht, 2. Auflage, Heidelberg 2004 (zitiert: *Doehring*, Völkerrecht).

Ellinghaus, Ulrich/Döveling, Johannes, § 23 Automatisierter Transport, in: *Ebers, Martin/Heinze, Christian/Krügel, Tina/Steinrötter, Björn* (Hrsg.), Rechtshandbuch Künstliche Intelligenz und Robotik, München 2020 (zitiert: *Ellinghaus/Döveling*, in: Ebers/Heinze/Krügel/Steinrötter, Rechtshandbuch KI, § 23).

Ensthaler, Jürgen/Gollrad, Markus, Rechtsgrundlagen des automatisierten Fahrens. Standardessentielle Patente und Fahrzeugvernetzung, Zulässigkeit und Zulassung, Haftungsrecht, Datenschutz, Datensicherheit und Datenhoheit, Frankfurt am Main 2019 (zitiert: *Ensthaler/Gollrad*, Rechtsgrundlagen automatisiertes Fahren).

Epping, Volker, Völkerrechtssubjekte, in: *ders./Heintschel von Heinegg, Wolff* (Hrsg.), 7. Auflage, München 2018 (zitiert: *Epping*, in: Ipsen, Völkerrecht, 3. Kapitel).

Farnsworth, E. Allan, An introduction to the legal system of the United States, 4. Auflage, New York 2010 (zitiert: *Farnsworth,* introduction to the legal system of the United States).

Fleck, Jörg/Thomas, Aline, Automatisierung im Straßenverkehr. Wohin fahren wir?, in: NJOZ 2015, 1393–1397.

Freise, Rainer, Rechtsfragen des automatisierten Fahrens, in: VersR 2019, 65–79.

Frenz, Walter/Casimir-van den Broeck, Erika, Völkerrechtliche Zulässigkeit von Fahrassistenzsystemen, in: NZV 2009, 529–534.

Freymann, Hans-Peter/Wellner, Wolfgang (Hrsg.), jurisPK-Straßenverkehrsrecht, 2. Auflage, Saarbrücken 2022 (zitiert: *Bearbeiter*, in: Freymann/Wellner, jurisPK-Straßenverkehrsrecht).

Gasser, Tom M., Die Veränderung der Fahraufgabe durch Fahrerassistenzsysteme und kontinuierlich wirkende Fahrzeugautomatisierung, in: DAR 2015, 6–12.

Gasser, Tom M./Arzt, Clemens/Ayoubi, Mihiar et al., Rechtsfolgen zunehmender Fahrzeugautomatisierung. Gemeinsamer Schlussbericht der Projektgruppe, Berichte der Bundesanstalt für Straßenwesen – Heft F 83, Bundesanstalt für Straßenwesen (Hrsg.), Bremerhaven 2012 (zitiert: *Gasser et al.*, Rechtsfolgen zunehmender Fahrzeugautomatisierung).

Gasser, Tom M./Schmidt, Eike A./Bengler, Klaus et al., Bericht zum Forschungsbedarf. Runder Tisch automatisiertes Fahren – AG Forschung, 2015 (zitiert: *Gasser/Schmidt et al.*, Bericht zum Forschungsbedarf (Runder Tisch)).

Gatzke, Sophie, Gesetz zum autonomen Fahren – Ist die externe Überwachung autonomer Fahrsysteme mit dem Wiener Übereinkommen über den Straßenverkehr vereinbar?, in: NZV 2021, 403–407.

Gatzke, Sophie, Zulässigkeitsvoraussetzungen für den Betrieb autonomer Kraftfahrzeuge – Bringt das Gesetz zum autonomen Fahren Rechtssicherheit?, in: NZV 2022, 62–68.

Gaupp, Winfried, Type Approval Legislation for Road Vehicles. Focus: Braking and Automated Driving, 2. Auflage, Bonn 2019 (zitiert: *Gaupp*, Type Approval Legislation).

Glancy, Dorothy J., Autonomous and Automated and Connected Cars. Oh My! First Generation Autonomous Cars in the Legal Ecosystem, in: Minnesota Journal of Law, Science & Technology 2015, 619–691.

Gollrad, Markus, Baukastenmodell statt Automatisierungsstufen – Anknüpfungspunkte für die Regulierung, in: RAW 2020, 103–108.

Gomille, Christian, Herstellerhaftung für automatisierte Fahrzeuge, in: JZ 2016, 76–82.

Goßler, Janik, § 16 Automobilwirtschaft, in: *Bräutigam, Peter/Kraul, Torsten* (Hrsg.), Internet of Things, München 2021, 703–727 (zitiert: *Goßler*, in: Bräutigam/Kraul, IoT, § 16).

Graf Vitzthum, Wolfgang/Proelß, Alexander (Hrsg.), Völkerrecht, 8. Auflage, Berlin 2019 (zitiert *Bearbeiter*, in: Graf Vitzthum/Proelß, Völkerrecht).

Greger, Reinhard, Haftungsfragen beim automatisierten Fahren. Zum Arbeitskreis II des Verkehrsgerichtstags 2018, in: NZV 2018, 1–5.

Grünvogel, Thomas, Das Fahren von Autos mit automatisierten Funktionen. Gesetzliche Änderungen zur Verwendung und Haftung im Straßenverkehr, in: MDR 2017, 973–975.

Grützmacher, Malte, Legal Tribune Online vom 13.01.2017: Gesetzentwurf zum autonomen Fahren. Drum prüfe, was der Hersteller findet, abrufbar unter https://www.lto.de/recht/hintergruende/h/autonomes-fahren-gesetzentwurf-haftung-fahrer-hersteller/ (zuletzt abgerufen am 31.08.2023).

Gsell, Beate/Krüger, Wolfgang/Lorenz, Stephan/Reymann, Christoph (Hrsg.), Beck-online Großkommentar zum Zivilrecht, München 2022 (zitiert: BeckOGK/*Bearbeiter*).

Hammer, Christoph, Automatisierte Steuerung im Straßenverkehr, Frankfurt am Main 2015 (zitiert: *Hammer*, Automatisierte Steuerung).

Harms, Charlotte, Die nachträgliche Aktivierung von automatisierten und autonomen Fahrfunktionen nach § 1 lit. h StVG, in: RAW 2022, 66–69.

Hartmann, Volker, Aktueller Überblick über Rechtsfragen des automatisierten und autonomen Fahrens, in: PHi 2016, 114–123.

Hartmann, Volker, Here come the robots – Produkthaftung und Robotik am Beispiel des automatisierten und autonomen Fahrens (Teil 2: Anforderungen an die Produktbeobachtung), in: PHi 2017, 42–49.

Haupt, Tino, Auf dem Weg zum autonomen Fahren. Der Entwurf eines Gesetzes zum autonomen Fahren, in: NZV 2021, 172–177.

Haupt, Tino, Das Gesetz zum autonomen Fahren – Auswirkungen für Verbraucher und Anregungen für den Gesetzgeber, in: NZV 2022, 265–267.

Haus, Klaus-Ludwig/Krumm, Carsten/Quarch, Matthias (Hrsg.), Gesamtes Verkehrsrecht, 3. Auflage, Baden-Baden 2022 (zitiert: *Bearbeiter*, in: Haus/Krumm/Quarch, GVR).

Hay, Peter, US-amerikanisches Recht, 7. Auflage, München 2020 (zitiert: Hay, US-amerikanisches Recht).

Heintschel von Heinegg, Wolff, Die völkerrechtlichen Verträge als Hauptrechtsquelle des Völkerrechts, in: *Epping, Volker/Heintschel von Heinegg, Wolff* (Hrsg.), 7. Auflage, München 2018 (zitiert: *Heintschel von Heinegg*, in: Ipsen, Völkerrecht, 4. Kapitel).

Hentschel, Peter/König, Peter/Dauer, Peter, Straßenverkehrsrecht, 47. Auflage, München 2023 (zitiert: *Bearbeiter*, in: Hentschel/König/Dauer, SVR).

Herdegen, Matthias, Völkerrecht, 21. Auflage, München 2022 (zitiert: *Herdegen*, Völkerrecht).

Hey, Tim, Die außervertragliche Haftung des Herstellers autonomer Fahrzeuge bei Unfällen im Straßenverkehr, Wiesbaden 2019 (zitiert: *Hey*, Haftung des Herstellers).

Hilgendorf, Eric, Auf dem Weg zu einer Regulierung des automatisierten Fahrens: Anmerkungen zur jüngsten Reform des StVG, in: KriPoZ 2017, 225–229.

Hilgendorf, Eric, Automatisiertes Fahren und Recht – ein Überblick, in: JA 2018, 801–806.

Hilgendorf, Eric, Automatisiertes Fahren und Recht, in: 53. Deutscher Verkehrsgerichtstag 2015. Veröffentlichung der auf dem 53. Deutschen Verkehrsgerichtstag vom 28. bis 30. Januar 2015 in Goslar gehaltenen Vorträge, Referate und erarbeiteten Empfehlungen, Deutsche Akademie für Verkehrswissenschaft e. V. (Hrsg.), Köln 2015, S. 55–72 (zitiert: *Hilgendorf*, in: 53. Deutscher Verkehrsgerichtstag).

Hilgendorf, Eric, Offene Fragen der neuen Mobilität: Problemfelder im Kontext von automatisiertem Fahren und Recht, in: RAW 2018, 85–93.

Hilgendorf, Eric, Straßenverkehrsrecht der Zukunft. Der Entwurf eines Gesetzes zum autonomen Fahren vom 12.2.2021, in: JZ 2021, 444–454.

Hinze, Jonathan, Haftungsrisiken des automatisierten und autonomen Fahrens, Frankfurt am Main 2021 (zitiert: *Hinze*, Haftungsrisiken).

Horner, Susanne/Kaulartz, Markus, Haftung 4.0. Verschiebung des Sorgfaltsmaßstabs bei Herstellung und Nutzung autonomer Systeme, in: CR 2016, 7–14.

Huber, Christian, Anhebung der Haftungshöchstbeträge bei teilautomatisiertem Fahren in § 12 StVG ohne Anpassung der Mindestdeckungssumme der Kfz-Haftpflichtversicherung, in: NZV 2017, 545–548.

Jänich, Volker M./Schrader, Paul T./Reck, Vivian, Rechtsprobleme des autonomen Fahrens, in: NZV 2015, 313–318.

Josipovic, Neven, Die anstehende Weiterentwicklung der UNECE-Regeln und ihre Bedeutung für das hoch- und vollautomatisierte Fahren, in: InTeR 2019, 179–184.

Josipovic, Neven, Die Einhaltung von Verkehrsvorschriften durch automatisierte Fahrzeuge, in: *Hagebölling, Lothar* (Hrsg.), Mobilitätswende in Deutschland. Perspektiven und rechtliche Herausforderungen, Berlin 2017 (zitiert: *Josipovic*, in: Hagebölling, Mobilitätswende).

Jourdan, Frank/Matschi, Helmut, Automatisiertes Fahren. Wie weit kann die Technik den Fahrer ersetzen? Entwickler oder Gesetzgeber, wer gibt die Richtung vor?, in: NZV 2015, 26–29.

Kaler, Matthias von/Wieser, Sylvia, Weiterer Rechtsetzungsbedarf beim automatisierten Fahren, in: NVwZ 2018, 369–373.

Kaufmann, Michael, Kapitel 25. Haftung des Kraftfahrzeughalters und -führers, in: *Haag, Kurt* (Hrsg.), Der Haftpflichtprozess, 28. Auflage, München 2020 (zitiert: *Kaufmann*, in: Geigel, Haftpflichtprozess, Kap. 25).

Kempen, Bernhard/Hillgruber, Christian/Grabenwarter, Christoph, Völkerrecht, 3. Auflage, München 2021 (zitiert: *Kempen/Hillgruber/Grabenwarter*, Völkerrecht).

Kleemann, Steven/Arzt, Clemens, Das Gesetz zum „autonomen" Fahren in Deutschland, in: RAW 2021, 99–105.

Kleinschmidt, Sebastian P./Wagner, Bernardo, Technik autonomer Fahrzeuge, in: *Oppermann, Bernd/Stender-Vorwachs, Jutta* (Hrsg.), Autonomes Fahren. Rechtsprobleme, Rechtsfolgen, technische Grundlagen, 2. Auflage, München 2020, S. 7–30 (zitiert: *Kleinschmidt/Wagner*, in: Oppermann/Stender-Vorwachs, Autonomes Fahren, Kap. 1.1).

Klug, Nora, Deutschland schafft Rechtsrahmen für autonomes Fahren und gestaltet den Übergang zu international harmonisierten Vorschriften, in: RAW 2021, 73.

König, Carsten, Die gesetzlichen Neuregelungen zum automatisierten Fahren, in: NZV 2017, 123–128.

König, Carsten, Gesetzgeber ebnet Weg für automatisiertes Fahren – weitgehend gelungen, in: NZV 2017, 249–253.

König, Peter (Hrsg.), Münchener Kommentar zum Straßenverkehrsrecht, Band 1, Verkehrsstrafrecht. Verkehrsverwaltungsrecht, München 2016 (zitiert: MüKoStVR/*Bearbeiter*, Band 1).

Kütük-Markendorf, Merih, Die hoch- oder vollautomatisierte Fahrfunktion als Vorstufe zum autonomen Fahren. Wie der Gesetzgeber bei den Änderungen des Straßenverkehrsgesetzes seine legislative Verantwortung auf den Softwarehersteller übertragen hat, in: CR 2107, 349–355.

Lange, Ulrich, Automatisiertes und autonomes Fahren – eine verkehrs-, wirtschafts- und rechtspolitische Einordnung, in: NZV 2017, 345–352.

Leonhardt, Thorsten, Automatisiertes Fahren – Technische Einführung, in: *Chibanguza, Kuuya/Kuß, Christian/Steege, Hans* (Hrsg.), Künstliche Intelligenz. Recht und Praxis automatisierter und autonomer Systeme, Baden-Baden 2022, S. 225–238 (zitiert: *Leonhardt*, in: Chibanguza/Kuß/Steege, Künstliche Intelligenz, § 3, Kapitel A).

Liebermann, Frank, Neue EG-Fahrzeuggenehmigungsverordnung – EG-FGV, in: VD 2009, 175–179.

Linneweber, Axel, Einführung in das US-amerikanische Verwaltungsrecht. Kompetenzen, Funktionen und Strukturen der „Agencies" im US-amerikanischen Verwaltungsrecht, Frankfurt am Main 1994 (zitiert: *Linneweber*, Einführung in das US-amerikanische Verwaltungsrecht).

Lohmann, Melinda Florina, Automatisierte Fahrzeuge im Lichte des Schweizer Zulassungs- und Haftungsrechts, Baden-Baden 2016 (zitiert: *Lohmann*, Automatisierte Fahrzeuge).

Lüdemann, Volker/Sutter, Christine/Vogelpohl, Kerstin, Neue Pflichten für Fahrzeugführer beim automatisierten Fahren – eine Analyse aus rechtlicher und verkehrspsychologischer Sicht, in: NZV 2018, 411–417.

Lutz, Lennart S., Anforderungen an Fahrerassistenzsysteme nach dem Wiener Übereinkommen über den Straßenverkehr, in: NZV 2014, 67–72.

Lutz, Lennart S., Automatisierte Fahrzeuge: Änderungsbestrebungen im Zulassungs- und Verhaltensrecht, in: PHi 2016, 2–7.

Lutz, Lennart S., Autonome Fahrzeuge als rechtliche Herausforderung, in: NJW 2015, 119–124.

Lutz, Lennart S., Neue Vorschriften für das automatisierte und autonome Fahren – ein Überblick, in: DAR 2021, 182–185.

Lutz, Lennart S., Zulassung – eine Frage des Verhaltensrechts?, in: *Hilgendorf, Eric/Hötitzsch, Sven/Lutz, Lennart S.* (Hrsg.), Rechtliche Aspekte automatisierter Fahrzeuge. Beiträge zur 2. Würzburger Tagung zum Technikrecht im Oktober 2014, Baden-Baden 2015, S. 33–51 (zitiert: *Lutz*, in: Hilgendorf/Hötitzsch/Lutz, Rechtliche Aspekte automatisierter Fahrzeuge).

Malzhacker, Nina, Automatisiertes Fahren – Völker- und Europarecht im Hinblick auf das Zulassungs- und Verhaltensrecht, in: *Chibanguza, Kuuya/Kuß, Christian/Steege, Hans* (Hrsg.), Künstliche Intelligenz. Recht und Praxis automatisierter und autonomer Systeme, Baden-Baden 2022, S. 347–362 (zitiert: *Malzhacker*, in: Chibanguza/Kuß/Steege, Künstliche Intelligenz, § 3, Kapitel J).

May, Claudia, Automatisiertes Fahren – Betrachtung aus verbraucherrechtlicher Sicht, in: 53. Deutscher Verkehrsgerichtstag 2015. Veröffentlichung der auf dem 53. Deutschen Verkehrsgerichtstag vom 28. bis 30. Januar 2015 in Goslar gehaltenen Vorträge, Referate und erarbeiteten Empfehlungen, Deutsche Akademie für Verkehrswissenschaft e. V. (Hrsg.), Köln 2015, S. 81–101 (zitiert: *May*, in: 53. Deutscher Verkehrsgerichtstag).

Mindorf, Peter, Internationaler Straßenverkehr, Neuwied/Kriftel 2001 (zitiert: *Mindorf*, Internationaler Straßenverkehr).

Naruisch, Till/Degen, Bernd,/Labza, Rainhold, Die neue VO (EU) 2018/858 im Überblick – Herausforderungen für Compliance-Systeme von Automobilherstellern, in: RAW 2020, 88–96.

Oppermann, Bernd, Marktrechtliche Fragestellungen im Kontext automatisierter und autonomer Fahrzeuge, in: *ders./Stender-Vorwachs, Jutta* (Hrsg.), Autonomes Fahren. Rechtsprobleme, Rechtsfolgen, technische Grundlagen, 2. Auflage, München 2020, S. 257–285 (zitiert: *Oppermann*, in: ders./Stender-Vorwachs, Autonomes Fahren, Kap. 3.2).

Oppermann, Bernd, Einige zivilrechtliche Fragen im Kontext automatisierter Fahrsysteme auf dem Markt, in: *ders./Stender-Vorwachs, Jutta* (Hrsg.), Autonomes Fahren. Rechtsfolgen, Rechtsprobleme, technische Grundlagen, München 2017, 173–208 (zitiert: *Oppermann*, in: ders./Stender-Vorwachs, Autonomes Fahren 2017, Kap. 7).

Pataki, Tibor S., Die Empfehlungen des Verkehrsgerichtstages 2018 zum automatisierten Fahren aus der Sicht der Versicherer, in: DAR 2018, 133–136.

Perkins, Heather/Francis, Audrey (editors), Chapter 4: State Executive Branch, in: The Book of the States, Volume 53, Lexington (Kentucky) 2021, p. 107–190 (zitiert: *Perkins/Francis*, The Book of the States 2021).

Polly, Sebastian/Zeiler, Franziska, Autonomes Fahren in Deutschland – Der Gesetzgeber schafft weitere Klarheit, in: ZfPC 2022, 56–61.

Rebler, Adolf, Das neue Verbot der Nutzung elektronischer Kommunikationsmittel während des Fahrzeugführens, in: SVR 2018, 241–244.

Rebler, Adolf, Die Genehmigung von Kraftfahrzeugen nach nationalem und europarechtlichem Standard, in: RAW 2013, 19–27.

Rebler, Adolf, Einzelbetriebserlaubnis, Allgemeine Betriebserlaubnis, Typgenehmigung, in: SVR 2010, 361–367.

Ruttloff, Marc/Freytag, Christiane, Automatisiertes Fahren und die StVG-Novelle – Meilenstein oder Trippelschritt?, in: CB 2017, 333–338.

Schirmer, Jan-Erik, Augen auf beim automatisierten Fahren! Die StVG-Novelle ist ein Montagsstück, in: NZV 2017, 253–257.

Schmid, Alexander/Wessels, Ferdinand, Event Data Recording für das hoch- und vollautomatisierte Kfz – eine kritische Betrachtung der neuen Regelungen im StVG, in: NZV 2017, 357–364.

Schmidt-Kötters, Thomas/Geber, Frederic, Neue Mittel im Typgenehmigungsrecht für Pkw. Ipso jure Ungültigkeit von Typgenehmigungen, unionsweite Marktüberwachung und zentralisierte Behördenaufsicht, in: NVwZ 2019, 1809–1813.

Schrader, Paul T., Haftungsfragen für Schäden beim Einsatz automatisierter Fahrzeuge im Straßenverkehr, in: DAR 2016, 242–246.

Schrader, Paul T., Herstellerhaftung nach dem StVG-ÄndG 2017, in: DAR 2018, 314–320.

Schrader, Paul T., Wohin steuert das autonome Fahrzeug – vorübergehend?, in: ZRP 2021, 109–112.

Schubert, Mathias, Regulating the Use of Automated Vehicles (SAE Levels 3 to 5) in Germany and the UK, in: RAW 2019, 18–23.

Schulz, Thomas, Sicherheit im Straßenverkehr und autonomes Fahren, in: NZV 2017, 548–553.

Seeck, Andre/Gail, Christian/Lorenz, Bernd et al., Kapitel 2.1: Anforderungen durch den Gesetzgeber, in: *Pischinger, Stefan/Seiffert, Ulrich* (Hrsg.), Vieweg Handbuch Kraftfahrzeugtechnik, S. 16–46, 9. Auflage, Wiesbaden 2021 (zitiert: *Seeck/Gail/Lorenz et al.*, in: Pischinger/Seiffert, Handbuch Kraftfahrzeugtechnik).

Sesing, Andreas, Fahrzeuge als (mittelbare) Normadressaten? Implikationen des Gesetzes zum autonomen Fahren, in: *Taeger, Jürgen* (Hrsg.), Tagungsband Herbstakademie 2021. Im Fokus der Rechtsentwicklung – Die Digitalisierung der Welt, S. 571–584, Edewecht 2021 (zitiert: *Sesing*, Fahrzeuge als Normadressaten?, in: Taeger, Tagungsband Herbstakademie 2021).

Seyda, Linda, Das Gesetz zum autonomen Fahren, in: ZD-Aktuell 2021, 0536.

Siebert, Nils, Kapitel 3: Das harmonisierte Typgenehmigungsverfahren der EU, in: *ders./Bahnert, Jürgen/Gaupp, Winfried/Magnussen, Lennart et al.*, Die Genehmigungsverfahren für Kraftfahrzeuge. Typgenehmigung, Einzelgenehmigung, Marktüberwachung, Zulassung, S. 86–133, 2. Auflage, Bonn 2021 (zitiert: *Siebert*, EU-Typgenehmigungsverfahren, in: Genehmigungsverfahren für Kraftfahrzeuge).

Siebert, Nils/Bahnert, Jürgen, Kapitel 2: Grundlagen der Typgenehmigung, in: *dies./Gaupp, Winfried/Magnussen, Lennart et al.*, Die Genehmigungsverfahren für Kraftfahrzeuge. Typgenehmigung, Einzelgenehmigung, Marktüberwachung, Zulassung, S. 28–84, 2. Auflage, Bonn 2021 (zitiert: *Siebert/Bahnert*, Grundlagen Typgenehmigung, in: Genehmigungsverfahren für Kraftfahrzeuge).

Siemann, Martin, Automatisiertes Fahren – Fahrer- und Halterhaftung, in: *Chibanguza, Kuuya/Kuß, Christian/Steege, Hans* (Hrsg.), Künstliche Intelligenz. Recht und Praxis automatisierter und autonomer Systeme, Baden-Baden 2022 (zitiert: *Siemann*, in: Chibanguza/Kuß/Steege, Künstliche Intelligenz, § 3, Kapitel H)

Singler, Philipp, Die Kfz-Versicherung autonomer Fahrzeuge, in: NZV 2017, 353–357.

Solmecke, Christian/Jockisch, Jan, Das Auto bekommt ein Update! – Rechtsfragen zu Software in Pkws. Zulassungs- und Haftungsfragen zu softwarebasierten Fahrzeugsystemen, in: MMR 2016, 359–364.

Spies, Axel, USA: Neue Leitlinien für selbstfahrende Autos – Federal Automated Vehicles Policy, in: ZD-Aktuell 2016, 05326.

Steege, Hans, Automatisierte Rechtsanwendung und ihre Grenzen. Am Beispiel des automatisierten und autonomen Fahrens unter besonderer Berücksichtigung von StVG/StVO, Baden-Baden 2022 (zitiert: *Steege*, Automatisierte Rechtsanwendung).

Steege, Hans, Das (vorerst) letzte Puzzlestück – das autonome Fahren nimmt Fahrt auf! Zum Regelungsgehalt der Verordnung zur Regelung des Betriebs von Kraftfahrzeugen mit automatisierter und autonomer Fahrfunktion, in: SVR 2022, 161–168.

Steege, Hans, Gesetzesentwurf zum autonomen Fahren (Level 4), in: SVR 2021, 128–137.

Stein, Torsten/Buttlar, Christian von/Kotzur, Markus, Völkerrecht, 14. Auflage, München 2017 (zitiert: *Stein/von Buttlar/Kotzur*, Völkerrecht).

Steinert, Philipp, Automatisiertes Fahren (Strafrechtliche Fragen), in: SVR 2019, 5–7.

Sündermann, Bernd, Internationale Harmonisierung der technischen Vorschriften für Kraftfahrzeuge und Übernahme in deutsches Recht, in: SVR 2006, 48–55.

Tergan, Thomas, Automatisiertes Fahren. Gegenwärtiges und zukünftiges Zulassungsrecht, Hamburg 2018 (zitiert: *Tergan*, Automatisiertes Fahren).

Ungern-Sternberg, Antje von, Völker- und europarechtliche Implikationen autonomen Fahrens, in: *Oppermann, Bernd/Stender-Vorwachs, Jutta* (Hrsg.), Autonomes Fahren. Rechtsprobleme, Rechtsfolgen, technische Grundlagen, 2. Auflage, München 2020, S. 467–493 (zitiert: *von Ungern-Sternberg*, in: Oppermann/Stender-Vorwachs, Autonomes Fahren, Kap. 3.9).

Wagner, Bernd/Goeble, Thilo, Freie Fahrt für das Auto der Zukunft? Kritische Analyse des Gesetzentwurfs zum hoch- und vollautomatisierten Fahren, in: ZD 2017, 263–269.

Wagner, Christian/Karagkouni, Evangelia, Genehmigung und Marktüberwachung von Kraftfahrzeugen. Neue Kompetenzen für die Kommission nach der TypgenehmigungsVO, in: EuZW 2019, 108–114.

Wagner, Manuela, Das neue Mobilitätsrecht. Der Rechtsrahmen zum automatisierten und vernetzten Fahren, Baden-Baden 2021 (zitiert: *Wagner*, Das neue Mobilitätsrecht).

Wagner, Manuela, Fast and Furious: auf der Überholspur zum autonomen Fahren oder Sackgasse für Forschung und Entwicklung?, in: InTeR 2021, 132–140.

Wagner, Manuela, Gesetz zum autonomen Fahren – Streitpunkte im Gesetzgebungsverfahren, in: SVR 2021, 287–292.

Weise, Mareike, Hochautomatisiertes Fahren in Deutschland und Kalifornien. Ein Vergleich der Anforderungen an die Ausführung der dynamischen Fahraufgabe im Inbetriebnahme- und Produkthaftungsrecht, Frankfurt am Main 2022 (zitiert: *Weise*, Hochautomatisiertes Fahren).

Wiebe, Gerhard/Schucht, Carsten, Die neue EU-Typgenehmigungsverordnung. Eine produktsicherheitsrechtliche Analyse, in: NZV 2022, 209–218.

Will, Martin, Die innovative völkerrechtliche UNECE-Regelung für Automatisierte Spurhaltesysteme (ALKS). Potentiale einer neuen Generation anwendungsfallzentrierter völkerrechtlicher Regelungen zur proaktiven Ermöglichung hochautomatisierten Fahrens, in: NZV 2020, 163–175.

Winner, Hermann/Hakuli, Stephan/Lotz, Felix/Singer, Christina (Hrsg.), Handbuch Fahrerassistenzsysteme, 3. Auflage, Wiesbaden 2015 (zitiert: *Bearbeiter*, in: Winner/Hakuli/Lotz/Singer, Handbuch Fahrerassistenzsysteme).

Wolfers, Benedikt, Rechtslage geklärt: Automatisiertes Fahren ist möglich, in: RAW 2017, 86–89.

Wolfers, Benedikt, Regulierung und Haftung bei automatisiertem Fahren: zwei Seiten einer Medaille? Zu den Folgen der regulierungsrechtlich festgelegten Verantwortungsbereiche für das zivilrechtliche Haftungsregime bei Nutzung automatisierter Fahrsysteme, in: RAW 2018, 94–103.

Wolfers, Benedikt, Selbstfahrende Autos: Ist das erlaubt?, in: RAW 2017, 2–13.

Wolfers, Benedikt/Schlenkhoff, Nils, Autonomes Fahren ist möglich: Deutschland als regulatorischer Tempomacher, in: RAW 2022, 24–32.

Worpenberg, Christian, Level 3, 4 oder 5? „Autonome" Fahrzeuge zu Land, Wasser und in der Luft – ein Plädoyer für eine verkehrsbereichsübergreifende Begriffsführung von Automatisierungs- und Autonomiegraden, in: InTeR 2022, 98–106.

Wüstenberg, Dirk, Autonome Fahrzeuge im Personen- und Güterverkehr, in: RdTW 2021, 330–333.